Konrad Bösl • Peter Thilo Hasler (Hrsg.)

Mittelstandsanleihen

Ein Leitfaden für die Praxis

Springer Gabler

Herausgeber
Konrad Bösl
München, Deutschland

Peter Thilo Hasler
München, Deutschland

ISBN 978-3-8349-3398-0 ISBN 978-3-8349-3833-6 (eBook)
DOI 10.1007/978-3-8349-3833-6

Die Deutsche Nationalbibliothek verzeichnet diese Publikation in der Deutschen Nationalbibliografie;
detaillierte bibliografische Daten sind im Internet über http://dnb.d-nb.de abrufbar.

Springer Gabler
© Gabler Verlag | Springer Fachmedien Wiesbaden GmbH 2012

Einbandentwurf: KünkelLopka GmbH, Heidelberg

Gedruckt auf säurefreiem und chlorfrei gebleichtem Papier

Springer Gabler ist eine Marke von Springer DE.
Springer DE ist Teil der Fachverlagsgruppe Springer Science+Business Media
www.springer-gabler.de

Vorwort der Herausgeber

Lange blieb dem deutschen Mittelstand der Zugang zum Kapitalmarkt über die Begebung einer Anleihe versperrt. Nur ein kleiner Kreis ausgewählter Markenunternehmen konnte im Wege der Eigenemission Anleihen mit einem Volumen von unter 50 Mio. € platzieren. Im Zuge von Finanzmarktkrise und Kreditklemme haben sich in Deutschland an nahezu allen Börsenplätzen eigene Segmente etabliert, die kapitalsuchenden Unternehmen eine Alternative zum Hausbankenkredit anbieten.

Die mit dem Praxisleitfaden vorgelegten Beiträge resümieren den Stand der Diskussion. Fragen der Begebung von Mittelstandsanleihen werden aus der Perspektive der Emittenten, Banken, Anleger, Berater und Medien behandelt. Es ist uns eine große Freude, dass sich eine so bedeutende Anzahl namhafter Kapitalmarktexperten bereit erklärt hat, an unserem Buchprojekt mitzuwirken. Alle involvierten Autoren sind prädestiniert, einen aktuellen, systematischen und praxisbezogenen Überblick über Mittelstandsanleihen zu geben. Einfach und verständlich werden die Instrumente und grundlegenden Zusammenhänge einer Anleiheemission aufgezeigt, analysiert und erläutert.

Wir möchten mit diesem Buch an erster Stelle den mittelständischen Unternehmer ansprechen, der die Begebung einer Anleihe als eine neue Finanzierungsquelle erschließen will, aber auch Banken, Anwälte und Berater, institutionelle Investoren ebenso wie Privatanleger.

Der Praxisleitfaden zeigt eines: Wer eine erfolgreiche Anleiheemission vor Augen hat, muss eine Vielzahl unterschiedlicher Aspekte berücksichtigen. Denn nur jene Unternehmer die sicher mit der Komplexität und der vielschichtigen spezifischen Begriffswelt einer Anleiheemission umgehen können, werden eine Anleihe erfolgreich platzieren.

Für uns als Herausgeber dieses Praxishandbuchs gilt es an dieser Stelle Danke zu sagen. Zunächst bei den Autoren, die einen äußerst knappen Zeitplan beachten mussten. Und bei dem gesamten Team der BLÄTTCHEN & PARTNER AG, das umfangreiche Korrektur- und Layout-Arbeiten übernommen hat, insbesondere bei Bärbel Auch, Nora Fleckenstein, Gabriele Kaifler, Christoph Karl und Oliver Wild.

München, im November 2011

Peter Thilo Hasler und Dr. Konrad Bösl

Inhaltsverzeichnis

Teil 1
Gestaltungsparameter von Mittelstandsanleihen

1 Mittelstandsanleihen: Überblick und Weiterentwicklungspotenziale

Dr. Konrad Bösl und Peter Thilo Hasler (BLÄTTCHEN & PARTNER AG)

1.1 Mittelstandsfinanzierung im Wandel

Viele mittelständische Unternehmen stehen vor der Herausforderung, dass die Sicherung der Unternehmensexistenz sowie der Markt- und Wettbewerbsposition nicht allein über organisches Wachstum möglich ist. Die Übernahme von Wettbewerbern oder Unternehmen mit komplementärem Leistungsspektrum kann vielfach nicht aus dem eigenen Cashflow oder der Kapitalzuführung aus dem Gesellschafterkreis erfolgen. Zusätzlicher Kapitalbedarf entsteht für mittelständische Unternehmen immer mehr aus dem Zwang der stärkeren Internationalisierung der Geschäftstätigkeit sowie der Zunahme des Working Capital mit steigender Unternehmensgröße.

Abbildung 1.1   Treiber der Mittelstandsfinanzierung

- Restriktive Kreditvergabepolitik der Banken aufgrund strengerer gesetzlicher Anforderungen (Basel III)
- Nachwirkung der Finanzkrise auf die Kreditvergabebereitschaft der Banken

Restriktives Kapitalangebot versus hohe finanzielle Vorleistungen

- Technologiesprünge
- Verkürzte Produktlebenszyklen
- Internationalisierung der Produktions- und Vertriebsstandorte

Die finanzielle Flexibilität von Unternehmen gerät mehr und mehr unter Druck

Kapitalkraft und die Fähigkeit, Kapital zu beschaffen, werden zum kritischen Erfolgsfaktor der Unternehmensentwicklung

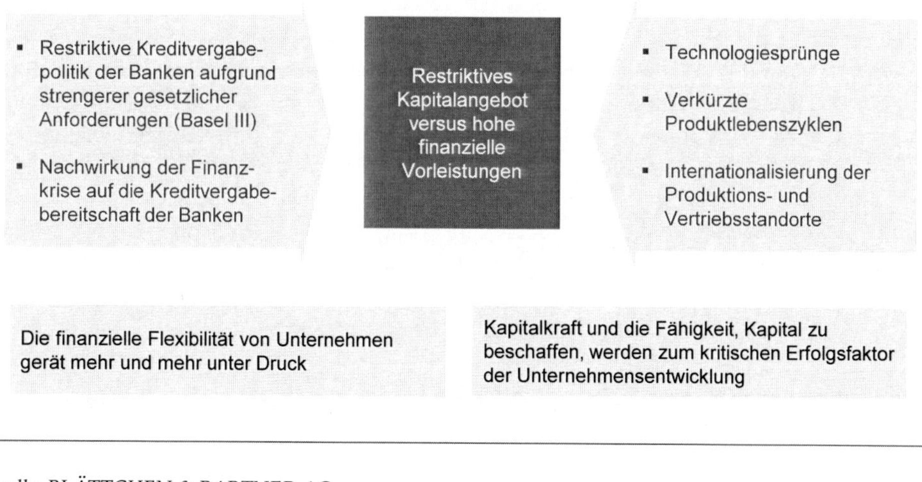

Quelle: BLÄTTCHEN & PARTNER AG

Zum einen stoßen mittelständische Unternehmen immer häufiger in Größenordnungen vor, deren finanzielle Absicherung durch Bankkredite allein nicht mehr möglich ist, zum anderen fordert die Sicherung der Wettbewerbsfähigkeit auch von ihnen eine immer stärkere Internationalisierung ihrer Geschäftstätigkeit, der sie nicht zuletzt durch verstärkte

Übernahmeaktivitäten entgegnen. Auf der Kapitalangebotsseite führen die in den nächsten Jahren zunehmend strengeren Kreditvergabevorschriften der Aufsichtsbehörden für Banken (Basel III) dazu, dass die Kreditvergabepolitik der Banken restriktiver und teuer wird. Somit verlieren für mittelständische Unternehmen Bankkredite an Attraktivität und zunehmend an Flexibilität.

Vor dem Hintergrund dieser sich seit Jahren immer stärker abzeichnenden Entwicklung im Mittelstand sehen sich die Unternehmen gezwungen, neue und betraglich größere Finanzierungsinstrumente einzusetzen. Nach wie vor gilt der Börsengang als Königsweg der Unternehmensfinanzierung[1]. Allerdings haben gerade inhaber- bzw. familiengeprägte mittelständische Unternehmen erhebliche Vorbehalte gegenüber einem Börsengang, insbesondere deshalb, weil sie sich davor scheuen, neue Miteigentümer in den Gesellschafterkreis aufzunehmen[2].

Unternehmensanleihen (Corporate Bonds) sind seit langem fester Bestandteil der Fremdfinanzierung von Unternehmen[3]. Allerdings stand diese Finanzierungsquelle bislang nur ausgewählten Blue Chips zur Verfügung, die vielfach bereits an den Kapitalmärkten aktiv waren. Das Volumen der Schuldverschreibungen bewegte sich oberhalb von 500 Mio. €, die Anleihestückelung betrug in der Regel 50.000 € und mehr. Soweit mittelständische Unternehmen[4] überhaupt Anleihen emittierten, erfolgte dies über den unregulierten, sogenannten „Grauen Kapitalmarkt", und zwar in erster Linie in Form der Eigenemission ohne Einbeziehung von Banken[5].

Die Eigenemissionen gestalten sich jedoch vielfach sehr schwierig, insbesondere dann, wenn das Unternehmen keinen echten „Brand Name" vorweisen kann. Auch nimmt die Anleiheplatzierung sehr viel Zeit in Anspruch und nicht selten dauert es mehrere Monate bis zu einem Jahr, bis das Kapital eingeworben ist. Ohnehin können durch eine Eigenemission üblicherweise nur kleinere Volumina platziert werden. Die mit der Anleiheemission verbundenen Kosten können erheblich sein, da die Platzierung der Anleihe vielfach über Strukturvertriebe oder Emissionshäuser erfolgt und erhebliche Werbemaßnahmen erfordert. Aufgrund der fehlenden Regulierung halten sich institutionelle Investoren vom „Grauen Kapitalmarkt" vollkommen fern und immer wieder auftretende unseriöse Emittenten haben zu einem tendenziell schlechten Ruf des „Grauen Kapitalmarkts" geführt.

---

[1]   Vgl. Bösl, K. (2004).
[2]   Vgl. Ebner Stolz Mönning Bachem Unternehmensberatung GmbH und Wolff & Häcker Finanzconsulting AG (2011).
[3]   Vgl. Rühlmann, B. (2008); Soweit bekannt, wurden die ersten Unternehmensanleihen im 14. Jahrhundert emittiert. Vgl. Cünnen A. (2011).
[4]   Derzeit gibt es in Deutschland 9.400 mittelständische Unternehmen mit einem Umsatz zwischen 50 Mio. € und 3 Mrd. €. Vgl. IKB-Report (2011).
[5]   Typische Beispiele der jüngeren Vergangenheit sind die Emission des Stuttgarter Klett-Verlags mit einem Volumen von 50 Mio. € oder der Halloren Schokoladenfabrik mit einem Volumen von 10 Mio. €.

Dass mittelständische Unternehmen lange Zeit dem Anleihemarkt generell fern blieben liegt insbesondere im relativ einfachen und günstigen Zugang zu Bankkrediten begründet, aber auch an der engen und langfristig angelegten Beziehung des deutschen Mittelstands zu ihrer Hausbank. Nicht zuletzt hat die große Bedeutung öffentlich-rechtlicher Kreditinstitute dazu beigetragen, dass die Begebung einer Anleihe für mittelständische Unternehmen eine verhältnismäßig teure Finanzierungsalternative darstellte. Schließlich bestand auch auf Seiten der Investoren lange Zeit nur wenig Interesse an Anleihen mittelständischer Unternehmen, deren Bonität nur schwer einzuschätzen und die Anleihe aufgrund des kleineren Volumens von einer geringen Sekundärmarktliquidität geprägt ist.

Abbildung 1.2   Die Entwicklung der Segmente für Mittelstandsanleihen

Quelle: BLÄTTCHEN & PARTNER AG

In diese, sich immer stärker auftuende Lücke der Finanzierung mittelständischer Unternehmen stieß als erstes die Börse Stuttgart, die im Mai 2010 mit Bondm erstmals ein für die Begebung von Anleihen mittelständischer Unternehmen spezialisiertes Marktsegment eingerichtet hat. Mittlerweile haben auch die Frankfurter Wertpapierbörse (Entry Standard für Anleihen) sowie die Börsen Düsseldorf (der mittelstandsmarkt), München (m:access bonds) und Hamburg-Hannover (Mittelstandsbörse Deutschland) spezifische Primär- und Sekundärmarktplattformen für die Einbeziehung von Anleihen mittelständischer Unternehmen in den Börsenhandel geschaffen.

Bei diesen Marktsegmenten handelt es sich um privatrechtlich ausgestaltete Bereiche der jeweiligen Börse, die dem Freiverkehr zuzurechnen sind. Gemeinsames Ziel dieser Segmente ist es, für Unternehmen und Investoren einen liquiden Börsenhandel zu schaffen.

1.2   Charakteristika von Mittelstandsanleihen

Mittelstandsanleihen – und das wird häufig unterschlagen – sind nicht zuletzt deshalb so erfolgreich, weil sie börsennotiert sind. Der Börsenhandel führt zu objektivierten Kursen, die sich nach Angebot und Nachfrage richten und damit den Anlegern im Unterschied zum „Grauen Kapitalmarkt" die Möglichkeit bietet, finanziell flexibel zu sein. Ein weiteres Merkmal einer Mittelstandsanleihe ist, dass es sich um kleinvolumige Anleihen zwischen 25 Mio. € und 150 Mio. € handelt, die über den Kapitalmarkt emittiert werden[6]. Anleihen dieser Größenordnungen wurden bislang von den etablierten Emissionsbanken nicht platziert, da institutionelle Fondsmanager restriktive Anforderungen an die Unternehmensgröße und das Handelsvolumen stellen. Außerdem fehlt den etablierten Geschäftsbanken vielfach der Zugang zu Investoren, die bereit sind, in kleinere Anleihevolumina zu investieren.

Tabelle 1.1   Börsensegmente für Mittelstandsanleihen

Handelssegment	Bondm	Entry Standard für Anleihen	der mittel-standsmarkt	Mittelstandsbörse Deutschland	m:access bond
Börsenplatz	Stuttgart	Frankfurt	Düsseldorf	Hamburg/Hannover	München
Mindestemissions-volumen	25 Mio. €	Entfällt	10 Mio. €	Entfällt	25 Mio. €
Mindeststückelung	max.1.000,-- €	max.1.000,-- €	max.1.000,-- €	Entfällt	max.1.000,-- €
Wesentliche Zulassungs-voraussetzungen	• Wertpapierprospekt • Unternehmens-rating ohne Mindestanforderung • Ratingbericht auf Homepage • Vertrag mit Bondm-Coach	• Wertpapierprospekt • Unternehmens-rating ohne Mindestanforderung • Ratingbericht auf Homepage • Vertrag mit Listing Partner • Kennzahlen-übersicht	• Wertpapierprospekt • Unternehmens-rating mind. BB (Alter <12 Monate) • Ratingbericht auf Homepage • Antragsstellung gemeinsam mit Kapitalmarkt-partner	• Wertpapierprospekt • Rating optional • Factsheet	• Wertpapierprospekt • Unternehmens-rating ohne Mindestanforderung • Ratingbericht auf Homepage • Antragsstellung gemeinsam mit Emissions -experten • 3 Jahre Bestehen des Unternehmens
Wesentliche Folgepflichten	• Jahresabschluss • Zwischenabschluss • Quasi-Ad-hoc-Pflicht • Finanzkalender • Betreuung durch bondm-Coach • Jährliches Folgerating	• Jahresabschluss • Zwischenabschluss • Quasi-Ad-hoc-Pflicht • Finanzkalender • Betreuung durch Listing Partner • Jährliches Folgerating	• Jahresabschluss • Zwischenabschluss • Quasi-Ad-hoc-Pflicht • Finanzkalender • Betreuung durch Kapitalmarktpartner • Jährliches Folgerating	• Jahresabschluss • Quasi-Ad-hoc-Pflicht • Finanzkalender	• Kernaussagen aus Jahresabschluss • Quasi-Ad-hoc-Pflicht • Finanzkalender • Betreuung durch Emissionsexperten • Jährliches Folgerating

Quelle: Regelwerke, Allgemeine Geschäftsbedingungen und Freiverkehrsordnungen der Börsen

---

[6]   Vgl. Bösl, K. (2010).

Typisch für Mittelstandsanleihen ist weiterhin der geringe Nennbetrag der Anleihe, der in der Regel nicht mehr als 1.000 € beträgt. Zielinvestoren für Mittelstandsanleihen sind daher vorwiegend Privatanleger, aber auch Vermögensverwalter, kleinere Kapitalsammelstellen und Family Offices.

Um den Anlegern ein Mindestmaß an Sicherheit zu gewähren, regeln die Marktsegmente für Mittelstandsanleihen an den Börsen spezifische Zulassungsvoraussetzungen und Folgepflichten, die in vielerlei Hinsicht vergleichbar sind, wie vorstehende Tabelle 1.2 zeigt.

Im Mittelpunkt stehen die Erstellung und Veröffentlichung eines Wertpapierprospektes, der den Anforderungen des Wertpapierprospektgesetzes entspricht[7], und die (jährlich wiederkehrende) Bewertung der Bonität des Unternehmens durch eine zugelassene Ratingagentur. Ziel des Wertpapierprospekts ist es, dem Anleger strukturierte Informationen zum Geschäftsmodell, den damit verbundenen Risikofaktoren, der Markt- und Wettbewerbssituation sowie der Entwicklung der Finanz-, Vermögens- und Ertragslage der letzten beiden Jahre zu geben. Allerdings sind die Anforderungen an den Wertpapierprospekt spürbar geringer als bei der Emission von Aktien. Unter anderem

- ist keine Management Discussion and Analysis (MD&A) erforderlich, also eine Erläuterung der Einwicklung wesentlicher Kennzahlen des Jahresabschlusses durch das Management;

- sind nur zwei Jahresabschlüsse zu veröffentlichen, nicht drei wie beim Börsengang;

- sind bei Zwischenabschlüssen für die Bilanz keine Vergleichszahlen des entsprechenden Vorjahrszeitraums erforderlich.

Ein weiteres Kernstück bei der Emission einer Mittelstandsanleihe stellt die Einschätzung der Unternehmensbonität durch eine unabhängige, EU registrierte Ratingagentur dar. Das Rating ist im Kern mit einer Financial und Business Due Diligence vergleichbar.[8] Die drei US-amerikanischen Ratingagenturen Standard & Poor's, Moody's und Fitch Ratings haben zwar jahrzehntelange Erfahrungen im Rating von zumeist global tätigen Unternehmen und Staaten, so dass ihr Rating bei den Investoren am internationalen Anleihemarkt großes Gewicht hat. Auf dem deutschen Markt für Mittelstandsanleihen sind die globalen Ratingagenturen jedoch bislang kaum in Erscheinung getreten, was insbesondere daran liegt, dass es ihnen an geeigneten Benchmark-Größen für das Rating nichtbörsennotierter deutscher mittelständischer Unternehmen fehlt. Stattdessen teilen sich den Markt bislang die Creditreform Rating AG aus Neuss und die Hamburger Euler Hermes Rating GmbH auf.

Mit der Begebung der Anleihe verpflichten sich die Unternehmen zu regelmäßiger Informationsbereitstellung. Von besonderer Bedeutung ist die sogenannte Quasi Ad-hoc-Publizität, die das Unternehmen anhält, wichtige Informationen, die für die Kursentwicklung der Anleihe und die Entscheidung, in eine Anleihe zu investieren, wichtig sind, un-

---

[7] Vgl. EU-Verordnung (EG) Nr. 809/2004 (ProspektVO) zur Umsetzung der Richtlinie 2003/71/EG sowie Wertpapierprospektgesetz (WpPG) vom 1. Juli 2005.

[8] Vgl. Kley, C. R. (2003).

verzüglich einer breiten Öffentlichkeit zur Verfügung zu stellen. Dies entbindet den Anleger zwar nicht, die Entwicklung des Unternehmens selbst kontinuierlich zu verfolgen, gibt ihm aber die Möglichkeit, auf für die Finanz-, Vermögens- und Ertragslage wesentliche Ereignisse schnell zu reagieren.

Typisch bei Mittelstandsanleihen ist ferner die Mitwirkung eines Beraters, der von der Börse zugelassen sein muss. Seine Aufgaben umfassen in einem ersten Schritt die Feststellung der Anleihefähigkeit des Unternehmens und die Anleihestrukturierung (Verzinsung, Zinstermine, Laufzeit, Stückelung, Covenants, Besicherungen). Seriöse Berater führen häufig auch einen Stresstest der wichtigsten Einflussfaktoren auf die Cashflow-Entwicklung durch, um die Belastbarkeit der Zinszahlungsfähigkeit zu analysieren. Nach der Anleiheplatzierung besteht die Aufgabe des Beraters darin, die Folgepflichten sicherzustellen und den Emittenten gegebenenfalls auf Verstöße aufmerksam zu machen.

Eine Besonderheit von Mittelstandsanleihen ist, dass die Zeichnung der Anleihe direkt über die Börse erfolgen kann. Für die Börsen ist dies ein durchaus lukratives Geschäft, da sie zusätzlich eine Platzierungsprovision vereinnahmen. Im Gegenzug unterstützen die Börsen die Platzierung durch gezielte Marketingmaßnahmen wie Mailingaktionen. Besonders engagiert ist die Börse Stuttgart, die nicht nur eine Auftaktveranstaltung in den eigenen Räumen anbietet, sondern auch einen hauseigenen Fernsehsender, „Börse Stuttgart TV", betreibt.

1.3   Erkennbare Probleme und Lösungsvorschläge

Sicherstellung der Emittentenqualität

Grundsätzlich steckt der Markt für Mittelstandsanleihen noch in den „Kinderschuhen". Die Erfahrungen mit diesem Finanzierungsinstrument sind auf Seiten der Emittenten wie auch der Anleger gering. Insbesondere gibt es noch keine Vorstellung darüber, wie sich der Kurs von Mittelstandsanleihen entwickelt, wenn bei einer Anleihe Zinszahlungen nicht oder nur verzögert geleistet werden. Nach der Theorie des Behavioral Finance[9] wäre bei einer großen Anzahl an Privatanlegern zu erwarten, dass die Kurse der Mittelstandsanleihen anderer Branchen kaum in Mitleidenschaft gezogen werden, da Privatanleger für gewöhnlich äußerst avers bei der Realisierung von Kursverlusten reagieren. Diese Einschätzung wird dadurch gestützt, dass Anleihen im Gegensatz zu Aktien am Laufzeitende zum Nominalbetrag zurückgezahlt werden. Ungeachtet dessen hat sich gezeigt, dass in schwachen Kapitalmarktphasen die Kurse von Mittelstandsanleihen generell erheblich schwanken können. Außerdem ist zu beobachten, dass Anleihen von Unternehmen derselben Branche schnell in eine Art „Generalverdacht" oder „Sippenhaft" kommen, wenn einzelne Unternehmen der Branche schlechte Ergebnisse zeigen. Es zeigt sich, dass die Anleger die schlechten Entwicklungen bei einem Unternehmen ohne weitere Differenzierung auf andere Unter-

---

[9]   Vgl. Goldberg, J./von Nitzsch, R. (2004).

nehmen derselben Branche übertragen und damit den Kursverfall verstärken. Insgesamt muss man sich darauf einstellen, dass im Unterschied zu Anleihen von Großunternehmen, die von wenigen professionellen Anlegern gezeichnet werden, bei Mittelstandsanleihen tendenziell stärkere Kursschwankungen zu beobachten sind.

Dies bedeutet gleichzeitig, dass dem Markt noch die Stabilität fehlt und er deshalb sehr sensibel auf Zahlungsstörungen reagiert. Entscheidende Anforderung für alle bei der Beratung, Strukturierung und Platzierung von Mittelstandsanleihen Beteiligten ist daher eine hohe Sensibilität dafür, dass ausschließlich anleihefähige Unternehmen tatsächlich Mittelstandsanleihen begeben. Anleihefähig bedeutet vor allem, dass bereits im Vorfeld der Emission kein Zweifel darüber besteht, dass ein Unternehmen aus seinem operativen Geschäft und der geplanten Verwendung der Anleihemittel in der Lage ist, Zins- und Tilgungszahlungen vollständig und pünktlich zu leisten.

Wie also können nicht anleihefähige Unternehmen vom Kapitalmarkt ferngehalten werden, zumal die Emittentenqualität von den Börsen selbst nicht vollumfänglich geprüft wird? Eine Lösung könnte durch die Verpflichtung eines Beraters gefunden werden, der die Anleihefähigkeit des Emittenten kritisch durchleuchtet. Diese Prüfung der Anleihefähigkeit setzt voraus, dass die Emittentin mindestens folgende Analysefelder glaubwürdig und plausibel vorbereitet hat:

■ Eine aussagekräftige Unternehmensplanung inklusive der dieser zugrundeliegenden Prämissen,

■ die Darstellung und Entwicklung der Markt- und Wettbewerbssituation,

■ die Stabilität der Cashflows und

■ die geplante Verwendung der eingeworbenen Mittel.

Es ist eine der Hauptaufgaben der Berater, eine Vorauswahl zu treffen und jene Emittenten auszusieben, die nicht anleihefähig sind. Ungeachtet dessen ist zu fordern, dass auch von Seiten der Börsen eine fundierte Qualitätsprüfung vorgenommen wird. Zum Beispiel ist vorstellbar, dass diese durch eine branchenspezialisierte Expertenkommission der jeweiligen Börse durchgeführt wird.

Qualifizierung als Berater

Die Anforderungen an Beratungsunternehmen, die als Kapitalmarktexperten einem Anleiheemittenten bei der Emission beratend zur Seite stehen wollen, sind an den einzelnen Börsen unterschiedlich. In den jeweiligen Regelwerken, allgemeinen Geschäftsbedingungen und Freiverkehrsordnungen der Börsen sind die Zulassungsvoraussetzungen geregelt. Mit Ausnahme der Mittelstandsbörse Deutschland ist die Mandatierung eines Beratungsunternehmens sowohl zur Zulassung der Anleihe als auch zur Einhaltung der Folgepflichten obligatorisch. Die Frage nach der Qualifikation des Beraters ist demzufolge für den Emittenten erheblich.

Die strengsten Zulassungsvoraussetzungen haben die Börse Frankfurt für den Entry Standard für Anleihen und die Börse München für den m:access bonds formuliert. In Frankfurt muss die Eignung zum sogenannten Listing Partner durch den Nachweis von drei Beratungsmandaten innerhalb der letzten drei Jahre nachgewiesen werden, in München durch eine Historie von insgesamt zehn Beratungsmandaten. Zusätzlich ist in Frankfurt eine Referenz, d. h. die Empfehlung eines neuen Listing Partners durch einen bereits zugelassenen Listing Partner erforderlich. Im Unterschied zu den anderen Handelsplätzen ist am mittelstandsmarkt Düsseldorf die Rolle des sogenannten Kapitalmarktpartners nicht klar definiert. So sind neben Beratungsunternehmen auch Rechtsanwälte, Rating- und Kommunikationsagenturen, Skontroführer und Anbieter der Zahlstellenfunktion als Kapitalmarktpartner zugelassen.

Tabelle 1.2   Zulassungsvoraussetzungen der Kapitalmarktexperten

Handelssegment	Bondm (Stuttgart)	m:access bond (München)	der mittel- standsmarkt (Düsseldorf)	Entry Standard für Anleihen (Frankfurt)	Mittelstandsbörse Deutschland (Hamburg)
Bezeichnung	Bondm-Coach	Emissionsexperte	Kapitalmarktpartner	Listing Partner	Entfällt
Zulassungs- voraussetzungen als Kapitalmarkt- experte	• Hinreichende Erfahrung bei der Beratung von kapitalmarktorientierten Kapitalgesellschaften • Mindestens zwei Personen im Unternehmen, die mehr als sieben Jahre in der Kapitalmarktberatung tätig sind	• In der IPO- bzw. Emittentenberatung erfahrene Unternehmen • Nachweis der Kapitalmarkterfahrung durch mindestens zehn an inländischen Börsen begleiteten Kapitalmarkttransaktionen	• Nachweis der fachlichen Eignung und ausreichenden Erfahrung mit Dienstleistungen, die das Unternehmen als Kapitalmarktpartner anbieten möchte	• Mindestens drei Beratungsmandate im Rahmen von Kapitalmarkttransaktionen börsennotierter Unternehmen innerhalb der letzten zwei Jahre • Referenz eines bereits aktiven Listing Partners	

Quelle: Regelwerke, Allgemeine Geschäftsbedingungen und Freiverkehrsordnungen der Börsen

Grundsätzlich dürfen nur solche Berater an den Mittelstandssegmenten zugelassen werden, die über die notwendige Erfahrung und das nachgewiesene analytische Know-how zur Beurteilung der Anleihefähigkeit verfügen. Um sicher zu stellen, dass die Qualifikation auch im beratenden Unternehmen weiterhin besteht, ist zu fordern, dass dieser Qualifikationsnachweis jährlich erbracht wird. Ist ein Emittent innerhalb der ersten beiden Jahre nicht mehr in der Lage, seine Zinszahlungen zu leisten, kann dies ein Indiz dafür sein, dass es dem Berater an ebendieser Qualifikation fehlt.

Einführung des Designated Sponsor-Konzepts

Der laufende Handel von Mittelstandsanleihen wird in Deutschland derzeit von sogenannten „Skontroführern" oder „Spezialisten" übernommen. Ihre Aufgabe besteht in der Feststellung von marktgerechten Börsenpreisen aus einem betreuten Skontro heraus. Ein Skontro ist ein elektronisches Orderbuch, in dem der Skontroführer alle vorliegenden Orders eines Wertpapiers sieht. Dabei werden die Börsenpreise der meisten Wertpapiere nach dem sogenannten Meistausführungsprinzip ermittelt, also nach dem den Kurs, zu dem der größte Umsatz mit dem geringsten Überhang auf der Kauf oder Verkaufsseite realisiert wird. Um allzu große Kurssprünge zu vermeiden sollte der Skontroführer oder Spezialist eine gewisse Kurskontinuität anstreben.

Bereits bei Aktien hat sich gezeigt, dass das Prinzip des Skontroführers für einen funktionsfähigen Börsenhandel nicht ausreichend ist. Dass Wertpapiere innerhalb weniger Wochen ohne entsprechende Unternehmensnachrichtigen Kursverluste von 25 % und mehr hinnehmen müssen, kann für ein noch nicht etabliertes Marktsegment nicht akzeptiert werden.

Deshalb ist zu überlegen, ein System der Kursfeststellung einzurichten, das dem des Designated Sponsors für Aktien entspricht. Aufgabe des Designated Sponsors ist es, regelmäßig Kauf- und Verkaufspreise zu stellen, die auf beiden Seiten mit einem bestimmten Volumen fundiert sind. Nur dann kann sichergestellt werden, dass Kurse von Anleihen durch Kleinstorders nicht deutlich bewegt werden können. Um die Liquidität einer Anleihe zu garantieren, sollte ein maximaler Spread zwischen An- und Verkaufspreis nicht überschritten werden. In Abhängigkeit von der Liquiditätsklasse der Anleihe sollte dieser nicht mehr als 5 % betragen.

Alternativ könnte die Emittentin angehalten werden, einem zu starken Kursverfall ohne begleitende schlechte Unternehmensnachrichten entgegenzuwirken. Fällt zum Beispiel der Kurs einer Anleihe unter ein mit dem Designated Sponsor vereinbartes Kursniveau, könnte dieser das Überangebot im Auftrag der Emittentin interessewahrend vom Markt nehmen. Eine vergleichbare Vorgehensweise ist im Übrigen bei Anleihen von Gebietskörperschaften durchaus üblich.

Etablierung von Qualitätssegmenten

Die bisher an den fünf Börsenplätzen gegründeten Segmente für Mittelstandsanleihen sind Bestandteil des jeweiligen Freiverkehrs. Der Freiverkehr ist gemäß § 2 Abs. 5 WpHG kein durch staatliche Stellen genehmigter geregelter und überwachter Markt, sondern ein börsenregulierter Markt. Die Zulassungsvoraussetzungen für börsenregulierte Märkte sind im Gegensatz zu den EU-regulierten Märkten niedrig. Anleiheemittenten, die bereit wären, freiwillig höhere Anforderungen zu erfüllen – wie etwa Quartalsberichterstattung oder eine regelmäßige Berichterstattung über die Entwicklung liquiditätsrelevanter Kennzahlen – können sich nicht durch eine Emission an einem Qualitätssegment wie dem General oder Prime Standard für Aktien abheben.

Deshalb ist zu fordern, dass für Mittelstandsanleihen an den Börsen Qualitätssegmente eingerichtet werden. Wesentliche Elemente eines Qualitätssegments sollten sein,

- dass neben den Jahres- und Halbjahresberichten auch (u. U. verkürzte) Abschlüsse nach dem ersten und dritten Quartal veröffentlicht werden, die einheitlich definierte Kennzahlen beinhalten, um Rückschlüsse auf die Bonität und die finanzielle Stärke des Unternehmens ziehen zu können,

- dass mindestens ein Credit-Research pro Jahr erstellt wird,

- dass ein Designated Sponsor verpflichtet wird,

- dass das jährliche Rating eine bestimmte Mindestnote erreicht.

Insgesamt soll die Emission einer Anleihe in den Qualitätssegmenten einem Gütesiegel gleichkommen. Dieses könnte von den jeweiligen Börsen durch Presse- und Medienkampagnen sowie auf der Homepage der Börse beworben werden.

Die Etablierung des Prime Standards für Anleihen der Deutsche Börse AG ist ein erster Schritt in die richtige Richtung. Die wesentlichen Kennzeichen dieses Premiumsegments – ein Emissionsvolumen von mehr als 100 Mio. € und ein Free Float von mindestens 10 % – sollten allerdings durch die von uns genannten Kriterien erweitert werden.

Annäherung an die bei Börsengängen akzeptierten Qualitätsstandards

Am Markt ist zu beobachten, dass die bei Börsengängen übliche Financial Due Diligence, die Veröffentlichung von Research Reports ebenso wie die gängigen Bestätigungen – Comfort Letter, Legal Opinion und Disclosure Opinion – bei Anleiheemissionen von den beteiligten Banken in unterschiedlichem Umgang eingefordert werden. Hinzu kommt, dass der Informationsgehalt des Wertpapierprospekts geringer ist. Darüber hinaus entziehen sich die emissionsbegleitenden Banken regelmäßig der Prospektverantwortung, indem sie nicht im Prospekt genannt werden und damit lediglich als Arrangeure der Transaktion fungieren. Schließlich ist es bei Anleiheemissionen gängige Praxis, dass die beteiligten Banken keine Übernahmeverpflichtungen übernehmen, sondern lediglich auf „Best Effort-Basis" platzieren. Um die Bedeutung von Anleihen für die Finanzierung mittelständischer Unternehmen langfristig sicherzustellen, und gleichzeitig den Anlegerschutz zu verbessern, sind Gesetzgeber und Banken, aber auch institutionelle Investoren aufgefordert, sich auch bei Anleiheemissionen für die am Kapitalmarkt üblichen Qualitätsstandards einzusetzen.

1.4　　Ausblick

Der Markt für Mittelstandsanleihen wird sich nur dann dauerhaft etablieren und erfolgreich sein, wenn sich alle Beteiligten gleichermaßen dafür einsetzen, dass nur anleihefähige mittelständische Unternehmen den Weg an den Kapitalmarkt finden. Hierfür ist eine Rückbesinnung auf den steilen Aufstieg und tiefen Fall des Neuen Marktes durchaus sinnvoll. Gerade die Börsen müssen sich der Gefahr bewusst sein, dass der Wettbewerb um mittelständische Unternehmen nicht zu einem „Windhundrennen" führt, in dem möglichst viele Mittelstandsanleihen unkritisch aufgenommen werden.

Langfristig werden daher nur jene Börsen mit Mittelstandsanleihen Erfolg haben, denen es gelingt, nur Unternehmen gelistet zu haben, die ihren Zinszahlungen und ihrer Anleihetilgung auch in einem schwierigen konjunkturellen Umfeld nachkommen können. Deshalb sind alle an der Emission von Mittelstandsanleihen Beteiligten aufgefordert, ein hohes Maß an Sensibilität zu wahren, damit diese für den deutschen Mittelstand neue und gleichzeitig wichtige Finanzierungsquelle nicht bereits in der Frühphase versiegt.

Literatur

[1] Baden-Württembergische Wertpapierbörse (2011): Geschäftsbedingungen für den Freiverkehr an der Baden-Württembergischen Wertpapierbörse, Stuttgart.

[2] Bösl, K. (2010): Die Mittelstandsanleihe, in: Bond Magazine, Ausgabe 1, S. 33.

[3] Bösl, K. (2004): Praxis des Börsengangs: Ein Leitfaden für mittelständische Unternehmen, Gabler Verlag, 1. Aufl., München.

[4] Cünnen A. (2011): Mit Schulden Geld verdienen, Handelsblatt Online, abgerufen am 25.10.2011: http://www.handelsblatt.com/finanzen/boerse-maerkte/anleihen/mit-schulden-geld-verdienen/4521732.html.

[5] Ebner Stolz Mönning Bachem Unternehmensberatung GmbH und Wolff & Häcker Finanzconsulting AG (2011): Studie 2010 zur Finanzierung im Mittelstand.

[6] EU-Verordnung (EG) Nr. 809/2004 (ProspektVO) zur Umsetzung der Richtlinie 2003/71/EG.

[7] Goldberg, J./ Nitzsch, R. von (2004): Behavioral Finance: Gewinnen mit Kompetenz, Finanzbuch Verlag, München.

[8] IKB-Report (2011): Mittelstandsfinanzierung mit neuen Perspektiven

[9] Kley, C. R. (2003): Mittelstands-Rating: Externe Credit Ratings und die Finanzierung mittelständischer Unternehmen, Deutscher Universitätsverlag Gabler Edition Wissenschaft, Wiesbaden.

[10] Kuthe, T./Zipperle, M. (2011): Die Börsensegmente für Mittelstandsanleihen im Vergleich, Bond Magazine, Ausgabe 02, Februar-März 2011.

[11] Rühlmann, B. (2008): Anleiheemissionen aus Sicht der Investmentbank, Habersack, M./Mülbert, P. O./Schlitt, M. (Hrsg.): Unternehmensfinanzierung am Kapitalmarkt, Schmidt Otto Verlag, 2. Auflage, Köln, S. 417-429.

[12] Wertpapierprospektgesetz (WpPG) vom 1. Juli 2005.

2 Die Stellung der Anleihe im Finanzierungsmix mittelständischer Unternehmen

Prof. Dr. Gerald Mann (FOM Hochschule für Oekonomie und Management)

2.1 Anreize für Emittenten

Traditionellerweise deckt der Mittelstand in Deutschland seinen Fremdkapitalbedarf über Bankkredite. Diverse Faktoren haben jedoch dazu geführt, dass mittelständische Unternehmen in der Folge der Finanzkrise verstärkt direkt den Kapitalmarkt über die Emission von Mittelstandsanleihen „anzapfen". Wie ist es dazu gekommen? Und was sind die Anreize dafür, dass sich Emittenten Fremdkapital durch Mittelstandsanleihen anstatt durch Bankkredite beschaffen[1]?

2.1.1 Stärkung von Unabhängigkeit

Die Unabhängigkeit eines Unternehmens wird durch die Begebung einer Anleihe in folgender Weise gestärkt:

Keine Änderung des Gesellschafterkreises

Eine Kapitalzufuhr in ein Unternehmen könnte ja auch über weitere Eigenkapitalgeber erfolgen, die dann jedoch ein entsprechendes Mitspracherecht einfordern und so den Einfluss der bisherigen Gesellschafter reduzieren. Diese Erweiterung oder Verschiebung innerhalb des Gesellschafterkreises erspart man sich durch die Emission einer Anleihe, da Anleihegläubiger im Regelfall keine Mitspracherechte erhalten.

Unabhängigkeit von Banken

Banken als Fremdkapitalgeber haben im Gegensatz zu Anleihegläubigern Einflussmöglichkeiten auf die Unternehmensführung, weil ihre Verhandlungsmacht wesentlich stärker ist. Der Anleihegläubiger kann sich nur für oder gegen den Erwerb einer Anleihe entscheiden. Auch erwirbt er nur einen Teil des Gesamtvolumens einer Anleihe. Ein Kredit in gleicher Höhe müsste mit entsprechend ausgebildeten Fachleuten der Banken ausgehandelt werden, deren Verhandlungsmacht entsprechend größer ist. Ihre Kontrollmöglichkeiten sind kreditvertraglich und faktisch ebenfalls entsprechend stärker als die von Tausenden von Anleihegläubigern mit relativ kleinen Beträgen.

---

[1] Vgl. Bösl, K. (2011).

In Deutschland ist die Fremdfinanzierung von mittelständischen Unternehmen über Jahrzehnte hinweg zentral auf Bankkredite abgestellt gewesen. Dieses „Hausbankenprinzip" stellte dem Mittelstand eine berechenbare Versorgung mit Kapitel zur Verfügung. Auch aufgrund des starken Wettbewerbs im deutschen Kreditwesen („drei Säulen" mit Sparkassen, Genossenschafts- und Privatbanken) sowie der steuerlichen Begünstigung von Fremdkapital durch die Abzugsfähigkeit der Zinszahlungen wurde diese Abhängigkeit hingenommen. Im Zuge der Finanzkrise der Jahre 2007 ff. wurde aus nachvollziehbaren Gründen die Kreditvergabe restriktiver. Gleichwohl konnte von einer umfassenden Kreditklemme auch im Jahr 2009 nicht gesprochen werden. Im Gegenteil, gerade Unternehmen mit einem Kreditbedarf von bis ca. 10 Mio. €, der auch von Sparkassen und Genossenschaftsbanken gut abgedeckt werden kann, konnten sich weithin auf eine stabile Kreditversorgung verlassen. Schwieriger gestaltete sich die Situation für Unternehmen mit einem Kreditbedarf zwischen 10 Mio. € und der bis dahin für eine Unternehmensanleihe üblichen Untergrenze von 200 Mio. €.

Diese Lücke wurde erst durch die Innovation der Mittelstandsanleihe geschlossen, die für Volumen zwischen 25 und 50 Mio. € (enge Spanne) bzw. zwischen 10 und maximal 150 Mio. € (weite Spanne) eine Alternative zum Bankkredit darstellt. Denn bei realistischer Betrachtung ist angesichts von Basel III und einer nicht auszuschließenden Verschärfung der Finanzkrise über das Maß von 2007-2009 hinaus nicht mit einer mittelstandsfreundlicheren Kreditvergabe zu rechnen. Mittelstandsanleihen erlauben Unternehmen also eine signifikante Reduktion ihrer Bankenabhängigkeit.

Dabei muss eine gute Beziehung zur Hausbank gar nicht unter einer Hinwendung der Unternehmen zum Kapitalmarkt leiden. Denn Banken ziehen das risikolose Provisionsgeschäft, z. B. durch die Begleitung einer Anleiheemission, ohnehin dem risikobehafteten Kreditgeschäft vor. Das Instrument der Anleihe kann deshalb sogar zu einer Entspannung des Verhältnisses mit der eigenen Hausbank führen.

Steigerung des Bekanntheitsgrades

Durch die Emission einer Mittelstandsanleihe wächst die Bekanntheit des Unternehmens sowohl

- **in der breiten Öffentlichkeit:** Das Unternehmen gewinnt allgemein an Bekanntheit. So kann man z. B. leichter qualifiziertes Personal gewinnen, weil ein bekanntes Unternehmen attraktiver ist als ein unbekanntes.

- **bei der potentiellen Kundschaft:** Die im Segment Bondm der Stuttgarter Börse gelistete Anleihe der Albert Reiff GmbH & Co. KG (Reiff-Gruppe) erhöht natürlich die Bekanntheit bei Kunden von Autozubehörteilen. Und selbst bei altbekannten Marken wie Underberg bringt eine noch dazu „hochprozentige" Anleihe einen Werbeeffekt mit sich, der bei der Kostenkalkulation mit zu berücksichtigen ist.

- **als auch in der Finanzöffentlichkeit:** Hier könnte eine Anleiheemission z. B. eine Vorstufe für einen Börsengang des Unternehmens sein. Dazu ein Beispiel aus der Zeit vor den heutigen Mittelstandsanleihen: Die frühere Boetzelen Real Estate AG (heute Deikon GmbH) hatte nach der Emission von drei zehnjährige Hypothekenanleihen über insgesamt 60 Mio. € in 2005 und 2006 einen Börsengang (IPO) angestrebt, diesen dann jedoch aufgrund des Marktumfeldes im Juni 2007 auf unbestimmte Zeit verschoben. Dieses mittlerweile angeschlagene Unternehmen mag nicht als Vorbild dienen – die Hypothekenanleihen notieren im Frühherbst 2011 bei ca. 20 %. Gleichwohl ist der Ansatz grundsätzlich überlegenswert und ggf. vorteilhaft, sich erst mit einer Anleihe oder auch mehreren und dann zu einem späteren Zeitpunkt mit Aktien an den Kapitalmarkt zu begeben. Darauf sei auch vor dem Hintergrund hingewiesen, dass die starke Mehrheit der Emittenten in den diversen Marktsegmenten für Mittelstandsanleihen deutscher Börsen nicht börsennotierte Unternehmen sind.

Die Erhöhung des Bekanntheitsgrades in allen drei Bereichen kann für die künftige Entwicklung des Unternehmens äußerst dienlich sein.

2.1.2 Mehr Flexibilität

Im Vergleich zum Bankkredit weisen Anleihen ein höheres Maß an Flexibilität für das Unternehmen auf:

Keine Besicherung

Bankkredite müssen besichert werden, durch Grundschulden, Abtretungen, Sicherungsübereignungen etc. Dies reduziert die freie Verfügung über die als Sicherheit verpfändeten Gegenstände. Und es reduziert die weitere Kreditaufnahmefähigkeit. Da Anleihen in der Regel nicht besichert werden, erhält sich der Emittent zusätzlichen Kreditspielraum. Dies – wie auch die beiden nächsten Punkte – können als Einfallstor für unseriöse Emittenten gewertet werden. Aber auch hier ist davon auszugehen, dass grundsätzlich durch Ratings eine entsprechende Selbstreinigung des Marktes zumindest wahrscheinlich ist.

Keine Covenants

Anleihebedingungen enthalten in der Regel keine oder deutlich weniger, den Emittenten einschränkende Vereinbarungen (z. B. eine Mindesteigenkapitalquote), als Kreditverträge. Auch hier gilt also: Das Unternehmen ist von seinen Anleihegläubigern unabhängiger als von einer kreditgebenden Bank. Allerdings werden Ratingagenturen und Anleger auf eine aus ihrer Sicht ausreichende Eigenkapitalquote bei der Emission achten. Danach könnte diese allerdings deutlich sinken, ohne dass eine Vertragsverletzung vorliegt.

Keine Zweckbindung

Investitionskredite werden in der Regel an ein oder mehrere bestimmte Projekte gebunden. Werden die Mittel ohne Zustimmung der Bank anders eingesetzt, ist dies ein Verstoß gegen die Kreditvereinbarung. Bei Anleihen werden in den Prospekten zwar auch Projekte vorgestellt, um den Anleger zu gewinnen. Jedoch muss sich das Unternehmen nicht rechtlich dazu verpflichten, die Mittel auch entsprechend einzusetzen. Somit bleibt eine höhere Flexibilität für das Management, die Mittel auch anderweitig zu verwenden, falls bessere Investitionsprojekte nach der Emission des Prospektes bzw. der Anleihe auftauchen. Wenn das emittierende Unternehmen den Kapitalmarkt jedoch nicht nur einmal angezapft haben will, sondern öfter diesen Weg gehen will, ist zwingend eine adäquate Kommunikation über Investor Relations anzuraten. Auch gilt für diesen und die beiden vorherigen Punkte, dass alle drei Maßnahmen natürlich auch in den Anleiheverträgen vorgenommen werden können, um für Investoren attraktiver zu werden.

Vorzeitiger (Teil-)Rückkauf möglich

Im Unterschied zum Bankkredit weist die Anleihe eine wesentlich größere Flexibilität auf. Sie kann durch (Teil-)Rückkauf vorzeitig getilgt werden, ohne dass dafür eine feste Vorfälligkeitsentschädigung zu zahlen ist. Es ist jedoch davon auszugehen, dass bei Rückkauf eines wesentlichen Teiles der Anleihe der Kurs aus zwei Gründen deutlich über 100 % gehen wird: Zum einen wird ein entsprechendes Gerücht oder auch das Bekanntwerden einer solchen Aktion für die Solvenz des Unternehmens sprechen, so dass ein niedrigerer Zinssatz, der mit einer Notierung über 100 % korrespondiert, gerechtfertigt ist. Zum anderen erhöht die zusätzliche Nachfrage des Emittenten nach seiner eigenen Anleihe den Kurs ohnehin. Man könnte folglich von einer „indirekten Vorfälligkeitsentschädigung" sprechen, wenn die Anleihe zu einem Kurs zurückgekauft wird, der zu diesem Zeitpunkt über dem Marktzins für Anleihen gleicher Risikostufe und Restlaufzeit liegt.

In diesem Zusammenhang sei auch darauf verwiesen, dass natürlich sämtliche denkbaren Formen von Anleihen (Festzinsanleihen, variabel verzinsliche, Tilgungsanleihen, Zero Bonds oder Sonderformen wie Options- und Wandelanleihen)[2] auch für mittelständische Unternehmen grundsätzlich in Frage kommen. Allerdings haben sich die Emittenten bislang standardmäßig für Festzinsanleihen, meist mit fünf Jahren Laufzeit, entschieden, ggf. mit einem Kündigungsrecht seitens des Emittenten nach einem Teil der Laufzeit.

2.1.3   Volumen und Kosten

Höhere Volumina als bei Bankkrediten möglich

Aus zwei Gründen sind bei Anleihen höhere Emissionsvolumina als bei Bankkrediten zu erzielen:

- ■   Anders als beim Bankkredit sind keine Sicherheiten für die Anleihen zu geben. Das erlaubt es der Emittentin, eine höhere Verschuldung zu generieren, weil die Limitierung durch eigene bankfähige Sicherheiten des Emittenten wegfällt. Sollte die Wirt-

---

[2]   Vgl. Becker, H. P. (2010) S. 210 ff.

schaft in Deutschland im Zuge der fortgesetzten und ggf. verschärften Finanz- und Staatschuldenkrise in japanische Verhältnisse (deflationäre Tendenzen) abgleiten, wird dieser Aspekt noch wichtiger, weil bei Deflationserwartungen die Banken den Wert von Sicherheiten noch niedriger ansetzen müssen.

- Außerdem sind diejenigen Privatanleger, die bislang zu einem großen Teil die Mittelstandsanleihen erworben haben, risikobereiter[3] als es Banken sein dürfen. D. h. aber auch, dass Mittelstandsanleihen nur so lange als Finanzierungsinstrument genutzt werden können, wie sich Ausfälle in diesem Segment in einem gewissen Rahmen halten, der das Grundvertrauen der Investoren nicht schwinden lässt.

Kosten der Kapitalaufnahme niedriger

Das „Ausschalten" der Bank als Intermediär erlaubt zunächst einmal, die Bankmarge zwischen Investor und Emittenten aufzuteilen. Infolge einer stärkeren Risikoeinschätzung und aufgrund einer – durch die verschärfte Regulierung erzwungenen – höheren Eigenkapitalunterlegung haben die Banken in den vergangenen Jahren die Zinsen für Unternehmenskredite relativ zum Marktzinsniveau bereits sukzessive angehoben bzw. werden sie noch weiter anheben (müssen). Somit steigt die Bankenmarge an, wodurch die Umgehung des Bankkredits durch eine Mittelstandsanleihe noch attraktiver wird.

Die Verwendung einer von der Bundesanstalt für Finanzdienstleistungen (BaFin) zugelassenen Ratingagentur wie Creditreform oder Euler Hermes genügt, so dass nicht auf die vergleichsweise „teuren" Bewertungen der großen Ratingagenturen wie Moody's oder Standard & Poor's zurückgegriffen werden muss. Es ist davon auszugehen, dass sich das Segment Mittelstandsanleihen bei weitem nicht so entwickelt hätte wie im Verlauf von 2010 und 2011, wenn die Verwendung von Ratings großer Agenturen gesetzlich oder vom Markt her gefordert wäre, weil deren wesentlich höhere Kosten den o. g. Kostenvorteil deutlich mindern würden.

Ein weiterer Kostenvorteil kann entstehen, wenn die Anleihe durch den Emittenten über das Internet auch selbst veräußert wird. Dazu muss allerdings dieser Prozess entsprechend kosteneffizient aufgesetzt werden. Zudem kann diese Vertriebsform dazu führen, dass der Emittent Daten von potenziellen oder tatsächlichen Kunden gewinnt, die später über ein Direktmarketing leicht zu adressieren sind (vgl. oben „Steigerung des Bekanntheitsgrades"). Jedoch sind die Kostenvorteile auch von der Größe der Emission abhängig. Bei einem Volumen von nur 10 Mio. € (wie z. B. bei Solar8 Energy AG) dürften trotz Zeichnungsmöglichkeit über die eigene Internetseite die Kostenvorteile deutlich dahinschmelzen. Ca. 25 bis 30 Mio. € scheinen eine kaufmännisch vernünftige Untergrenze darzustellen, das Segment der Börse Stuttgart und der Börse München geben 25 Mio. € auch als Zielgröße für das Mindestvolumen vor[4].

---

[3] Zu unternehmensspezifischen Bonitätsrisiken siehe Perridon, L./Steiner, M./Rathgeber, A. (2009) S. 184 ff.

[4] Vgl. Bondguide (2011) S. 5.

Tabelle 2.1   Anreize für Mittelstandsanleihen[5]

Stärkung der Unabhängigkeit	▪ Keine Änderung des Gesellschafterkreises ▪ Unabhängigkeit von Banken ▪ Steigerung des Bekanntheitsgrades
Mehr Flexibilität	▪ Keine Besicherung ▪ Keine Covenants ▪ Keine Zweckbindung ▪ Vorzeitiger (Teil-)Rückkauf möglich
Volumen und Kosten	▪ Höhere Volumina als bei Bankkrediten möglich ▪ Kosten der Kapitalaufnahme niedriger

Quelle: Eigene Darstellung

2.2   Nachteile für Emittenten

Natürlich gibt es für Emittenten nicht nur Vorteile, sondern auch Nachteile, wenn im Finanzierungsmix eines Unternehmens langfristige Bankkredite teilweise oder vollständig durch Anleihen ersetzt werden.

2.2.1   Längere Vorbereitungszeit

In der Regel muss man mehrere Monate Vorlaufzeit zwischen der Entscheidung für eine Anleiheemission und dem Eingang des Emissionserlöses veranschlagen. Die Kreditentscheidung bei einer langjährigen Hausbankbeziehung dürfte hingegen ungleich schneller erfolgen. Dieser Zeitvorteil eines Hausbankdarlehens gilt aber nur, wenn die Hausbank auch wirklich bereit ist, weitere Kredite zu gewähren und der Kreditwunsch nicht die bisher üblichen oder von der Bank akzeptierten Volumina übersteigt. Ansonsten können sich auch Verhandlungen mit der Hausbank länger hinziehen.

---

[5]   Vgl. Bösl, K. (2011).

2.2.2 Unsicherheit beim Volumen

Im Gegensatz zum von der Bank unterschriebenen Kreditvertrag kann der Emittent einer Anleihe nicht sicher sein, dass er das angestrebte Volumen auch platzieren kann. Dann fehlen angepeilte Mittel, was ggf. auch Probleme an anderer Stelle, z. B. bei bereits unterschriebenen Verträgen zur Beschaffung von Investitionsgütern, nach sich ziehen kann. Dass diese Gefahr real ist, zeigen die Beispiele des Leichtmetallräderherstellers Uniwheels Holding (Germany) GmbH oder des Solartechnikproduzenten Payom Solar AG. Sie schafften es nicht, das angestrebte Volumen während der Zeichnungsfrist einzusammeln. Bei Payom stürzte vier Monate nach Börsennotierung der Kurs auf ca. 85 %, der von Uniwheels nur auf 95 bis 96 %. Marktbeobachter sehen in diesen Entwicklungen bereits eine Differenzierung in bekanntere und unbekanntere Emittenten, wobei erstere bei Anlegern einen Vertrauensvorschuss genössen[6]. Und börsennotierte Unternehmen haben es wegen ihrer höheren Bekanntheit erwartungsgemäß leichter, zumal sich bei ihnen die Unternehmensentwicklung auch am Aktienkurs verfolgen lässt.

2.2.3 Abhängigkeit vom Kapitalmarkt bei Prolongation

Wenn die Anleihe am Ende der Laufzeit fällig wird, ist der Emittent wieder vom Kapitalmarkt abhängig, wenn er das Kapital weiter benötigt. Er muss eine neue Anleihe auflegen und am Kapitalmarkt platzieren können. Inwieweit Unternehmen, die ab 2010 Mittelstandsanleihen emittiert haben, dies gelingt, bleibt abzuwarten. Eine kreditgebende Bank könnte hier tendenziell eher geneigt sein, einen Kredit zu prolongieren, weil ihre bisherige Forderung davon abhängt und sie weiter die Sicherheiten behalten kann. Für den Anleger gilt das nicht. An dieser Stelle könnte sich der oben dargelegte Zugewinn an Unabhängigkeit zumindest für einige Emittenten ins Gegenteil verkehren.

2.2.4 Verlust an Diskretion

Eine Anleiheemission – auch in den in diesem Sammelband diskutierten Marktsegmenten – erfordert die Bereitschaft zu einer gewissen Transparenz. Gerade für Familienunternehmen, die ihre Aktivitäten soweit möglich im Diskreten belassen wollen, kann dies eine Hürde darstellen. Man kommt nicht umhin, Jahresabschlüsse und andere unternehmensrelevante Daten im Internetauftritt unter der Rubrik „Investor Relations" zu veröffentlichen. Ohne ein Mindestmaß an Transparenz sind Investoren kaum zu gewinnen. Hier muss eine Abwägung und ggf. ein Umdenken erfolgen.

---

[6] Vgl. Motte, L. de la (2011).

2.3   Fazit und Ausblick

Mittelstandsanleihen haben eine Lücke in der Finanzierung deutscher Unternehmen geschlossen. Sie sind zu einem wichtigen Instrument im Finanzierungsmix der Unternehmen geworden, die insbesondere seit 2010 dieses Instrument genutzt haben. Weitere Gesellschaften werden diesen Weg gehen, auch wenn im zweiten Halbjahr die Welle von Emissionen im Vergleich zum ersten Halbjahr 2011 deutlich abgeflaut ist.

Insolvenzen sind bislang ausgeblieben. Doch die Möglichkeit, den Kreditspielraum auch bei sinkenden Eigenkapitalquoten deutlich auszudehnen, lässt erwarten, dass es – zumal in einer Rezession – zu Ausfällen kommen wird. Durch schlechten Gebrauch wird jedoch das Instrument selbst nicht schlecht. Und eine risikoorientierte Einteilung der Anleihen wird am Markt schon jetzt stärker vorgenommen.

Unternehmen, die dieses Instrument nachhaltig nutzen wollen, müssen auf eine ausreichende Eigenkapitalausstattung auch während der Laufzeit achten. Sie müssen ferner eine verlässliche und offene Kommunikation mit ihren Investoren und potentiellen Investoren führen. Ihr Management muss die Anleihegläubiger überzeugen.

Wenn nicht alles täuscht, hat die Mittelstandsanleihe Zukunft.

Literatur

[1] Becker, H. P. (2010): Investition und Finanzierung, Gabler Verlag, Wiesbaden.
[2] Bondguide (2011): Ausgabe 10/2011 – Newsletter für Unternehmensanleihen, abgerufen am 31.10.2011: http://www.bondguide.de.
[3] Bond Magazine (2011): Abgerufen am 31.10.2011: http://:www.fixed-income.org.
[4] Bösl, K. (2011): Mehr Unabhängigkeit von Bankkrediten durch die Begebung einer Mittelstandsanleihe, IPL-Magazin – Sonderausgabe Februar 2011.
[5] Motte, L. de la (2011): Mittelstandsanleihen werden immer sicherer, abgerufen am 21.10.2011: http://www.handelsblatt.com/finanzen/boerse-maerkte/anleihen/mittelstandsanleihen-werden-immer-sicherer/4242420.html?p4242420=all.
[6] Pape, U. (2009): Grundlagen der Finanzierung und Investition, Oldenbourg Wissenschaftsverlag München.
[7] Perridon, L./Steiner, M./Rathgeber, A. (2009): Finanzwirtschaft der Unternehmung, Vahlen Verlag, München.

3 Rechtlicher Rahmen für die Gestaltung von Anleihebedingungen

Dr. Hilger von Livonius (SJ Berwin LLP)

3.1 Einführung

Das Rechtsverhältnis zwischen dem Emittenten der Anleihe und den Anlegern (Anleihegläubigern) wird bestimmt durch die Emissionsbedingungen (Anleihebedingungen). Aus ihnen ergeben sich primär die den Anleihegläubigern zustehenden Zahlungsansprüche (auf Zins- und Rückzahlung) sowie darüber hinaus eventuelle weitere Verhaltenspflichten des Emittenten.

Der Entstehung des mit der Anleihe verbrieften Rechts liegt nach vorherrschender Meinung ein sogenannter Begebungsvertrag zwischen dem Emittenten und dem ersten Übernehmer der Anleihe zu Grunde[1]. Nach allgemeinen wertpapierrechtlichen Grundsätzen (Skripturprinzip) werden nur diejenigen Bestimmungen Teil dieses Rechtsverhältnisses, die sich ausdrücklich aus der über das Wertpapier ausgestellten Urkunde und den an sie angehängten Emissionsbedingungen ergeben (vgl. § 2 Satz 1 SchVG)[2]. Außerhalb dieser Emissionsbedingungen liegende Umstände und Festlegungen (z. B. Aussagen in einem Prospekt für die Schuldverschreibungen) können allenfalls im Rahmen einer Auslegung der Emissionsbedingungen herangezogen werden oder beispielsweise für die Feststellung zivilrechtlicher Ansprüche des Anlegers gegen den Verkäufer der Anleihe herangezogen werden.

3.2 Rechtlicher Rahmen

3.2.1 §§ 793 ff. BGB

Die §§ 793 bis 806 BGB sehen bestimmte Regelungen für Inhaberschuldverschreibungen vor, ohne dabei freilich das Recht der Inhaberschuldverschreibungen abschließend zu regeln. § 793 Abs. 1 Satz 1 BGB definiert eine Inhaberschuldverschreibung als „eine Urkunde, in der der Aussteller dem Inhaber der Urkunde eine Leistung verspricht". Im Wesentlichen

---

[1] Die Wertpapiereigenschaft einer Urkunde endet, wenn das durch sie verbriefte Recht erlischt. Das verbriefte Recht kann grundsätzlich auch dann erlöschen, wenn der Emittent selbst das Eigentum an den von ihm begebenen Wertpapieren erwirkt (Konfusion), sofern der Emittent nicht die Absicht hat, die Wertpapiere später wieder in Verkehr zu bringen.

[2] In Durchbrechung des Skripturprinzips ist eine Bezugnahme auf außerhalb der Globalurkunde niedergelegte Anleihebedingungen nur bei nicht zum Umlauf bestimmten Urkunden (z. B. Sammelurkunden) zulässig (§ 2 Satz 2 SchVG).

enthalten die §§ 793 ff. BGB Bestimmungen zur Verbindlichkeit der Verpflichtungen des
Ausstellers und zu den über das Wertpapier ausgestellten Urkunden. Eine der ganz wesentlichen Bestimmungen für Inhaberschuldverschreibungen, nämlich das Erfordernis
einer staatlichen Emissionsgenehmigung (§ 795 BGB a. F.), ist bereits im Jahre 1990 aufgehoben worden.

3.2.2   Darlehensrecht

Da bei einer Anleihe die (in der Regel vorübergehende) Überlassung von Fremdkapital im
Vordergrund steht, stellt sich grundsätzlich die Frage, ob die Rechtbeziehung zwischen
dem Emittenten der Anleihe und den Anleihegläubigern als Darlehensvertrag anzusehen
ist und daher den Vorschriften der §§ 488 ff. BGB unterliegt. Diese Frage ist in der juristischen Literatur höchst umstritten. In Einzelfällen kann sich aber dann, wenn die Emissionsbedingungen zu bestimmten Punkten keine ausdrückliche Regelung treffen, die Frage
stellen, ob hier nicht die gesetzlichen Regelungen automatisch zur Anwendung kommen.
Da die meisten Bestimmungen des Darlehensrechts des BGB aber eher zugunsten des Dar-
lehensnehmers wirken[3], ist die Frage in aller Regel nur von geringer praktischer Relevanz.

3.2.3   Recht der Allgemeinen Geschäftsbedingungen

Die Anwendbarkeit des AGB-Rechts

Inwieweit Bedingungen für Wertpapiere, die zum Publikumsabsatz geschaffen werden, als
Allgemeine Geschäftsbedingungen (AGB) anzusehen sind, wird seit längerer Zeit kontro-
vers diskutiert. Der Bundesgerichtshof (BGH) hat dazu in mehreren Entscheidungen geur-
teilt, dass Emissionsbedingungen von Schuldverschreibungen als Allgemeine Geschäftsbedingungen anzusehen sind. In der Diskussionen zur Reform des Schuldverschreibungs-
rechts wurde verschiedentlich vorgeschlagen, Anleihebedingungen ausdrücklich vom
Anwendungsbereich der §§ 305 ff. BGB auszunehmen. Der Gesetzgeber ist diesem Vorschlag nicht gefolgt und will eine einheitliche europäische Regelung im Zusammenhang
mit einer anstehenden Reform der Richtlinie 93/13/EWG über missbräuchliche Klauseln in
Verbraucherverträgen („Klauselrichtlinie") erreichen.

Die herrschende Meinung in der Literatur geht ebenfalls davon aus, dass sämtliche vorfor-
mulierten Bedingungen für Wertpapiere des Massengeschäfts als Allgemeine Geschäftsbedingungen einzuordnen sind (und daher einer Inhaltskontrolle nach den §§ 307 ff BGB
unterliegen). Diese Auffassung wird zu Recht kritisiert, da das Recht der Allgemeinen

---

[3]   So enthält z. B. § 489 Abs. 1 BGB Regelungen, welche dem Darlehensnehmer bei einem festverzins-
      lichen Darlehen auch ohne besondere Regelung unter bestimmten Umständen ein Kündigungs-
      recht einräumen, das nicht durch Vertrag ausgeschlossen oder erschwert werden kann. Lediglich §
      490 Abs. 1 BGB enthält mit dem Kündigungsrecht für den Fall einer wesentlichen Verschlechte-
      rung der wirtschaftlichen Umstände des Darlehensnehmers ein Recht, das zugunsten des Anleihe-
      gläubigers wirken könnte; ein solches Recht wird aber in aller Regel auch in den Emissionsbedin-
      gungen vorgesehen.

Geschäftsbedingungen für Kapitalmarktpapiere schlichtweg nicht passt. Aufgrund der im Ergebnis unterschiedlichen Behandlung von Kaufleuten und Nichtkaufleuten wird das Grundprinzip des Inhaberpapiers, verschiedene miteinander rechtlich austauschbare und inhaltsgleiche Wertpapiere zu schaffen, konterkariert, wenn die Emissionsbedingungen unter Umständen je nach dem jeweiligen Inhaber des Wertpapiers einen unterschiedlichen Inhalt haben sollen. Auch kann es nicht darauf ankommen, wer erster Inhaber des Wertpapiers ist, da dies sicherlich in der Praxis zu keinen ausgewogenen Ergebnissen führt. Sachgerechter wäre es vielmehr, die Emissionsbedingungen von Schuldverschreibungen anhand der allgemeinen Grundsätze von Treu und Glauben sowie der guten Sitten zu kontrollieren (§§ 138, 242 BGB). Für die Praxis ist – jedenfalls bis zu der angestrebten Klärung auf europäischer Ebene – gleichwohl zu unterstellen, dass Anleihebedingungen weiterhin einer Inhaltskontrolle nach den §§ 305 ff. BGB unterliegen.

Einbeziehungskontrolle

Allgemeine Geschäftsbedingungen werden nur unter ganz bestimmten Voraussetzungen Vertragsbestandteil (§ 305 Abs. 2 BGB). Hierzu hat der BGH allerdings entschieden, dass Emissionsbedingungen von Inhaberschuldverschreibungen nicht in den Anwendungsbereich von § 2 Abs. 1 des Gesetzes über allgemeine Geschäftsbedingungen (AGBG, jetzt: § 305 Absatz 2 BGB) fallen, mit der Folge, dass eine Einbeziehungskontrolle bei derartigen Emissionsbedingungen nicht stattfindet. Im Übrigen werden ungewöhnliche (überraschende) Klauseln gar nicht erst Vertragsbestandteil (§ 305c Abs. 1 BGB). Maßgebend ist insoweit der typische Durchschnittsbetrachter. Klauseln, deren Inhalt sich am Leitbild der Regelungen in Gesetzen oder Verordnungen orientiert, sind in der Regel nicht ungewöhnlich.

Auslegungsgrundsätze

Auch bei allgemeinen Geschäftsbedingungen ist primärer Anknüpfungspunkt der Auslegung der Wortlaut der entsprechenden Regelung. Ist dieser nicht eindeutig, wird zunächst das Verständnis des typischerweise an Geschäften der betreffenden Art beteiligten Verkehrskreises (allgemeine Verkehrsauffassung) als Maßstab herangezogen. Danach verbleibende Zweifel, wie eine Bestimmung tatsächlich zu verstehen ist, gehen zu Lasten des Verwenders (§ 305c Abs. 2 BGB). Unter diesem Gesichtspunkt ist eine möglichst präzise Abfassung der Emissionsbedingungen geboten, da bei Unklarheiten im Zweifel zunächst eine Auslegung in dem für die Anleihegläubiger ungünstigsten Sinne erfolgt (um zu testen, ob die betreffende Klausel nicht ohnehin als unwirksam anzusehen ist) und danach (d. h. nach Feststellung der Wirksamkeit der Klausel) eine Auslegung im kundenfreundlichsten Sinne.

Inhalts-Transparenzkontrolle

Wichtigste Folge der Einstufung von Emissionsbedingungen als Allgemeine Geschäftsbedingungen ist deren Inhalts- und Transparenzkontrolle nach Maßgabe der §§ 307 ff. BGB[4].

---

[4] Nachdem Schuldverschreibungen keine gesellschaftsrechtlich geprägten Mitgliedschaftsrechte gewähren, ist die Inhaltskontrolle nicht nach § 310 Abs. 4 Satz 1 BGB ausgeschlossen.

Während § 307 BGB eine Generalklausel zur Prüfung von Allgemeinen Geschäftsbedingungen darstellt, enthalten die §§ 308 und 309 BGB eine katalogartige Aufzählung von verbotenen Klauseln.

Nach der Generalklausel des § 307 Abs. 1 Satz 1 BGB sind Bestimmungen, welche den Vertragspartner unangemessen benachteiligen, unwirksam. Eine solche unangemessene Benachteiligung ist nach § 307 Abs. 2 BGB im Zweifel anzunehmen, wenn eine Bestimmung mit wesentlichen Grundgedanken der gesetzlichen Regelung, von der abgewichen wird, nicht zu vereinbaren ist, oder wenn wesentliche Rechte oder Pflichten, die sich aus der Natur des Vertrags ergeben, so eingeschränkt werden, dass die Erreichung des Vertragszwecks gefährdet ist („Inhaltskontrolle").

Dieser Aspekt ist freilich für die Prüfung von Emissionsbedingungen von vergleichsweise geringer praktischer Bedeutung, da das Recht der Schuldverschreibungen nur rudimentär gesetzlich geregelt ist (§ 305 Abs. 2 Nr. 1 BGB) und auch § 305 Abs. 2 Nr. 2 BGB kaum Anwendung finden dürfte. Im Übrigen kann sich eine unangemessene Benachteiligung schon daraus ergeben, dass die betreffende Bestimmung nicht klar und verständlich – mithin also nicht transparent – ist („Transparenzkontrolle"). Während alle wirksam einbezogenen Bestimmungen der Transparenzkontrolle unterliegen, erfolgt eine Inhaltskontrolle nur in den Fällen des § 308 Abs. 3 Satz 1 BGB. Allerdings ist davon auszugehen, dass für Emissionsbedingungen von Schuldverschreibungen die Transparenzkontrolle allein anhand von § 3 SchVG erfolgt.

3.2.4   Schuldverschreibungsgesetz

Das SchVG ist auf nach deutschem Recht begebene, inhaltsgleiche Schuldverschreibungen aus Gesamtemissionen anwendbar[5], und zwar unabhängig davon, ob sie von inländischen oder ausländischen Emittenten begeben wurden. Schuldverschreibungen aus Gesamtemissionen sind dann inhaltsgleich, wenn sie mit denselben Bedingungen begeben werden und infolgedessen untereinander austauschbar und fungibel sind. Auch Schuldverschreibungen, die in verschiedenen Tranchen, z. B. im Wege der Aufstockung, begeben werden, können untereinander inhaltsgleich sein. Die Art der Verbriefung und Verwahrung ist für dieses Merkmal unerheblich. Während die Vorschriften des zweiten Abschnitts des SchVG über die Beschlüsse der Gläubiger nur anwendbar sind, wenn dies in den Emissionsbedingungen so ausdrücklich bestimmt ist (§ 5 Abs. 1 SchVG), haben die die Vorschriften des ersten Abschnitts, d. h. insbesondere das Transparenzgebot und der Grundsatz der kollektiven Bindung (siehe dazu nachfolgende Abschnitte) in jedem Fall Geltung.

---

[5]   Das SchVG wird auf alle Schuldverschreibungen angewendet, die ab dem 5. August 2009 ausgegeben wurden. Für alle früher ausgegebenen Schuldverschreibungen gilt das SchVG 1899 unbegrenzt weiter.

Transparenzgebot

§ 3 SchVG verlangt vom Emittenten, die Anleihebedingungen so verständlich abzufassen, dass ein für die jeweilige Art von Schuldverschreibungen sachkundiger Anleger die versprochene Leistung ermitteln kann („Transparenzgebot"). Dies gilt unabhängig von der Frage, ob Anleihebedingungen als Allgemeine Geschäftsbedingungen einer Inhaltskontrolle nach den §§ 305 ff. BGB unterliegen.

Maßstab für die Prüfung, ob das Transparenzgebot eingehalten wurde, ist ein Anleger, der hinsichtlich der jeweiligen Art von Schuldverschreibungen sachkundig ist. Somit können auch komplizierte Bedingungen rechtlich zulässig sein, wenn sie erkennbar an einen Anlegerkreis gerichtet sind, der über entsprechende Kenntnisse verfügt. Bei einem Verstoß gegen das Transparenzgebot kommt eine Auslegung der Anleihebedingungen, ein Anspruch wegen Verschuldens bei Vertragsschluss oder eine Nichtigkeit wegen Verstoßes gegen ein gesetzliches Verbot (§ 134 BGB) in Betracht. Für die Prüfung des Transparenzgebots als Bestandteil der AGB-rechtlichen Inhaltskontrolle ist davon auszugehen, dass das spezialgesetzliche Transparenzgebot des SchVG das in § 307 Abs. 1 S. 2 BGB enthaltene allgemeine Transparenzgebot als speziellere Regelung verdrängt.

Kollektive Bindung

Anleihebedingungen können während der Laufzeit der Anleihe rechtsgeschäftlich nur durch gleich lautenden Vertrag mit sämtlichen Gläubigern („Einstimmigkeitsprinzip") oder aufgrund eines zustimmenden Mehrheitsbeschlusses der Gläubiger („Mehrheitsprinzip") geändert werden („kollektive Bindung"). Bilaterale rechtsgeschäftliche Änderungen der Rechtsbeziehungen zwischen dem Emittenten und einzelnen Gläubigern während der Laufzeit der Schuldverschreibungen sind grundsätzlich unzulässig (vgl. § 3 SchVG). Zudem erfordert die kollektive Bindung eine Gleichbehandlung aller Gläubiger. Bei Änderungen von Anleihebedingungen dürfen einzelne Gläubiger somit nicht benachteiligt werden.

Mehrheitsbeschlüsse der Gläubiger

Sofern die Anleihebedingungen dies vorsehen, können die Anleihegläubiger auf Gläubigerversammlungen Mehrheitsbeschlüsse zur Änderung der Emissionsbedingungen fassen (§ 5 Abs. 1 Satz 1 SchVG). Im Zweifel empfiehlt es sich daher, von der Möglichkeit der Anordnung von Mehrheitsbeschlüssen bereits in den Anleihebedingungen Gebrauch zu machen – sofern man diese nicht generell ausschließen möchte, etwa bei Anleihen mit sehr kurzer Laufzeit[6]. Mehrheitsbeschlüsse sind grundsätzlich für alle Gläubiger derselben Anleihe gleichermaßen bindend, selbst wenn sie an der Beschlussfassung nicht teilgenommen

---

[6] Änderungen der Anleihebedingungen erfordern zudem stets die Zustimmung des Emittenten. Diese Zustimmung kann bereits im Vorfeld erteilt und insbesondere in den Anleihebedingungen vorweggenommen werden. Zudem werden Änderungen des Inhalts der Urkunde oder der Anleihebedingungen erst dann wirksam, wenn sie in der Urkunde oder in den Anleihebedingungen vollzogen worden sind.

haben (§ 5 Abs. 2 Satz 1 SchVG). Mehrheitsbeschlüsse der Gläubiger, die nicht dieselben Bedingungen für alle Gläubiger vorsehen, sind jedoch unwirksam, wenn die benachteiligten Gläubiger ihrer Benachteiligung nicht ausdrücklich zugestimmt haben (§ 5 Abs. 2 Satz 2 SchVG).

Bis auf die Begründung von neuen Leistungspflichten kann die Gläubigerversammlung grundsätzlich jede Kapitalmaßnahme in Bezug auf die Schuldverschreibungen mit qualifizierter Mehrheit beschließen, also z. B. auch einen Verzicht auf die Hauptforderung oder einen Kapitalschnitt[7]. Die Änderung von Anleihebedingungen durch Mehrheitsbeschluss setzt keine Krise des Schuldners voraus und lässt daher auch eine frühzeitige Sanierung des Emittenten zu. In Bezug auf die möglichen Maßnahmen liegt ein bedeutsamer Unterschied zum alten Recht jedoch darin, dass Maßnahmen unzulässig sind, die nicht bereits ausdrücklich in den Anleihebedingungen vorgesehen sind. Schon bei der Emission einer Anleihe sollte daher in den Anleihebedingungen festgelegt werden, ob und vor allem, in welchem Umfang die Anleihebedingungen nachträglich durch Mehrheitsbeschlüsse geändert werden können[8].

Beschlüsse der Anleihegläubiger werden grundsätzlich mit der einfachen Mehrheit der an der Abstimmung teilnehmenden Stimmen gefasst (§ 5 Abs. 4 Satz 1 SchVG). Beschlüsse, durch die der wesentliche Inhalt der Anleihebedingungen geändert wird, bedürfen jedoch zu ihrer Wirksamkeit einer qualifizierten Mehrheit von mindestens 75 % der abgegebenen Stimmen (§ 5 Abs. 4 Satz 2 SchVG). Die Anleihebedingungen können für einzelne oder alle Maßnahmen eine höhere Mehrheit vorsehen. Eine wesentliche Änderung der Anleihebedingungen ist insbesondere dann gegeben, wenn die Zustimmung zu Maßnahmen der in § 5 Abs. 1 Nr. 1-9 SchVG bezeichneten Art erteilt werden soll. Die dort enthaltene Aufzählung ist aber nicht abschließend, vielmehr unterliegen vergleichbare Änderungen der Anleihebedingungen ebenfalls dem Erfordernis einer qualifizierten Mehrheit. Bei den Beschlussfassungen in einer Versammlung ist jeweils zusätzlich die Beschlussfähigkeit der Versammlung erforderlich („Quorum"), die nur gegeben ist, wenn mindestens 50 % des Anleihekapitals anwesend sind (§ 15 Abs. 2 Satz 1 SchVG). In einer zweiten Gläubigerversammlung gilt dies grundsätzlich nicht, bei qualifizierten Beschlüssen ist es aber erforderlich, dass dann mit den abgegebenen Stimmen zumindest 25 % des Anleihekapitals vertreten sind (§ 15 Abs. 2 Satz 2 SchVG). Letztlich bedeutet dies, dass qualifizierte Beschlüsse in einer zweiten Gläubigerversammlung gegebenenfalls mit lediglich 18,75 % des Anleihekapitals Zustimmung gefasst werden können.

---

[7] Der gesetzliche Beispielskatalog in § 5 Abs. 1 SchVG ist nicht abschließend, d. h. es ist möglich, auch andere Beschlussgegenstände in den Emissionsbedingungen vorzusehen.

[8] Es sollte allerdings auch möglich sein, eine Öffnungsklausel in die Anleihebedingungen aufzunehmen, die es der Gläubigerversammlung gestattet, einen vorhandenen Katalog möglicher Mehrheitsbeschlussgegenstände zu erweitern. Auch die spätere Beschränkung eines in den ursprünglichen Anleihebedingungen enthaltenen Katalogs möglicher Mehrheitsbeschlussgegenstände ist durch Mehrheitsbeschluss möglich. Dabei wird anzunehmen sein, dass die Beschränkung eines Katalogs wesentlicher Maßnahmen ihrerseits als wesentliche Inhaltsänderung anzusehen ist und somit der qualifizierten Mehrheit bedarf.

Ist ein Gesamtkündigungsrecht angeordnet, wonach die Kündigung der Anleihe nur von mehreren Gläubigern und einheitlich erklärt werden kann, so darf der für die Kündigung erforderliche Mindestanteil der ausstehenden Anleihe nicht mehr als 25 % (bezogen auf die ausstehenden Schuldverschreibungen) betragen (§ 5 Abs. 5 Satz 1 SchVG). Ferner können die Anleihegläubiger eine solche Kündigung mit Mehrheit überstimmen (§ 5 Abs. 5 Satz 2 SchVG). Die Wirkung einer solchen Gesamtkündigung entfällt, wenn die Anleihegläubiger dies innerhalb von drei Monaten mit einfacher Mehrheit beschließen. Allerdings müssen in jedem Fall mehr Anleihegläubiger der Aufhebung der Kündigung zustimmen, als gekündigt haben. Bis zum Ablauf der Frist kann der Emittent die Leistung verweigern.

Wenn ein Dritter (z. B. ein Garant oder Sicherheitentreuhänder) Verpflichtungen gegenüber den Gläubigern übernommen hat (sogenannter „Mitverpflichteter"), können die Anleihebedingungen vorsehen, dass die Bestimmungen des SchVG zu Mehrheitsbeschlüssen der Anleihegläubiger (einschließlich der Wahrnehmung ihrer Rechte durch einen gemeinsamen Vertreter) für Rechtsgeschäfte mit einem Mitverpflichteten entsprechend gelten (§ 22 SchVG). In einem solchen Fall müssen in den Anleihebedingungen die betreffenden Rechtsgeschäfte und Mitverpflichteten ausdrücklich genannt werden.

Gemeinsamer Vertreter

Die Anleihebedingungen können vorsehen, dass die Anleihegläubiger zur Wahrnehmung ihrer Rechte einen gemeinsamen Vertreter bestellen können. Dies kann insbesondere sinnvoll sein, um Informationsrechte der Anleihegläubiger geltend zu machen oder um Verhandlungen mit dem Schuldner zu erleichtern, da es der gemeinsame Vertreter den Gläubigern ermöglicht, die Rechte der Anleihegläubiger einheitlich geltend zu machen. Grundsätzlich kommen auch Personen als gemeinsamer Vertreter in Betracht, die in einem gewissen Näheverhältnis zum Emittenten stehen. Zur Vermeidung von Interessenkonflikten müssen die maßgeblichen Umstände offen gelegt werden, die einen Interessenkonflikt begründen können (§ 7 Abs. 1 SchVG).

Die Bestellung eines gemeinsamen Vertreters kann durch Mehrheitsbeschluss der Anleihegläubiger erfolgen, wenn diese Möglichkeit in den Anleihebedingungen vorgesehen ist. Sollen dem gemeinsamen Vertreter zugleich Rechte übertragen werden, die es ihm ermöglichen, im Namen der Anleihegläubiger wesentlichen Änderungen der Anleihebedingungen zuzustimmen, bedarf die Bestellung des gemeinsamen Vertreters der qualifizierten Mehrheit. Ein gemeinsamer Vertreter der Anleihegläubiger kann auch bereits in den Anleihebedingungen bestellt werden. Da die Anleihegläubiger in diesem Fall jedoch keinen Einfluss auf die Auswahl der Person haben, stellt das Gesetz strengere Anforderungen an die zu berufende Person als im Fall der Bestellung des gemeinsamen Vertreters durch Mehrheitsbeschluss. Bei der Bestellung in den Anleihebedingungen ist auch der Umfang der Befugnisse des gemeinsamen Vertreters festzulegen. Einen Verzicht auf Rechte der Anleihegläubiger kann der gemeinsame Vertreter jedoch nur auf Grund eines ausdrücklichen Ermächtigungsbeschlusses der Gläubigerversammlung erklären. Eine solche Ermächtigung kann nicht vorab in den Anleihebedingungen vorgesehen werden.

Der gemeinsame Vertreter hat die Aufgaben und Befugnisse, die ihm durch Gesetz oder durch Mehrheitsbeschluss der Anleihegläubiger eingeräumt wurden. Bei der Übertragung von Aufgaben und Befugnissen an den gemeinsamen Vertreter unterliegen die Anleihegläubiger grundsätzlich keinen inhaltlichen Beschränkungen. Soweit dem gemeinsamen Vertreter die Ausübung von Gläubigerrechten übertragen wurde, sind die einzelnen Anleihegläubiger zur selbständigen Geltendmachung dieser Rechte nicht mehr befugt (verdrängende Zuständigkeit), es sei denn, der Mehrheitsbeschluss oder die Emissionsbedingungen sehen dies ausdrücklich vor (§ 7 Abs. 2 Satz 3 SchVG). In der Insolvenz des Schuldners ist ausschließlich der gemeinsame Vertreter zur Geltendmachung der Gläubigerrechte berechtigt und verpflichtet (§ 19 Abs. 3 SchVG). Die Anleihegläubiger können die Bestellung des gemeinsamen Vertreters jederzeit ohne Angabe von Gründen durch Mehrheitsbeschluss beenden.

Einberufung und Durchführung von Gläubigerversammlungen

Gläubigerversammlungen können als Präsenzversammlungen oder als virtuelle Versammlungen durchgeführt werden (vgl. § 18 Abs. 1 SchVG). Die Anleihebedingungen können lediglich eine der beiden Möglichkeiten vorsehen. Die Einberufung erfolgt durch den Emittenten oder den gemeinsamen Vertreter der Anleihegläubiger. Anleihegläubiger, die über 5 % (oder mehr) der ausstehenden Schuldverschreibungen verfügen und ein besonderes Interesse nachweisen (z. B. die Bestellung oder Abberufung eines gemeinsamen Vertreters), können vom Emittenten oder vom gemeinsamen Vertreter die Einberufung verlangen (§ 9 Abs. 1 Satz 2 SchVG). Ferner können die Anleihebedingungen bestimmen, dass die Anleihegläubiger auch aus anderen Gründen die Einberufung verlangen können. Sofern der Emittent oder der gemeinsame Vertreter dem Einberufungsverlangen nicht nachkommen, können die Anleihegläubiger bei Gericht beantragen, zur eigenständigen Einberufung der Gläubigerversammlung ermächtigt zu werden und den Vorsitzenden der Versammlung zu bestimmen.

Die Gläubigerversammlung ist mindestens 14 Tage vor dem Tag der Versammlung einzuberufen (§ 10 Abs. 1 SchVG), um auch im Fall einer akuten Krise des Emittenten möglichst schnelles Handeln zu ermöglichen. Die Anleihebedingungen können vorsehen, dass die Anleihegläubiger sich zu der Versammlung anmelden müssen. Die Anleihebedingungen können auch bestimmen, wie die Berechtigung zur Teilnahme an der Gläubigerversammlung nachzuweisen ist. An Abstimmungen nimmt jeder Anleihegläubiger entsprechend des Nennwerts oder des rechnerischen Anteils seiner Berechtigung an den ausstehenden Schuldverschreibungen teil. Jede Schuldverschreibung (der kleinsten Stückelung) gewährt grundsätzlich eine Stimme (§ 6 Abs. 1 Satz 1 SchVG). Der Emittent hat die Beschlüsse der Anleihegläubiger auf seine Kosten in geeigneter Form öffentlich bekannt zu machen (z. B. im elektronischen Bundesanzeiger sowie im Unternehmensregister). Ferner hat der Emittent die Beschlüsse sowie, falls ein Gläubigerbeschluss die Anleihebedingungen ändert, den Wortlaut der ursprünglichen Anleihebedingungen vom Tag nach der Gläubigerversammlung an für die Dauer von mindestens einem Monat im Internet der Öffentlichkeit zugänglich zu machen. Die Anleihebedingungen können zusätzliche Formen der öffentlichen Bekanntmachung vorsehen.

Beschlüsse der Gläubigerversammlung, durch die der Inhalt der Anleihebedingungen abgeändert oder ergänzt wird, werden dadurch vollzogen, dass die maßgebliche Sammelurkunde ergänzt oder geändert wird. Bei girosammelverwahrten Urkunden muss die Wertpapiersammelbank angewiesen werden, den Inhalt der von der Gläubigerversammlung gefassten Beschlüsse der Sammelurkunde in geeigneter Form beizufügen.

Rechtschutz gegen Mehrheitsbeschlüsse

Beschlüsse, durch die die Anleihebedingungen geändert werden, bedürfen der Zustimmung des Emittenten. Dieser kann seine Zustimmung verweigern und sich gegen Beschlüsse der Anleihegläubiger wehren. Hat der Emittent seine Zustimmung im Vorhinein erteilt, kann er die Wirksamkeit der Beschlüsse grundsätzlich nicht mehr verhindern.

Anleihegläubiger können gegen Mehrheitsbeschlüsse Widerspruch einlegen, wenn sie an der Abstimmung teilgenommen haben (vgl. § 18 Abs. 5 SchVG, § 20 Abs. 2 Nr. 1 SchVG). Wird dem Widerspruch nicht abgeholfen, können die Anleihegläubiger den betreffenden Mehrheitsbeschluss gerichtlich anfechten. Unter bestimmten Voraussetzungen können auch Anleihegläubiger gegen die Beschlüsse vorgehen, die an der betreffenden Abstimmung gar nicht teilgenommen haben. Widerspruch und Anfechtungsklage hemmen grundsätzlich den Vollzug einer Änderung der Anleihebedingungen bis zur rechtskräftigen Entscheidung über den Widerspruch bzw. die Anfechtungsklage, so dass der Beschlussinhalt noch nicht zum Zwecke der Änderung der Urkunde an die Wertpapiersammelbank weitergegeben werden kann.

3.3   Ausgestaltung der Emissionsbedingungen

Die Emissionsbedingungen regeln im Einzelnen, welche Leistungen der Emittent schuldet (insbesondere Zins- und Rückzahlungspflichten) und welche Einwendungen er geltend machen kann. Daneben sind Regelungen zur Laufzeit und Kündigung der Schuldverschreibungen sowie zum Schutz der Anleihegläubiger beim Eintritt von für sie nachteiligen Ergebnissen wesentlicher Bestandteil der Emissionsbedingungen. Der Ausgabepreis der Schuldverschreibungen gehört nicht hierzu, er ist vielmehr Bestandteil des jeweiligen Übernahme- oder Platzierungsvertrages.

3.3.1   Form und Verbriefung

Entsprechend ihrer Übertragbarkeit wird unterschieden zwischen Inhaber-, Order- und Namensschuldverschreibungen. Während Inhaberschuldverschreibungen und Orderschuldverschreibungen den jeweiligen Inhaber des Wertpapiers legitimieren („das Recht aus dem Papier folgt dem Recht an dem Papier"), ist bei Namensschuldverschreibungen nur die in der Urkunde namentlich benannte Person Inhaber des Forderungsrechts und aufgrund dieser Rechtsinhaberschaft steht ihr dann auch das Recht an der Urkunde zu („das Recht an dem Papier folgt dem Recht aus dem Papier").

Inhaberpapiere können nach allgemeinen sachenrechtlichen Grundsätzen durch Einigung und Übergabe des betreffenden Papiers (nach den §§ 929 ff. BGB) übertragen werden. Der Gutglaubensschutz ist bei ihnen sehr weit ausgeprägt, gemäß § 935 Abs. 2 BGB ist ein gutgläubiger Erwerb auch an verloren gegangenen, gestohlenen oder sonst wie abhanden Papieren möglich. Namenspapiere („Rektapapiere") können hingegen nur durch Abtretung des durch sie verbrieften Rechts (nach den §§ 398 ff. BGB) übertragen werden. Das Eigentum an der für das jeweilige Papier ausgestellten Urkunde geht nach § 952 BGB mit der Abtretung des verbrieften Rechts auf den Zessionar über. Der Gutglaubensschutz ist bei Namenspapieren stark eingeschränkt, da der Besitz allein noch keine Vermutung für die materielle Berechtigung des Inhabers an dem verbrieften Recht begründet, auch wenn der Emittent wie bei einem Schuldschein die Einlösung an die Vorlegung des Papiers knüpfen kann (vgl. dort § 371 BGB). Der Schuldner ist zwar berechtigt, die geschuldete Leistung an den Vorleger zu erbringen, der in der Urkunde nicht namentlich benannte Inhaber ist aber nicht berechtigt, die geschuldete Leistung zu verlangen; vielmehr muss er den Erwerb des verbrieften Rechts gegenüber dem Schuldner nachweisen, um eine Leistungspflicht des Schuldners zu begründen.

Inhaberschuldverschreibungen zeichnen sich somit durch ihre relativ einfache und unkomplizierte Übertragbarkeit aus, während Namensschuldverschreibungen dem Emittenten eine bessere Übersicht und Kontrolle über den Kreis der Anleihegläubiger ermöglichen und (im Fall effektiver Stücke) einen größeren Schutz vor Verlustrisiken bieten. Bei mittelständischen Unternehmensanleihen ist der Regelfall der der Inhaberschuldverschreibungen i. S. v. § 793 Abs. 1 BGB. Zu beachten ist, dass die Emission von Namensschuldverschreibungen in der Regel als Betreiben eines Bankgeschäfts (in Form des Einlagengeschäfts i. S. v. § 1 Abs. 1 Satz 2 KWG) angesehen wird und somit für den Emittenten eine Erlaubnis nach § 32 KWG voraussetzt[9].

Die Verbriefung der Schuldverschreibungen erfolgt regelmäßig in einer „entmaterialisierten" girosammelverwahrfähigen Globalurkunde (siehe § 9a DepotG); die Übertragung einzelner Schuldverschreibungen erfolgt durch Übertragung des Miteigentumsanteils am Sammelbestand. Vereinzelt finden sich spezifische Regelungen über eine anfängliche Ausgabe einer vorläufigen Globalurkunde, die später in eine dauerhafte Globalurkunde ausgetauscht wird, um US-wertpapier- und steuerrechtliche Vorgaben zu erfüllen. Dies ist regelmäßig aber dann nicht erforderlich, wenn in den USA keine Maßnahmen zum Verkauf der Wertpapiere erfolgen und keine Auswirkungen auf den US-Markt oder auf US-Bürger zu besorgen sind. Im Fall einer Börsennotierung ist eine Globalverbriefung zwingende

---

[9]   Im Übrigen kann die Emission von Schuldverschreibungen im Wege der sogenannten Eigenemission ohne Erlaubnis nach § 32 KWG erfolgen. Die Zuwiderhandlung gegen § 32 KWG ist nach § 54 Abs. 1 Nr. 2 KWG eine Straftat, die mit Freiheitsstrafe bis zu drei Jahren oder mit Geldstrafe bestraft wird. In ihrem Merkblatt mit Hinweisen zum Tatbestand des Einlagengeschäfts vom 7. Juni 2011 weist die über die Aufsicht im Rahmen des KWG zuständige Bundesanstalt für Finanzdienstleistungsaufsicht (BaFin) darauf hin, dass die Emission von individuell ausgestalteten Inhaber- oder Orderschuldverschreibungen, denen die Fungibilität (Austauschbarkeit) im Rahmen einer Gesamtemission von Schuldverschreibungen am Kapitalmarkt fehlt, ebenfalls erlaubnispflichtig ist (s. dort Abschnitt 1. d).

Voraussetzung. Andernfalls ist auch eine Ausgabe von Einzelurkunden oder „effektiven Stücken" denkbar, dieses ist jedoch mit einem erheblichen administrativen Aufwand und gewissen Risiken (insbesondere für den Fall eines Abhandenkommens dieser Urkunden) verbunden und wird daher in der Regel ausgeschlossen. Sofern nichts anderes geregelt ist, sind die Schuldverschreibungen grundsätzlich frei übertragbar. Eine Beschränkung der Übertragbarkeit, z. B. durch ein Zustimmungserfordernis des Emittenten („Vinkulierung") ist bei Namensschuldverschreibungen grundsätzlich möglich (vorbehaltlich des vorstehend beschriebenen Erlaubnisvorbehalts), schränkt aber unter Umständen die Erwerbbarkeit für bestimmte Anlegerkreise ein (siehe dazu nachfolgend Abschnitt 3.5).

3.3.2 Rang und Status

Die Anleihebedingungen sehen in der Regel vor, dass die Verpflichtungen des Emittenten aus den Schuldverschreibungen direkte, unbedingte, nicht besicherte und nicht nachrangige Verbindlichkeiten des Emittenten begründen, die untereinander und mit allen anderen nicht besicherten und nicht nachrangigen gegenwärtigen und zukünftigen Verbindlichkeiten der Emittentin gleichrangig sind, soweit diesen Verbindlichkeiten nicht durch zwingende gesetzliche Bestimmungen ein Vorrang eingeräumt wird (was nach § 39 Abs. 2 InsO grundsätzlich zulässig ist). Denkbar ist auch die Vereinbarung eines Nachrangs der Anleihegläubiger gegenüber allen anderen Gläubigern des Emittenten, was für den Emittenten unter Umständen gewisse bilanzielle Vorteile mit sich bringt, unter AGB-rechtlichen Gesichtspunkten jedoch als problematisch angesehen wird.

3.3.3 Stückelung

Für die Stückelung der Schuldverschreibungen gibt es grundsätzlich keine Vorgaben. In der Praxis relativ häufig anzutreffen sind jedoch Stückelungen von 1.000 € pro Inhaberschuldverschreibung. Bei Emissionen, die sich ausschließlich an institutionelle Anleger richten, sind auch größere Stückelungen von 50.000 € oder mehr anzutreffen. Sofern die Schuldverschreibungen prospektfrei (d. h. ohne Erstellung eines Prospekts nach den Bestimmungen des WpPG) angeboten werden sollen, ist eine Mindeststückelung von 50.000 € erforderlich, sofern nicht der Mindestzeichnungsbetrag pro Anleger auf 50.000 € festgesetzt ist (vgl. § 3 Abs. 2 Nr. 3, 4 WpPG)[10]. Zu beachten ist aber, dass die Regularien der neuen Börsensegmente für Mittelstandsanleihen zur Erhöhung der Handelbarkeit regelmäßig Höchstbeträge von 1.000 € für die Mindeststückelung von Anleihen vorsehen, die an diesen Börsensegmenten gelistet werden sollen[11].

---

[10] Aufgrund einer Änderung der Richtlinie 2003/71/EG betreffend den Prospekt, der beim öffentlichen Angebot von Wertpapieren oder bei deren Zulassung zum Handel zu veröffentlichen ist (Prospektrichtlinie) durch Art. 1 Nr. 3 a) i) der Richtlinie 2010/73/EU vom 24. November.2010 werden diese Beträge zum 1. Juli 2012 auf jeweils 100.000,00 € angehoben.

[11] Siehe z. B. § 36 Abs. 3 Nr. 5 der Geschäftsbedingungen für den Freiverkehr an der Baden-Württembergischen Wertpapierbörse (Bondm).

3.3.4   Laufzeit und Rückzahlung

Bei den am Markt anzutreffenden Mittelstandsemissionen sind Laufzeiten zwischen drei und sieben Jahren üblich. Denkbar sind auch Gestaltungen, bei denen die Schuldverschreibungen ohne feste Laufzeit (als „ewige Anleihen" oder „Hybridanleihen") begeben werden („perpetuals")[12], diese sind allerdings in der Praxis eher selten anzutreffen.

Die Rückzahlung der Anleihen erfolgt i. d. R. in einer Summe zum Laufzeitende[13], d. h. als endfällige Tilgung zum Nennwert, sofern nicht im Einzelfall eine Tilgung durch Lieferung von Wertpapieren (z. B. Aktien des Emittenten oder eines anderen Unternehmens) vorgesehen ist (siehe dazu nachfolgend Abschnitt 3.4.2)[14]. Ebenso wie die Verzinsung kann auch die Rückzahlung der Schuldverschreibung an eine Referenzgröße gekoppelt werden, wobei auch insoweit das Transparenzgebot des § 3 SchVG zu beachten ist.

3.3.5   Verzinsung

Grundsätzlich ist zu unterscheiden zwischen verzinslichen Anleihen und sog. Nullcoupon-Anleihen, die i. d. R. mit einem bestimmten Abschlag („Diskont") auf den Nominalbetrag bzw. Einlösungskurs ausgegeben werden und bei denen der Inhaber letztlich durch die Einlösung des Wertpapiers eine Einmalzinszahlung (in Höhe der Differenz zwischen dem Ausgabebetrag und dem Rückzahlungsbetrag der Anleihe) erhält. Innerhalb der verzinslichen Schuldverschreibungen ist grundsätzlich zu unterscheiden zwischen Papieren mit fester Verzinsung (d. h. einem festen p. a. Prozentsatz) und Papieren mit variabler Verzinsung („floating rate notes"), bei denen der jeweils maßgebliche Zinssatz unter Zuhilfenahme eines Referenzzinssatzes zuzüglich eines bestimmten Aufschlags („Marge") meist in Zeitabständen von drei oder sechs Monaten anhand der aktuellen Marktbedingungen neu festgestellt wird[15]. Möglich sind auch Kombinationen der beiden Verzinsungsmodelle (fest/variabel). Außerdem kann es einen Höchstzinssatz („cap"), einen Mindestzinssatz („floor") oder beides („collar") geben. Ebenso kann vereinbart werden, dass der Zinssatz jedes Jahr ansteigt („Step Up") oder fällt („Step Down").

---

[12] Je nach ihrer Ausgestaltung kann der Emittent hierdurch bilanzielles oder aufsichtsrechtliches Eigenkapital schaffen.

[13] Denkbar sind aber auch andere Rückzahlungsregelungen, z. B. solche, die eine Rückzahlung in gleichen Raten vorsehen, wobei die zurückzuzahlenden Schuldverschreibungen in der Regel durch Auslosung ermittelt werden.

[14] Sollte der Emittent die Anleihe bereits vor Laufzeitende tilgen wollen, kommt neben der Möglichkeit, von einem eventuell vereinbarten Kündigungsrecht (issuer call) Gebrauch zu machen, auch ein Rückkauf der Anleihe am Markt in Betracht.

[15] Der häufigste im Euro-Raum verwendete Referenzzinssatz ist der Zinssatz für Termingelder in Euro im Interbankengeschäft (Euro Interbank Offered Rate, EURIBOR), der an jedem Geschäftstag anhand der Angebotssätze ermittelt wird, welche die wichtigsten Banken für den Interbankenhandel stellen.

Während in Zeiten eines niedrigen Zinsniveaus die Ausgabe von Schuldverschreibungen mit fester Verzinsung für Emittenten eher attraktiv ist, dürften bei einem erwarteten Rückgang des Marktzinsumfeldes Schuldverschreibungen mit einer variablen Verzinsung vorteilhaft sein. Aus Anlegersicht ist zu bedenken, dass Schuldverschreibungen mit fester Verzinsung während der Laufzeit im Zweifel größeren Kursschwankungen ausgesetzt sind als Schuldverschreibungen mit variabler Verzinsung.

Die Verzinsung kann auch eine Koppelung an eine Referenzgröße vorsehen. So wird in jüngster Zeit verstärkt über eine Indexierung an Inflationsraten nachgedacht, um den Anleihegläubigern einen Inflationsschutz zu bieten. Denkbar ist aber auch die vollständige oder teilweise Verknüpfung der Verzinsung mit dem wirtschaftlichen Erfolg des Emittenten, z. B. durch eine feste Grundverzinsung und eine vom Bilanzgewinn oder Jahresüberschuss abhängige Zusatzverzinsung. Die Emission derartiger Gewinnschuldverschreibungen durch eine Aktiengesellschaft ist im Rahmen des § 221 AktG und unter Einhaltung der dort genannten Voraussetzungen möglich. Hierzu zählen insbesondere das Erfordernis eines mit einer qualifizierten Mehrheit gefassten Hauptversammlungsbeschlusses (§ 221 Abs. 1 AktG) sowie das den Aktionären zustehende Bezugsrecht.

Zinszahlungen erfolgen in der Regel nachträglich zu regelmäßig wiederkehrenden Zeitpunkten, oftmals jährlich (am Jahrestag des Verzinsungsbeginns), aber z. B. auch halb- oder vierteljährlich. Der Zinslauf endet dabei in der Regel am Tag vor dem Fälligkeitstag für die Rückzahlung. Die Zinsberechnung erfolgt zumeist taggenau nach der sogenannten Effektivzinsmethode (ACT/ACT)[16]. Die sogenannte Geschäftstagekonvention gibt an, wie für den Fall zu verfahren ist, dass ein Zinszahlungstag auf einen Tag fällt, der kein Geschäftstag (wie in den Emissionsbedingungen definiert) ist; am Häufigsten anzutreffen ist insoweit zumeist die Geschäftstagekonvention „following", bei der der betreffende Zinszahlungstag auf den nächstfolgenden Geschäftstag verschoben wird[17]. Für den Fall einer nicht rechtzeitigen Rückzahlung der Schuldverschreibungen bei Endfälligkeit können die Emissionsbedingungen eine Verpflichtung des Emittenten zur Zahlung von Verzugszinsen vorsehen, wobei dann in der Regel der gesetzliche Verzugszinssatz (§ 286 Abs. 1 Satz 2 BGB) zugrunde gelegt wird[18]. Denkbar ist insoweit auch, dass für einen solchen Verzugsfall der Zinslauf einfach bis zur tatsächlichen Rückzahlung der Schuldverschreibung weitergeführt wird.

---

[16] Weitere am Kapitalmarkt gängige Zinstagequotienten sind z. B. die sogenannte Eurozinsmethode (ACT/360), bei der die Zinstage kalendergenau bestimmt werden und das Zinsjahr (unabhängig von der tatsächlichen Zahl der Tage) mit 360 Kalendertagen angesetzt wird und die kaufmännische Zinsmethode (30/360), bei der die Zinstage zwar taggenau, aber auf der Basis eines Monats mit maximal 30 Kalendertagen bestimmt werden und das Zinsjahr stets mit 360 Kalendertagen angesetzt wird.

[17] Weitere am Kapitalmarkt gängige Geschäftstagekonventionen sind z. B. „preceding", bei der der betreffende Zinszahlungstag auf den unmittelbar vorausgehenden Geschäftstag vorgezogen wird, und „modified following", bei der der betreffende Zinszahlungstag nur auf den nächstfolgenden Geschäftstag verschoben wird, wenn dieser nicht im nächsten Kalendermonat liegt (und in diesem Fall der Zinszahlungstag auf den unmittelbar vorausgehenden Geschäftstag vorgezogen wird).

[18] Dieser liegt 5 Prozentpunkte über dem von der Deutschen Bundesbank (http://www.bundesbank.de/info/info_zinssaetze.php) veröffentlichten Basiszinssatz.

Bei der Ausgestaltung der Verzinsungsbestimmungen in den Emissionsbedingungen ist darauf zu achten, dass diese als Leistungsbeschreibung der vertraglich geschuldeten Leistungen zwar keiner AGB-Kontrolle unterliegt, gleichwohl aber dem Transparenzgebot des § 3 SchVG. Solange der Grundsatz der Bestimmbarkeit des Zinsanspruchs nicht verletzt wird, besteht weitestgehende Flexibilität bei der Festlegung der Verzinsung.

3.3.6   Zusicherungen und Verpflichtungen (Covenants)

Teilweise findet man in den Anleihebedingungen verschiedene Zusicherungen und Gewährleistungen, welche dem Emittenten bestimmte Handlungs- oder Unterlassungspflichten auferlegen. Die Standards sind hier noch recht uneinheitlich, es ist aber eine gewisse Annäherung an die im Bereich großer Industrieanleihen üblichen Zusicherungen und Verpflichtungen festzustellen. Umfang und Reichweite der im Einzelfall abgegebenen Zusicherungen und Gewährleistungen sind auch von erheblicher Bedeutung für die Ratingvergabe.

Allgemeine Zusicherungen und Verpflichtungen

Die Regelungen zum Status der Anleihe werden oft mit einer sogenannten Negativverpflichtung („negative pledge") verbunden, nach der sich der Emittent (und gegebenenfalls bestimmte mit ihm verbundene Unternehmen) verpflichtet, nur unter bestimmten Voraussetzungen weitere Verbindlichkeiten einzugehen und anderen Gläubigern keine oder nur unter bestimmten Bedingungen Sicherheiten zu gewähren[19], um eine Gleichbehandlung der Anleihegläubiger mit den anderen Gläubigern sicherzustellen. Ein Verstoß gegen die Negativverpflichtung lässt zwar die Wirksamkeit der Vereinbarungen mit den anderen Gläubigern grundsätzlich unberührt[20], zieht aber gegebenenfalls Kündigungsrechte und Schadensersatzansprüche der Anleihegläubiger nach sich.

Umgekehrt findet man teilweise Positiverklärungen, nach denen sich der Emittent verpflichtet, bei Eintritt bestimmter Ereignisse (in der Regel einer Verschlechterung seiner Bonität) zugunsten der Anleihegläubiger Sicherheiten zu bestellen. Bisweilen anzutreffen sind auch Regelungen, welche dem Emittenten bestimmte Vorgaben bezüglich zukünftiger Gewinnausschüttungen, Neuinvestitionen oder der Verwendung des Erlöses aus der Veräußerung von Vermögenswerten des Emittenten machen („restricted payments").

Informationspflichten

Sofern nicht ohnehin aufgrund der Regularien der Börse, an denen die Schuldverschreibungen notiert sind, derartige Verpflichtungen bestehen, verpflichten sich die Emittenten im Rahmen der Emissionsbedingungen bisweilen dazu, in bestimmten Abständen be-

---

[19]   Um dem Emittenten möglichst große Handlungsfreiheiten zu erhalten, wird die Negativverpflichtung oft auf bestimmte Verbindlichkeiten (z. B. andere Kapitalmarktverbindlichkeiten) beschränkt.

[20]   Eine Unwirksamkeit könnte sich aber beispielsweise aus sondergesetzlichen Regelungen wie z. B. den §§ 129 ff. InsO oder § 3 AnfG ergeben, wenn der Emittent bewusst in der Absicht handelt, die Anleihegläubiger zu benachteiligen.

stimmte Finanzinformationen offen zu legen. Dies betrifft neben Jahres-, Halbjahres- und Quartalsabschlüssen[21] sowie Planzahlen vor allem andere kapitalmarktbezogene Informationen („quasi Ad-hoc-Publizität")[22] oder Ratingänderungen bzw. -updates.

Finanzielle Zusicherungen (Financial Covenants)

Im Rahmen finanzieller Zusicherungen („Financial Covenants") verpflichtet sich der Emittent zur Einhaltung bestimmter Finanzkennzahlen, denen eine Aussagekraft für die wirtschaftliche Entwicklung und Bonität des Emittenten zugemessen wird (z. B. Debt/EBITDA). Für den Fall einer Verletzung dieser Kennzahlen haben die Anleihegläubiger dann regelmäßig ein Sonderkündigungsrecht.

3.3.7   Kündigungsmöglichkeiten

Bei den Kündigungsrechten ist zu unterscheiden zwischen Kündigungsmöglichkeiten des Emittenten und Kündigungsmöglichkeiten des Anlegers.

Die Anleger haben i. d. R. ein außerordentliches Kündigungsrecht bei Fehlverhalten des Emittenten, insbesondere bei Zahlungsverzug oder anderen Umständen, welche als Gefährdung der Ansprüche der Gläubiger angesehen werden („Default"), während die Emittentin i. d. R. ein außerordentliches Kündigungsrecht für Fälle hat, in denen es zu steuerlichen Mehrbelastungen im Zusammenhang mit der Emission kommt. Die Kündigungsrechte für den Fall eines Zahlungsverzugs des Emittenten umfassen dabei in der Regel nicht nur Fälle, welche die jeweiligen Schuldverschreibungen selbst betreffen, sondern auch solche Fälle, in denen der Emittent mit Zahlungspflichten aus anderen Verträgen in Verzug gerät („Cross Default") oder anderweitig Verbindlichkeiten in einer bestimmten Höhe zur Zahlung fällig gestellt werden („Cross Acceleration"). Oftmals werden zugunsten des Emittenten bestimmte Heilungs- oder Schonfristen vereinbart, innerhalb derer von der Möglichkeit zur Kündigung der Anleihe kein Gebrauch gemacht werden darf.

Kündigungsgründe können des Weiteren der Eintritt bestimmter außergewöhnlicher Ereignisse beim Emittenten, z. B. Umstrukturierungen und andere gesellschaftsrechtliche Maßnahmen wie ein Kontrollwechsel („Change of Control") sein, oft gekoppelt mit einer Ratingverschlechterung („Rating Event"). Durch die Einräumung von Kündigungsrechten für den Falle einer erheblichen Verschlechterung der wirtschaftlichen Verhältnisse des Emittenten (vor Eintritt einer Insolvenz im rechtstechnischen Sinne) wird versucht, den für den Anleger nachteiligen insolvenzrechtlichen Folgen (z. B. aus § 103 InsO) zu begegnen.

---

[21]   Sofern das öffentliche Angebot der Schuldverschreibungen noch nicht abgeschlossen ist oder diese an einem regulierten Markt notiert sind, ist ohnehin zu prüfen, ob bei Vorliegen neuer Finanzzahlen eine Nachtragspflicht bezüglich des Prospekts nach § 16 WpPG besteht.
[22]   Sofern die Schuldverschreibungen börsennotiert sind, ist in diesen Fällen ohnehin zu prüfen, inwieweit eine Publizitätspflicht nach 15 WpHG besteht.

Auch wenn in der Praxis die Voraussetzungen für die Ausübbarkeit eines außerordentlichen Kündigungsrechts des Anlegers in den Emissionsbedingungen genau spezifiziert sind, ist dies nicht zwingend erforderlich oder gar abschließend, da die Anleihegläubiger das zum Emittenten bestehende Rechtsverhältnis als Dauerschuldverhältnis sowieso aus wichtigem Grund kündigen können, wenn ihnen das weitere Festhalten am Vertrag nicht mehr zugemutet werden kann (vgl. § 314 Abs. 1 BGB). Entsprechend den für den Darlehensvertrag geltenden Grundsätzen ist dieses Kündigungsrecht des Anlegers aus wichtigem Grund grundsätzlich auch nicht ausschließbar.

Bisweilen sehen die Emissionsbedingungen auch ordentliche Kündigungsrechte des Emittenten („Issuer Call") bzw. der Anleger („Holder Put") – gegebenenfalls verbunden mit der Festlegung eines Zeitraums, in dem eine Kündigung ausgeschlossen ist („non-call/put period") – vor, die ohne Vorliegen eines bestimmten Grundes (i. d. R. zu bestimmten Terminen) ausgeübt werden können. Da es sich bei der Kündigung um eine Willenserklärung des Emittenten handelt, muss diese den Anleihegläubigern in irgendeiner Form bekannt gegeben werden, um wirksam zu sein (§ 130 Abs. 1 BGB). Diese Bekanntgabe erfolgt in der Praxis häufig durch eine entsprechende Veröffentlichung des Emittenten in einem Printmedium (z. B. einem Börsenpflichtblatt). Für diese Fälle wird in die Emissionsbedingungen regelmäßig eine Bestimmung bezüglich der Zugangsfiktion derartiger Erklärungen gegenüber den Anleihegläubigern aufgenommen.

Unter AGB-rechtlichen Gesichtspunkten ist zu beachten, dass eine einseitige Verteilung der Kündigungsrechte zu Gunsten des Emittenten unter Umständen als unangemessene Benachteiligung der Anleihegläubiger (im Sinne von § 307 Abs. 2 BGB) angesehen werden kann. Zugangsfiktionen sind vor dem Hintergrund des § 308 Nr. 6 BGB grundsätzlich ebenfalls bedenklich, werden aber zumeist als zulässig angesehen.

3.3.8   Steuern

In aller Regel enthalten die Emissionsbedingungen Bestimmungen, nach denen alle Zahlungen des Emittenten unter Abzug und Einbehaltung von Steuern, Abgaben und sonstigen Gebühren erfolgen, welche die Emittentin oder die Zahlstelle zum Abzug aufgrund gesetzlicher Bestimmungen auf die jeweilige Zahlung einbehalten muss. Bestimmungen, nach denen die Anleihegläubiger gegebenenfalls eine entsprechende Zusatzzahlung des Emittenten („Gross up") als Ausgleich für auf die Zahlungen des Emittenten einbehaltene Quellensteuern erhalten, sind bei reinen Inlandsemissionen in der Regel nicht erforderlich, weil die Anleihegläubiger hier die Möglichkeit haben, sich diese Quellensteuer (Kapitalertragsteuer) anrechnen oder erstatten zu lassen bzw. der Einbehalt abgeltende Wirkung hat. Sofern die Emissionsbedingungen einen Steuerausgleich vorsehen, enthalten sie in der Regel auch ein Kündigungsrecht des Emittenten („Tax Call") für den Fall, dass die betreffenden Quellensteuern erst nach der Emission eingeführt werden, damit sich der Emittent vor den nachteiligen wirtschaftlichen Folgen einer solchen zusätzlichen Belastung schützen kann.

3.3.9   Schuldnerwechsel

Bisweilen findet man in Anleihebedingungen Klauseln, welche die Möglichkeit eines Austauschs des Emittenten vorsehen (zumeist bei gleichzeitiger Haftungsübernahme des bisherigen Emittenten, z. B. im Rahmen einer Garantie). Die kommen zumeist bei internationalen Anleiheemissionen zum Einsatz und sollen z. B. eine Restrukturierung ermöglichen, wenn die Zahlungen unter der Anleihe im Sitzstaat des Emittenten mit einer zusätzlichen Steuer belegt werden. Als Schuldübernahmevertrag (im Sinne des § 415 BGB) bedarf ein Austausch des Emittenten der Zustimmung der Anleihegläubiger, so dass in der Regel in die Emissionsbedingungen bereits eine entsprechende Genehmigungserteilung aufgenommen wird. Dies ist in der Regel auch im Lichte des § 5 (3) Nr. 9 SchVG zulässig.

3.3.10   Zahlstelle

Zur Abwicklung des Zahlungsverkehrs zwischen dem Emittenten und den Anleihegläubigern wird in der Regel eine Zahlstelle bestellt. Erfüllungswirkung gegenüber den Anleihegläubigern tritt jedoch erst dann ein, wenn die Zahlstelle tatsächlich an diese leistet. Während zwischen dieser und dem Emittenten ein Geschäftsbesorgungsverhältnis (§ 675 BGB) besteht, bestehen zu den Anleihegläubigern in der Regel keine vertraglichen Beziehungen. Ein Austausch der Zahlstelle kann jederzeit ohne Zustimmung der Anleihegläubiger erfolgen. Eine zwingende Notwendigkeit, eine Zahlstelle zu haben, ergibt sich zwar nicht aus der Verordnung (EG) Nr. 809/2004 (EU-Prospektverordnung), aber aus den §§ 30d, 30a Abs. 1 Nr. 4 WpHG, wenn die Schuldverschreibungen an einer deutschen Börse notiert sind. Abhängig von den von der Zahlstelle im Einzelfall übernommenen Aufgaben und Funktionen muss es sich bei ihr nicht zwangsläufig um ein Kreditinstitut handeln.

3.3.11   Vorlegungsfrist

Grundsätzlich können Schuldverschreibungen bis zu 30 Jahre (Zinsscheine: bis zu vier Jahre) nach dem Fälligkeitszeitpunkt der geschuldeten Leistung zur Einlösung vorgelegt werden (§ 801 Abs. 1 und 2 BGB). In der Regel wird die Vorlegungsfrist für die Schuldverschreibungen in den Emissionsbedingungen jedoch auf zehn Jahre abgekürzt. Da die Vorlegungsfrist vom Emittenten auch abweichend von § 801 Abs. 1 und 2 BGB geregelt werden kann (§ 801 Abs. 3 BGB), ist dies generell zulässig. Ein vollständiger Ausschluss der Vorlegungsfrist ist jedoch nicht möglich. Der durch die Vorlegung der Urkunde geltend gemachte Anspruch verjährt gemäß § 801 Abs. 1 Satz 2 BGB zwei Jahre nach Ablauf der Vorlegungsfrist. Auch eine Modifizierung dieser Verjährungsfrist in Emissionsbedingungen für Wertpapiere wird als zulässig angesehen.

3.3.12   Salvatorische Klausel

In aller Regel enthalten die Emissionsbedingungen eine Klausel, nach der die Unwirksamkeit oder Undurchführbarkeit einer Bestimmung in den Emissionsbedingungen die Wirksamkeit bzw. Durchführbarkeit der übrigen Regelungen nicht beeinträchtigen und an die Stelle der unwirksamen bzw. undurchführbaren Bestimmung eine Regelung treten soll, die dem Inhalt der ursprünglichen Regelung möglichst nahe kommt („Salvatorische Klausel"). Soweit man die Emissionsbedingungen als Allgemeine Geschäftsbedingungen ansieht, werden salvatorische Klauseln zumindest hinsichtlich ihrer „Ersetzungsregelung" nach überwiegender Auffassung als nach § 307 BGB unwirksam angesehen, während der die Teilunwirksamkeit regelnde Teil („Erhaltungsklausel") in der Regel wirksam sein soll.

3.3.13   Rechtswahl und Gerichtsstand

Die am Markt anzutreffenden Schuldverschreibungen unterliegen in der Regel deutschem Recht und sehen einen deutschen Gerichtsstand vor. Dies ist jedoch nicht zwingend, da grundsätzlich auch ausländische Rechtswahl bzw. Gerichtsstände vereinbart werden könnten. Die Bestimmungen der Verordnung (EG) Nr. 593/2008 des Europäischen Parlaments und des Rates vom 17. Juni 2008 über das auf vertragliche Schuldverhältnisse anzuwendende Recht (Rom I Verordnung) gelten ausdrücklich nicht für Verpflichtungen aus handelbaren Wertpapieren.

Zu beachten ist jedoch, dass Gerichtsstandsvereinbarungen gegenüber Personen, bei denen es sich nicht um Kaufleute, juristische Personen des öffentlichen Rechts oder öffentlich-rechtliche Sondervermögen handelt, nur in Ausnahmefällen (insbesondere nach Entstehen der Streitigkeit) vereinbart werden können (§ 38 Abs. 3 ZPO). Aus diesem Grund sind Vereinbarungen in Emissionsbedingungen über einen Gerichtsstand für sich aus oder im Zusammenhang mit den Schuldverschreibungen ergebende Streitigkeiten gegenüber Nichtkaufleuten regelmäßig unwirksam. Unter AGB-rechtlichen Gesichtspunkten wäre darüber hinaus von einer Unwirksamkeit derartiger Bestimmungen nach § 307 Abs. 2 Nr. 1 BGB auszugehen. Gegenüber Kaufleuten hingegen ist eine Gerichtsstandsvereinbarung grundsätzlich auch unter AGB-rechtlichen Gesichtspunkten wirksam. Um die AGB-rechtliche Problematik zu adressieren, empfiehlt es sich daher, Gerichtsstandsklauseln in Emissionsbedingungen auf Streitigkeiten mit den in § 38 Abs. 3 ZPO genannten Personen zu beschränken, da anderenfalls das Risiko einer Totalunwirksamkeit der Klausel (d. h. auch gegenüber Kaufleuten) besteht.

3.4   Sonderregelungen

3.4.1   Besicherte Anleihen

Eine Besicherung der Ansprüche der Anleihegläubiger ist zwar nicht üblich, aber grundsätzlich denkbar. Aus praktischen Gründen kommen hier primär nichtakzessorische Sicherheiten (wie z. B. Grundschulden)[23] in Betracht, die zugunsten eines Sicherheitentreuhänders bestellt werden, welcher die Sicherheit (treuhänderisch) für alle Inhaber der Schuldverschreibungen verwaltet, um den durch die Besicherung entstehenden administrativen Mehraufwand möglichst gering zu halten. Im Fall einer Insolvenz der Emittentin (als Sicherungsgeberin) haben der Anleihegläubiger (als Sicherungsnehmer) ein Absonderungsrecht (§§ 50, 51 InsO), d. h. dass die Vermögenswerte, an denen vom Emittenten ein Sicherungsrecht bestellt wird, ausschließlich zur Befriedigung seiner Ansprüche zur Verfügung stehen, wobei die Verwertung der Sicherheit im Insolvenzfall in der Regel nicht durch den Anleihegläubiger, sondern den Insolvenzverwalter erfolgen würde (§ 166 InsO)[24]. Etwas anderes gilt, wenn das Sicherungsrecht als Finanzsicherheit im Sinne von § 1 Abs. 17 KWG anzusehen ist[25].

Es empfiehlt sich, eventuelle Sicherheitenvereinbarungen zu einem Bestandteil oder Anhang der Emissionsbedingungen zu machen, da man so erreichen kann, dass das Sicherungsrecht gegenüber jedem Inhaber der Schuldverschreibung wirkt. Hinsichtlich der Höhe der Besicherung wird in der Regel ein Abschlag auf den Verkehrswert der Sicherheit vorgenommen (idealerweise dergestalt, dass der Wert der Sicherheiten unter Berücksichtigung des Abschlags dem Nominalbetrag der Anleihe entspricht), was sich nicht zuletzt auch positiv auf ein mögliches Rating der Anleihe auswirkt. Da die Übersicherung vom Emittenten selbst angeboten wird, sollten die im Kreditsicherungsrecht entwickelten Grundsätze zur Übersicherung keine Anwendung finden.

Ohne größeren Aufwand darstellbar ist eine Garantie eines Dritten (z. B. Mutterunternehmen des Emittenten) für die Forderungen aus der Anleihe, wie bei großen Industrieanlei-

---

[23]   Im Unterschied zu akzessorischen Sicherheiten gehen diese bei einer Übertragung der gesicherten Forderung nicht automatisch auf den neuen Inhaber der gesicherten Forderung mit über.

[24]   Dies hätte nach § 171 InsO auch zur Folge, dass von einem möglichen Verwertungserlös die Kosten des Insolvenzverwalters für die Feststellung und Verwertung des Sicherungsguts in Abzug zu bringen sind, wobei die Kosten der Feststellung pauschal mit 4 % des Verwertungserlöses (§ 171 Abs. 1 InsO) und die Kosten der Verwertung pauschal mit 5 % des Verwertungserlöses angesetzt werden, wobei sich die Verwertungskosten um die eventuell anfallende Umsatzsteuer erhöhen und mit den tatsächlichen (höheren oder auch niedrigeren) Kosten angesetzt werden können, sofern diese von der Pauschale erheblich abweichen (§ 171 Abs. 2 InsO). Sofern also keine Übersicherung erfolgt, muss der Anleihegläubiger in Höhe dieser Kosten (bei Ansatz der pauschalen: 9 % des Verwertungserlöses) im Zweifel mit einem Ausfall seiner Forderung rechnen.

[25]   Die Verwendung eines Sicherheitentreuhänders kann grundsätzlich die Qualifizierung des Sicherungsrechts als Finanzsicherheit im Sinne des § 1 Abs. 17 KWG in Frage stellen, da insoweit teilweise die Auffassung vertreten wird, dass im Falle einer Treuhandkonstruktion nicht auf die Person des Sicherheitentreuhänders, sondern die des Sicherungsnehmers abzustellen ist.

hen häufig anzutreffen[26]. Für die Übernahme einer solchen Garantie bietet es sich in aller Regel an, dass die Garantie gegenüber einem Dritten (z. B. einer als Konsortialführer agierenden Bank) zugunsten der Anleihegläubiger erklärt wird (Vertrag zu Gunsten Dritter im Sinne von § 328 BGB). Daneben sind in der Praxis bisweilen auch Besicherungsstrukturen anzutreffen, bei denen beispielsweise laufende Cashflows auf ein besonderes Treuhandkonto übertragen werden, um eine Reserve für zukünftige Zins- und Tilgungsleistungen aufzubauen.

3.4.2   Wandel- und Optionsanleihen

Wandelanleihen („Convertibles") verbriefen neben dem Recht auf Zins- und Kapitalrückzahlung auch ein Wandlungsrecht für den Anleihegläubiger. Er kann durch Ausübung dieses Wandlungsrechts seine Gläubigeransprüche aus der Anleihe in einen Anspruch auf Aktienlieferung „umwandeln" und erhält dann eine bestimmte Zahl Aktien des Emittenten[27], die anhand eines bereits bei Begebung der Anleihe festgelegten Wandlungsverhältnisses ermittelt wird. Rechtlich gesehen ist der Anleger zunächst ausschließlich ein Fremdkapitalgläubiger und später – im Fall der Ausübung des Wandlungsrechts und Lieferung der Aktien – nur noch ein Aktionär.

Wandelanleihen bieten dem Anleger neben der fest vereinbarten Verzinsung eine spekulative Komponente, für die der Anleger je nach Marktlage unter Umständen gar keine nennenswerten Mittel aufbringen muss. Für das emittierende Unternehmen ist von Vorteil, dass die Verzinsung typischerweise niedriger liegt als bei vergleichbaren gewöhnlichen Anleihen und die Emission somit eine günstigere Fremdfinanzierung ermöglicht. Neben „normalen" Wandelanleihen gibt es als Variationsmöglichkeit sogenannte Pflichtwandelanleihen („Mandatory Convertibles"), bei denen die Wandlung spätestens zum Laufzeitende zwingend erfolgt und nicht mehr im Ermessen des Anlegers liegt. Eine weitere Abwandlung zur Pflichtwandelanleihe stellen sogenannte bedingte Wandelanleihen („Contingent Convertibles") dar, bei denen es beim Eintritt bestimmter Ereignisse – im Falle dieser Emission das Absinken des aufsichtsrechtlichen Eigenkapitals unter einen bestimmten Schwellenwert – automatisch zu einer Umwandlung in Aktien des emittierenden Unternehmens kommt. Ferner kann in Form sogenannter Optionsanleihen ein separierbares Bezugsrecht auf bestimmte Anzahl von Aktien des Emittenten vorgesehen werden, das neben der Anleihe besteht und getrennt von ihr gehandelt werden kann. Bei der Emission von Wandel- und Optionsanleihen sind die besonderen Vorgaben des § 221 AktG zu beachten. Dies kann auch dann gelten, wenn die Emission lediglich „indirekt", d. h. über eine Zweckgesellschaft, erfolgt.

---

[26]   Eine Bürgschaft kommt hingegen wegen ihres akzessorischen Charakters in aller Regel nicht in Betracht.

[27]   Eine Abwandlung der Wandelanleihe ist die Umtauschanleihe (exchangeable), bei der der Anleihegläubiger nicht Aktien des Emittenten der Anleihe, sondern von einem dritten Unternehmen erhält. Sie kann z. B. als Instrument zum Abbau von Beteiligungsbesitz eingesetzt werden.

3.4.3 Nachranganleihen

Die Besonderheit von Nachranganleihen liegt darin, dass die Anleihegläubiger im Rahmen der Emissionsbedingungen für den Insolvenzfall hinter die übrigen (bevorrechtigten) Gläubiger des Emittenten zurücktreten, d. h. sie erhalten erst dann Zahlungen, wenn diese Gläubiger vollständig befriedigt sind. In der Praxis bedeutet dies ein relativ großes Ausfallrisiko, was die Vergabe eine Investment Grade-Rating oftmals ausschließt. Nicht zuletzt aus diesem Grund gibt es bislang kaum nachrangige Mittelstandsanleihen.

3.5 Besondere Anforderungen von Versicherungsunternehmen

Bei institutionellen Investoren ist eine zunehmende Nachfrage nach Unternehmensanleihen feststellbar. Versicherungsunternehmen, die unter den institutionellen Anlegern eine herausragende Stellung einnehmen, unterliegen zum Schutz der Interessen ihrer Kunden, jedoch bestimmten Restriktionen, die sich auch auf die Gestaltung der Emissionsbedingungen auswirken können[28].

Dies bringt zunächst die Verpflichtung des Versicherungsunternehmens mit sich, für eine Sicherung des Nominalwertes der getätigten Anlagen zu sorgen. Der zu beachtende Sicherheitsgrundsatz erfordert ferner, dass jede Vermögensanlage grundsätzlich jederzeit uneingeschränkt veräußerbar und transferierbar ist, so dass sich insoweit Übertragungsbeschränkungen in den Emissionsbedingungen verbieten. Das Verfügungsrecht des Versicherungsunternehmens über seine Vermögensanlage darf nämlich grundsätzlich nicht weiter beschränkt werden, z. B. durch einen Zustimmungsvorbehalt des Emittenten oder Dritter.

Des Weiteren sind Anlagen in Schuldverschreibungen in aller Regel nur dann zulässig, wenn diese über ein Investment-Grade-Rating (z. B. langfristige Ratings BBB- nach Standard & Poor's und Fitch oder Baa3 nach Moody's und z. B. kurzfristige Ratings A-3 nach Standard & Poor's, F 3 nach Fitch oder Prime 3 nach Moody's) verfügen[29]. Doch auch bei Vorliegen der erforderlichen Ratings ist ein Erwerb ausgeschlossen, wenn andere Umstände oder Risiken (wie z. B. aktuelle negative Unternehmensnachrichten oder allgemeine Marktentwicklungen) eine abweichende negative Beurteilung nahe legen. Nicht geratete

---

[28] Nach § 54 Abs. 1 VAG sind die Bestände des Sicherungsvermögens und des sonstigen gebundenen Vermögens unter Berücksichtigung der Art der betriebenen Versicherungsgeschäfte sowie der Unternehmensstruktur so anzulegen, dass möglichst große Sicherheit und Rentabilität bei jederzeitiger Liquidität des Versicherungsunternehmens unter Wahrung angemessener Mischung und Streuung erreicht wird. § 54 Abs. 2 VAG führt die grundsätzlich zulässigen Anlagen auf. Die auf Grundlage des § 54 Abs. 3 VAG erlassene Verordnung über die Anlage des gebundenen Vermögens von Versicherungsunternehmen (AnlV) konkretisiert diese gesetzlichen Vorgaben (§ 2 Abs. 1 AnlV).

[29] Grundsätzlich ist die Berücksichtigung von zwei Ratingagenturen ausreichend; bei zwei unterschiedlichen Ratings ist das Rating mit der niedrigeren Bewertung maßgebend.

Unternehmensanleihen können allenfalls aufgrund einer eigenen nachprüfbar positiven Beurteilung des Sicherheitsniveaus durch das Versicherungsunternehmen zugeführt werden, wenn dieses unter Berücksichtigung des Charakters der Anlage über die dafür notwendigen personellen und fachlichen Voraussetzungen verfügt. Bei ausreichender Risikotragfähigkeit kann auch im Rahmen des Anlagekatalogs (§ 2 Abs. 1 AnlV) in sogenannte High Yield-Anleihen angelegt werden, die zumindest ein Speculative Grade-Rating von z. B. B- nach Standard & Poor's und Fitch oder B3 nach Moody's aufweisen. Für ein Versicherungsunternehmen kann es daher wichtig sein, ein Kündigungsrecht für den Fall einer Ratingverschlechterung des Emittenten zu haben, weil dann die Gefahr besteht, dass eine Herausnahme der Anleihe aus dem Sicherungsvermögen erfolgen muss.

Literatur

[1]   Anders, D./Livonius, H. von (2010): Wandelanleihen als Instrument der Kapitalmarktfinanzierung, Zeitschrift für das gesamte Kreditwesen, S. 292-294.

[2]   Assmann, H.-D. (2005): Anleihebedingungen und AGB-Recht, Wertpapier-Mitteilungen Zeitschrift für Wirtschafts- und Bankrecht, 2005, S. 1053-1068.

[3]   Baum, H. (2010): Gesetz über Schuldverschreibungen aus Gesamtemissionen, Anleihebedingungen und AGB-Recht: Nach der Reform ist vor der Reform, Grundmann, S. et al (Hrsg.): Festschrift für Klaus J. Hopt zum 70. Geburtstag am 24. August 2010: Unternehmen, Markt und Verantwortung, Berlin, S. 1595-1614.

[4]   Coester, M./Coester-Waltjen, D./Schlosser, P. (2006): J. von Staudingers Kommentar zum Bürgerlichen Gesetzbuch mit Einführungsgesetz und Nebengesetzen, Neubearbeitung 2006, Kommentierung zu §§ 305-310.

[5]   Gleske, L (2008): § 16 (Hybridanleihen), Habersack, M./Mülbert, P. O./Schlitt, M. (Hrsg.): Unternehmensfinanzierung am Kapitalmarkt, Schmidt Otto Verlag, 2. Auflage, Köln.

[6]   Gottschalk E. (2006): Emissionsbedingungen und AGB-Recht, Zeitschrift für Wirtschaftsrecht, S. 1121-1127.

[7]   Habersack, M. (2011): Münchener Kommentar Aktiengesetz, 3. Auflage, Kommentierung zu § 221 AktG.

[8]   Habersack, M. (2009): Münchener Kommentar Bürgerliches Gesetzbuch, 5. Auflage, Kommentierung zu §§ 793-811 BGB.

[9]   Hutter, S. (2005): § 15 (Anleihen), in: Habersack, M./Mülbert, P. O./Schlitt, M. (Hrsg.): Unternehmensfinanzierung am Kapitalmarkt, Schmidt Otto Verlag, 2. Auflage, Köln.

[10] Luttermann, C./Wicher, C. (2005): Rechtsordnung für Unternehmensanleihen: Vertragsrecht, Hybridformen und Standardisierung, Zeitschrift für Wirtschaftsrecht, 2005, S. 1529.

[11] Marburger, P. (2009): J. von Staudingers Kommentar zum Bürgerlichen Gesetzbuch mit Einführungsgesetz und Nebengesetzen, Neubearbeitung 2009, Kommentierung zu §§ 793-808.

[12] Müller-Eising, K. (2008): Abschnitt D II. (Wandeldarlehen, Wandel- und Optionsanleihen), Eilers, S./Rödding, A./Schmalenbach, D. (Hrsg.): Unternehmensfinanzierung, Beck Verlag, 1. Auflage, München.

[13] Müller-Eising, K./Bode, C. (2006): Zivilrechtliche Probleme bei der Emission „ewiger Anleihen", Zeitschrift für Bank- und Kapitalmarktrecht, 2006, S. 480-474.

[14] Preuße, T. (2011): Gesetz über Schuldverschreibungen aus Gesamtemissionen (Kommentar), 1. Auflage.

[15] Schäfer, F. A. (2008): Kommentierung zu § 1 KWG, in: Boos, K.-H./Fischer, R./Schulte-Mattler, H. (Hrsg.): Kreditwesengesetz (Kommentar), 3. Auflage.

[16] Schlitt, M./Hemeling, M. (2008): § 10 (Wandel- und Optionsanleihen), in: Habersack, M./Mülbert, P. O./Schlitt, M. (Hrsg.): Unternehmensfinanzierung am Kapitalmarkt, Schmidt Otto Verlag, 2. Auflage, Köln.

[17] Sester, P. (2006): Hybrid-Anleihen: Wirtschaftliches Eigenkapital für Aktiengesellschaften, Zeitschrift für Bankrecht und Bankwirtschaft, S. 443-463.

[18] Sprau, H. (2011): Palandt, Bürgerliches Gesetzbuch (Kommentar), 70. Auflage, Kommentierung zu §§ 793-811 BGB.

[19] Strauch, M. (2008): Abschnitt C I. 3. (Anleihen, insbesondere High Yield Bonds), in: Eilers, S./Rödding, A./Schmalenbach, D. (Hrsg.): Unternehmensfinanzierung, Beck Verlag, 1. Auflage, München.

[20] Ulmer, P./Brandner, H. E./Hensen, H.-D. (2006): AGB Recht, 10. Auflage.

[21] Veranneman, P. (2010): Schuldverschreibungsgesetz (Kommentar), 1. Auflage.

4 Die Bedeutung von Covenants von Mittelstandsanleihen aus Sicht institutioneller Investoren

Dr. Markus Walchshofer (Union Investment)

4.1 Einleitung

Covenants, auf Deutsch Kreditvereinbarungsklauseln, sind zusätzliche Bestimmungen im Rahmen von Kredit- und Anleiheverträgen, welche die Interessen der Gläubiger wahren. Covenants sollen den Investoren zusätzliche Sicherheiten geben, welche sich insbesondere auf die Spezifika des Geschäftsmodells oder auf die Höhe des Leverage beziehen. Die zentrale Zielsetzung aus Sicht der Gläubiger ist die Sicherstellung der Liquidität sowie der im Konkursfall verwertbaren Vermögensgegenstände. Zusätzlich sollen Anreize geschaffen werden, damit ein Emittent nicht nach dem Erhalt von Fremdkapital das vorab kommunizierte Risiko erhöht, wodurch das Problemfeld des „moral hazard" eintritt.

Die Bedeutung von Covenants hat durch die Finanzmarktkrise deutlich zugenommen. Dies gilt insbesondere für vergleichsweise illiquide Unterarten der Asset-Klasse Fixed Income, wie beispielsweise High Yield-Anleihen. Auch im stark wachsenden Segment der Mittelstandsanleihen, welches vielfältige Ähnlichkeiten mit dem High Yield-Segment aufweist, sollten Covenants künftig eine deutliche größere Rolle spielen, als dies bisher in der Praxis der Fall war.

Der folgende Beitrag, welcher als Einführung in die Grundzüge der Thematik zu verstehen ist, analysiert die Funktionsweise von Covenants im Bereich von Mittelstandsanleihen. Die Betrachtung erfolgt dabei aus einer empirischen finanzwirtschaftlichen Sichtweise und behandelt ausgewählte Covenants, welche im Bereich von Mittelstandsanleihen künftig Beachtung finden sollten. Diesbezügliche juristische Fragestellungen sind im äußerst heterogenen Feld der Covenants hoch komplex und weisen zudem eine hohe Abhängigkeit vom Recht des jeweils vereinbarten Gerichtsstandes auf.

Aus diesem Grund würde eine zusätzliche juristische Betrachtung von Covenants den Rahmen dieses Beitrages sprengen. Zentrale Zielsetzung ist die Charakterisierung von Covenants, welche von institutionellen Investoren auf Grund eines vertretbaren Aufwandes hinsichtlich des Monitorings als effektiv empfunden werden. Die im Beitrag verwendeten Begrifflichkeiten sind vorwiegend in englischer Sprache und orientieren sich damit an der angelsächsisch geprägten Praxis der Finanzwirtschaft.

4.2   Bedeutung von Covenants im institutionellen Research- und Investmentprozess

Covenants stellen im institutionellen Research- und Investment-Prozess eine oftmals unabdingbare Voraussetzung für die Aufnahme eines Emittenten bzw. seiner Anleihen in das Research-Universum dar. Abbildung 4.1 zeigt eine idealtypische Vorgangsweise institutioneller Investoren im Hinblick auf die Frage, ob ein erstmaliger Emittent am Anleihemarkt Eingang in das Research – und damit in das potentielle Investment-Universum eines institutionellen Investors – findet.

Zu Beginn dieses Prozesses dominieren folgende Fragestellungen:

- Zeichnet sich der Emittent durch eine ausreichende Transparenz sowie hochwertige Investor Relations bzw. Bondholder Relations[1] aus?

- Ist an den Sekundärmärkten eine ausreichende Liquidität für die zu begebende Anleihe zu erwarten?

- Werden notwendige Covenants, welche sich aus dem Geschäftsmodell des Emittenten ergeben, gewährt?

Abbildung 4.1   Idealtypisches Vorauswahlverfahren von Emittenten für den Research-Prozess institutioneller Investoren

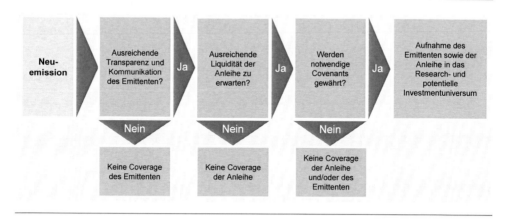

Quelle: Union Investment

---

[1]   Vgl. Lowis, S./Streuer, O. (2011).

Die positive Beantwortung der aufgezeigten Fragestellungen ist Voraussetzung dafür, dass ein Emittent bzw. dessen Neuemission Eingang in das Research-Universum eines institutionellen Investors findet. Daran anschließend erfolgt die Fundamentalanalyse[2], von deren Ausgang die Investitionsentscheidung abhängig ist.

Zentrale Zielsetzung der Fundamentalanalyse im Fixed-Income ist die Identifizierung der Risikofaktoren eines Emittenten. Bei der Beurteilung der Attraktivität einer Neuemission werden die identifizierten Risiken ins Verhältnis zu dem vom Emittenten gebotenen Bonitätsaufschlag gesetzt. Bei dieser Abwägung spielen Covenants eine zentrale Rolle, da diese dazu geeignet sind, den vom Investor geforderten Bonitätsaufschlag zu reduzieren. Oftmals stellen erst Covenants die Voraussetzung für eine positive Investitionsentscheidung dar, da viele institutionelle Anleger ohne die Gewährung bestimmter Covenants prinzipiell nicht zu einer Investition bereit sind.

Covenants haben im speziellen Bereich von Mittelstandsanleihen eine besonders hohe Bedeutung, da diese meist nicht über ein Bankenkonsortium emittiert werden. Bankensyndikate bieten einem Emittenten im Bereich des Neuemissionsprozesses neben der Übernahme der Abwicklung und der Vermarktung auch eine Reputationsleihe[3]: Denn versäumt eine Konsortialbank, grundlegende Risiken eines Emittenten vor oder nach dem Emissionsprozess zu identifizieren, welche im Extremfall zum Ausfall der Anleihe führen, nimmt die meist umfassende Geschäftsbeziehung zwischen Konsortialbank und institutionellen Anlegern schweren Schaden. Effektive Covenants im Bereich von Mittelstandsanleihen können geeignet sein, die fehlende Reputationsleihe eines Emissionskonsortiums zu kompensieren.

4.3   Theoretischer Hintergrund

Abbildung 4.2 zeigt eine praktische Adaption der Kapitalmarktlinie des Capital Asset Pricing Modells (CAPM),[4] welche eine Tangente der Effizienzkurve der Portfoliotheorie nach Markowitz darstellt[5]. Die Grundaussage des CAPM ist einfach: Investoren fordern in Abhängigkeit vom übernommenen erwarteten Risiko einen Aufschlag auf den risikolosen Zinssatz[6].

---

[2]   Der Beitrag konzentriert sich ausschließlich auf die Fundamentalanalyse, da die technische Analyse im Bereich von Mittelstandsanleihen nicht zielführend ist.
[3]   Vgl. Whitehead, C. K. (2009) S. 665 ff.
[4]   Vgl. Sharpe, W. (1964).
[5]   Vgl. Markowitz H. M. (1952).
[6]   Derzeit werden deutsche Bundesanleihen am Euro-Finanzmarkt als risikolose Anlagen betrachtet, wodurch diese als Referenzpunkt für die Bewertung von Anleihen mit Ausfallrisiko herangezogen werden.

Abbildung 4.2   Adaption der Kapitalmarktlinie des CAPM

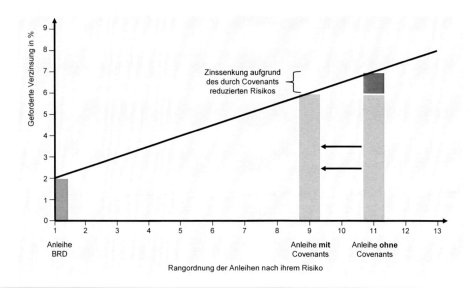

Quelle: Union Investment

Die Determinierung des erwarteten Risikos basiert auf der Fundamentalanalyse und ist – vereinfacht ausgedrückt – als die Summe der identifizierten Einzelrisiken zu verstehen. In der vorstehenden Abbildung 4.2 wird deutlich, wie effektive Covenants dazu geeignet sind, das erwartete Risiko einer Anlage und damit den durch den Investor geforderten Bonitätsaufschlag zu verringern.

Ein Emittent sendet zudem durch die verweigerte Gewährung bestimmter Covenants ein deutliches Signal an den Kapitalmarkt. Werden beispielsweise keine Covenants bezüglich eines Verschuldungslimits gewährt, so ist davon auszugehen, dass der Emittent schon in naher Zukunft den Verschuldungsgrad nachhaltig erhöhen wird. Diese Unsicherheiten erhöhen naturgemäß das durch den Investor eingeschätzte erwartete Risiko und damit auch den geforderten Bonitätsaufschlag. Im Extremfall könnte sich ein Investor außer Stande sehen, das zusätzliche Risiko verlässlich einzuschätzen, wodurch eine entsprechende Investition auf Grund der gegebenen Unsicherheiten – unabhängig vom gebotenen Bonitätsaufschlag – ausbleibt.

Empirische Untersuchungen zeigen, dass Finanzmärkte die Gewährung effektiver Covenants durch den Emittenten im Sinne eines geringeren geforderten Bonitätsaufschlages honorieren. Beispielsweise konnten Bradley und Roberts bei einer über 14.000 Unternehmensanleihen umfassenden Stichprobe für den Zeitraum zwischen 1990 und 2001 nachweisen, dass ein negativer Zusammenhang zwischen dem Bonitätsaufschlag sowie der Anzahl und Umfang gewährter Covenants besteht[7].

4.4   Monitoring von Covenants

Prinzipiell ist es Aufgabe des Gläubigers, ein Monitoring bezüglich der Einhaltung der vereinbarten Covenants durchzuführen. Den potentiellen Nutzen von Covenants muss ein Investor deshalb stets in Relation zu den Kosten für deren Überwachung setzen. Der Monitoring-Aufwand ist auch von den Ausprägungsmerkmalen gewährter Covenants abhängig. So ist die Überwachung von Covenants, deren Ausprägungen binär sind[8], mit deutlich weniger Aufwand verbunden als das Monitoring von Covenants, deren Ausprägungen stetig sind. Financial Covenants weisen meist stetige Ausprägungen auf und sind dementsprechend mit vergleichsweise hohem Monitoring-Aufwand verbunden. Eine weitere bedeutende Einflussgröße auf den Aufwand des Monitorings sind das Transparenzniveau des Emittenten im Allgemeinen sowie die Verfügbarkeit bestimmter Informationen im Besonderen, da nicht alle den Emittenten betreffenden Informationen – wie beispielsweise die genaue Vertragsausgestaltung von Bankkreditverträgen zwischen Hausbanken und Emittenten – öffentlich zugänglich sind.

4.5   Ausgewählte Covenants

Die folgende Vorstellung ausgewählter Covenants stellt die für Mittelstandsanleihen relevantesten Covenants dar. Einschränkend muss darauf verwiesen werden, dass Covenants juristisch betrachtet eine hohe Heterogenität aufweisen, wodurch ein Investor stets die konkreten Bestimmungen eines Anleihevertrages detailliert analysieren muss.

Change of Control

Eine Change of Control-Klausel (CoC) räumt dem Gläubiger das Recht ein, im Falle des Eigentümerwechsels des Schuldners die Anleihe zu einem vorab festgelegten Kurs fällig zu stellen. Hintergrund dieses in der Praxis weit verbreiteten Covenants sind Befürchtungen der Gläubiger vor einem Leveraged Buy Out (LBO), welcher den Leverage und damit die Bonität des Schuldners stark beeinträchtigen könnte. Aus Sicht des Managements des Emittenten, welches auf Grund der vielfältigen Principal Agency-Problematiken meist feindlichen Übernahmen gegenüber negativ einstellt ist[9], bietet die Gewährung einer CoC-Klausel einen gewissen Schutz vor einer feindlichen Übernahme, da die Refinanzierungskosten eines potentiellen Käufers durch den zusätzlich zu refinanzierenden Nominalbetrages der

---

[7]   Vgl. Bradley, M./Roberts, M. R. (2003).

[8]   Hierunter fällt z. B. das Verbot des Verkaufs von Assets.

[9]   Sofern der die Mitglieder des Vorstandes nicht umfassende Anteile am Grundkapital der Gesellschaft halten.

in diesem Fall fällig werdenden Anleihe deutlich ansteigen. Eine CoC-Klausel ist damit dazu geeignet, eine Interessenskongruenz zwischen Gläubigern und dem Vorstand eines nicht eigentümergeführten Unternehmens herzustellen.

Mittelständische Unternehmen werden jedoch oftmals vom Eigentümer geführt, wodurch das Geschäftsmodell sowie die Risikoneigung eine sehr hohe Abhängigkeit vom Gründer bzw. dessen Familie, welche operativ im Unternehmen tätig sind, aufweist. Daraus wird deutlich, warum die CoC-Klausel auch im Bereich von Mittelstandsanleihen eine große Rolle spielt, da das Management oftmals eine Grundlage für die Investitionsentscheidung des Gläubigers darstellt. Durch die Gewährung einer CoC-Klausel sendet ein eigentümergeführtes Unternehmen zudem ein Signal an potentielle Investoren, dass die Eigentümer – zumindest für die Laufzeit der zu begebenden Anteile – nicht den mehrheitlichen Verkauf des Unternehmens anstreben. Da die Gewährung einer CoC-Klausel für den Emittenten mit keinen Kosten verbunden ist und diesen im Management nicht einschränkt, sollte diese im Bereich von Mittelstandsanleihen Standard sein.

Step Up-Klausel

Eine Step Up-Klausel bewirkt einen vorab definierten Anstieg des Coupons im Falle einer Verschlechterung des Ratings unter ein bestimmtes vereinbartes Niveau. In der Praxis werden Step Ups meist durch den Verlust des Investment Grade-Ratings[10] wirksam. Eine Step Up-Klausel weist hinsichtlich ihrer Auswirkung eine hohe Ähnlichkeit mit Financial Covenants auf, da der Verschuldungsgrad einer der wichtigsten Einflussgrößen auf das Rating darstellt. Im Falle der Unterschreitung des vorgegebenen Mindestratings kann der Gläubiger zwar nicht die Anleihe zur Rückzahlung fällig stellen, wird jedoch in Form eines höheren Coupons für das angestiegene Risiko kompensiert.

Im Vergleich zu Financial Covenants verfügt eine Step Up-Klausel über einen sehr geringen Überwachungsaufwand, da dieser von den Ratingagenturen übernommen wird. Damit ein Investor einer gewährten Step Up-Klausel jedoch entsprechenden Nutzen beimisst ist es notwendig, dass die durch den Emittenten beauftragte Ratingagentur nicht nur eine Anerkennung durch die BaFin besitzt, sondern auch in der Praxis der Finanzwirtschaft hohe Beachtung findet.

Analog zu einer Step Up-Klausel ist auch eine Step Down-Klausel denkbar. Diese führt zu einer vorab festgelegten Reduzierung des Coupons, wenn der Emittent ein entsprechendes Mindestrating erreicht. Dadurch ist der Emittent zu einer Reduzierung der Verschuldung angehalten, wodurch auch das Risiko des Investors sinkt. Step Up- wie Step Down-Klauseln sind in der Praxis wenig verbreitet und lassen sich insbesondere im Bereich von Mittelstandsanleihen nur schwer gegenüber institutionellen Investoren durchsetzen.

---

[10]   Investment Grade-Ratings implizieren ein Mindestrating von BBB- (S&P, Fitch) bzw. Baa3 (Moody's).

Certain sales of assets

Ein Emittent kann sich im Anleihevertrag dazu verpflichten, bestimmte Vermögensgegenstände nicht zu verkaufen. Dies ist aus Sicht eines Investors insbesondere dann sinnvoll, wenn die Geschäftstätigkeit des Emittenten aus einem oder einigen wenigen zentralen Assets besteht. Eine derartige Vereinbarung kann auch Sale-and-Lease-Back-Transaktionen verhindern, welche meist zu einer deutliche Erhöhung des Leverage führen.

Negative Pledge

Durch die Gewährung eines Negative Pledge-Covenants verpflichtet sich ein Emittent, künftigen Gläubigern keine zusätzlichen Sicherheiten zur Verfügung zu stellen. Damit soll gewährleistet werden, dass keine bzw. keine weiteren Gläubiger vorrangige Ansprüche an der Haftungsmasse übertragen wird, wodurch den Ansprüchen des Gläubigers eine Nachrangigkeit gegenüber künftigen Kreditgebern entstehen würde. In der Praxis gestaltet sich das Monitoring von Negative Pledge-Covenants auf Grund der für Anleiheinvestoren wenig transparenten Bankkreditverträgen zwischen Emittent und Hausbanken äußerst schwierig, da die darin vereinbarten Covenants für Anleiheinvestoren in der Regel nicht zugänglich sind.

Cross Default

Eine Cross Default-Klausel bewirkt, dass ein Gläubiger die Anleihe – ungeachtet der im Anleihevertrag vereinbarten Covenants – fällig stellen kann, wenn der Emittent die Covenants anderer Kredit- bzw. Anleiheverträge verletzt. Dadurch soll verhindert werden, dass sich die Haftungssumme des Gläubigers durch die Befriedigung der Ansprüche Dritter verringert. Ähnlich wie bei Negative Pledge-Covenants ist das Monitoring im Bereich von Cross Default-Covenants auf Grund der Intransparenz von Bankkreditverträgen problematisch.

Financial Covenants

Im Bereich von Financial Covenants lassen sich hinsichtlich der Ausgestaltung sowie Überprüfungsfrequenz zwei Unterarten definieren[11]:

- Maintenance Covenants: Hierunter fallen Covenants, deren Einhaltung stetig überwacht werden muss. Das Kündigungsrecht seitens des Inhabers tritt unmittelbar nach Verletzung der definierten Bestimmungen in Kraft. Maintenance Covenants finden sich meist in Bankkreditverträgen. Hintergrund hierfür ist der Umstand, dass die Überwachung von Maintenance Covenants aufwändig ist und deshalb nur von der Hausbank unter vertretbarem Aufwand durchgeführt werden kann.

---

[11]   Vgl. Kracht, F. (2010) S. 132 f.

■ Incurrence Covenants: Hierunter fallen Covenants, deren Einhaltung nur an bestimmten Stichtagen überprüft wird. Incurrence Covenants sind auf Grund des einfacheren Monitorings vorwiegend in Anleiheverträgen zu finden und beziehen sich meist auf bestimmte Veröffentlichungen des Emittenten, wie beispielsweise den Jahresabschluss oder Quartalszahlen. Ein Bruch eines Incurrence Covenants berechtigt den Investor nicht zur Fälligstellung der Anleihe, sondern limitiert die künftige finanzielle Flexibilität des Emittenten, insbesondere im Bereich der Aufnahme weiterer Schulden sowie Ausschüttungen an die Eigentümer.

Maintenance Covenants haben im Vergleich zu Incurrence Covenants deutlich schwerwiegendere und insbesondere unmittelbarere Konsequenzen. Das Problem aus Sicht eines Investors ist jedoch das Erfordernis eines intensiven Monitorings, welches kaum unter einem vertretbaren Aufwand durchgeführt werden kann. Im Bereich von Mittelstandsanleihen sind deshalb – sowohl aus Sicht des Emittenten als auch der Investoren – nur Incurrence Covenants zielführend. Damit die Gewährung von Covenants unter einem für den Investor vertretbaren Aufwand erfolgen kann, empfiehlt es sich, in der Anleihedokumentation diesbezügliche regelmäßige Informationspflichten des Emittenten zu vereinbaren. Dies könnte in der Praxis so aussehen, dass ein Emittent quartalsweise über die Einhaltung der gewährten Covenants informiert, welche im Idealfall von einer dritten Stelle, beispielsweise einer Wirtschaftsprüfungsgesellschaft, einem Börsenunternehmen oder einer Ratingagentur, bestätigt werden.

Financial Covenants beziehen sich vorwiegend auf Bilanzrelationskennzahlen. Da ihre Ausprägungen stetig sind, ist das Monitoring durch die Kreditgeber mit entsprechendem Aufwand verbunden. Ein zusätzliches Problem ist der geringe Standardisierungsgrad dieser Indikatoren sowie vielfältige Fragestellungen hinsichtlich der Bilanzierung, welche die konkrete Berechnung derartiger Kennzahlen maßgeblich beeinflussen. Deshalb ist eine ausreichende Kommunikation mit Anleiheinvestoren durch den Emittenten, in dessen Rahmen auch regelmäßig über die Einhaltung von Financial Covenants sowie Informationen zu deren Berechnungsmethodik publiziert werden, Grundvoraussetzung dafür, dass gewährte Financial Covenants durch institutionelle Investoren als effektiv wahrgenommen werden.

Trotz der hohen Heterogenität von Financial Covenants haben sich in der Praxis der Finanzwirtschaft einige häufig verwendete Bilanzrelationskennzahlen herausgebildet:

■ Debt/EBITDA (Leverage Ratio)[12]

■ EBITDA/Interest Expense (Interest Coverage Ratio)

■ Cash Flow/Interest Expense + Dividend Expenses (Fixed Charge Cover Ratio)

■ Total Net Debt/EBITA[13].

---

[12]   Vgl. O'Kane, D./Bawlf, P. (2010) S. 29.
[13]   Vgl. DVFA (2011) S. 9 f.

Die Vorstellung ausgewählter Bilanzrelationszahlen zeigt, dass hinsichtlich der effektiven Überwachung auch zusätzlich Angaben zur konkreten Berechnung sowie der zu Grunde liegenden Bilanzierungsmethoden notwendig sind. Beispielsweise ist es erforderlich, den Begriff „Debt" genau zu spezifizieren sowie gegebenenfalls Vereinbarungen zu treffen, dass das EBITDA auf Grund von Spezifika des Geschäftsmodells adjustiert werden muss. Grundsätzlich sind in Anleiheverträgen weitere Financial Covenants denkbar. Damit diese von den Investoren als effektiv empfunden werden müssen jedoch immer die entsprechenden Monitoring-Kosten der Investoren sowie ein Mindestmaß an Standardisierung der verwendeten Kennzahlen beachtet werden.

4.6 Fallbeispiel

Das folgende Fallbeispiel soll ein idealtypisches Covenant-Paket im Bereich von Mittelstandsanleihen darstellen. Ausgegangen wird dabei von einem fiktiven Unternehmen im Bereich der erneuerbaren Energien, dessen Geschäftsmodell der Bau und Betrieb von Windparkanlagen ist. Folgende Emissionsdaten der Anleihe liegen vor:

Tabelle 4.1   Emissionsdaten einer fiktiven Mittelstandsanleihe

Emittent	Windpark AG
Rating	BBB- (S&P)
Emissionsvolumen	150 Mio. €
Laufzeit	5 Jahre
Voraussichtlicher Coupon	7,5%

Quelle: Union Investment

Das nachstehend dargestellte Covenant-Paket soll einem potentiellen Investor die Sicherheit geben, dass der Unternehmensgründer Windmann während der gesamten Laufzeit Mehrheitseigentümer der Windpark AG bleibt. Damit soll sichergestellt werden, dass die bisherige Geschäftsstrategie auch weiterhin verfolgt wird. Der vereinbarte Step Up stellt einen starken Anreiz für den Emittenten dar, den Leverage nicht weiter zu erhöhen, da dies mit ansteigenden Refinanzierungskosten verbunden ist und die Begebung weiterer Emissionen deutlich erschwert. Auf Grund des Ratings einer in der Praxis der Finanzwirtschaft vielbeachteten Ratingagentur kann die Gewährung von Financial Covenants, welche hohen

Monitoring-Aufwand auf Seiten der Investoren verursachen, unterbleiben. Besondere Bedeutung weist auch das Verkaufsverbot von zentralen Vermögenswerten auf, welche die grundlegende Geschäftstätigkeit darstellen. Die Gewährung der Negative Pledge-Klausel schließlich soll verhindern, dass im Rahmen der Finanzierung weiterer Windparks anderen Kreditgebern Vermögenswerte zur vorrangigen Besicherung übereignet werden.

Tabelle 4.2   Im Anleihevertrag gewährte Covenants

Change of Control	Kündigungsrecht des Investors zu 101 % des Nominalwertes, wenn der Anteil der Familienstiftung des Gründers Windmann unter 50 % fällt
Step-Up	Erhöhung des Coupons um 1 %, wenn das Rating von Standard & Poor's unter BBB- fällt
Certain Sales of Assets	Die einzelnen operativen Gesellschaften, welche die jeweiligen Windparks besitzen und betreiben, dürfen nicht verkauft werden
Negative Pledge	-
Cross Default	-

Quelle: Union Investment

Das vorgestellte Covenant-Paket schränkt die Flexibilität des Emittenten nur geringfügig ein. Zudem entstehen dem Emittenten durch die Gewährung keine unmittelbaren Kosten oder nennenswerte zusätzliche Aufwendungen im Rahmen des Reportings. Es ist davon auszugehen, dass das Covenant-Paket auf Grund des geringen Monitoring-Aufwandes dazu geeignet ist, den Bonitätsaufschlag spürbar zu senken. Zusammenfassend kann festgestellt werden, dass das gewährte Covenant-Paket die im Rahmen der Neuemission kommunizierten Unternehmenspolitik – wie beispielsweise das Bekenntnis zur aktuellen Ratingkategorie sowie zur Fortsetzung der bisherigen Geschäftsstrategie durch die Eigentümerfamilie – in juristische Bestimmungen gießt, welche bei institutionellen Investoren für zusätzliches Vertrauen in die Mittelstandsanleihe und damit zu einen reduzierten Bonitätsaufschlag führt.

4.7   Zusammenfassung

Covenants, welche in Anleiheverträgen im High Yield-Segment seit jeher akzeptierter Standard sind, fanden bisher kaum Eingang in die juristische Dokumentation von Mittelstandsanleihen. Dies ist eine der wesentlichen Ursachen dafür gefunden, dass zum aktuellen Stichtag nur wenige institutionelle Investoren in Mittelstandsanleihen investiert haben. Im Zuge der durch die Finanzkrise deutlich angestiegenen Risikoaversion institutioneller Investoren ist allerdings davon auszugehen, dass die Bedeutung von Covenants weiter ansteigen wird. Die Integration effektiver Covenants in die Anleihedokumentation stellt eine Win-Win-Situation für alle Parteien dar, da Covenants das Vertrauen der institutionellen Anleger stärken und gleichzeitig den vom Emittenten geforderten Bonitätsaufschlag reduzieren. Dieser Zusammenhang konnte auch durch empirische Studien fundiert werden, welche einen negativen Zusammenhang zwischen Bonitätsaufschlag sowie dem Ausmaß an gewährten Covenants nachgewiesen haben[14].

Damit Covenants von Investoren als effektiv eingeschätzt werden, ist es wichtig, dass diese in der Anleihedokumentation eindeutig spezifiziert werden und das Monitoring durch die institutionellen Investoren unter einem vertretbaren Aufwand möglich ist. Im Bereich der Financial Covenants gestaltet sich diese Anforderung auf Grund verschiedener Berechnungsmethoden von Bilanzrelationszahlen komplexer als im Vergleich zu non-Financial Covenants. Aus diesem Grund erscheint es zielführend, sich entweder auf entsprechende Step Up-Klauseln zu beschränken oder nur standardisierte Bilanzrelationskennzahlen zu verwenden, welche im Idealfall durch eine dritte, möglichst unabhängige Stelle bestätigt werden.

Da Covenants aus einer juristischen Betrachtung ein hohes Komplexitätsniveau aufweisen und zudem eine hohe Abhängigkeit von der Rechtsprechung des jeweils vereinbarten Gerichtsstandes aufweisen, ist eine umfassende rechtliche Beratung des Emittenten bei der Erstellung der Anleihedokumentation unabdingbar. Dies bezieht sich auch auf die genaue Spezifikation der jeweils vereinbarten Covenants, da zu allgemein formulierten Covenants wenig Effektivität durch institutionelle Investoren beigemessen wird. Covenants ersetzen nicht die Grundsätze der Corporate Governance. Das bedeutet, dass die Einhaltung der vereinbarten Covenants alleine keine ausreichende Vertrauensbasis zwischen Emittenten und institutionellen Investoren herstellen kann. Covenants sind aber als eine zentrale Voraussetzung dafür zu betrachten, dass institutionelle Investoren künftig dem Segment der Mittelstandsanleihen mehr Beachtung schenken. Aus Sicht der Emittenten sollte die Gewährung von Covenants kein Problem darstellen, da die in diesem Beitrag aufgezeigten grundlegenden Covenants die Flexibilität des Managements des Emittenten kaum einschränkt und zudem geeignet sind, den durch die Investoren geforderten Bonitätsaufschlag zu senken.

---

[14]   Vgl. u. a. Bradley, M./Roberts, M. R. (2003).

Literatur

[1] Bradley, M./Roberts, M. R. (2003): Are Bond Covenants Priced?, Fuqua School of Business, Duke University, Durham.

[2] DVFA Deutsche Vereinigung für Finanzanalyse und Asset Management (2011): Mindeststandards für Bondkommunikation, Frankfurt am Main.

[3] Kracht, F. (2010): High Yield Bonds als Ergänzung zum traditionellen Bankkredit, Eignungsuntersuchung am finanzwirtschaftlichen Zielsystem deutscher Familienunternehmen, Gabler Verlag/Springer Fachmedien, Wiesbaden.

[4] Lowis, S./Streuer, O. (2011): White Paper: Fixed Income Investor Relations, 2. Auflage, Deutscher Investor Relations Verband, Hamburg.

[5] Markowitz, H. M. (1952): Portfolio Selection, Journal of Finance, 7. Jg., S. 77-91.

[6] O'Kane, D./Bawlf, P. (2010): Global Guide to Corporate Bankruptcy, Nomura Fixed Income Research in Zusammenarbeit mit Latham & Watkins, London.

[7] Sharpe, W. (1964): Capital Asset Prices: A Theory of Market Equilibrium under Conditions of Risk, Journal of Finance, Vol. 19, Nr. 3, S. 425-442.

[8] Whitehead, C. K. (2009): The Evolution of Debt: Covenants, the Credit Market, and Corporate Governance, The Journal of Corporation Law, Vol. 34, Nr. 3 (Spring 2009), S. 641-677.

5 Aufgabe und Wirkung von Ratings mittelständischer Unternehmen und ihrer Anleihen

Dr. Michael Munsch (Creditreform Rating AG)

5.1 Mittelstandsanleihen - Bedeutung und Risikostruktur

Die Mittelstandssegmente der Börsen haben in den letzten Monaten einen Boom erlebt. Beginnend mit der Börse Stuttgart bieten inzwischen auch die Börsen Düsseldorf, Hamburg/Hannover, Frankfurt und München spezielle Handelssegmente für Anleihen mittelständischer Emittenten. Und diese nehmen das Angebot dankend an. Innerhalb kurzer Zeit wurde eine größere Zahl von Anleihen mittelständischer Unternehmen erfolgreich über die Mittelstandssegmente der verschiedenen Börsen platziert – mit im Zeitablauf steigender Tendenz.

Kritiker beachten diese Entwicklung mit Argwohn. Von unverhältnismäßig hohen Risiken für die Investoren ist oft die Rede, man vermutet eine kurze Konjunktur und spricht von einer Investitionsblase. Doch diese Betrachtungsweise springt zu kurz. Die Bewertung der Risikostruktur mittelständischer Anleihen bedarf einer differenzierteren Analyse.

5.1.1 Risikobewertung im Rating mittelständischer Unternehmen

Zunächst stellt sich die Frage, wie die Unternehmen insgesamt aufgestellt sind. Untersucht man alle Unternehmen des mittelständischen Segments mit einem Jahresumsatz über 20 Mio. €, findet man in Deutschland rund 20.000 Unternehmen, die Fremdkapital zur Finanzierung einsetzen. Davon fallen pro Jahr im Durchschnitt 0,6 bis 1,0 % aus. Im Jahr 2009 war der Wert aufgrund der Finanzkrise mit 1,25 bis 1,50 % höher. Natürlich gibt es weitere größen- und branchenspezifische Unterschiede, nichtsdestotrotz stellen diese Werte eine erste Basis der Diskussion dar, und es wird deutlich, wie ausfallgefährdet der Mittelstand im Durchschnitt ist. Im internationalen Vergleich ist das zunächst ein relativ niedriger Wert für deutsche Unternehmen. Ein kapitalsuchendes, wachstumsorientiertes Unternehmen wird allerdings nicht unbedingt in diesem Bereich liegen. Es unterliegt spezifischen Risiken, die es gilt, im Rahmen eines Ratings zu messen und transparent zu machen.

5.2 Besondere Anforderungen an das Rating mittelständischer Unternehmen

Per Definition unterscheidet sich das Rating mittelständischer Unternehmen nicht von dem global agierender Großkonzerne. Es soll eine Aussage über die zukünftige Fähigkeit und rechtliche Verpflichtung des bewerteten Unternehmens zur termingerechten und vollständigen Erfüllung von Zins- und Tilgungszahlungen treffen und die Nachhaltigkeit der Cashflows des Unternehmens zur Bedienung der Kapitaldienste überprüfen. Ferner schließt es Informationslücken zwischen dem Unternehmen und potenziellen Investoren bzw. Gläubigern. Das Rating ist als objektivierendes Meinungsbild zu betrachten, dessen Bedeutung durch ein verständliches Symbol verdeutlicht wird. Über die Ausfallwahrscheinlichkeiten der einzelnen Ratingklassen sind internationale Vergleiche der Unternehmensbonität möglich.

Entscheidet sich ein Mittelständler für ein Rating, beispielsweise im Zuge einer Anleiheemission, sollte die beauftragte Ratingagentur in der EU registriert und auf die Bewertung mittelständischer Unternehmen spezialisiert sein. Denn entscheidend ist, dass das Rating sich auf die spezifische Situation des Unternehmens in seinem Markt fokussiert. Die Bildung ungünstiger Vergleichsgruppen oder die Anwendung konzernadäquater Risikoparameter kann sich unverhältnismäßig negativ auf das Bonitätsurteil der Ratingagentur auswirken und so die Finanzierung unnötig erschweren. So mögen amerikanische Agenturen beispielsweise höhere Insolvenzen in Mitteleuropa erwarten als europäische, und insbesondere auf mittelständische Unternehmen spezialisierte Agenturen. Auch die bei klassischen Mittelständlern oftmals fehlende Diversifizierung kann sich hier nachteilig auswirken, ebenso die fehlende Kapitalmarktnähe. Entscheidend ist, die spezifische Situation des Unternehmens in seinem Markt zu verstehen und zu beurteilen und fehlende Größe nicht zu pauschalisieren.

5.2.1 EU-Anerkennung

Bis zur Einführung der Solvabilitätsverordnung im Jahr 2007 wurden Ratingagenturen ausschließlich durch Marktmechanismen und ihre Nutzung durch Investoren anerkannt. Wurden in Richtlinien für Investoren und ihren Entscheidungsgremien Meinungen von Ratingagenturen als Hilfsmittel aufgenommen, mussten sie von anerkannten Ratingagenturen stammen. Aber es war nirgends definiert, was genau eine anerkannte Agentur ausmacht. Mit der Solvabilitätsverordnung und der EU-Richtlinie 1060/2009 hat sich das geändert. Formal ist eine Ratingagentur anerkannt, wenn sie von der European Securities and Markets Authority (ESMA) registriert wurde. Die EU-Verordnung definiert Rating dabei als „ein Bonitätsurteil in Bezug auf ein Unternehmen, einen Schuldtitel oder eine finanzielle Verbindlichkeit, eine Schuldverschreibung oder ein anderes Finanzinstrument oder den Emittenten derartiger Schuldtitel, finanzieller Verbindlichkeiten, Schuldverschreibungen, Vorzugsaktien oder anderer Finanzinstrumente, das anhand eines festgelegten und definierten Einstufungsverfahrens für Ratingkategorien abgegeben wird".

Ferner betont sie explizit den Zusammenhang zwischen Ratingergebnis und Ausfallquote bzw. Ausfallwahrscheinlichkeit (PD, probability of default). Exemplarisch sei die Ausfallwahrscheinlichkeit eines Ratings im Bereich BBB über 5 Jahre mit 2,0 % genannt. Im Bereich der Ratings mit BB liegt die Ausfallwahrscheinlichkeit über 5 Jahre bei 9,0 %. Die Tabelle 5.1 zeigt die Ausfallwahrscheinlichkeiten der einzelnen Ratingklassen am Beispiel der Creditreform Rating AG.

Tabelle 5.1   Ausfallwahrscheinlichkeiten der einzelnen Ratingklassen am Beispiel der Creditreform Rating AG

Rating	Bedeutung	1 Jahr PD in %	5 Jahres PD in %
AAA	Höchste Zukunftssicherheit, das Existenzrisiko ist nahezu null	0,00 %	0,10 %
AA	Sehr gute Zukunftssicherheit, sehr geringes Existenzrisiko, nur geringfügig schlechter als die Höchsteinstufung	0,01 %	0,30 %
A	Gute Zukunftsfähigkeit, geringe Existenzgefährdung, äußere Einflüsse können die Situation kurzfristig negativ beeinflussen	0,05 %	0,50 %
BBB	Durchschnittliche und befriedigende Zukunftssicherheit; durch unvorhergesehene äußere Einflüsse kann eine Verschlechterung eintreten	0,35 %	2,00 %
BB	Nicht mehr befriedigende Zukunftssicherheit, es gibt Faktoren, die die Existenz bedrohen	1,25 %	9,00 %
B	Noch gerade ausreichende Zukunftssicherheit, eine zukünftige Verschlechterung der Situation ist zu erwarten	5,00 %	20,00 %
CCC CC C	Nicht mehr ausreichende Zukunftssicherheit, nachhaltige Gefährdung der Existenz	20,00 %	40,00 %
D	Ausfall, nachhaltige Zahlungs- und Leistungsstörung		

Quelle: Creditreform Rating AG

Der Registrierungsprozess fordert von den Ratingagenturen dabei grundsätzlich den Nachweis, dass ihre Analysten quantitative und qualitative Risiken analysieren und der Ratingprozess systematisch ist. Eine Vielzahl von Einzelnachweisen ist von der Ratingagentur zu erbringen. Unter anderem sind dies:

■ Umsetzung der Compliance-Funktion

■ Handlungsanweisung Interessenkonflikte

■ Handlungsanweisung Aufzeichnungen und Dokumentationen

- Anweisung zum Monitoring von Ratings

- Ratingsystematik, Ratingmethodik und Qualität der Daten

- Verhaltenskodex

- Business Continuity Planung und Nutzung IT-Systeme

- Differenzierte Darstellung der Verfahren zur Überwachung der Ratingmethodik

Unabhängigkeit, Objektivität und systematischer Einsatz der Ratingmethodik sind neben der finanziellen Stabilität der Agentur die wesentlichen Kriterien der Registrierung. Im Rahmen eines engen Monitoring-Prozesses der Aufsichtsbehörde wird die Ratingaktivität verfolgt und analysiert. Ausfallraten und Migrationstabellen dokumentieren die Güte der veröffentlichten Ratings. Statistisch valide Ausfallraten von externen Ratings gibt es in Europa derzeit noch nicht, da keine Agentur eine ausreichend große Zahl von Ratings europäischer Unternehmen und ihrer Anleihen erstellt bzw. veröffentlicht hat.

Im Folgenden soll der Ratingprozess aus der Sicht eines Unternehmens beschrieben werden.

5.2.2   Ratingprozess

Der Ratingprozess basiert auf der Auswertung quantitativer und qualitativer Informationen. Dazu gehören etwa Jahresabschlüsse, aktuelle Monatsabschlüsse, Planungsrechnungen, Bankenspiegel, Organigramme, Segmentberichte, Unternehmensdarstellungen, Managementpräsentationen und andere. Weitere Daten wie die aktuelle Branchensituation, existierende Länder- und Währungsrisiken oder relevante Bonitätsrisiken im Kundenkreis werden von der beauftragten Agentur selbst ermittelt und in den Ratingprozess integriert. Das zentrale Ziel der Analysten ist es, eine fundierte Einschätzung über die zukünftige Cashflow-Entwicklung des Unternehmens zu gewinnen, um damit die langfristige Bestandssicherheit des Unternehmens zu beurteilen. Dabei ist im Rahmen des Ratingprozesses eine Vielzahl von Einzelinformationen von Bedeutung.

Unternehmensdokumentation

Idealerweise dokumentiert ein Unternehmen seine zukünftige Entwicklung im Rahmen eines schriftlichen Geschäftsplanes, in dem die angestrebten Unternehmensziele dokumentiert und entsprechende Strategien zur bestmöglichen Zielerreichung beschrieben werden. Diese Beschreibung von zukünftigen Maßnahmen und notwendigen Ressourcen können dem Management als Grundlage einer zielorientierten Unternehmenssteuerung dienen. Auch mittelständische Unternehmen sollten sich damit intensiv auseinandersetzen und (nicht nur) im Rahmen des Ratings mit solchen Instrumenten arbeiten. Beim Rating werden eine gut dokumentierte strategische Positionierung und die geplante Ausrichtung des Unternehmens vorausgesetzt. Die Dokumentation der unternehmerischen Erfolge der Vergangenheit reicht nicht aus, da die Kreditvergabe immer eine zukunftsgerichtete Entscheidung ist, bei der zwingend auch kritische Fragen über die zukünftige Entwicklung des Unternehmens gestellt werden.

Managementteam und Mitarbeiter

Die Fähigkeiten der Führungskräfte eines Unternehmens sind entscheidend für den nachhaltigen wirtschaftlichen Erfolg, aber auch bei der Verhinderung oder Überwindung von kritischen Unternehmenssituationen. Daher spielen der personelle Status quo und geplante personelle Änderungen, insbesondere auf Managementebene des Unternehmens, beim Rating eine wichtige Rolle. Besonders im Mittelstand ist zudem die Gesellschaftersituation von großem Interesse. Dazu gehören beispielsweise Zuständigkeiten, Kernkompetenzen, Qualifikation und Vertretungsregelungen. Treten absehbare und wichtige Veränderungen bei Management und Gesellschaftern ein (Kündigung, Pensionierung, Gesellschafterwechsel, usw.), sollte plausibel dargelegt werden, wie das Unternehmen darauf reagiert, so dass der Investor/Kapitalgeber auch in Zukunft eine konstante, nachhaltig positive Entwicklung erwarten kann. Auch vorhandene Maßnahmen zur Qualitätssicherung im Personalbereich sowie Erfolge, die im Bereich der Mitarbeiterentwicklung erzielt wurden, besitzen Aussagekraft im Ratingprozess.

Dokumentation und Managementinformation

Form, Inhalte und Aussagekraft des Informationssystems sind wichtige Qualitätsmerkmale für das Controlling. Nur ein gut informiertes Management ist in der Lage, ein Unternehmen zielgerichtet zu steuern und Krisen nach Möglichkeit vorzubeugen. Eine Ratingagentur wird sich intensiv mit dem internen Berichtswesen auseinandersetzen. Hier gilt es zu dokumentieren, dass alle führungsrelevanten Informationen zeitnah verfügbar und angemessen differenziert sind. So sollten der Geschäftsführung wichtige, führungsrelevante Informationen als standardisierte Berichte zeitnah zur Verfügung gestellt werden.

Controlling

Für eine optimale Vorbereitung auf ein externes Rating ist die Erstellung einer aussagekräftigen, schlüssigen und verständlichen Business-Planung hilfreich. Dabei sollten die kurz-, mittel- und langfristigen Unternehmensziele dokumentiert werden und auch der zeitliche Ablauf der Planungen sowie das zugrundeliegende Konzept deutlich werden.

Zur Dokumentation der Plandaten empfiehlt es sich, eine Liste der eingesetzten Planungsrechnungen und -instrumente zu erstellen. Die Analysten werden zur Überprüfung der Plausibilität einzelne Detailplanungen anfordern. Unter funktionalem Aspekt können dabei separate Pläne für die Bereiche Markt (Absatzplanung, Umsatzplanung, Marketingplanung), Produktion (Kapazitätsplanung und Investitionsplanung), Beschaffung (Materialplanung und Personalplanung) sowie Rechnungswesen (Finanz-, Bilanz- und Erfolgsplanung) erarbeitet werden. Unabhängig vom Vorliegen einzelner marktbezogener Planungen ist eine differenzierte Finanz-, Bilanz- und Erfolgsplanung im Ratingprozess grundsätzlich hilfreich. Auch die eingesetzten Kontrollinstrumente und Kontrollmaßstäbe sollten dargelegt werden. Dazu gehört auch die methodische Darstellung des Soll-Ist-Vergleichs und die Nennung der Zielgrößen, auf die der Vergleich ausgerichtet ist. Von besonderem Interesse für die Ratingagentur ist in diesem Zusammenhang, wie das Unternehmen in der Vergangenheit Plan-Abweichungen erkannt und gemeistert hat. Idealerweise liefert das Controlling geeignete Kennzahlen zur Unternehmenssteuerung. So werden im Rahmen des Ratingprozesses auch der Einsatz und die aktuelle Entwicklung der wesentlichen Finanz- und Erfolgskennzahlen beurteilt.

Das Kosten- und Erlös-Controlling ist für Unternehmen ebenfalls von Bedeutung. Produktentscheidungen in der Industrie oder Sortimentsentscheidungen im Handel sind nur zwei Beispiele für die Notwendigkeit entscheidungsorientierter Kosten- und Leistungsrechnungen. Für das externe Rating muss klar dokumentiert werden, wie das Unternehmen auf dieser Basis Entscheidungen trifft. Praxisbezogene Beispiele aus dem Unternehmensgeschehen sollten in diesem Zusammenhang aufbereitet und als Beleg für die Analysten dargestellt werden.

Zahlen und Fakten zum Unternehmen

Die Qualität der im Jahresabschluss dokumentierten Finanz-, Vermögens- und Ertragslage ist eine wichtige Basis für die Analyse. In der Vergangenheit waren Jahresabschlüsse vor allem bei nicht börsennotierten Gesellschaften – oftmals ausschließlich steuerpolitisch geprägt. Neben der Steuerbemessungsfunktion existiert allerdings auch eine Informationsfunktion, die ein Jahresabschluss zu erfüllen hat. Diese Funktion ist im Sinne des Ratings und jeder Bonitätsbeurteilung besonders wichtig. Analysten bilden sich über die Qualität und den Aussagegehalt des Jahresabschlusses eine Meinung. Üblicherweise wird die relative Ausfallwahrscheinlichkeit eines Unternehmens im Rating umso höher bewertet, je schlechter die Cashflow-, Finanz- und Ertragssituation ist.

Der Hinweis darauf, dass eine schwache Ertragslage steuertechnisch gewollt ist, hilft nicht weiter, da gescheiterte Unternehmen üblicherweise immer durch schwache Renditen, schlechte Finanzierungsstrukturen und geringe Cashflows gekennzeichnet sind. Sollten bilanzpolitische Maßnahmen zu einer Ergebnisminderung beigetragen haben, sollten diese offen dargestellt und belegt werden. Auch wenn die zukünftige Ergebnis- und vor allem Cashflow-Entwicklung im Ratingurteil überwiegen, muss ein Unternehmen, das ein erstklassiges Rating anstrebt, auch im Jahresabschluss eine solide Unternehmensentwicklung dokumentieren können. Dies gilt grundsätzlich nicht nur für das Zahlenmaterial, sondern auch für die qualitativen Aussagen im Lagebericht und die Erläuterungen im Anhang. Die Analyse der bilanzanalytischen Stärken und Schwächen trägt dazu bei, das unternehmerische Handeln auch an den Bedürfnissen der Kapitalgeber auszurichten. Dies zum Beispiel bei der Neustrukturierung der Kapitalseite der Bilanz oder der Entnahmepolitik.

Unternehmensorganisation

Risiken in der Aufbau- und Ablauforganisation können bestandsgefährdende Ausmaße erreichen. Eine effiziente Organisation der betrieblichen Abläufe ist gerade bei internationalen Unternehmensaktivitäten und permanentem Innovationsdruck ein Merkmal von Stärke und Widerstandskraft. Im Rating sollte dokumentiert werden, dass die Aufbau- und Ablauforganisation der derzeitigen Unternehmensgröße und -struktur genügt und welche Maßnahmen ergriffen werden, um dies auch für die zukünftige Entwicklung zu gewährleisten. Viele erfolgversprechende Unternehmen scheitern in Wachstumsphasen daran, dass die Organisation des Unternehmens nicht ausreichend mitentwickelt wird.

Aber auch das Umfeld, in das ein Unternehmen eingebettet ist, ist für die Ratinganalyse von Bedeutung. Hierzu zählen unter anderem die Beteiligungsverhältnisse zu Mutter- oder Tochterunternehmen und die sich daraus ergebenden Chancen und Risiken. Auch haftungsrechtliche, personelle und leistungsbezogene Verflechtungen zu Dritten, beispielsweise Schwesterunternehmen, sind von Relevanz. Diese sollten den Analysten offen dargelegt und erläutert werden.

Produkte und Leistungen

Die dauerhafte Marktfähigkeit der angebotenen Leistungen bzw. Produkte ist entscheidend für die zukünftigen Cashflows und somit von wichtiger Bedeutung für das Unternehmensrating. Der bisherige Erfolg einzelner Produkte, die Zuordnung der Erfolge zu Produktgruppen, das jeweilige Produktalter und die erwarteten Produktperspektiven stehen im Mittelpunkt der Analyse des betrieblichen Leistungsspektrums. Sofern die Produkte einem schnellen technischen Fortschritt oder modischen Einflüssen unterliegen, sind entsprechende Konzepte erforderlich, um diesen Marktentwicklungen zu folgen.

Marktbeziehungen und Wettbewerb

In diesem Bereich steht das Marktumfeld eines Unternehmens – also Kunden, Partner im Absatz- und Beschaffungsbereich sowie Mitbewerber – im Mittelpunkt der Betrachtung. Bei der Auflistung der Hauptlieferanten sollte auch aufgeführt werden, welche Alternativen am Markt verfügbar sind. Die Ratingagentur wird die Bonität der wichtigsten Partner prüfen und aus den Ergebnissen Aussagen über die Bestandsfestigkeit des Lieferantensystems ableiten.

Die Kunden eines Unternehmens sind mittels einer ABC-Klassifikation nach der jeweiligen Umsatzbedeutung zu unterteilen. Die Ratingagentur untersucht die Bonität der wichtigsten Kunden und leitet Aussagen über die Bestandsfestigkeit der Umsatzmöglichkeiten und die Realisierbarkeit von Forderungen ab. Untrennbar verbunden mit der Frage nach der Kundenstruktur und der Bonität der Kunden ist die Analyse des Aufbaus und der Funktionsweise des Debitorenmanagements. So sollte die Kundenliste auch unter Risikogesichtspunkten einer ABC-Analyse unterworfen werden. Abhängigkeiten von Lieferanten und Kunden spielen ebenfalls eine wichtige Rolle für die Einschätzung des Risikos.

Um die Marktsituation eines Unternehmens für das Rating genauer beurteilen zu können, benötigt die Agentur auch Informationen über den relevanten Markt des Unternehmens, die wichtigsten Wettbewerber, das Marktvolumen und das realisierbare Marktwachstum. Neben den eigenen Recherchen der Ratingagentur sollte auch das Management Informationen zu diesem Themenkomplex beitragen können und so das eigene Branchen-Know-how verdeutlichen. Von besonderem Interesse ist die Darstellung, wie sich die Marktanteile der jeweiligen Anbieter entwickelt haben und welche Veränderungen in Zukunft zu erwarten sind. Chancen durch vorhandene Alleinstellungsmerkmale sind für die Beurteilung der Zukunftsperspektiven ebenso relevant wie Risiken, die aus einer möglichen Produktsubstitution entstehen können.

Finanzmanagement und Finanzplanung

Wesentlicher Gegenstand des Finanzmanagements ist die Sicherung der kurzfristigen Liquidität und der mittel- bis langfristigen Finanzierung. Die Finanzplanung sollte unmittelbar mit anderen Detailplanungen wie der Umsatz- und der Investitionsplanung abgestimmt sein. Wichtig ist, dass alle finanziellen Verpflichtungen des Unternehmens im Zuge der prospektiven Zahlungsfähigkeit termingerecht erfüllbar sind. Die Gestaltung der Zahlungs-, Informations-, Kontroll- und Sicherungsbeziehungen zwischen einem Unternehmen und seinen Kapitalgebern ist dabei von essenzieller Bedeutung. Im Rating werden daher die vertragsbedingten Rechte und Pflichten von Kapitalgebern und Kapitalnehmern hinterfragt, die aus den finanzwirtschaftlichen Kontrakten des Unternehmens resultieren. In diesem Zusammenhang ist auch eine Übersicht über alle vom Unternehmer gegebenen Sicherheiten (Sicherungsübereignungen, Bürgschaften, Grundbucheintragungen) mit Informationen über die Art der Vereinbarung, Umfang, Begünstigten und zeitlichem Ausmaß der jeweiligen Vereinbarung von Bedeutung. Ebenso ist darzulegen, wie die vollständige Deckung des zukünftigen Finanzbedarfs erfolgen wird. Durch eine Gegenüberstellung aller Vermögens- und Schuldenpositionen des Unternehmens wird darüber hinaus der Nachweis erbracht, dass eine insolvenzrechtliche Überschuldungssituation weder aktuell vorhanden noch zukünftig relevant wird. Grundsätzlich wirkt sich eine Streuung des Finanzbedarfes auf mehrere Finanzierungsquellen risikomindernd aus. Perspektivisch sollte bei der Mittelherkunft ein hoher Anteil aus dem operativen Geschäft (Abschreibungen, Rückstellungen, Jahresüberschüsse) bzw. der Innenfinanzierung realisiert werden. Dies trägt zu einer Lösung des Kapitalbeschaffungsproblems bei und fördert durch die erkennbare Solidität eine gute Ratingklassifikation.

Insgesamt lässt sich der Ratingprozess in eine quantitative und eine qualitative Analyse unterteilen. Unterlagen, die im Rahmen der Analyse von Bedeutung sind, sind die folgenden:

- HR-Auszug, Gesellschafterverträge, Organigramme, wichtige Verträge

- Jahresabschlüsse (letzten 3 bis 5 Jahre), WP-Berichte

- Anlagenspiegel, Leasing- und Factoring-/ABS-Vereinbarungen

- Aktuelle unterjährige Ergebnis- und Finanzlage (BWA/Soll-Ist-Vergleiche)

- Darstellung der Auftragslage (zum Plan und zum Vorjahr)

- Planungsrechnungen, Ziel- und Strategiebeschreibungen

- Finanz- und Bankenstatus/Verbindlichkeitsspiegel, Liquiditätsrechnung

- Auszüge aus dem Management-Informationssystem (Controlling und Risikomanagement)

- Kunden- und Liefererlisten, OP-Listen

- Produktbeschreibungen, Zertifizierungen, Patente, Gutachten

- Aufstellung Versicherungen

- Branchenspezifische weitere Informationen (z. B. Immobilien- und Bauwirtschaft)

Im Rahmen der quantitativen Kennzahlenanalyse werden ergänzende Vergleichswerte hinzugezogen. Tabelle 5.2 stellt diese exemplarisch dar:

Tabelle 5.2   Beispiele relevanter Kennzahlen für das Unternehmensrating

Kennzahl	Median	Top
Eigenkapitalquote (%) = (bereinigtes Eigenkapital/bereinigte Bilanzsumme) x 100	25,48	39,15
Gesamtkapitalrentabilität (%) = (Jahresüberschuss + Zinsaufwand)/Bilanzsumme x 100	5,53	9,37
EBIT Interest Coverage = Betriebsergebnis/Zinsaufwand	3,81	11,03
Fremdkapitalstruktur (%) = (Verbindlichkeiten L. & L., Wechsel und ggü. Kreditinstituten)/Fremdkapital x 100	37,57	17,66
Kapitalbindungsdauer (Tage) = (Verbindlichkeiten L. & L. und Wechsel)/Umsatzerlöse x 365	17,81	11,02
FFO/Total Debt (%) = (Ergebnis der gewöhnlichen Geschäftstätigkeit + Abschreibungen)/Summe Fremdkapital x 100	14,65	24,91
Total Debt to EBITDA = (Fremdkapital – Verb. L. & L. - erhaltene Anzahlungen)/(Betriebsergebnis + Abschreibungen)	14,65	24,91

Quelle: Creditreform Rating AG

Die genannten Kennzahlen stellen die Werte von Unternehmen in Deutschland mit einem Jahresumsatz von über 20 Mio. € der Jahre 2008 bis 2010 dar. In die Analyse sind die Jahresabschlüsse von fast 10.000 Unternehmen eingeflossen. Sie ist daher repräsentativ. Der Median der Eigenkapitalquote in Höhe von 25,48 % sagt aus, dass in einer größensortierten Reihung von 10.000 einzelnen Eigenkapitalquoten-Ausprägungen das fünftausendste Unternehmen eine Eigenkapitalquote von genau 25,48 % hat. Dieser Wert ist ungewichtet, d. h. die Eigenkapitalquote börsennotierter Unternehmen wie der Daimler AG wurde genauso gezählt und gewichtet wie die Eigenkapitalquote eines Mittelständlers mit 20 Mio. € Jahresumsatz. In der Reihung zeigen die besten 30 % der Unternehmen eine Eigenkapitalquote von mindestens 39,15 %.

Im Median weisen deutsche Unternehmen eine Gesamtkapitalrendite von 5,53 % aus. Die besten 30 % haben Werte über 9 % Gesamtkapitalrendite. Zu beachten ist hier, dass die Kennzahl den Zinsaufwand mit in die Berechnung aufnimmt (siehe Definition in der Tabelle 5.2).

Die Bedeutung des Cashflows und der Innenfinanzierung wird insbesondere mit der Kennzahl „Total Debt to EBITDA" erkennbar. Im Median sind die zinstragenden Verbindlichkeiten 3,86-mal höher als der Cashflow gemessen mit dem EBITDA (Earnings before interest, taxes, depreciation and amortization).

Für den Ratingprozess sind die genannten Kennzahlen in mehrfacher Hinsicht relevant. Zum einen lassen sich bestimmte Kennzahlenmuster als typisch für eine Insolvenzgefahr bezeichnen. Die Kennzahlenanalyse liefert somit wertvolle Informationen für die Prognose der Insolvenzwahrscheinlichkeit. Ferner dient die qualitative Analyse dazu, die weitere Entwicklung der Kennzahlen in den kommenden drei bis fünf Jahren zu prognostizieren. Somit ist die Kennzahlenanalyse ein wichtiger Baustein im Ratingprozess. Ein Automatismus zwischen Kennzahlenausprägung und Ratingergebnis existiert dagegen nicht.

Die qualitative Analyse untersucht das relevante Umfeld, die Organisation und strategische Fragestellungen. Die nachstehende Abbildung 5.1 stellt diese exemplarisch dar.

Abbildung 5.1   Qualitativer Ratingprozess (exemplarisch)

Quelle: Creditreform Rating AG

Typische Fragen im Ratingprozess können sein:

- Wie setzt sich der Gesellschafterkreis zusammen?

- Aus wie vielen Personen besteht die Unternehmensleitung?

- Sind in der Zukunft Gesellschafterwechsel gefragt?

- Ist die Nachfolge des Managements geregelt?

- Gibt es Abhängigkeiten und Vertretungsregelungen für Schlüsselpositionen?

- Wie hoch ist der Umsatzanteil der drei größten Tochtergesellschaften am Konzern?

- Existiert eine klar formulierte und schriftlich fixierte Unternehmensstrategie?

- Wie hoch ist der Exportanteil der Umsatzerlöse?

- Auf wie viele Kunden entfallen mehr als 50 % des Umsatzes?

- Auf wie viele Produkte entfallen mehr als 50 % des Rohertrages?

- Wie viel % des Gesamtforderungsbestandes sind seit über 30 Tagen fällig?

- Entfallen mehr als 20 % des Materialaufwandes auf einen Lieferanten?

- Wie erfolgt die Auswahl und Überwachung von Subunternehmen?

- Wie ist die Projektplanung, Auftragslage und Reichweite?

- Wie ist die Erfolgsquote im Projektmanagement? (Cost-to-complete)

- Organisation einzelner Aufgaben – Vertrieb, Facility Management, Verwaltung?

- Wie hoch ist der Marktanteil der Gesellschaft?

- Verfügt die Gesellschaft über wesentliche Wettbewerbsvorteile?

- Wurden in den vergangenen 18 Monaten die Kreditlinien überzogen?

- Mit welchen Banken arbeitet das Unternehmen zusammen?

- Besteht ein Bankenpool?

- Bestehen Finanzierungen in Fremdwährung?

- Sind Änderungen der Kreditlinien in den kommenden 18 Monaten geplant?

- Welche wesentlichen Investitionen werden geplant?

- Einsatz IT-Systeme und Software?

- Mit welchen Planungs- und Controlling-Instrumenten wird gearbeitet?

- Welche Rechtsfälle liegen vor? Wie sind sie zu bewerten?

Im Zuge einer avisierten Finanzierung über den Kapitalmarkt kann es darüber hinaus sinnvoll sein, ein Anleiherating für die zu begebende Anleihe in Auftrag zu geben. Während sich das Unternehmensrating auf ein Unternehmen und seine Ausfallwahrscheinlichkeit insgesamt bezieht, beziffert das Anleihe- oder Emissionsrating das Risiko desjenigen Finanzierungsinstruments, auf das es sich im Einzelfall bezieht. Das Unternehmensrating bildet dabei die Grundlage. Zusätzlich werden weitere anleihespezifische Faktoren wie beispielsweise Besicherungen berücksichtigt, die Auswirkungen auf die Risikobehaftung der Anleihe haben könnten.

5.3   Nutzenfaktor und Wirkung von Ratings mittelständischer Unternehmen

Den Kosten des externen Ratings stehen die Nutzenfaktoren gegenüber, die sich für das Unternehmen aus dem Rating ergeben.

Informationsinstrument für das Management

Durch das Rating wird das Unternehmen auf den Prüfstand gestellt. Im Rahmen eines Ratings werden zahlreiche betriebswirtschaftlich relevante Faktoren identifiziert und unter Chancen- und Risikoaspekten beurteilt. Aus dem neutralen und objektiven Blickwinkel der Ratinganalysten werden im Rahmen des Ratingprozesses Stärken und Schwächen sowie Chancen und Risiken des Unternehmens transparent. Ebenfalls werden Verbesserungspotenziale sichtbar und bieten Anhaltspunkte zur kontinuierlichen Verbesserung des Unternehmens.

Signalisierung der Kreditwürdigkeit

Das Bedürfnis der Finanzpartner nach transparenter, neutraler Information ist gestiegen. Die Finanzkrise wirkt ebenfalls in diese Richtung. Kreditgeber müssen Informationen über die Risiken ihrer Kreditvergabe erheben und interpretieren, um entsprechende risikopolitische Entscheidungen treffen zu können. In diesem Zusammenhang trägt ein Rating dazu bei, die Finanzierungsoptionen eines Unternehmens zu verbessern. Als Instrument der Finanzkommunikation hilft das Rating einer neutralen Agentur, das Vertrauen in das Unternehmen weiter zu steigern. Für die Finanzwelt dient das Rating als Entscheidungskriterium in Bezug auf die Gestaltung von Finanzierungskonditionen, die grundsätzliche Kreditbereitschaft sowie die Höhe von Kreditlimiten und die Stellung von Sicherheiten.

Interne Risikoidentifikation

Gemäß KonTraG (Gesetz zur Kontrolle und Transparenz im Unternehmensbereich) müssen sich die AG-Vorstände umfassend über die Risiken der Unternehmung informieren und ein Risikomanagementsystem einführen. Diese Entwicklung hat auch Auswirkungen auf nicht börsennotierte, mittelständische Unternehmen. Das Rating kann in diesem Zusammenhang auch die Funktion erfüllen, Risiken zu identifizieren und über ein Beurteilungsraster zu qualifizieren.

Rating als Kommunikationsinstrument

Grundsätzlich stellt ein Rating ein wichtiges Element der Finanzkommunikation dar, beispielsweise im Zuge von Kreditverhandlungen mit der Hausbank. Eine wachsende Zahl von Mittelständlern entdeckt zudem den Kapitalmarkt als alternative Finanzierungsquelle und begibt Anleihen. Viele Handelsplätze verlangen dabei ein Rating einer anerkannten Ratingagentur, teils mit einem verbindlichen Mindestergebnis. Diese Anforderungen lassen die Bedeutung externer Ratings auch für mittelständische Unternehmen weiter steigen.

Auch unabhängig von der spezifischen finanzmarktbezogenen Zielsetzung ist das Rating ein wichtiger Teil der Kommunikation mit den unterschiedlichen Anspruchsgruppen des Unternehmens. Lieferanten erhalten durch ein Rating Hinweise über die Zahlungssicherheit des Unternehmens – mit Auswirkungen auf die Einkaufskonditionen für das geratete Unternehmen. Der Aufbau neuer Geschäftsverbindungen, die über eine Kunden- oder Lieferantenbeziehung hinausgehen, ist mithilfe eines Ratings sehr gut zu flankieren. Auch für die Teilnahme an Ausschreibungen zur Durchführung langfristiger Projekte bietet ein Rating ein zusätzliches Argument. Neue Gesellschafter erhalten durch ein Rating einen ersten Hinweis über die Bonität und die Beurteilung der Fundamentaldaten des Unternehmens. Der Einstieg in die häufig sehr schwierige Suche nach neuen Investoren einerseits und neuen lohnenden Investitionsmöglichkeiten andererseits kann durch ein Rating deutlich vereinfacht werden.

Neben den zahlreichen Nutzenfaktoren, die ein Rating für ein Unternehmen haben kann, ist es entscheidend, auch die potenzielle Wirkung eines Ratings zu betrachten. Denn das Rating bildet für viele Investoren eine zentrale Entscheidungsgrundlage.

Entsprechend groß ist die Verantwortung der jeweiligen Ratingagentur. Das gilt insbesondere für das Rating mittelständischer Unternehmen und ihrer Anleihen. Dennoch sollte das Rating nur ein Bestandteil der individuellen Investitionsentscheidung eines potenziellen Anlegers sein. Im Mittelpunkt der Entscheidung muss dagegen eine individuelle Risikoanalyse stehen. Ratings stellen keine Beratung oder Empfehlung dar. Sie ergänzen als ein Faktor von vielen die Investitionsanalyse institutioneller und im Falle von Mittelstandsanleihen auch privater Investoren. Eigene Analysen und Bewertungen der potenziellen Investoren können und wollen sie nicht ersetzen.

Abbildung 5.2   Zusammenhang zwischen Ratingergebnis und Finanzierungskosten

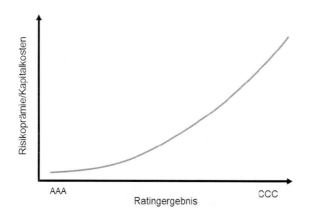

Quelle: Creditreform Rating AG

Doch auch für das Unternehmen ist die Wirkung eines Ratingurteils nicht zu unterschätzen. So ist der Zusammenhang zwischen der Ratingnote und den Finanzierungskosten einer Anleihe offensichtlich, wie vorstehende Abbildung 5.2 zeigt.

Typische empirische Werte für Risikoprämien im Bereich AAA/AA sind 30 bis 100 Basispunkte. Weitere Faktoren wie die Bekanntheit und der Markenwert des Unternehmens, eine mögliche Börsennotierung, die Verständlichkeit des Geschäftsmodell für Außenstehende, die demonstrierte Transparenz sowie die Unternehmensgröße und die Marktliquidität insgesamt spielen eine Rolle.

Transparenz ist jedoch nicht nur für die individuelle Senkung der Finanzierungskosten von Bedeutung. Sie ist auch mit Blick auf die Etablierung des mittelständischen Börsensegments von entscheidender Bedeutung. Denn Transparenz ist ein entscheidender Faktor, um das Vertrauen in den jungen Markt der Mittelstandsanleihen langfristig zu stärken und dieses wichtige alternative Finanzierungsinstrument dauerhaft für den Mittelstand nutzbar zu machen. Die meisten kapitalmarktorientierten Mittelständler haben dies erkannt. Ratings spielen hier eine wichtige Rolle bei Abbau vorhandener Informationsasymmetrien. Unabhängigkeit, Objektivität, systematischer Einsatz der Ratingmethodik und das Einhalten von Compliance-Regeln sind dabei eine unabdingbare Vorrausetzung.

6 Gibt es eine „richtige Verzinsung" einer Mittelstandsanleihe?

Prof. Dr. Peter Heseler (FOM Hochschule für Oekonomie und Management)

Die schnelle Antwort auf die in der Überschrift gestellte Frage lautet: Ja, natürlich, denn sonst hätte sich dieses neue Marktsegment nicht erfolgreich etablieren können. In einer marktwirtschaftlichen Ordnung ist der Preis, der Nachfrage und Angebot zum Ausgleich bringt, definitionsgemäß auch immer der „Richtige", vorausgesetzt, dass die Preisbildung frei von äußeren Einflüssen erfolgen kann. Offensichtlich ist also bei den an den unterschiedlichen Börsenplätzen begebenen Mittelstandsanleihen dieser „richtige" Preis gefunden worden: Eine Verzinsung, die sowohl den Emittenten als auch die Zeichner zufriedenstellt.

Gleichzeitig sehen wir aber auch, dass die Vorstellungen der Marktteilnehmer über den „richtigen" Preis breit gestreut sind: bei einem Ausgabekurs von üblicherweise 100 % liegt die gebotene Nominalverzinsung der bisher begebenen Anleihen zwischen 5,875 % p. a. (DIC Asset AG) und 9,25 % p. a. (3W Power, Solar8). Das setzt sich in der Phase nach der Emission fort: die Kurse bisher begebener Anleihen auf dem Sekundärmarkt schwanken in einem Bereich von rund 94 bis 109 %, was zu entsprechenden Renditeveränderungen führt. Allem Anschein nach ist es in der Praxis also nicht so einfach, die von den Investoren erwartete Rendite zuverlässig zu bestimmen.

Ein wenig mehr Zeit brauchen wir also für die hier wirklich interessierenden Aspekte: Welche Faktoren haben Einfluss auf die Preisbildung, und wie können sie im Vorfeld einer geplanten Emission möglichst verlässlich eingeschätzt werden?

6.1 Kondition als zentrales Kriterium einer Emission

Bei allen strategischen Vorteilen, welche die Nutzung dieses Finanzierungsinstruments mit sich bringen mag: Die Versorgung eines Unternehmens mit den für Investitionen und laufenden Betrieb erforderlichen Finanzmitteln ist zunächst einmal eine klassische Beschaffungsaufgabe, zu deren Lösung unterschiedliche Instrumente zur Verfügung stehen. Zielsegment der Mittelstandsanleihe ist ja nicht der Unternehmensgründer, der für ein möglicherweise hoch riskantes Projekt keine andere Finanzierungsquelle findet, sondern das etablierte Unternehmen, das durch die Begebung einer Anleihe den bisherigen Finanzierungsmix sinnvoll erweitert.

Damit steht die Mittelstandsanleihe aber auch unmittelbar in Konkurrenz zu anderen Finanzierungsformen: Aus Emittentensicht ist entscheidend, wie sich der Preis, den das Unternehmen für die Mittel zu bezahlen hat, in Relation zu anderen, alternativen Finanzierungsformen verhält. Ist sie teurer als z. B. ein herkömmlicher Bankkredit oder eine strukturierte Finanzierung durch ein Bankenkonsortium, ist zu beurteilen, ob die strategischen Vorteile einer Anleihe (Schonung vorhandener Kreditlinien, Erweiterung des Finanzierungsspielraums, Erhöhung der Unabhängigkeit etc.) den Preisnachteil rechtfertigen.

In diese Beurteilung werden alle Kostenbestandteile der Anleihe einfließen: Die laufende Verzinsung ist nur einer, wenngleich der wichtigste Faktor dieser Betrachtung. Daneben sind die Einmalkosten der Emission (Beratung, Rating, Platzierungskosten) und die Folgekosten (auch z. B. für erhöhte Publizitätsanforderungen und Kommunikation mit den Investoren) zu berücksichtigen.

Während Einmal- und Folgekosten bereits im Vorfeld einer Emission feststehen oder doch recht präzise eingeschätzt werden können, ist die laufende Verzinsung die ausschlaggebende Variable für die Gesamtkosten der Anleihe. Gleichzeitig entscheidet sie maßgeblich über den Emissionserfolg: Ist die angebotene Verzinsung zu niedrig, wird die Emission nur unter Schwierigkeiten oder gar nicht zu platzieren sein; ist sie zu hoch, bezahlt das Unternehmen einen zu hohen Preis für die aufgenommenen Mittel.

6.2   Risiko als vorherrschender Einflussfaktor

Die klassische Finanzierungslehre sieht den Preis für Fremdkapital im Wesentlichen abhängig vom damit verknüpften Ausfallrisiko. Als völlig risikofrei (lassen wir aktuelle Probleme mancher hoch verschuldeter Staaten einmal beiseite) werden im Allgemeinen Staatsanleihen angesehen, denn ihrem Käufer droht grundsätzlich nicht das Risiko, dass fällige Zinsen und Tilgungen vom Emittenten nicht bezahlt werden. Auch die Renditen von Staatsanleihen sind natürlich im Zeitablauf Veränderungen unterworfen, weil sie abhängig vom allgemeinen Zinsniveau sind, das z. B. konjunkturellen Einflüssen unterliegt.

Wenn andere – private – Emittenten Fremdkapital aufnehmen wollen, müssen sie zusätzlich zum risikofreien Zins einen Aufschlag dafür zahlen, dass die Rückzahlung des Kapitals nicht auf alle Fälle sichergestellt ist: Ein Unternehmen kann im Gegensatz zum Staat insolvent werden. Üblicherweise wird dieser Aufschlag (englisch: Spread) in Basispunkten, also 1/100 Prozent gemessen. Theoretisch muss das Risiko einer Emission mit dem entsprechenden Spread korrespondieren, d. h. das Wertpapier mit dem höheren Risiko müsste auch den höheren Spread aufweisen. Dies lässt sich in der Praxis belegen: In großen, liquiden Anleihemärkten trifft das durchweg zu.

Ebenso lässt sich begründen, weshalb Bonds mit längerer Laufzeit tendenziell höhere Spreads aufweisen als solche mit kürzerer Laufzeit: Aufgrund der Prognoseunsicherheit nimmt das Risiko für den Fremdkapitalgeber mit der Laufzeit zu.

Gedankliche Voraussetzung für die Gültigkeit dieser Überlegungen ist das Vorliegen idealer Marktbedingungen: Es herrscht vollkommene Transparenz, der Markt ist ausreichend liquide und reagiert sofort auf Veränderungen, die Marktteilnehmer haben keine besonderen Präferenzen und verhalten sich vollständig rational. In der Realität ist dies oft genug nicht der Fall, und gerade bei Mittelstandsanleihen ergeben sich hieraus einige Einschränkungen unserer Betrachtung. Sie können aber für Emittenten durchaus von Vorteil bei der Preisfindung sein.

Erschwerend für die Übertragung dieses Gedankenansatzes in die Praxis ist insbesondere die Tatsache, dass Spreads im Zeitablauf nicht konstant bleiben, sondern aufgrund unterschiedlicher Einflüsse Veränderungen unterliegen. Dies gilt sowohl für ihre absolute Höhe als auch für die Abstände zwischen unterschiedlichen Risikoklassen. So ist z. B. beobachtbar, dass in Zeiten positiver konjunktureller Entwicklung allgemein niedrigere Spreads gezahlt werden, bei konjunkturellen Turbulenzen hingegen insbesondere die Spreads für schlechtere Risikoklassen stark ansteigen.

Wir können in der Realität also den adäquaten Zinssatz einer Neuemission nicht mit wenigen einfachen Faustregeln bestimmen, sondern müssen uns intensiv mit den jeweiligen Marktgegebenheiten und weiteren Einflussfaktoren auseinandersetzen.

6.2.1   Rating als Maßstab für Risiko

In der Praxis ist dem einzelnen Investor die unmittelbare Einschätzung des Risikos einer Anleihe weder möglich noch zumutbar. Selbst wenn ein Investor fachlich über ausreichende Kompetenz verfügte, um anhand von Emissionsprospekt, Jahresabschlüssen, Brancheninformationen und weiterem Material ein zutreffendes Urteil über die Fähigkeit eines Emittenten abzugeben, seinen Zahlungsverpflichtungen während der Laufzeit der Emission nachzukommen, wäre der Zeitaufwand für eine solche Analyse viel zu hoch.

Aus diesem Grund entstanden Ratingagenturen, welche gewerbsmäßig Bonitätsprüfungen durchführen und ihr Urteil in einer Buchstaben- oder Buchstaben-Zahlen-Kombination ausdrücken, ggf. auch zur weiteren Differenzierung mit Plus- und Minuszeichen versehen. Die Analysearbeit übernimmt damit im Wesentlichen die Ratingagentur; der Investor verlässt sich dann auf das erteilte Rating. Konsequenterweise ist mit Ausnahme von Hamburg/Hannover an allen Börsenplätzen, an denen Mittelstandsanleihen gehandelt werden, die Beibringung eines Ratingurteils erforderlich[1].

Ein grundsätzliches Problem der „klassischen" Ratingagenturen (Moody's, Standard & Poor's, Fitch) ist dabei, dass mittelständischen Unternehmen schwerer eine Einstufung in einer guten Risikoklasse erreichen als Großunternehmen. Das liegt an den Besonderheiten des dort üblichen Ratingprozesses, der Unternehmen bevorzugt, die z. B. schon aufgrund ihrer Größe weniger anfällig für Marktschwankungen oder stärker diversifiziert aufgestellt

---

[1]   Vgl. Kuthe, T./Zipperle, M. (2011) S. 10.

sind, als dies bei mittelständischen Unternehmen meist der Fall ist. Mittelständische Emittenten greifen daher in der Regel auf das Rating einer der beiden deutschen Ratingagenturen Creditreform Rating und Euler Hermes zurück. Im Mittelstandssegment ist derzeit Creditreform mit deutlichem Abstand Marktführer; rund drei Viertel aller Emittenten haben sich von ihr bewerten lassen.

Unternehmensrating als Regelfall

Ratingagenturen können einerseits in Form eines Unternehmensrating ein Bonitätsurteil zu einem Emittenten abgeben; das Urteil bezieht sich dann auf die grundsätzliche Stabilität des Unternehmens und seines Geschäftsmodells sowie die voraussichtliche Fähigkeit, eingegangene Verpflichtungen zu erfüllen. Andererseits besteht die zusätzliche Möglichkeit, im Rahmen eines Emissionsratings die Qualität eines einzelnen Wertpapiers zu bewerten. Dabei können spezifische Merkmale einer Emission einbezogen werden, die zu einem höheren (z. B. durch eine Nachrangvereinbarung) oder niedrigeren (z. B. aufgrund von Schutzklauseln oder Besicherung) Risiko eines Wertpapiers führen, als es die anderen Verbindlichkeiten des betreffenden Unternehmens aufweisen.

Anleiheratings haben sich allerdings im Mittelstandsbereich bisher nicht durchsetzen können; die bisherigen Emissionen weisen durchweg ein Unternehmensrating aus. Die Ratingeinstufungen für die bislang in den Mittelstandssegmenten notierten Anleihen liegen durchweg im befriedigenden bis stark befriedigenden Bereich, d. h. nach den Definitionen der Ratingagenturen ist von geringem bis mittleren Insolvenzrisiko der betreffenden Unternehmen auszugehen[2].

Dabei ergibt sich ein recht differenziertes Bild: Das beste Unternehmensrating weist derzeit die SeniVita Sozial gGmbH mit A- auf (also schon im „guten" Bereich); zehn Unternehmen haben ein Rating im BBB-Bereich, weitere vierzehn im BB-Bereich. Da eine Abstufung innerhalb dieser Kategorien zusätzlich durch Plus- und Minuszeichen vorgenommen wird, verteilen sich die Urteile zu diesen 25 Unternehmen auf insgesamt sieben Ratingstufen. Aus dem Rahmen fallen mit dem Unternehmensrating B- zwei Unternehmen (bemerkenswerterweise stammen beide von Standard & Poor's, sind also hinsichtlich der Strenge der angelegten Maßstäbe möglicherweise nur bedingt mit den anderen vergleichbar).

Emissionsrating als sinnvolle Zusatzinformation

Es ist fraglich, ob die Erstellung eines Emissionsratings zusätzlich zum Unternehmensrating eine präzisere Grundlage für eine risikogerechte Preisfindung liefert. Sinnvoll ist ein gesondertes Emissionsrating jedenfalls nur dann, wenn aufgrund der konkreten Ausgestaltung der Anleihe ein vom allgemeinen Unternehmensrisiko deutlich abweichendes Risikoprofil vorliegt. Bei der großen Mehrzahl der bislang aufgelegten Anleihen ist dies nicht der Fall.

---

[2]   Vgl. z. B. Creditreform Rating AG (Hrsg.) S. 7.

Zwei grundsätzliche Fallkonstellationen lassen sich unterscheiden:

- aufgrund risikoerhöhender Strukturen, wie sie etwa durch eine Nachrangabrede herbeigeführt werden können, liegt das tatsächliche Anleiherisiko höher als das Unternehmensrisiko, oder

- die Investoren der Anleihe sind besser gestellt als die allgemeinen Gläubiger des Unternehmens. Diese Besserstellung kann z. B. durch eine Besicherung der Anleihe erreicht werden.

Eine klassische Nachrangabrede, also eine Klausel in den Anleihebedingungen, nach der die Gläubiger der Anleihe mit ihren Forderungen im Rang hinter alle übrigen Gläubiger des Unternehmens zurücktreten, ist für eine Mittelstandsanleihe eher untypisch. Sie führt letztlich dazu, dass die so eingeworbenen Mittel nicht mehr als Fremdkapital angesehen werden können, sondern als hybrides Kapital eine Stellung zwischen Eigen- und Fremdkapital einnehmen. Über eine solche Konstellation, die zu einem deutlich erhöhten Risiko führt, muss sich der Investor im Klaren sein, und die Übernahme dieses Risikos wird auch entsprechend höher zu vergüten sein.

Häufiger hingegen begegnet uns gerade im Mittelstand ein struktureller Nachrang: Die Anleihe ist formal gleichrangig mit anderem Fremdkapital, tritt aber im bestehenden Finanzierungsmix des Unternehmens neben Bankkredite, für die in der Vergangenheit Sicherheiten bestellt wurden, die auch weiter bestehen bleiben. Auch dies kann – je nach Ausmaß – zu einem tendenziell höheren Risiko der Anleihegläubiger führen, das in einem Emissionsrating zum Ausdruck kommen kann und wird.

Ein Beispiel hierfür ist die SIAG Schaaf Industrie AG. Sie hat für ihre im Juli 2011 begebene Anleihe ein Rating von Standard & Poor's ein Rating von CCC+ erhalten; das Unternehmensrating (ebenfalls von Standard & Poor's) liegt bei B-, also eine Stufe besser[3]. Während das Unternehmensrating maßgeblich beeinflusst ist vom recht hohen Verschuldungsgrad und dem anfälligen Geschäftsmodell, ist die zusätzliche Abwertung im Anleiherating Folge einer bestehenden strukturellen Nachrangigkeit im Verhältnis zu besicherten Bankkrediten[4].

Auch den umgekehrten Fall finden wir in der Praxis: Das Anleiherating ist besser als das Unternehmensrating, weil durch entsprechende Ausgestaltung der Anleihebedingungen, insbesondere die Stellung von Sicherheiten, eine strukturelle Besserstellung der Anleihegläubiger erreicht wird. Dies lässt sich am Beispiel der BKN biostrom AG nachvollziehen, deren Anleihe durch Pfandrechte an Objektgesellschaften der Gruppe sowie durch teilweise Abtretung künftiger Einspeisevergütungen besichert ist. Im Ergebnis führt dies bei einem Unternehmensrating von BB zu einem um gleich drei Stufen besseren Emissionsrating von BBB. Ähnliches gilt für die Emission der Golden Gate AG, bei der das Besicherungskonzept die Stellung von Grundschulden und die Abtretung von Mietansprüchen umfasst.

---

[3]   Vgl. Hock, M. (2011).
[4]   Vgl. Standard & Poor's (2011).

Zusammenhang von Rating und Risikoprämien

Die erste Mittelstandsanleihe wurde im Juni 2010 aufgelegt; der Beobachtungszeitraum ist damit vergleichsweise kurz. Fast alle in diesem Segment begebenen Anleihen haben eine Laufzeit von fünf Jahren; als Vergleich für eine risikolose Anlage in Staatsanleihen kann also die von der Bundesbank ermittelte Zinsstrukturkurve für börsennotierte Bundeswertpapiere mit einer entsprechenden Restlaufzeit herangezogen werden; sie schwankten im relevanten Zeitraum zwischen knapp 1,5 % und 2,8 %.

Welche Schlüsse können wir nun aus einem Vergleich der Emissionskonditionen mit den jeweiligen Ratings ziehen? Der am besten bewertete Emittent, die SeniVita Sozial gGmbH (A-) zahlt mit einem Aufschlag von rund 400 Basispunkten im Vergleich zum entsprechenden risikofreien Satz für Bundeswertpapiere am Ausgabetag mit die niedrigste Risikoprämie, die SIAG Schaaf Industrie AG (Anleiherating CCC+) und 3W Power Holdings S.A. (B-) mit mehr als 700 Basispunkten die höchsten.

Zwischen diesen beiden Extremwerten finden wir unsere Annahme tendenziell bestätigt, dass besser geratete Unternehmen ihre Anleihen mit geringeren Risikoprämien am Markt platzieren können: der Durchschnitt bei den BBB+ geratenen Emittenten beträgt rund 450 Basispunkte, bei BBB rund 470 und bei BBB- schließlich rund 500 Basispunkte. Im Bereich BB+/BB schließlich liegt die Risikoprämie weitere rund 50 Basispunkte höher.

Auffallend ist indes eine recht hohe Zahl von „Ausreißern", d. h. Abweichungen nach oben und unten. Dies liegt zum einen natürlich an der vergleichsweise geringen Zahl beobachteter Werte, die für verlässliche statistische Betrachtungen noch keine ausreichende Datenbasis bieten. Im Grunde kann es nicht verwundern, dass sich bei einem Marktsegment, das sich erst seit etwas mehr als einem Jahr entwickelt, noch keine stabile Sichtweise der Marktteilnehmer zu den erforderlichen Risikoprämien entwickelt hat.

Als Beleg dafür kann auch die Kursentwicklung mancher Anleihen dienen: aktuelle Renditen weichen von den Emissionsrenditen zum Teil deutlich ab und zwar sowohl nach oben als auch nach unten. Ein klarer Trend zur Vereinheitlichung der Risikoprämien innerhalb der einzelnen Bonitätsklassen ist jedenfalls noch nicht erkennbar.

Geringe Liquidität des Sekundärmarkts als Einflussgröße

Insgesamt liegen die Risikoprämien bei Mittelstandsanleihen ja ohnehin schon deutlich höher als bei klassischen Industrieanleihen. Das lässt sich auch rechtfertigen: Anders als bei Anleihen mit hohen Emissionsbeträgen haben wir es in diesem Markt mit recht kleinen Größenordnungen zu tun: die kleinsten Emissionen erreichen gerade einmal ein Volumen von 10 Mio. €, und der Großteil übersteigt den Betrag von 75 Mio. € nicht. Dies führt dazu, dass sich kein so aktiver und liquider Sekundärmarkt wie bei großen Anleihevolumina herausbilden kann.

Wer aber in Wertpapiere investiert, bei denen er in der Folge mit größerer Unsicherheit (also mit stärkeren Kursausschlägen nach oben und unten) zu rechnen hat, weil aufgrund vergleichsweise geringer Nachfrage und geringen Angebots die Preisfindung nicht immer unproblematisch ist, wird eine entsprechende „Illiquiditätsprämie" erwarten. Kann der Zeichner der Anleihe diese bis zum planmäßigen Laufzeitende halten, stellt die im Zinssatz enthaltene Prämie einen zusätzlichen sicheren Gewinn dar.

Die exakte Bestimmung der Höhe einer solchen Prämie ist letztlich nicht möglich; im Grunde ist sie verknüpft mit der Frage, wie wahrscheinlich es ist, dass nach der Platzierung und Börseneinführung am Sekundärmarkt durch das Zusammenspiel von ausreichender Nachfrage und ausreichendem Angebot stets marktgerechte Preise entstehen. Das hängt sicher auch vom Emissionsvolumen insgesamt ab, ohne dass sich deshalb auf einen linearen Zusammenhang schließen ließe.

Unser Zwischenfazit: Wie vermutet finden wir grundsätzliche theoretische Überlegungen bestätigt, aber auch starke Schwankungen bei den erwarteten Ergebnissen. Damit gibt es gute Gründe für die Annahme, dass gerade in diesem Marktsegment das Rating zwar eine bedeutende Rolle spielt, aber weitere preisbestimmende Faktoren hinzukommen, deren Einfluss größer ist, als wir das bei Industrieanleihen bisher gewohnt sind.

6.2.2   „Weiche" Faktoren als zusätzliche Einflussgröße

Die klassische Industrieanleihe mit einem Volumen von mehreren hundert Millionen Euro (teilweise auch mehr) konkurriert auf einem transparenten und liquiden Markt mit zahlreichen anderen ähnlichen Anlagemöglichkeiten; Nachfrager sind überwiegend institutionelle Investoren, die ausgehend von ihrer Risikoeinschätzung (ausgedrückt durch das jeweilige Rating) klare Vorstellungen über die erwartete Rendite haben. In diesem Umfeld ist für Erwägungen, die nicht schon im Rating ihren Ausdruck finden, wenig Platz; das Bestreben, eine branchen- oder ländermäßige Diversifizierung zu erreichen, führt konditionenmäßig nur zu einer geringen Differenzierungsbandbreite.

Der mittelständische Emittent mit dem für diesen Markt bislang typischen Emissionsvolumen von rund 50 bis 75 Mio. € ist in einer etwas anderen Situation. Die Mittelstandsanleihe richtet sich in stärkerem Maße auch unmittelbar an Privatanleger, die neben nüchternen Risikoerwägungen auch emotionale Faktoren und ihr „Bauchgefühl" in ihre Anlageentscheidung einfließen lassen. Der Emittent muss ja hier nicht den Gesamtmarkt überzeugen; es genügt, wenn er für sein spezifisches Vorhaben eine ausreichende Zahl von Investoren findet, die die angebotene Kondition für risikogerecht halten und akzeptieren.

Der Reiz des Neuen

Einer dieser „weichen" Faktoren kann der Wunsch sein, auf einem neuen Marktsegment mit attraktiven Investitionsmöglichkeiten aktiv zu sein, vor allem, wenn geeignete andere Anlagemöglichkeiten fehlen. In einem Gesamtumfeld, das von historisch niedrigen Zinsen geprägt ist, werden optisch interessante Konditionen geboten, und das von Unternehmen, die bisher nicht als Emittenten in Erscheinung getreten sind. Teilweise handelt es sich um kleinere, aber bekannte Industrieadressen, teilweise auch um noch junge Unternehmen mit innovativen Geschäftsmodellen auf Nischenmärkten. Wir wissen aus der Psychologie, dass

Neugier eine der Triebfedern des menschlichen Handelns ist; so mancher Anleger fühlt sich von der Vorstellung angesprochen, dass hier als Alternative zu den herkömmlichen Rentenwerten ein Markt entsteht, der innovative Anlagemöglichkeiten erschließt.

Zudem bieten Mittelstandsanleihen eben deutlich höhere Zinsen als Industrieanleihen; neben der bereits angesprochenen Illiquiditätsprämie sind also augenscheinlich auch die Risikoprämien höher. Ob sie indes wirklich einen angemessenen Ausgleich für das höhere Risiko bieten, ist mangels entsprechender Erfahrungen noch umstritten. In der kurzen Zeitspanne seines Bestehens ist der Mittelstandsmarkt bisher von Ausfällen verschont geblieben; Ausfallwahrscheinlichkeiten basieren daher letztlich auf Schätzungen. Ob sie sich bei mittelständischen Unternehmen, die den Weg an den Kapitalmarkt suchen, bestätigen, ist noch offen. Das wird sich erst ändern, wenn über eine längere Zeitspanne gesicherte Erfahrungen vorliegen.

Modethemen

Typische Mittelstandsunternehmen legen den Schwerpunkt ihrer Geschäftstätigkeit häufig auf Marktnischen und Innovationsthemen; sie sind aufgrund ihrer Größe und Struktur oft eher in der Lage, auf Marktveränderungen flexibel zu reagieren. Damit hebt sich der Markt mittelständischer Anleihen auch inhaltlich von den traditionellen Anleihemärkten ab. Der Anleger hat die Möglichkeit, gezielt in kleinere Unternehmen zu investieren, deren spezielle Tätigkeit er erfolgversprechend einschätzt.

Das begünstigt tendenziell Emittenten, die überzeugend darstellen können, dass sie auf Märkten mit besonders guten Wachstumschancen tätig sind und dort über ein erfolgsträchtiges Geschäftsmodell verfügen. Dies fließt zwar grundsätzlich schon in das Ratingurteil ein, aber der psychologische Einfluss einer solchen Positionierung kann deutliche Auswirkungen auf die Marktakzeptanz des einzelnen Emittenten haben.

Die Liste der bisherigen Emittenten ist noch kein Querschnitt der deutschen Wirtschaft insgesamt oder wenigstens des deutschen Mittelstandes; vielmehr hat sich im Einklang mit dieser These zumindest schon der Bereich der erneuerbaren Energien und seines Umfeldes als Branchenschwerpunkt herausgebildet. Es ist fraglich, ob die Anleihen aus diesem Bereich so erfolgreich platziert worden wären, wenn in der öffentlichen Diskussion um die Zukunft unserer Energieversorgung nicht eine deutlich positive Grundströmung für die Abkehr von traditionellen Energiequellen und Zuwendung zu alternativen Versorgungsformen spürbar wäre.

Ähnliches gilt auch für Emittenten, deren Markenname einem breiten Publikum vertraut ist (Valensina, Underberg, Air Berlin): Die Anleihe eines Unternehmens, dessen Produkte der Anleger selbst kennt und dessen Marktposition er (vermeintlich) selbst einschätzen kann, wird tendenziell attraktiver sein als die eines unbekannten Unternehmens mit gleichem Rating.

Zu berücksichtigen ist dabei, dass der Fremdkapitalgeber am Erfolg des Unternehmens nur eingeschränkt partizipiert: sein Ertrag ist limitiert auf vertragsgemäße Verzinsung und

Rückzahlung des Kapitals. Liegt er also mit seiner positiven Einschätzung richtig, erhält er bestenfalls eine Rendite, die höher liegt als bei einer Anleihe mit vergleichbarem Risiko.

Anlegerfreundliche Gestaltung der Emissionsbedingungen

Zur Verbesserung der (tatsächlichen oder jedenfalls empfundenen) Risikoposition des Anlegers besteht bei Mittelstandsanleihen auch die in einer Reihe von Fällen bereits genutzte Möglichkeit, in die Anleihebedingungen zusätzliche Klauseln aufzunehmen. In erster Linie ist hier an sog. Covenants zu denken, Schutzklauseln also, deren Verletzung sanktioniert ist und die auf diesem Weg die Position des Anlegers stärken. Bei Emittenten mit einem Rating unterhalb von BBB- sind sie auch im Bereich der Industrieanleihen längst Standard.

Das Problem des strukturellen Nachgangs hatten wir bereits angesprochen; typisch ist in diesem Zusammenhang wenigstens eine Negativverpflichtung, die nach der Emission die Stellung von Sicherheiten für andere Gläubiger ausschließt und ebenso die Ausgabe weiterer, sicherheitenseitig bevorrechtigter Anleihen. Eleganter ist es, wenn erreicht werden kann, dass ein Gleichrang auch mit bereits bestehenden Krediten hergestellt wird, sei es durch Freigabe der bestehenden Sicherheiten oder durch Ablösung dieser Kredite aus Anleihemittel.

In einem weiteren Schritt ist an Sicherungsklauseln zu denken, die dafür sorgen, dass nicht im Übermaß weitere Fremdmittel aufgenommen werden, z. B. durch eine absolute Verschuldungshöchstgrenze oder die Festschreibung einer bestimmten Mindesteigenkapitalquote. Vor allem bei Mittelständlern kommt zusätzlich die Einräumung eines Sonderkündigungsrechts bei Kontrollwechsel, d. h. bei mehrheitlichem Verkauf der Anteile des Emittenten an einen Dritten, sowie aufgrund des Schlüsselpersonenrisikos bei einem Wechsel im Management in Frage.

Wenig anlegerfreundlich erscheint in diesem Zusammenhang die häufig vorgesehene Kündbarkeit der Anleihe durch den Emittenten. Wirtschaftlich handelt es sich hier um eine Option, von der nur der Emittent profitieren kann; von seinem Recht wird er nur dann Gebrauch machen, wenn die Zinsen nachgeben und er sich günstiger refinanzieren kann. Das ist ohnehin – ausgehend von der aktuellen Marktsituation – schwer vorstellbar. Zudem ist zu berücksichtigen, dass die Ausübung eines solchen Kündigungsrechts nicht gerade imagefördernd ist. Eine weitere Anleihe eines solchen Emittenten wird sich schwerer platzieren lassen. Warum also nicht gleich auf eine solche Klausel verzichten?

Eine deutliche Verbesserung der Position des Anlegers lässt sich ferner durch eine Besicherung der Anleihe erreichen; dies kommt etwa dann in Frage, wenn die durch die Anleihe aufgebrachten Mittel zur Finanzierung von Investitionen dienen sollen, die abgrenzbare eigene Cashflows erwirtschaften (z. B. bei Objektgesellschaften oder im Immobiliensektor) oder wenn innerhalb einer Unternehmensgruppe durch den Einsatz von Garantien ein Haftungsverbund hergestellt werden kann. Damit ist sie das Mittel der Wahl, wenn der Zugang zum Kapitalmarkt bei eher schwachem Unternehmensrating gesucht wird.

Verzichtet der Emittent – wie derzeit üblich – auf ein gesondertes Emissionsrating, kommt natürlich der Kommunikation dieser Besicherung besondere Bedeutung zu. Sie findet sich sonst nur – juristisch präzise, aber damit für den durchschnittlichen Investor nicht leicht verständlich – in den Anleihebedingungen.

6.3 Festlegung der Konditionen - das Vorgehen

Wenn einmal die wesentlichen Einflussfaktoren identifiziert sind, die die Verzinsung einer Mittelstandsanleihe beeinflussen, so bleibt doch eine wichtige Frage noch unbeantwortet: wie soll der potentielle Emittent vorgehen, um für seine Anleihe zum „richtigen" Preis zu kommen?

Ein erster Schritt auf diesem Weg ist die Klärung der Frage, wie die Anleihe in den bisherigen Finanzierungsmix des Unternehmens eingebettet sein soll. Was soll die Anleihe leisten? Geht es darum, ein einzelnes Vorhaben oder einen wichtigen Expansionsschritt zusätzlich zu vorhandenen Bankdarlehen und Kreditlinien zu finanzieren, oder soll die Mittelaufnahme des Unternehmens grundsätzlich – etwa wegen eines Finanzierungsbedarfs, der im erforderlichen Ausmaß dauerhaft auf traditionellem Wege gar nicht dargestellt werden könnte – auf dem Kapitalmarkt gedeckt werden? Je stärker die strategische Bedeutung dieser Finanzierungsform im Vordergrund steht, desto eher wird das Unternehmen auch bereit sein, einen Konditionennachteil gegenüber anderen Finanzierungsquellen zu akzeptieren.

Insbesondere bei Unternehmen, die bislang auf Bankfinanzierungen gegen Kreditsicherheiten zurückgegriffen haben, muss geklärt werden, wie das Miteinander beider Finanzierungsformen künftig aussehen soll. Klarheit über die künftige Finanzierungsstruktur nutzt sowohl den Anlegern als auch den Kreditgebern. Wir hatten bereits dargestellt, dass sich ein struktureller Nachrang, soweit er nicht nur geringfügig ist, bei Platzierung und Konditionenfindung negativ auswirken kann. Er muss wenn möglich reduziert, zumindest aber seine Zunahme für die Zukunft ausgeschlossen werden. Unternehmensseitig setzt das eine Finanzplanung voraus, die auch den längerfristigen Mittelbedarf realistisch einschätzt und erwarten lässt, dass er am Kapitalmarkt gedeckt werden kann.

Dreh- und Angelpunkt des nächsten Schritts ist die Erlangung eines adäquaten Rating. Da der Ratingprozess an anderer Stelle ausführlich beschrieben wird, dazu nur so viel: Gute Vorbereitung ist unerlässlich, ein realistisches Selbstbild ebenso. Je besser das Ratingurteil ausfällt, desto größer der Spielraum bei der Konditionengestaltung.

In Abhängigkeit vom erlangten Rating ist dann zu prüfen, ob und ggf. welche Maßnahmen noch erforderlich sind, um die Anleihebedingungen so zu gestalten, dass die Risikoeinschätzung durch die Investoren verbessert wird.

Eine Besicherung der Anleihe wird sich nicht in allen Fällen anbieten; vielfach ist sie auch gar nicht erforderlich. Schutzklauseln hingegen sind nicht Kür, sondern Pflicht: Die Frage ist nicht, ob überhaupt Covenants in die Anleihebedingungen aufgenommen werden sollen, sondern welche. Soweit Finanzkennzahlen (etwa ein maximaler Verschuldungsgrad) festgeschrieben werden sollen, muss vorher anhand einer Planung mit unterschiedlichen Szenarien geprüft werden, ob der Bewegungsspielraum für das Unternehmen auch unter ungünstigen Bedingungen noch ausreicht.

Die Feinabstimmung der Konditionen erfordert dann ein genaues Einpassen der vorgesehenen Emission in die aktuellen Marktbedingungen und das Marktumfeld. Der Einfluss der „weichen" Faktoren stellt sich bei jedem Unternehmen etwas anders dar; er kann nicht quantifiziert werden. Folgende Fragen können hilfreich sein:

- Wie sehen die aktuellen Umlaufrenditen vergleichbarer mittelständischer Emissionen aus, wie diejenigen von Industrieanleihen?

- Gibt es konjunkturelle Unsicherheiten, die voraussichtlich zu einem Anstieg der Risikoprämien führen?

- Welche Bandbreite möglicher Nominalzinssätze kommt vor dem Hintergrund der Ratingeinstufung in Betracht?

- Lassen objektiv vorhandene strukturelle Vor- oder Nachteile erwarten, dass Anleger die Emission voraussichtlich besser (also am unteren Rand der Bandbreite) oder schlechter (am oberen) einstufen werden?

- Werden „weiche" Faktoren (Bekanntheitsgrad des Unternehmens oder der Marke, Marktattraktivität etc.) voraussichtlich einen Einfluss auf die Konditionengestaltung haben können, und falls ja, in welchem Ausmaß?

- Wie sieht das aktuelle Marktumfeld und die Aufnahmefähigkeit des Anleihemarkts aus? Welche anderen Anleihen mit welchen Volumina sind gerade platziert worden oder stehen zur Platzierung an? Welche Konditionen werden hierbei geboten?

Unerlässlich ist eine (auch selbst)kritische Analyse dieser Faktoren, bei der Unterstützung von außen hilfreich ist. Eigen- und Fremdbild weichen oft voneinander ab; entscheidend ist nicht, ob die Unternehmensleitung von ihren Fähigkeiten, dem Geschäftsmodell und ihren konkreten Vorhaben überzeugt ist. Es sind die potentiellen Investoren, bei denen das Bild einer wettbewerbsfähigen Emission ankommen soll und die vom Nutzen einer Zeichnung überzeugt werden sollen.

Unter Einbeziehung aller erläuterten Faktoren muss eine Verzinsung gefunden werden, die eine Vollplatzierung der Anleihe ermöglicht. Es schadet zwar nicht, wenn die Nachfrage größer ist als der Emissionsbetrag; eine völlige Überzeichnung wirft allerdings die Frage auf, ob der Einfluss der „weichen" Faktoren nicht unterschätzt wurde. Für die meisten mittelständischen Unternehmen ist ihre Anleiheemission der erste Schritt auf den Kapitalmarkt, so dass sie noch nicht auf eigene Erfahrungswerte zurückgreifen können. Gerade bei der Konditionenfindung wird sich dann die Begleitung durch eine erfahrene Bank oder Beratungsgesellschaft auszahlen – denn der „richtige" Preis ist der, der alle Beteiligten überzeugt.

Literatur

[1] Creditreform Rating AG (2007): Ratingsystematik der Creditreform Rating AG für ein Externes Unternehmensrating, Neuss.

[2] Hock, M. (2011): Hoher Zinskupon macht Anleihe von SIAG Schaaf verlockend, Frankfurter Allgemeine Zeitung, Druckausgabe vom 28. Juni 2011.

[3] Kuthe, T./Zipperle, M. (2011): Die Börsensegmente für Mittelstandsanleihen im Vergleich, Bond Magazine, Ausgabe 02, Februar-März 2011.

[4] Standard & Poor's (2011): Research Update: Wind Power Supplier SIAG Schaaf Industrie AG Rated Preliminary „B-"; Outlook Stable; Proposed Notes Rated Prelim "CCC+".

Teil 2
Technische Umsetzung der Emission

7 Marktsegmente für Mittelstandsanleihen: Ein Überblick

Carsten Felz (Anleihen Finder GmbH)

7.1 Voraussetzungen

7.1.1 Allgemeingültige Voraussetzungen

Unternehmen müssen diverse Voraussetzungen erfüllen, um ihre Anleihen in den Qualitätssegmenten für den Mittelstand der diversen deutschen Börsen listen zu können. Diese Segmente sind namentlich Bondm an der Börse Stuttgart, der mittelstandsmarkt an der Börse Düsseldorf, der Entry Standard für Anleihen an der Börse Frankfurt, die Mittelstandsbörse Deutschland an den Börsen Hamburg und Hannover und m:access bonds an der Börse München. Durch die Erfüllung der Voraussetzungen soll die Kapitalmarktfähigkeit der Unternehmen gewährleistet werden. Nachfolgend werden zunächst die Voraussetzungen erläutert, die in allen Segmenten erfüllt sein müssen, um eine Emission dort listen zu lassen. Abschließend werden die wesentlichen Voraussetzungen einander gegenübergestellt. Auf spezielle Folgepflichten und Besonderheiten einzelner Segmente wird im dritten Abschnitt dieses Kapitels eingegangen.

Der Wertpapierprospekt

Eine wesentliche Voraussetzung für die Einbeziehung eines Wertpapiers in eines der Qualitätssegmente ist die Erstellung eines Wertpapierprospektes, der von der Bundesanstalt für Finanzdienstleistungsaufsicht (BaFin) genehmigt werden muss. Die gesetzliche Grundlage für die Prospekterstellung ist das Wertpapierprospektgesetz (WpPG). Mit dem Prospekt sollen Anleger alle wichtigen Informationen über das Wertpapier und seinen Emittenten erhalten, um auf dieser Grundlage eine Investitionsentscheidung treffen zu können. Die BaFin prüft die Vollständigkeit einschließlich der Kohärenz (innere Widerspruchsfreiheit) und der Lesbarkeit der Prospekte, nicht aber deren inhaltliche Richtigkeit. Der Prospekt darf erst dann veröffentlicht werden, wenn er von der BaFin gebilligt wurde. Er ist in deutscher oder englischer Sprache zu erstellen. Sofern der Prospekt in englischer Sprache verfasst wurde, muss für ein Listing in Bondm, dem mittelstandsmarkt und Entry Standard für Anleihen eine deutsche Übersetzung der Zusammenfassung beigefügt werden. In den Regelwerken der Mittelstandsbörse und von m:access bonds existiert keine diesbezügliche Regelung.

Die Stückelung und das Zielvolumen

Die Stückelung der Anleihen ist bei den meisten Börsensegmenten auf maximal 1.000 €
begrenzt. Nur im Segment Mittelstandsbörse Deutschland der Börsen Hamburg und Hannover sind auch größere Stückelungen zugelassen. Kleinere Stückelungen, z. B. 100 €, sind
theoretisch möglich, die 1.000 €–Stückelung hat sich jedoch mehr oder minder als Standard
etabliert, da bei dieser Losgröße auch Privatanlegern die Zeichnung ermöglicht wird.

Größere Unterschiede zwischen den Segmenten gibt es bezüglich des gewünschten Nomi-
nalvolumens der Emission. An der Mittelstandsbörse Deutschland der Börsen Hamburg
und Hannover und im Entry Standard für Anleihen in Frankfurt sind keine Mindestvolu-
mina vorgegeben. Im mittelstandsmarkt in Düsseldorf können Emissionen bereits ab einem
Volumen von 10 Mio. € gelistet werden. Die Börsen Stuttgart und München verlangen
hingegen ein Emissionsvolumen von mindestens 25 Mio. €, wobei diese Angabe in Stuttgart
nicht als fixe Grenze, sondern vielmehr als Zielmarke zu betrachten ist. In den Segmenten
der mittelstandsmarkt und m:access bonds sind diese Werte in den Regelwerken dagegen
explizit festgeschrieben.

Das Emittenten-Rating

Ein Emittenten-Rating ist generell vorgeschrieben – es sei denn ein anderes Wertpapier des
Emittenten ist an einer inländischen Börse zum Handel zugelassen. In diesem Fall kann im
Stuttgarter Segment Bondm und im Frankfurter Entry Standard für Anleihen gemäß den
Regelwerken auf ein Rating verzichtet werden. Das Rating darf generell nicht älter als
zwölf Monate sein. Einzig an der Mittelstandsbörse Deutschland in Hamburg und Hannover ist es möglich, auch ohne ein Rating eine Emission listen zu lassen. In den Segmenten
mittelstandsmarkt in Düsseldorf und m:access bonds in München werden Mindestanforderungen an das Ergebnis des Ratings gestellt. Nur wenn der Emittent ein Rating von BB oder
besser erhalten hat, ist ein Listing in Düsseldorf möglich, in München liegt die Grenze bei
„BB+" oder besser. Generell werden nur Unternehmens-Ratings von Ratingagenturen mit
EU-Zulassung als Credit Rating Agency (CRA) akzeptiert. Ein Emissions-Rating zählt bei
keinem der Segmente zu den Einbeziehungsvoraussetzungen. Dennoch können und werden vorhandene Emissions-Ratings abgebildet.

Die Rolle der Partner

Für fast jedes mittelständische Qualitätssegment schreiben die betreibenden Börsen die
Einbindung eines Partners vor. In Stuttgart heißen diese z. B. „Bondm-Coaches", beim
Düsseldorfer mittelstandsmarkt „Kapitalmarktpartner". Die Partner sind bei den Börsen
akkreditierte Kapitalmarktexperten, die im Wesentlichen den reibungslosen Emissionsprozess sicherstellen. Die Zulassung eines Wertpapiers muss grundsätzlich schriftlich gemeinsam mit einem Partner der jeweiligen Börse beantragt werden. Der Emittent verpflichtet
sich hierbei, die für die Aufnahme geltenden Bedingungen zu akzeptieren und auch die
Folgepflichten zu erfüllen. Die Art und der Umfang der Zusammenarbeit mit dem jeweiligen Partner sind je nach Börsensegment jedoch unterschiedlich geregelt, näheres hierzu
wird in den Abschnitten zu den Besonderheiten der einzelnen Börsensegmente beschrie-

ben. In jedem Fall ist es Aufgabe des Partners den Emittenten bezüglich der Erfüllung der Voraussetzungen für eine Einbeziehung zu beraten und die Einhaltung der Folgepflichten zu überwachen. Einzig an den Börsen Hamburg und Hannover im Handelssegment Mittelstandsbörse Deutschland übernimmt die Börse diese Funktion selbst. Die Entscheidung, ob ein Wertpapier in den Handel im jeweiligen Segment einbezogen wird, liegt grundsätzlich bei dem zuständigen Gremium der Börse. Die Qualitätssegmente sind alle Teil des Freiverkehrs der jeweiligen Börsenplätze.

Der Antrag auf Einbeziehung in die Qualitätssegmente

Dem Antrag sind verschiedene je nach Börsenplatz unterschiedliche Dokumente beizufügen. Generell muss eine Satzung oder ein Gesellschaftsvertrag und ein Handelsregisterauszug gemeinsam mit dem Antrag zur Einbeziehung in das jeweilige Segment eingereicht werden. Auch der geprüfte Jahresabschluss zumindest des letzten Geschäftsjahres vor Antragsstellung muss beigefügt sein. Im Düsseldorfer mittelstandsmarkt sind die Jahresabschlüsse der letzten drei Jahre und – falls das Unternehmen noch keine drei Jahre existiert – ein Gründungsprüfungsbericht und eine Gründungsbilanz einzureichen. In München und Düsseldorf sollte ein Unternehmen seit mindestens drei Jahren bestehen um einen Antrag auf Einbeziehung einer Anleihe stellen zu können. Dies ist allerdings ein Richtwert – auf dem Weg der Einzelfallentscheidung können auch Emissionen jüngerer Unternehmen in das Segment aufgenommen werden. Darüber hinaus muss ein sogenanntes Factsheet eingereicht werden, in dem folgende Angaben zum Unternehmen enthalten sein müssen:

- Gründungsdatum

- Angewandte Rechnungslegungsvorschriften

- Angaben zum Geschäftsjahr

- Namen und Funktionen der Geschäftsführer/Vorstände

- Weitere Wertpapiere des Unternehmens unter Angabe der WKN/ISIN, der Börse und des Handelssegmentes

- Kurzbeschreibung des operativen Geschäfts

Auch die wesentlichen Anleihebedingungen müssen im Factsheet enthalten sein, im Einzelnen sind dies:

- WKN/ISIN

- Emissionsvolumen

- Stückelung

- Laufzeit

- Zinstermine

- Couponhöhe (Zinssatz)

- Zahlstelle

- Kündigungsfristen

Tabelle 7.1   Voraussetzungen für die Aufnahme von Anleihen in die einzelnen Quali-
                    tätssegmente der Börsen Stuttgart, Düsseldorf, Frankfurt, München,
                    Hamburg und Hannover

Handelssegment	Bondm	der mittel-standsmarkt	Entry Standard für Anleihen	m:access bonds	Mittelstands-börse Deutschland
Stückelung in €	bis 1.000	bis 1.000	bis 1.000	bis 1.000	keine Vorgabe
Volumen* in €	25 – 200 Mio.	mind. 10 Mio.	keine Vorgabe	mind. 25. Mio.	keine Vorgabe
Rating	verpflichtend	mind. BB	verpflichtend	mind. BB+	optional
Nachrang-anleihen	Ja**	ja	nein	ja	ja
Liquiditäts-provider	ja	nein	Market Maker	ja	optional
Prospektpflicht	ja	ja	ja	ja	ja

*   *Die Angaben sind teilweise nicht verbindlich, in diesen Fällen handelt es sich um eine Zielgröße*
**   *Zulässig in Verbindung mit einem maximal drei Monate alten Emissionsrating*

Quelle: Anleihen Finder

7.2   Folgepflichten

7.2.1   Allgemeingültige Folgepflichten

Nach Emission und Listing müssen die Unternehmen diverse Folgepflichten erfüllen, damit
das Wertpapier weiterhin gelistet bleibt. Es handelt sich hierbei um Informationspflichten
gegenüber den Kapitalanlegern. Damit soll erreicht werden, dass sich die Investoren ein
Bild von der Entwicklung des Unternehmens, dessen Wertpapier sie erworben haben, machen können.

Deshalb ist die Veröffentlichung bestimmter Dokumente und Meldungen vorgeschrieben.
Analog zu den Voraussetzungen werden die Folgepflichten für die Emittenten erläutert,
die in allen Segmenten erfüllt sein müssen. Abschließend werden die wesentlichen Voraussetzungen einzelner Segmente einander gegenübergestellt. Auf spezielle Folgepflichten
und Besonderheiten einzelner Segmente wird im dritten Abschnitt dieses Kapitels eingegangen.

Der Jahresabschluss

Generell muss jedes Jahr ein testierter Jahresabschluss mit Anhang und Lagebericht veröffentlicht werden. In den Segmenten der mittelstandsmarkt in Düsseldorf und Mittelstandsbörse Deutschland an den Börsenplätzen Hamburg und Hannover muss dieser binnen sechs Monaten nach Ablauf des Geschäftsjahrs veröffentlicht werden. Im Segment Bondm in Stuttgart bleiben dem Emittenten hierfür neun Monate Zeit. Weder im Regelwerk des Segmentes Entry Standard für Anleihen der Börse Frankfurt noch im m:access bonds der Börse München sind Angaben zu Fristen für die Veröffentlichung zu finden. In München müssen sogar nur die Kernaussagen des Jahresabschlusses veröffentlicht werden.

Halbjahreszahlen

In den Segmenten der mittelstandsmarkt und Bondm wird die Veröffentlichung von Halbjahreszahlen innerhalb von drei Monaten nach Ablauf des Halbjahres verlangt. Auch in Frankfurt müssen Halbjahreszahlen veröffentlicht werden, es findet sich jedoch keine Angabe zum Zeitraum in dem diese Veröffentlichung erfolgen muss. Im Hamburger Segment Mittelstandsbörse Deutschland ist die Veröffentlichung optional, im Regelwerk von m:access bonds ist hierzu keine Aussage zu finden. In keinem der Segmente müssen die Halbjahreszahlen von einem Wirtschaftsprüfer geprüft worden sein.

Das Folge-Emittenten-Rating

Da bereits bei den Voraussetzungen für die Einbeziehung einer Anleihe im Segment Mittelstandsbörse Deutschland der Börsenplätze Hamburg und Hannover die Veröffentlichung eines Emittenten-Ratings optional ist, gilt dies auch für Folge-Ratings. Bei allen anderen Segmenten ist der Emittent verpflichtet, alle zwölf Monate ein Folge-Rating zu veröffentlichen. Für in den Segmenten Bondm und den Entry Standard für Anleihen gelistete Anleihen gilt auch hier: Wenn für das Listing kein Rating erforderlich war, ist auch kein Folgerating zu veröffentlichen.

Der Grund für die Veröffentlichung von Folge-Emittenten-Ratings liegt in der Tatsache, dass ein Rating in der Regel nur zwölf Monate gültig ist und dann erneut überprüft und ggfs. angepasst werden muss. Damit soll gewährleistet werden, dass das Rating Aufschluss über die tatsächliche Lage des Unternehmens gibt und nicht eine Situation aus der Vergangenheit beschreibt. Es gibt sehr viele Einflussfaktoren, die in ein Unternehmensrating einfließen, deshalb ist es nicht ungewöhnlich, wenn sich die Ratingeinstufung im Zeitablauf verändert.

Die Quasi Ad-hoc-Publizität

Die unmittelbare Veröffentlichung von wichtigen Unternehmensnachrichten, die sogenannte Quasi Ad-hoc-Publizität, ist in allen Segmenten obligatorisch. Diese Veröffentlichungen können auf der Homepage des Emittenten erfolgen und müssen während der gesamten Laufzeit des Wertpapiers dort abrufbar sein. Hierbei sollen alle wesentlichen Sachverhalte, die Einfluss auf das Unternehmen und die Kursentwicklung seiner Wertpapiere haben und deren Kenntnis die Investitionsentscheidung eines informierten Anlegers beeinflussen würden, publik gemacht werden. Beispiele für solche Sachverhalte sind Wechsel in der Geschäftsführung, Geschäfte mit verbundenen Unternehmen, die Veräußerung von Unternehmensteilen, eingegangene Unternehmensbeteiligungen, Kapitalerhöhungen, die Ausgabe weiterer Schuldverschreibungen oder Genussrechte usw. Da die ausschließliche Veröffentlichung von Ad-hoc Meldungen über die firmeneigene Internetpräsenz diverse Informationsineffizienzen begünstigt, gibt es bei einzelnen Trägern Bestrebungen, die Veröffentlichungen auf einer neutralen Internetplattform vorzuschreiben.

Nachträge zum Wertpapierprospekt

Die Emittenten sind generell verpflichtet, eventuelle Nachträge zum Wertpapierprospekt zu veröffentlichen. Die Veröffentlichung findet sowohl auf den Detailseiten der jeweiligen Emissionen bei den Börsen, als auch auf den Internetseiten der Unternehmen statt. Ein Grund für einen Nachtrag zum Wertpapierprospekt, ist z. B. eine Verlängerung der Zeichnungsfrist. Einige Emissionsprospekte sind so ausgestaltet, dass sie den Emittenten ermächtigen, Schuldverschreibungen mit einem Nominalvolumen von bis zu einem bestimmten Wert, z. B. 50 Mio. € zu emittieren. Häufig wird der festgeschriebene Maximalbetrag nicht ausgeschöpft, in diesem Fall wird das tatsächliche Emissionsvolumen im Anschluss an die Platzierung in einem Nachtrag zum Wertpapierprospekt veröffentlicht.

Der Unternehmenskalender

Am Anfang eines jeden Geschäftsjahres ist die Veröffentlichung eines Unternehmenskalenders in allen Qualitätssegmenten obligatorisch. Der Finanzkalender wird entweder direkt auf der Detailseite der Emission im jeweiligen Börsensegment als PDF-Dokument zum Download angeboten oder es existiert ein Link zum Downloadbereich auf der Homepage des Emittenten. Aus dem Unternehmenskalender müssen alle im nächsten Geschäftsjahr anstehenden und für die Anleger wichtigen Termine hervorgehen.

Im Einzelnen sind dies:

- Veröffentlichungsdatum des Jahresabschluss
- Veröffentlichungsdatum des Zwischenberichts/der Halbjahreszahlen
- Zinszahlungstermine
- Rückzahlungstermine
- Präsentationen des Emittenten vor Analysten und Investoren
- Termin der Hauptversammlung

Nachstehende Tabelle 7.2 gibt einen Überblick über die Folgepflichten der Emittentin während des Listing ihrer Unternehmensanleihe an den Qualitätssegmenten der jeweiligen Börsen:

Tabelle 7.2 Folgepflichten der Emittenten während des Listing ihrer Emissionen in den einzelnen Qualitätssegmenten der Börsen Stuttgart, Düsseldorf, Frankfurt, München, Hamburg und Hannover

Handelssegment	Bondm	der mittel- standsmarkt	Entry Standard für Anleihen	m:access bonds	Mittelstands- börse Deutschland
Geprüfter Jahresabschluss	ja, innerhalb von 9 Monaten	ja, innerhalb von 6 Monaten	ja, ohne Zeitvorgabe	Kernaussagen ohne Zeitvorgabe	ja, innerhalb von 6 Monaten
Halbjahreszahlen	ja, innerhalb von 3 Monaten	ja, innerhalb von 3 Monaten	ja, ohne Zeitvorgabe	nein	optional
Folgerating	verpflichtend	verpflichtend	verpflichtend	verpflichtend	optional
Corporate News	verpflichtend	verpflichtend	verpflichtend	verpflichtend	verpflichtend
Nachträge Wertpapier- prospekt	verpflichtend	verpflichtend	verpflichtend	verpflichtend	verpflichtend
Unternehmens- kalender	verpflichtend	verpflichtend	verpflichtend	verpflichtend	verpflichtend

Quelle: Anleihen Finder

7.3 Besonderheiten

7.3.1 Besonderheiten im Segment Bondm

Bondm ist das älteste Qualitätssegment für mittelständische Anleihen in Deutschland und startete bereits im Sommer 2010 mit der ersten Anleihe. Jeder Emittent muss einen Vertrag mit einem sogenannten „Bondm Coach" schließen. Diesen kann er sich aus der Übersicht auf der Internetseite von Bondm im Onlinebereich der Börse Stuttgart auswählen. Hier sind Exposés der einzelnen zur Auswahl stehenden Coaches abgebildet. Auch Kommunikationspartner, Emissionsbanken, Zahlstellen, Rechtsanwälte und der Quality-Liquidity-Provider (Q-L-P) sind hier aufgeführt.

Der Bondm Coach unterstützt und berät den Emittenten bereits bei der Planung der Emission und der Erfüllung der Voraussetzungen für ein Listing in Bondm. Die Börse Stuttgart AG schließt Verträge mit Unternehmen ab, die ihre Eignung als Bondm Coach durch hinreichende Erfahrung bei der Beratung von kapitalmarktorientierten Unternehmen nachgewiesen haben. Wenn die Emission bereits gelistet ist, unterstützt der Bondm Coach den Emittenten bei der Einhaltung der Folgepflichten. Falls der Emittent gegen das Regelwerk des Handelssegmentes Bondm verstößt, unterstützt der Bondm Coach ihn bei der Behebung des Verstoßes. Außerdem unterrichtet er den Träger von diesem Verstoß und die geplante Behebung des Verstoßes. Der Vertrag mit dem Bondm Coach muss über die gesamte Laufzeit der Emission beibehalten werden. Sollte dieser gekündigt werden, zeigt der Bondm Coach diesen Umstand dem Träger des Segmentes an.

Der Q-L-P muss der Aufnahme der Anleihe in das Handelssegment Bondm zustimmen. Wenn die Anleihe zum Handel zugelassen und die Zeichnungsfrist abgelaufen ist, hat er die Rolle des sogenannten Liquiditätsproviders. Der Q-L-P prüft die erstellten An- und Verkaufspreise unter Einbeziehung des Orderbuchs auf Plausibilität. Zur Erhöhung der Ausführungsgeschwindigkeit und um Teilausführungen zu vermeiden, spendet er zusätzliche Liquidität.

Es können auch nachrangige Anleihen in den Handel einbezogen werden. Hierfür muss ein Emissions-Rating vorliegen, das vor maximal drei Monaten erstellt wurde. Der Grund für diese Bestimmung liegt im Anlegerschutz da der Anleihegläubiger bei einer Nachranganleihe im Insolvenzfall schlechter gestellt ist, als andere Gläubiger nicht nachrangiger Verbindlichkeiten des Unternehmens. Somit wird eine Nachranganleihe auf Grund des höheren Risikos, das sie beinhaltet, in der Regel ein schlechteres Rating als der Emittent selbst erhalten. Dieses höhere Risiko bedingt als Ausgleich einen höheren Coupon als vergleichbare nicht nachrangige Anleihen. Dieser Umstand soll durch das Emissionsrating für die potentiellen Anleger transparent gemacht werden.

Am Segment Bondm existiert eine Zeichnungsfunktionalität, die sogenannte Zeichnungsbox. Die Anleihe kann während der stückzinsfreien Zeichnungsfrist, maximal vier Wochen, direkt über die Börse gezeichnet werden. Der Ablauf ist wie bei jedem Wertpapierkauf über das eigene Depot bei der Hausbank möglich. Die Zeichnung kann bei einer Überzeichnung vorzeitig geschlossen werden.

Emittenten, die sich für die Einbeziehung ihrer Emission in das Handelssegment Bondm entscheiden, werden von der Börse Stuttgart aktiv bei der Vermarktung ihrer Emission unterstützt. So werden z. B. Werbebanner für die Emission auf den Internetseiten der Börse Stuttgart geschaltet. Neuemissionen werden im Anleihe-Newsletter Bonds weekly angekündigt. Außerdem berichtet das Börse Stuttgart TV Internetfernsehen über anstehende Emissionen und publiziert Interviews mit Geschäftsführern der Emittenten auf den Detailseiten der einzelnen Emissionen im online Angebot der Börse Stuttgart.

Bondm ist bisher das einzige Segment, für das ein sogenannter Performance-Index erstellt wird. Der Index enthält alle festverzinslichen Anleihen, die im Segment Bondm gelistet sind und deren Restlaufzeit mindestens zwölf Monate beträgt. Somit bildet der Index die Kursentwicklung der „Bondm-Anleihen" ab, die Zinszahlungen werden für die Berechnung reinvestiert.

7.3.2   Besonderheiten im Segment der mittelstandsmarkt

Das Düsseldorfer Segment der mittelstandsmarkt startete im April 2011. Jeder Emittent muss einen Vertrag mit einem sogenannten „Kapitalmarktpartner" der Börse Düsseldorf schließen, um einen Antrag für das Listing seiner Emission im mittelstandsmarkt stellen zu können. Auch bei der Börse Düsseldorf gibt es, analog zu Bondm in Stuttgart, eine Liste von Kapitalmarktpartnern im Onlineangebot. Eine Unterteilung in einzelne Rubriken findet hier allerdings nicht statt. Unternehmen, die Dienstleistungen im Bereich der Emissionsvorbereitung und der Aufnahme von Wertpapieren in den mittelstandsmarkt erbringen, können als Kapitalmarktpartner zugelassen werden. Gleiches gilt für Unternehmen, die Dienstleistungen im Bereich der Erfüllung von Folgepflichte erbringen. Generell müssen die Unternehmen ihre fachliche Eignung sowie Erfahrungen in den von ihnen erbrachten emissionsnahen Dienstleistungen nachweisen. Die Entscheidung für oder gegen eine Zulassung trifft der Träger.

Auch im mittelstandsmarkt gibt es einen Liquiditätsprovider, es handelt sich hierbei um den sogenannten „Skontroführer". Dieser muss der Aufnahme des Wertpapieres in den mittelstandsmarkt zustimmen; er ist für den Aufruf und die Preisfeststellung zuständig.

Die Aufnahme von Nachranganleihen ist gemäß den Geschäftsbedingungen der Börse Düsseldorf möglich. Weitergehende Bestimmungen bezüglich den Voraussetzungen oder Folgepflichten werden nicht genannt.

Bezüglich der Anleihe ist der mittelstandsmarkt das einzige Segment in Deutschland, in dem ein Mindestemissionsvolumen von nominal 10 Mio. € vorgeschrieben ist. Auch bezüglich des Ratings gibt es eine Mindestanforderung: Nur Unternehmen die ein Rating von „BB" oder besser erhalten, können ein Listing ihrer Emission in Düsseldorf beantragen. Ein schlechteres Folge-Emittenten-Rating bedingt nicht automatisch einen Ausschluss aus dem mittelstandsmarkt. Die Anforderung ist hier die Erfüllung der Publizitätspflicht.

Auf Antrag kann die Zeichnungsfunktionalität des börslichen Handelssystems genutzt werden. Es stehen zwei unterschiedliche Verfahren zur Auswahl. Zum einen die stückzinsfreie Zeichnung vor Beginn der Laufzeit (Valuta) der Emission. Die Zeichnungsaufträge werden vom Skontroführer gesammelt und zum Valutatag der Emission, also dem Beginn der Laufzeit, ausgeführt[1]. Zum anderen gibt es die Möglichkeit der Zeichnungsphase nach Valuta. Hier werden die Zeichnungsaufträge auch nach Beginn der Laufzeit unter Berücksichtigung von Stückzinsen vom Skontroführer mit zweitägiger Valuta ausgeführt. Die Zeichnungsphase darf insgesamt nicht länger als ein Jahr nach Billigung des Wertpapierprospektes andauern. Es kann von der Zeichnung vor Valuta auf die Zeichnung nach Valuta gewechselt werden. Während der Zeichnungsperiode findet generell kein Handel statt.

Emittenten die sich für die Einbeziehung ihrer Emission in das Handelssegment der mittelstandsmarkt entscheiden, werden von der Börse Düsseldorf aktiv bei der Vermarktung ihrer Emission unterstützt. So werden z. B. Werbebanner für die Emission auf den Internetseiten der Börse Düsseldorf geschaltet. Neuemissionen werden im „Newsletter der mittelstandsmarkt" angekündigt. Außerdem wird ein Interview mit der Geschäftsführung des Emittenten geführt und als Video aufgezeichnet. Dieses Video ist auf der Detailseite der Emission bei der Börse Düsseldorf abrufbar. Allen bis September gelisteten Anleihen stand die Plattform zwei Wochen exklusiv zur Verfügung, es fanden also keine parallelen Zeichnungen zweier Anleihen innerhalb der ersten zwei Wochen statt. Dem Vernehmen nach gibt es allerdings Bestrebungen, diese Frist auf eine Woche zu verkürzen.

---

[1] Hier gibt es zwei unterschiedliche Verfahren, auf die aus Gründen der Übersichtlich- und Verständlichkeit hier nicht näher eingegangen wird.

Es gibt einen sogenannten Beirat der sich aus Vertretern der einzelnen Kapitalmarktpartner zusammensetzt. In ihm sollen alle Interessengruppen vertreten sein. Der Beirat berät die Börse im Hinblick auf die Weiterentwicklung des mittelstandsmarktes, die Definition von Anforderungen für die Aufnahme neuer Wertpapiere und bezüglich der Planung und Durchführung von Veranstaltungen. Auf Grund der Zusammensetzung des Beirates besteht allerdings die Gefahr von Interessenkonflikten einzelner Parteien.

7.3.3   Besonderheiten im Segment Entry Standard für Anleihen

Das Frankfurter Segment Entry Standard für Anleihen startete zeitgleich mit dem Düsseldorfer Segment der mittelstandsmarkt im April 2011. Auch in Frankfurt muss ein Vertrag mit einem sogenannten „Listing Partner" geschlossen werden. Dieser steht den Unternehmen vor der Emission zur Seite und hilft bei den nötigen Vorbereitungen für die Emission sowie bei dem Antrag zum Listing einer Emission im Entry Standard für Anleihen an der Börse Frankfurt. Außerdem berät er den Emittenten bei der Einhaltung der Transparenz- und Folgepflichten und bezüglich der Kommunikation mit den Bond-Investoren.

Sind die Vorbereitungen abgeschlossen, wird der Antrag zur Notierung von einem an der Frankfurter Wertpapierbörse registrierten Handelsteilnehmer gestellt. Es ist Aufgabe des Handelsteilnehmers, die Einhaltung der Transparenzanforderungen zu überwachen und den Kontakt mit der Börse zu koordinieren. Der Antragssteller ist der zentrale Ansprechpartner für den Emittenten, er benennt den Skontroführer und muss sicherstellen, dass dieser über die notwendige Technik und das Know-how verfügt, um die Zeichnung durchführen zu können. Außerdem bestimmt er die Zahlstelle. Viele Listing Partner der Deutschen Börse sind auch als Antragssteller tätig. Auf den Internetseiten der Deutschen Börse Frankfurt gibt es ein Verzeichnis der Listing Partner, das auch jeweils ein Exposé zum Unternehmen und dessen Dienstleistungsportfolio enthält.

Der Skontroführer fungiert auch als Liquiditätsprovider. Er spendet zusätzliche Liquidität um Teilausführungen zu vermeiden und die Ausführungsgeschwindigkeit zu erhöhen.

Es gibt keine festen Vorschriften bezüglich des Emissionsvolumens der Anleihen. Die Aufnahme von Nachranganleihen ist grundsätzlich ausgeschlossen. Auf ein Rating kann verzichtet werden, wenn andere Wertpapiere des Unternehmens in einem geregelten Markt notiert sind. Wenn dies nicht der Fall ist, sind dem Antrag auf Einbeziehung der Anleihen außerdem Unternehmenskennzahlen zur Kapitaldienstdeckung, Verschuldung und der Kapitalstruktur beizufügen.

Eine Zeichnungsfunktionalität wird auch im Entry Standard für Anleihen angeboten. Die Zeichnungsfrist kann zwischen fünf und 20 Tagen betragen. Die Zeichnung erfolgt über die Eingabe von Kauf-Orders über die jeweilige Hausbank der Investoren. Es erfolgt jeden Tag mindestens eine Zuteilung nach dem „First Come – First Serve" Prinzip durch Preisfeststellung des Skontroführers zum jeweiligen Emissionspreis. Eine vorzeitige Schließung der Zeichnung ist im Fall einer Überzeichnung nach frühestens einem Tag möglich.

Die Deutsche Börse Frankfurt unterstützt Emittenten, die ihre Emissionen im Segment Entry Standard für Anleihen listen wollen, ebenfalls bei der Vermarktung. Hierbei stellt die Deutsche Börse dem Emittenten ihr Handelsteilnehmer- und Kommunikationsnetzwerk zu Verfügung. Außerdem wird ein emissionsbezogenes Video-Interview mit der Geschäftsführung des Emittenten auf der Detailseite der Emission veröffentlicht.

7.3.4 Besonderheiten im Segment Mittelstandsbörse Deutschland

Das Segment Mittelstandsbörse Deutschland der Börsen Hamburg und Hannover startete im Mai 2011 mit dem Listing der ersten Anleihe. Der Antrag auf Einbeziehung in das Segment Mittelstandsbörse Deutschland muss gemeinsam mit einem zum Handel an der Börse Hamburg oder der Börse Hannover zugelassenen Unternehmen gestellt werden. Tritt ein Unternehmen an die Börse heran, werden zunächst der Ablauf der Begebung einer Anleihe und Platzierungsmöglichkeiten besprochen sowie Einzelheiten der Regularien des Segments erörtert. Anschließend kann der Emittent aus verschiedenen Bausteinen wählen und bestimmen, welche und wie viel Unterstützung er von einem unabhängigen Berater in Anspruch nehmen möchte. Angeboten wird z. B. Beratung hinsichtlich der Anleihestruktur, des Ratings, des Market Researchs zur Ausgestaltung der Anleihe, der Prospekterstellung und der Vertriebsunterstützung.

Es besteht die Möglichkeit, einen Liquiditätsprovider zu beauftragen. Dies liegt im Ermessen des Emittenten. Seitens der Börse gibt es hierzu keine Vorschriften. Auch zur Mindestgröße des Emissionsvolumens gibt es keine Vorschriften. Selbst in Bezug auf die Stückelung der Anleihe hat der Investor völlig frei Hand. Es sind, im Unterschied zu allen anderen Qualitätssegmenten auch Stückelungen von über 1.000 € möglich. Somit können auch Stückelungen gewählt werden, die vornehmlich institutionelle Investoren ansprechen.

Die Mittelstandsbörse Deutschland ist das einzige Segment, in dem kein Rating nötig ist, um ein Listing beantragen zu können. Dennoch weisen die bisher gelisteten Anleihen ein Rating auf. [2]

Nachranganleihen können ebenfalls in das Segment aufgenommen werden, die Einbeziehungsvoraussetzungen und Folgepflichten unterscheiden sich nicht von denen der nicht nachrangigen Anleihen.

Das Segment Mittelstandsbörse Deutschland verfügt auch über eine Zeichnungsfunktionalität. Die sogenannte „Zeichnungsbox" ermöglicht es Privatanlegern, direkt an der Zeichnung von Anleihen teilzunehmen. Kaufaufträge können analog zu „normalen" Wertpapierkaufaufträgen über einen Kundenberater oder in den Eingabemasken der Direktbanken aufgegeben werden.

---

[2] Stand September 2011.

Die Emittenten werden ebenfalls bei der Vermarktung ihrer Emissionen unterstützt, allerdings entsteht durch das Listing kein Anspruch auf diese Unterstützung. In der Regel wird ein Banner des Emittenten auf der Startseite der Börse präsentiert. Zudem wird die Emission im Newsletter der Börsen angekündigt und es werden Pressemeldungen über den Presseverteiler der Börsen versendet.

7.3.5   Besonderheiten im Segment m:access bonds

Das Segment m:access bonds der Börse München ist das einzige der in diesem Kapitel beschriebenen Qualitätssegmente für mittelständische Anleihen, in dem bisher noch keine Emission gelistet ist.[3] Seit November 2010 besteht bereits die Möglichkeit für kleine und mittlere Unternehmen, Anleihen im Segment m:access bonds listen zu lassen. Die Bestellung eines Emissionsexperten ist für die Aufnahme einer Emission in das Segment obligatorisch. Der Emissionsexperte muss über die gesamte Dauer des Listings beibehalten werden. Eine Liste der Emissionsexperten ist auf den Internetseiten der Börse München im Bereich m:access als PDF-Dokument abrufbar. Ein Unternehmen, dass eine Anleihe in den Handel in m:access bonds einbeziehen lassen möchte sollte mindestens seit drei Jahren bestehen. Sofern alle anderen Voraussetzungen erfüllt sind, ist an der Börse München grundsätzlich auch die Einbeziehung einer Emission eines jüngeren Unternehmens möglich.

Es gibt zwei weitere Aspekte in Bezug auf die Folgepflichten, in denen sich das Regelwerk von m:access bonds von dem aller anderen Qualitätssegmente unterscheidet. Zum einen ist der Emittent verpflichtet, einmal jährlich an einer sogenannten Analystenkonferenz teilzunehmen. Auf dieser Konferenz haben die Vertreter des Unternehmens 30 Minuten Zeit, das Unternehmen vor Analysten und Anlegern zu präsentieren. Danach gibt es eine Fragerunde, in der die Anwesenden Fragen an die Vertreter des Unternehmens richten können. Zum anderen muss das Unternehmen lediglich Kernaussagen aus den geprüften Jahresabschlüssen veröffentlichen. Hierbei ist es ausreichend wenn die zu Grunde liegenden Jahresabschlüsse nach HGB erstellt wurden.

Der Skontroführer wird vom Emissionsexperten bestimmt, er dient auch als Liquiditätsprovider. Dadurch sollen die Ausführungsgeschwindigkeit erhöht und Teilausführungen vermieden werden. Das Listing von Nachranganleihen ist ebenfalls möglich. Es werden keine besonderen Bestimmungen oder weitergehende Folgepflichten im Regelwerk genannt.

Neben dem Düsseldorfer Segment der mittelstandsmarkt ist m:acces bonds das einzige Segment, in dem eine Mindestgröße für das nominale Anleihevolumen vorgegeben ist. Es soll mindestens 25 Mio. € betragen. Außerdem soll die Anleihe eine Mindeststückelung von maximal 1.000 € aufweisen. Auch bezüglich des Ratings gibt es eine Mindestanforderung: Nur Unternehmen, die ein Rating von „BB+" oder besser erhalten, können ein Listing ihrer Emission in München beantragen.

---

[3]   Stand September 2011.

Seit der Änderung des Regelwerks für das Segment m:access bonds vom 20.09.2011 gibt es auch hier eine Zeichnungsfunktionalität. Somit ist es in Zukunft auch für Privatanleger möglich Anleihen, die in das Segment m:access bonds einbezogen werden, direkt über ihr Online Depot zu zeichnen.

Die Emittenten haben die Möglichkeit das Netzwerk der Börse zu nutzen. Eine aktive Unterstützung bei der Vermarktung in Form von Bannerwerbung ist bisher nicht geplant aber durchaus denkbar. Gleiches gilt für eine Exklusivität von Neumissionen für einen bestimmten Zeitraum, z. B. zwei Wochen wie im Düsseldorfer mittelstandsmarkt.

7.4   Entwicklungspotentiale

Die Voraussetzungen und Folgepflichten sind in vielen Punkten sehr ähnlich ausgestaltet. Betrachtet man die Anforderungen an das Rating, sind jedoch deutliche Unterschiede erkennbar. Einzig im Düsseldorfer mittelstandsmarkt und im Münchener m:access bonds gibt es Mindestanforderungen an das Ergebnis des Ratings. In Hamburg kann sogar ganz darauf verzichtet werden. Dadurch ergibt sich in den verschiedenen Segmenten für Unternehmen mit unterschiedlichen Ansätzen die Möglichkeit, ihre Anleihen am Kapitalmarkt zu platzieren.

Natürlich muss ein Unternehmen, das über kein Rating verfügt, nicht notwendigerweise eine schlechtere Bonität aufweisen als eines mit Rating. Dennoch ist es für einen Anleger schwierig, die Bonität eines nicht gerateten Unternehmens zu beurteilen. Es liegt nahe, für eine solche Beurteilung andere Faktoren heran zu ziehen. Eine Notierung in einem der Qualitätssegmente könnte ein solcher Faktor sein. Auch wenn die Börsen teilweise explizit darauf hinweisen, dass eine Aufnahme in ihr Handelssegment für mittelständische Anleihen keine Bewertung der Emission oder des Emittenten darstellt.

Allerdings sind bei den Börsenplätzen Düsseldorf im Segment der mittelstandsmarkt und München im Segment m:access bonds Bemühungen erkennbar, nicht nur hinsichtlich der Folgepflichten eine höhere Qualität als im normalen Freiverkehr zu erreichen. Auch in Bezug auf die Voraussetzungen, die für eine Aufnahme erfüllt sein müssen, sind – z. B. durch die Mindestanforderung an das Ratingergebnis – Bestrebungen erkennbar, Emittenten mit einer besseren Bonität auszuwählen und die mit einer schlechteren auszusortieren. Es steht jedoch zu vermuten, dass vielen Privatanlegern dieser Unterschied verborgen bleibt. Sollte also eine Anleihe aus einem der Qualitätssegmente ausfallen, ist ein börsenplatzübergreifender Vertrauensverlust zu befürchten. Im schlimmsten Fall könnte dies den noch jungen Markt für mittelständische Anleihen, zumindest im Hinblick auf Privatanleger nachhaltig stören oder gar zum Erliegen bringen. Deshalb erscheint es sinnvoll und im Interesse aller Börsenplätze, eine Harmonisierung der Kriterien für eine Aufnahme der Emissionen in die Qualitätssegmente anzustreben. Wobei hier Kriterien gemeint sind, die Aufschluss über die Bonität der jeweiligen Emittenten geben.

Auch eine Differenzierung in Bezug auf die Risikostruktur der gelisteten Anleihen wäre denkbar. Es könnte attraktiv sein, die Regularien eines Börsenplatzes so zu gestalten, dass vor allem Emittenten von spekulativeren Emissionen angesprochen werden. Auch die Errichtung spezieller Segmente für solche Emissionen erscheint sinnvoll. Denn selbstverständlich sind auch Anleihen eines Emittenten ohne Rating oder mit einem vergleichsweise schlechteren Rating durchaus interessant für risikoaffine Anleger. Der Grund hierfür liegt in der Risikoprämie in Form eines höheren Coupons. Gerade bei derartigen Emissionen ist die Existenz von Folgepflichten bezüglich der Publikation von relevanten Unternehmensdaten für den Anleger von großem Nutzen. Allerdings müsste hier, aus den vorher genannten Gründen, eine eindeutige Abgrenzung zu den anderen Qualitätssegmenten erfolgen.

Literatur

[1]   Anleihen Finder – Die Plattform für Anleihen im Mittelstand, abgerufen am 19.09.2011:
      http://www.anleihen-finder.de
[2]   Bayerische Börse / m:access bonds, abgerufen am 30.09.2011:
      http://www.bayerische-boerse.de/goingbeing-public/unternehmensanleihen.html
[3]   Börse Düsseldorf / der mittelstandsmarkt, abgerufen am 19.09.2011:
      http://www.dermittelstandsmarkt.de/home
[4]   Börse Stuttgart / Bondm, abgerufen am 19.09.2011:
      https://www.boerse-stuttgart.de/de/handelssegmenteundhandelsinitiativen/bondm-/uebersicht.html
[5]   Börsen Hamburg – Hannover / Mittelstandsbörse Deutschland, abgerufen am 19.09.2011:
      http://www.boersenag.de/de/investments/Mittelstandsboerse_Deutschland
[6]   Deutsche Börse Frankfurt / Entry Standard für Anleihen, abgerufen am 19.09.2011:
      http://www.boerse-frankfurt.de/DE/index.aspx?pageID=296

8 Die Bedeutung des Wertpapierprospekts bei der Emission einer Mittelstandsanleihe

Dr. Thorsten Kuthe (Heuking Kühn Lüer Wojtek)

8.1   Der Prospekt: (K)ein Schreckgespenst?

Wird bei der Vorbereitung einer Emission einer Mittelstandsanleihe über die Prospektpflicht gesprochen, so weckt dies bei betroffenen Unternehmen häufig die Assoziationen „zeitaufwendig", „teuer", „lästig" oder „Pflichtübung". Die Folgefrage ist dann häufig, warum überhaupt ein Wertpapierprospekt benötigt werde und ob sich dessen Erstellung nicht vermeiden lässt. All diese Fragen sind berechtigt. Vorweg genommen: In typischen Strukturen von Mittelstandsanleiheemissionen ist ein Wertpapierprospekt stets notwendig. Für die an der Emission Beteiligten zahlen sich der Aufwand und insbesondere für den Emittenten die (im Vergleich zu den Gesamtkosten relativ geringen) Kosten für die Erstellung eines Wertpapierprospekts – regelmäßig zwischen 30.000 € und 70.000 € – aus.

Denn zum einen ist eine Platzierung der Anleihe über die Börse beziehungsweise bei Privatanlegern nur mit Prospekt rechtlich zulässig. Hinzu kommt: Durch eine ordnungsgemäße Erstellung kann eine Reduktion des Haftungsrisikos erreicht werden. Daneben hat der Prospekt auch eine wichtige Funktion in der Vorbereitung der Platzierung und der weiteren Platzierungsunterlagen. Häufig steht die Prospekterstellung im Zeitplan an erster Stelle. Demgemäß erarbeiten und strukturieren wir häufig mit unserem Mandanten zusammen bei der Prospekterstellung erstmalig im Detail die Darstellung der Geschäftätigkeit, Unternehmensstrategie und ähnliche für die Vermarktung wichtiger Punkte. Die Prospekterstellung dient damit der Vorbereitung wesentlicher Teile der Marketingunterlagen, der Homepage, etc.

Nachstehend möchte ich aufzeigen

- wer wann einen Prospekt braucht (vgl. Kapitel 8.2),

- wie weit der Emittent aus dem Prospekt haftet und wie der Prospekt zu einem Enthaftungsinstrument wird (vgl. Kapitel vgl. 8.3),

- wie typischerweise eine Prospekterstellung abläuft (vgl. Kapitel vgl. 8.4) und

- was regelmäßige Inhalte des Prospekts sind (vgl. Kapitel vgl. 8.5).

Vorab sollte jedenfalls festgehalten werden: Mit erfahrenen Beratern, die es gewohnt sind, in mittelständischen Strukturen zu arbeiten, ist der Prospekt kein Schreckgespenst.

Daher braucht der Emittent auch nicht zu wissen, dass die maßgeblichen Rechtsgrundlagen für die Erstellung von Wertpapierprospekten die EU-Verordnung (EG) Nr. 809/2004 (ProspektVO) zur Umsetzung der Richtlinie 2003/71/EG sowie das deutsche Wertpapierprospektgesetz (WpPG) vom 1. Juli 2005 sind.

8.2   Wer braucht wann einen Prospekt?

Die deutschen Börsenplätze, an denen Mittelstandsanleihen gehandelt werden, fordern überwiegend als Voraussetzung für die Einbeziehung in den Handel den Nachweis der Billigung eines Prospektes durch die Bundesanstalt für Finanzdienstleistungsaufsicht (BaFin) unabhängig vom gesetzlichen Erfordernis. Nur Hamburg/Hannover und München stellen die Vorlage eines Prospekts frei, wenn gesetzlich ein solcher nicht notwendig ist. Damit ist die Frage, wer einen Prospekt braucht, im ersten Schritt dahingehend zu beantworten, dass dies alle Emittenten trifft, die an einem der Börsenqualitätssegmente (mit Ausnahme von München und Hamburg/Hannover) eine Anleihe begeben wollen.

Es gibt aber auch Emittenten, die nicht eines der Qualitätssegmente der Börsen für Mittelstandsanleihen nutzen, sondern z. B. den allgemeinen Freiverkehr. Auch dann gibt es keine Anforderung nach den Börsenregularien, einen Prospekt zwingend vorzulegen. Für diese Fälle sowie auch für weitere Fragen im Rahmen des Marketing (dazu sogleich) fragt sich also, auf welcher rechtlichen Grundlage ein Prospekt benötigt wird (die Börsenordnungen sind keine Gesetze, sondern nur private Vorgaben der Börsenbetreiber).

Ein Wertpapierprospekt ist nach dem WpPG zunächst zu veröffentlichen, wenn Anleihen zum Handel an einer Börse zugelassen werden sollen. Das ist bei den Mittelstandsanleihen durchweg nicht der Fall, da die entsprechenden Anleihen alle im Freiverkehr bzw. Qualitätssegmenten des Freiverkehrs gehandelt werden und dort keine formelle Zulassung zum Handel, sondern nur eine sogenannte Einbeziehung in den Handel, erforderlich ist. Darüber hinaus, und das ist entscheidend, ist ein Wertpapierprospekt aber dann erforderlich, wenn die Mittelstandsanleihe öffentlich angeboten werden soll (§ 3 Abs. 1 WpPG), wie es bei Platzierungen über die Börse und/oder an Privatanleger in der Praxis immer der Fall ist.

Eine wichtige Frage ist in der Praxis häufig, ab wann die Prospektpflicht beginnt und welche Maßnahmen, insbesondere Marketingmaßnahmen, ein Emittent durchführen darf, bevor der Prospekt veröffentlicht wurde. Die juristische Antwort hierauf lautet: Ein öffentliches Angebot ist unzulässig vor Billigung und Veröffentlichung des Prospekts. Daher sind sämtliche Veröffentlichungen auf der Homepage, in Anzeigen, etc. vor Veröffentlichung des Prospekts sorgfältig zu prüfen, da ein öffentliches Angebot ohne Prospekt, wenn dies vorsätzlich oder leichtfertig erfolgt, eine Bußgeld bewehrte Ordnungswidrigkeit darstellt und auch Schadensersatzansprüche auslösen kann.

Jedoch bleibt die Frage offen, welche Maßnahmen vor Prospektveröffentlichung nötig sind, wann also das öffentliche Angebot beginnt. Eine einfache Antwort hierauf gibt es nicht. Ein öffentliches Angebot liegt nach der gesetzlichen Definition vor, wenn ausreichend Informationen über die Angebotsbedingungen und die anzubietenden Wertpapiere vermittelt werden, die einen Anleger in die Lage versetzen, eine Investitionsentscheidung bezüglich der entsprechenden Mittelstandsanleihe zu treffen. Der Anwendungsbereich der Prospektpflicht kann also möglicherweise bereits bei anpreisenden Angaben im Rahmen des Internetauftritts des Emittenten eröffnet sein. Ein öffentliches Angebot liegt jedoch spätestens dann vor, wenn durch den Emittenten eine Zeichnungsmöglichkeit eröffnet wird und insbesondere der Preis und die Verzinsung der Mittelstandsanleihe angegeben werden.

In der Praxis ist daher ein enges Zusammenspiel zwischen den für Marketing und Kommunikation zuständigen Personen und dem begleitenden Prospektanwalt notwendig, um einerseits eine zielführende Vermarktung zu ermöglichen und andererseits die rechtlichen Grenzen einzuhalten. Sind auf beiden Seiten erfahrene Marktteilnehmer beteiligt, läuft dies in der Regel reibungslos ab und beschränkt sich auf einen kurzen und knappen Review durch den Anwalt sowie ggf. der Diskussion komplizierterer Fragestellungen. Dabei ist die Leitlinie meines Erachtens auch hier, wie so häufig, der „gesunde Menschenverstand" – mit anderen Worten: Eine Knebelung des Marketings sollte nicht erfolgen, jedoch darf es auch keinen Freibrief geben.

Der Vollständigkeit halber sei noch daraufhin gewiesen, dass in § 3 Abs. 2 und § 4 WpPG in gewissem Maße Ausnahmen von der Prospektpflicht zugelassen werden. Dies ist beispielsweise dann der Fall, wenn die Unternehmensanleihe eine Mindeststückelung von 50.000 € (künftig 100.000 €) aufweist oder sich deren Angebot an nicht mehr als 100 nicht qualifizierte Anleger richtet. Dies spielt in der Praxis bei Mittelstandsanleihen aber keine Rolle. Denn abgesehen von dem zwingenden Prospekterfordernis in den meisten Börsenordnungen für die Mittelstandssegmente werden Mittelstandsanleihen sowohl nach den Anforderungen der Börsenordnungen als auch nach der gängigen Praxis mit einer Mindeststückelung von 1.000 € ausgestattet und an mehr als 100 nicht qualifizierte (das heißt – grob – „nicht professionelle") Anleger angeboten.

8.3 Der Prospekt als (Ent-)Haftungsdokument

Die Erfüllung der Prospektpflichten wird durch den Gesetzgeber dadurch mehrschichtig abgesichert, dass neben den Ordnungsvorschriften im WpPG bei schwerwiegenderen Pflichtverletzungen auch Normen des Strafrechts in Betracht kommen. Allein schon deshalb ist bei der Erstellung des Prospekts auf eine gewissenhafte und sorgfältige Vorgehensweise zu achten.

Ein zentrales Motiv, bei der Erstellung des Wertpapierprospekts auf Richtigkeit und Vollständigkeit zu achten, sollte darin liegen, dass mit einem derart ordnungsgemäß erstellten Prospekt eine zivilrechtliche Haftungsfreizeichnung des Emittenten verknüpft ist. Denn der Wertpapierprospekt ist insofern funktionell mit dem Beipackzettel eines Medikaments vergleichbar. Sofern der Emittent also alle wesentlichen Angaben korrekt in den Prospekt aufgenommen und hierbei insbesondere auf sämtliche Risiken ordnungsgemäß hingewiesen hat, kann er diesen Umstand gegen etwaige Schadensersatzansprüche von Anlegern ins

Feld führen. Das sollte umgekehrt aber auch nicht dazu führen, dass völlig praxisfern ein „Wust" an Risikofaktoren aufgenommen wird, die sowohl für den konkreten Emittenten keinerlei Rolle spielen, als auch bei ihrer Realisierung keine ernsthaften Auswirkungen hätten. Ein Hinweis quasi auf das allgemeine Risiko – frei nach Asterix: Der Himmel könnte uns auch auf den Kopf fallen – ist entbehrlich. Es gilt also einerseits, das notwendige Augenmaß zu wahren, um Enthaftung herbei zu führen, andererseits aber auch „mutig und lebensnah" mit dem Prospekt um zu gehen.

8.3.1   Prospekthaftung: Wer, wann, wieso?

Sind wesentliche Angaben in einem Wertpapierprospekt unrichtig oder unvollständig, so kommt eine Prospekthaftung in Betracht (§ 13 Verkaufsprospektgesetz i. V. m. § 44 Börsengesetz). Jedoch gibt es in der Praxis viele Einschränkungen für diese Haftung. Als Faustformel kann man sich im ersten Schritt merken: Versetzen Sie sich in die Lage eines Investors und fragen Sie sich, ob diese Unrichtigkeit oder Unvollständigkeit Sie ernsthaft in Ihrer Entscheidung zur Investition beeinflusst hat. In der Sprache des Gesetzes: Es muss sich um für die Beurteilung der Wertpapiere wesentliche Angaben handeln. Als Beispiele mögen etwa Verstöße gegen zwingendes Bilanzrecht, die zu einer erheblichen Ergebnisänderung führen, oder fehlende Hinweise auf eine Abhängigkeit vom Gesellschafter dienen; es werden aber auch etwa unvertretbare Werturteile erfasst. Hinsichtlich des Maßstabs der an den Anlegerhorizont zu legen ist, ist auf einen nicht besonders fachkundigen Durchschnittsanleger abzustellen. Ferner ist wichtig darauf hinzuweisen, dass der Investor bei einem Erwerb innerhalb von sechs Monaten nach der erstmaligen Einführung der jeweiligen Mittelstandsanleihe und der Veröffentlichung des Prospekts nicht beweisen muss, dass er aufgrund des Prospekts gekauft hat.

Für die Handelnden ist wichtig, wer genau als Anspruchsverpflichteter – also als potenziell Haftender – infrage kommen kann. Dies ist in erster Linie der Unterzeichner des Prospekts, also der Emittent. Ganz wichtig: Der Prospekt wird durch den Emittenten unterzeichnet, für den bestimmte Personen handeln. Das bedeutet aber nicht, dass diese Personen automatisch eine persönliche Haftung gegenüber den Anlegern eingehen. Eine solche Haftung der Geschäftsführung bzw. der Vorstandsmitglieder kommt nur in Ausnahmefällen in Betracht, etwa wenn im Rahmen einer Roadshow unrichtige Darstellungen erfolgen. Deswegen werden auch die Roadshow Unterlagen einer rechtlichen Prüfung unterzogen. Auch eine Haftung der emissionsbegleitenden Banken ist in der Regel nicht allein auf Grundlage des Prospekts gegeben. Denn bei Mittelstandsanleihen wird der Prospekt in der Praxis allein durch den Emittenten unterzeichnet und damit verantwortet, nicht hingegen von den Banken. Diese unterfallen damit nicht der gesetzlichen Prospekthaftung. Das gilt auch dann, wenn die Banken im Prospekt als Emissionsbegleiter genannt werden, etwa weil sie die technische Abwicklung und eine Privatplatzierung übernehmen.

Für die Banken kommt allerdings eine Haftung gegenüber denjenigen Anlegern in Betracht, die über sie zeichnen, z. B. wenn diesen gegenüber Aufklärungspflichten nicht ausreichend erfüllt werden etc. Diese Haftung beruht dann nicht auf dem Prospekt, sondern auf einem Beratungsfehler seitens der Bank. Ein Zusammenhang entsteht dann, wenn im Rahmen der Beratung ein Prospekt übergeben wird und dieser unrichtig ist. Dann ist auch eine Haftung der Bank wegen Beratungsverschuldens denkbar, wenn sie die Unrichtigkeit kannte oder hätte erkennen müssen.

8.3.2   Haftungsvermeidung

Nutzen Sie den Prospekt als Enthaftungsinstrument. Zunächst sollten Sie sich eines bewusst sein: Wenn Sie eine Prospektpflicht vermeiden (etwa indem eine Stückelung von z. B. 250.000 € gewählt wird) und Wertpapiere verkaufen, kommt trotzdem eine Haftung in Betracht. Denn auch in diesen Fällen bestehen Aufklärungspflichten und etwa verwendete Marketingunterlagen (Placement Memorandum, Investment-Proposal, Präsentationen, etc.) können wie ein Prospekt eine Haftung auslösen (sogenannte zivilrechtliche Prospekthaftung). Liegt aber ein nach dem WpPG gebilligter Prospekt vor, der nach den Anforderungen der EU-weiten Regulierung unter Mitwirkung erfahrener Partner erstellt wurde, können Sie den Anleger hierauf verweisen und sich in allen Punkten, die im Prospekt offen gelegt wurden "entspannt zurücklegen".

Wie aber wird letztlich vermieden, dass der Prospekt selber zur Haftungsfalle wird? In erster Linie ist hierbei natürlich auf Vollständigkeit und Richtigkeit des Prospekts zu achten, denn wenn dies gegeben ist, wird etwaigen Haftungsverlangen seitens der Investoren jegliche Grundlage entzogen. Daneben kommt jedoch der Kenntnis des Haftenden von einer etwaigen Unvollständigkeit oder Unrichtigkeit des Wertpapierprospekts überragende Bedeutung zu, was sie zum Hilfsmittel der Risikominimierung macht. Voraussetzung für Schadensersatzansprüche ist nämlich, dass der Haftende sich der Unvollständigkeit und/oder der Unrichtigkeit des Prospekts bewusst war, bzw. hiervon aufgrund grober Fahrlässigkeit keine Kenntnis hatte. Von grober Fahrlässigkeit ist dann auszugehen, wenn die erforderliche Sorgfalt in besonders schwerem Maße verletzt wurde, in der Regel also, wenn schon einfachste Überlegungen nicht angestellt wurden, aufgrund derer jeder andere in der Situation des Betroffenen ohne weiteres positive Kenntnis von der Mangelhaftigkeit des Prospekts erhalten hätte. Zwar kommt das Gesetz dem Investor in dieser Frage derart zu Hilfe, indem das Vorliegen der Kenntnis, bzw. der grob fahrlässigen Unkenntnis, der potenziell Haftenden vermutet wird. Diese haben indes wiederum die Möglichkeit, ihrerseits zu beweisen, dass sie ein solches Verschulden nicht trifft. Das kann nun gezielt eingesetzt werden, um eine Haftung sehr weitgehend auszuschließen:

Um im drohenden Haftungsfall beweisen zu können, dass keine grobe Fahrlässigkeit und erst recht keine Kenntnis von der Unrichtigkeit oder Unvollständigkeit des Prospekts vorliegen, kann darauf verwiesen werden, dass erfahrene Berater mit der Prospekterstellung beauftragt wurden. Ist dies geschehen kann der Emittent sich in der Regel entlasten, sofern sich die Unrichtigkeit bzw. Unvollständigkeit des Prospekts ihm nicht aufdrängen musste. Als Faustformel gilt: Der Emittent muss den Prospekt mit „Sinn und Verstand" lesen. Kann er den Text dann so, wie er ist, guten Gewissens unterschreiben, weil ihm dieser richtig und in sich vollständig erscheint, wird eine Haftung meist ausgeschlossen sein. Denn was kann der Emittent mehr tun, als einen erfahrenen Berater mit der Erstellung des Prospekts zu beauftragen und dann selber noch einmal aus der Laienperspektive das Dokument für richtig zu befinden. Zu beachten ist allerdings: Ein Berater kann nur die Informationen in den Prospekt aufnehmen, von denen er Kenntnis hat. Daher muss der Emittent ihm alle notwendigen Informationen zur Verfügung stellen. Hier gilt: Der Anwalt muss wissen, wonach zu fragen ist und der Emittent muss alle angefragten Informationen zur Verfügung stellen. Wählt der Anwalt aus den beigebrachten Informationen Teile aus, so kann nicht vom Emittent verlangt werden, diese Auswahl zu korrigieren.

Teilweise möchten die Emissionsbanken, dass der prospekterstellende Anwalt ihnen bestätigt, alle notwendigen Informationen angefragt und die zur Erstellung des Prospekts erforderlichen Prüfungen durchgeführt zu haben. Dazu soll dann der begleitende Anwalt eine sogenannte „Disclosure Opinion" abgeben, wonach ihm nichts bekannt ist, das Anlass zu Zweifeln bzgl. der formellen und inhaltlichen Richtigkeit des Prospekts gibt. Diese Erklärung ist für die Bank vor allem dann wichtig, wenn sie den Anwalt nicht selber beauftragt hat, da erst hierdurch ein Haftungsverhältnis zu Gunsten der Bank entsteht. Der Anwalt wiederum legt dieser Opinion eine Vollständigkeitserklärung des Emittenten zu Grunde. Auf diese Weise entsteht ein Kreislauf: Der Emittent kann eine Haftung ablehnen, weil er einen Anwalt beauftragt und damit nicht grob fahrlässig gehandelt hat. Der Anwalt haftet selbst dann, wenn er einen Fehler gemacht hat, i. d. R. nicht, da es eine Außenhaftung gegenüber dem Anleger für ihn nicht gibt, und es gegenüber dem Emittenten an einem für die Haftung erforderlichen Schaden fehlt, da dieser ja gerade mangels grober Fahrlässigkeit nicht im Außerverhältnis haftet. Hinsichtlich der Bank gilt das gleiche.

Eine ähnliche Funktion hat der von den Abschlussprüfern zu erstellende „Comfort Letter", der teilweise von begleitenden Banken gefordert wird. Mit einem solchen bestätigt der Abschlussprüfer, dass die von ihm geprüften und in den Wertpapierprospekt inkorporierten Finanzinformationen des Emittenten verlässlich sind. Konkret bezieht sich ein „Comfort Letter" einerseits auf die von Wirtschaftsprüfern geprüften und mit einem uneingeschränkten Bestätigungsvermerk versehenen (Jahres-)Abschlüsse, auf die im Prospekt verwiesen wird. Andererseits werden hiervon auch die sonstigen, in Anleiheprospekten aufgeführten, historischen Finanzinformationen erfasst. Sind zudem noch Zwischenabschlüsse erstellt worden, bezieht sich der „Comfort Letter" auch auf deren prüferische Durchsicht. Eine Abrundung erfahren die Maßnahmen zur Begrenzung des Haftungsrisikos noch durch die sog. „Tax Opinion", mittels derer die ebenfalls prüfend und beratend tätigen Steuerberater bescheinigen, dass alle steuerrelevanten Hinweise im Prospekt enthalten sind.

Mithin bleibt festzuhalten, dass die schützenswerten Interessen der Investoren durch ein umfangreiches Pflichtenregime im Rahmen der Wertpapierprospekterstellung abgesichert werden. Dies bedeutet jedoch kein überbordendes Risiko für die an der Emission Beteiligten, insbesondere auch nicht für den Emittenten, da diese Risiken unter Einbezug professioneller Hilfe auf ein erträgliches Maß reduziert werden können und oftmals auch gänzlich vermeidbar sind.

8.4   Ablauf der Prospekterstellung

8.4.1   Prospekterarbeitung

Die Prospekterstellung wird federführend von dem begleitenden Anwalt betreut. Regelmäßig geht eine sogenannte „Due Diligence" (wörtlich übersetzt „gebotene Sorgfalt") einer Prospekterstellung voraus. Im Rahmen dieser Due Diligence fordert der begleitende Anwalt Unterlagen und Informationen an, um hieraus die notwendigen Informationen zu erarbeiten, die für den Prospekt benötigt werden. Dies ist ein wesentlicher Teil der Haftungsvermeidung, vgl. dazu auch die Ausführungen vorstehend unter siehe vgl. Kapitel 8.3.2. Wesentlicher Bestandteil der Due Diligence ist die Erarbeitung der Risiken, welche in den Prospekt aufzunehmen sind. Dies erfordert, dass der Prospektanwalt sich in das Geschäftsmodell des Unternehmens hinein denkt und Hand in Hand mit dem Management rechtliche und wirtschaftliche Risiken erarbeitet.

Im Rahmen der Legal Due Diligence werden die internen und externen Rechtsverhältnisse der Gesellschaft überprüft. Ein besonderes Augenmerk liegt hierbei auf den Geschäften mit und Verbindungen zu nahestehenden Personen, die gerade in mittelständischen Familienunternehmen einer sorgfältigen, aber gleichzeitig sensiblen Aufarbeitung mit Verständnis für typische Strukturen in diesem Bereich bedürfen. Sämtliche Unterlagen sind auf etwaige Mängel und auf ihre Übereinstimmung miteinander zu überprüfen.

8.4.2   Prospekterstellung

Auf Basis der Erkenntnisse des zur Verfügung gestellten Materials der Gesellschaft, der Due Diligence und der mit dem Management geführten Interviews wird sodann der Prospekt erstellt. Hinsichtlich des Prospektaufbaus bestehen nur wenige zwingende Vorgaben, allerdings haben sich in der Praxis, neben manchen Vorgaben der BaFin, bestimmte Strukturen herausgebildet. Noch einmal sei daran erinnert: Der Prospekt ist ein (Ent-)Haftungs- und kein Werbedokument. Daher sind Graphiken und ähnliches unzulässig und eine für Laien leicht verständliche Sprachwahl sowie Transparenz sind geboten.

8.4.3   Durchführung des Billigungsverfahrens

Bevor der Wertpapierprospekt des Emittenten veröffentlicht werden kann, muss er gebilligt werden. Die zuständige Aufsichtsbehörde für dieses Billigungsverfahren ist in Deutschland die BaFin (die auch die meisten Prospekte für Mittelstandsanleihen gebilligt hat). Emittenten großvolumiger Unternehmensanleihen, etwa die im DAX-30 gelisteten Unternehmen, lassen Prospekte allerdings üblicherweise von der „Commission de Surveillance du Secteur Financier" (CSSF), die oberste Finanzaufsichtsbehörde in Luxemburg, welche das Pendant zur deutschen BaFin darstellt, billigen. Dies ist möglich, weil nach § 2 Nr. 13 WpPG bei Anleihen ein entsprechendes Wahlrecht der Emittenten besteht. Hintergrund ist, dass häufig großvolumige Anleihen in Luxemburg zum Handel an der Börse zugelassen werden. Gleichzeitig wurden diese häufig durch ausländische Tochtergesellschaften emittiert, die etwa in Luxemburg oder den Niederlanden ihren Sitz haben. Schließlich können in diesen Fällen die Prospekte auch in englischer Sprache erstellt werden, was die internationale Platzierung erleichtert. Hierdurch hat sich eine Praxis herausgebildet, internationale große Anleihen bei der CSSF billigen zu lassen. Von verschiedenen Marktteilnehmern wird auch häufig als Grund für den Gang zur CSSF genannt, dass diese schneller und flexibler als die BaFin handelte. Hier sei „eine Lanze für die BaFin gebrochen": Steht man häufiger mit der BaFin in Kontakt so stellt man fest, dass die zuständige Abteilung grundsätzlich sehr kooperativ ist und man trotz mancher ihr anhaftender Eigenarten mit diesen umgehen kann, wenn man sie kennt. Auch die Dauer der Billigungsverfahren ist mit Blick auf die üblicherweise weiteren parallel laufenden Maßnahmen wie Pre-Marketing, Abstimmung mit der Börse etc. nicht so lang, als dass dies grundsätzlich einen Gang zur CSSF rechtfertigen würde. Da viele Mittelständler erfahrungsgemäß eine deutsche Behörde vorziehen, ist im Einzelfall abzuwägen, was vorteilhafter ist.

Soll für Mittelstandsanleihen auch ein öffentliches Angebot außerhalb Deutschlands (aber innerhalb der EU) erfolgen, besteht die Möglichkeit, den Wertpapierprospekt durch die BaFin nicht nur für das Inland billigen, sondern gleichermaßen auch für das Ausland notifizieren zu lassen. Es ist dann nicht mehr erforderlich, den Prospekt noch einmal gesondert durch die jeweilige ausländische Finanzaufsichtsbehörde billigen zu lassen; die Notifizierung durch die BaFin wird insoweit anerkannt und genießt damit im gesamten europäischen Rechtskreis Vertrauen. Ein Beispiel hierfür, das bei Mittelstandsanleihen häufiger zu beobachten ist, ist die parallele öffentliche Platzierung in Österreich. Diese Notifizierung geschieht durch einfachen Antrag parallel zur Billigung des Prospekts und löst nur sehr geringe Zusatzkosten aus.

Die BaFin prüft den Inhalt des Prospekts hinsichtlich seiner Vollständigkeit, der Kohärenz, also der Frage, ob der Prospekt keine inneren Widersprüche enthält, und der Verständlichkeit der in dem Prospekt enthaltenen Angaben. Aufgrund dieser nur sehr eingeschränkten Prüfung lässt die bloße Billigung des Prospekts durch die BaFin somit keine Rückschlüsse auf die Bonität des Emittenten oder die Qualität der Emissionen zu[1]. Ebenso führt die Prospektbilligung nicht zu einem Ausschluss etwaiger Prospekthaftungsansprüche im Fall eines fehlerhaften Prospekts.

Antrag und Billigungsverfahren bei der BaFin

Der Antrag auf Prospektbilligung erfolgt im Wege der Einreichung einer Ausfertigung des zu billigenden Prospekts bei der BaFin. Dies erfolgt entweder durch den Emittenten und/oder den Anbieter und/oder den Zulassungsantragsteller. In der Praxis erfolgt jedenfalls in schwierigeren Fällen eine Vorabstimmung mit der BaFin hinsichtlich des Zeitplans und vor allem auch in Bezug auf die beizubringenden historischen Finanzinformationen. Das Billigungsverfahren erstreckt sich sodann regelmäßig über vier bis sechs Wochen und ist wesentlich von dem Umstand gekennzeichnet, dass der zu billigende Prospekt im Laufe

---

[1] Schanz, K.-M. (2007) § 13 Rn. 5.

dieses Zeitraumes solange durch die Ersteller des Prospekts unter Anleitung der BaFin nachgebessert wird, bis er deren Anforderungen und Vorstellungen genügt. Hierzu erstellt die BaFin jeweils Anhörungsschreiben, in denen sie auf eventuelle Unzulänglichkeiten im Wertpapierprospekt hinweist. Dies können beispielsweise fehlende Informationen sein, aber auch ungenaue Formulierungen, bzw. sich an verschiedenen Stellen im Prospekt widersprechende Ausführungen. Die BaFin kann daneben nach § 21 WpPG die Aufnahme zusätzlicher Angaben und/oder die Überlassung von Kopien von den Beteiligten verlangen, wenn dies zum Schutz der Anleger geboten erscheint.

Billigung und Veröffentlichung des Prospekts

Mit der Billigung des Wertpapierprospekts wird gemäß § 14 WpPG eine Veröffentlichungspflicht begründet. Der Wertpapierprospekt ist durch den Emittenten bei der BaFin zum einen zu hinterlegen und zum anderen unverzüglich, spätestens jedoch einen Werktag vor Beginn des öffentlichen Angebots, zu veröffentlichen. Daneben wird der von der BaFin gebilligte Prospekt auch auf deren Internetseite für zwölf Monate zugänglich gemacht. Eine Bekanntmachung über die Veröffentlichung des Prospekts ist im Unternehmensregister einzustellen und die BaFin ist zu informieren, wann und wo der Prospekt veröffentlicht wurde.

Nachtrags- und sonstige Ergänzungspflichten

Teilweise kann sich eine Pflicht zur Veröffentlichung eines Nachtrags zum Prospekt ergeben. Für den Fall, dass ein wichtiger neuer Umstand oder eine wesentliche Unrichtigkeit in Bezug auf die im Prospekt enthaltenen Angaben auftritt, besteht eine Pflicht zur Aktualisierung des Wertpapierprospekts. Der Prospektverantwortliche muss dann den Wertpapierprospekt durch physisch separate Nachträge aktualisieren, wobei für die Nachträge wiederum die gleichen Veröffentlichungsregeln gelten wie auch für den Wertpapierprospekt[2]. Als Beispiel für eine solche Situation lässt sich etwa ein erst nachträglich vorliegendes Rating des Emittenten, bzw. der Unternehmensanleihe selbst, nennen. Zwar muss nach den gesetzlichen Vorschriften nicht zwingend ein solches beigebracht werden (sehr wohl aber nach den Vorschriften mancher deutscher Handelsplätze), sollte aber dennoch ein Ratingverfahren durchgeführt worden sein, so stellt dies eine prospekterhebliche und mithin nachtragspflichtige Information dar.

Denkbar ist auch die Emission der Unternehmensanleihe im Wege des „Bookbuilding-Verfahrens". Dieses beschreibt ein spezielles Platzierungsverfahren, bei dem der Zinssatz erst nachträglich festgelegt wird. Bislang hat es erst einen solchen Fall im Rahmen einer Mittelstandsanleihe gegeben und nach Auskünften der BaFin gab es auch bei anderen Unternehmensanleihen ein solches Bookbuilding in einem in Deutschland gebilligten Prospekt seit 2006 nur einmal. Bei Aktienemissionen wie Börsengängen und Kapitalerhöhungen hingegen ist dies Gang und Gäbe. In der Praxis läuft dies so ab, dass der Prospekt zunächst ohne den Zinssatz und weitere, aus technischen Gründen notwendige Angaben veröffent-

---

[2]   Keunecke, U. (2005) Rn. 300 f.

licht wird und anschließend im Rahmen einer Roadshow ein Feedback von Investoren zu dem platzierenden Zinssatz eingeholt wird. Am Ende dieses ersten Schrittes wird der festgelegte Zinssatz ebenso wie weitere Detailangaben veröffentlicht und danach beginnt die Zeichnungsfrist.

8.5   Inhalt und Aufbau des Prospekts

Anhand der Voraussetzungen der Prospekthaftung lässt sich schon erkennen, welcher Maßstab an den Inhalt und den Aufbau eines Wertpapierprospektes zu stellen ist. Denn es haftet derjenige nicht, der alle wesentlichen Angaben richtig und vollständig in seinen Prospekt aufgenommen hat. Dies bedeutet insbesondere, dass die Risiken eines Engagements in der jeweiligen Mittelstandsanleihe korrekt und hinreichend beschrieben sein müssen. Hierbei reicht auch nicht allein die schlichte Zusammenstellung der unerlässlichen Informationen aus, sondern es ist ferner darauf zu achten, dass alle Informationen klar und verständlich sind und diese die Bedeutung und das Gesamtgefüge der ihnen zugrundeliegenden Fakten stimmig wiedergeben. So darf etwa die Art und Weise, wie die Informationen zusammengestellt werden, speziell auch, wie diese gewichtet werden, kein verzerrtes Gesamtbild ergeben. Beispielsweise darf nicht dadurch, dass besonders gefährlichen Risiken gegenüber eher nebensächlichen Angaben nur ein sehr untergeordneter Raum im Prospekt beigemessen wird, ein zu positiver Gesamteindruck des Wertpapiers und seines Emittenten gezeichnet werden. Dementsprechend bezieht sich die Richtigkeit des Prospektinhalts nicht auf eine isolierte Betrachtung der einzelnen Prospektinformationen, sondern auf eine Gesamtschau, die auch die investorengerechte Aufbereitung umfasst[3].

Ein Umstand, der ebenfalls Relevanz für die Wertpapierprospekterstellung aufweist, ist die Tatsache, dass Emittenten üblicherweise im Vorfeld der Platzierung der Anleihe bzw. während der Zeichnungsfrist eine sogenannte „Roadshow" veranstalten. Dies ist eine Präsentation zu Marketingzwecken, die den Erfolg der Unternehmensanleihe dadurch positiv beeinflussen soll, dass bei potenziellen Investoren gezielt die Vorzüge der Unternehmensanleihe beworben werden, diese also zur Zeichnung der Mittelstandsanleihe bewogen werden sollen. Es versteht sich von selbst, dass hierbei der Betonung der Chancen des Wertpapiers ein besonderes Gewicht zukommt und dieses insgesamt in einem günstigen Licht dargestellt wird.

In diesem Zusammenhang muss dann aber darauf geachtet werden, dass solche Informationen, die im Rahmen der Roadshow der Öffentlichkeit zugänglich gemacht werden, auch im Prospekt enthalten sind – selbst wenn es eigentlich keine gesetzliche Verpflichtung zur Aufnahme der jeweiligen Information gibt. Der Prospekt und die Roadshow-Unterlagen stehen also in einem Wechselwirkungsverhältnis zueinander.

---

3   BGH WM 1982, 862, 863.

Als wesentliche Themenblöcke in einem Wertpapierprospekt wären zu nennen:

- Zusammenfassung des Prospekts

- Risikofaktoren

- Beschreibung der Schuldverschreibung und des Angebots

- Anleihebedingungen

- Darstellung der Geschäftstätigkeit des Emittenten

- Ausgewählte finanzielle Informationen des Emittenten

- Finanzteil

Eine abschließende Erläuterung aller notwendigen und üblichen Angaben in Wertpapierprospekten für Mittelstandsanleihen soll im hier vorliegenden Rahmen nicht erfolgen, weshalb nachfolgend nur die wichtigsten Teilbereiche eines Wertpapierprospekts im Überblick vorgestellt werden:

8.5.1   Risikofaktoren

Evidente Bedeutung kommt vor allem der hervorgehobenen Offenlegung von Risikofaktoren zu, die die Fähigkeit des Emittenten beeinträchtigen können, seinen Verpflichtungen im Rahmen der Wertpapiere gegenüber den Anlegern nachzukommen. Hierzu sind sowohl die marktbezogenen Risiken eingehend zu erläutern sowie auch solche, die den Emittenten direkt betreffen. Schließlich sind aber auch solche Risiken klar zu benennen, die die Anleihe selbst betreffen. Die Ergebnisse der Due Diligence fließen in diesen Abschnitt ein. Hier können Themen aller Art auftreten: Rechtliche, steuerliche, technische Risiken, Abhängigkeiten von Personen, gesetzliche Rahmenbedingungen, Patente und Lizenzen oder Ungewissheiten über die Finanzierung des Geschäftsbetriebs – hier heißt es, die „Karten auf den Tisch zu legen" und „Klartext" zu reden. Dabei gilt: Risiken sind darzustellen, Chancen bzw. Gegenmaßnahmen eigentlich nicht („eigentlich" deswegen, weil es den einen oder anderen Umweg schon einmal gibt, um eine ausgewogene Darstellung zu gewährleisten).

8.5.2   Die Schuldverschreibung und das Angebot

Es versteht sich von selbst, dass im Wertpapierprospekt das zu platzierende Wertpapier (d. h. die Anleihe) selbst genauestens beschrieben werden muss. Dazu ist zunächst auszuführen, was genau Gegenstand des Angebots ist. Hierzu zählen sowohl der Nennbetrag der einzelnen Teilschuldverschreibungen der Mittelstandsanleihe, wie auch deren Verzinsung (Coupon). Darüber hinaus ist das Maximalvolumen der Anleihe anzugeben sowie deren Laufzeit und die Modalitäten ihrer Rückzahlung. Nicht fehlen dürfen ferner formal geforderte Angaben wie die Rechtsvorschriften, auf deren Grundlage die Wertpapiere geschaffen wurden, der Emissionstermin, die Art der Verbriefung, etc.

Zunehmende Bedeutung bei Mittelstandsanleihen erlangt auch das Thema des Rangs und der Besicherung der Wertpapiere, da diese Aufschluss über die Werthaltigkeit erlauben. Dementsprechend ist hierzu an dieser Stelle des Prospekts Stellung zu nehmen. Wird die Anleihe besichert, so sind die Sicherheiten zu beschreiben und ggf. der Ablauf der Bestellung der Sicherheiten zu erläutern. Auch das Rating ist – zwingend – anzugeben.

Maßgebliche Informationen zum Angebot stellen überdies die Zeichnungsfrist dar sowie auch allgemein die Beschreibung des Antragsverfahrens zur Zeichnung der Mittelstandsanleihe, Einzelheiten zum Mindest- und Höchstbetrag der Zeichnung, die Methode und Fristen für die Bedienung der Wertpapiere und ihre Lieferung dar. Natürlich ist auch darüber aufzuklären, an welchem Handelsplatz und in welchem Börsensegment die Anleihe in den Handel einbezogen werden soll. Sollte ein Vertrag mit einer emissionsbegleitenden Bank zur Platzierung der Anleihe geschlossen worden sein, so ist dieser auch in dem hier näher charakterisierten Teil des Wertpapierprospekts zu beschreiben.

Insbesondere die Darstellung der geplanten Verwendung des (Netto-)Emissionserlöses ist ein wichtiger Teil. Hier ist besonders sensibel vorzugehen, damit ein häufig gewünschtes Maß an Flexibilität gewahrt bleibt, gleichzeitig aber auch die von der Prospektverordnung verlangte und von der BaFin eingeforderte detaillierte Aufteilung und Beschreibung konkreter Erlösverwendungszwecke einzuhalten.

In diesem Zusammenhang ist auch zu erwähnen, dass ein Prospekt als sogenannter Basisprospekt gestaltet werden kann, der die Angaben zum Angebot wie Angebotsfrist, Volumen, etc. nicht oder nur teilweise enthält. Der Prospekt beschreibt in diesem Fall nur die Absicht, innerhalb der nächsten zwölf Monate ein oder mehrere Tranchen an Anleihen anzubieten und lässt die Konditionen und die Angebotsmodalitäten noch offen. Der Emittent kann sich dann innerhalb dieses Zeitraums entscheiden, ein oder mehrere Angebote bis zu dem angegebenen Höchstbetrag durchzuführen und in diesem Moment dann die endgültigen Angebotsbedingungen wie etwa den Zinssatz etc. festzulegen.

8.5.3   Darstellung der Geschäftstätigkeit des Emittenten

Zentrale Bestandteile des Prospekts sind Ausführungen zur Geschäftstätigkeit des Emittenten. Konkret sind hierbei die wichtigsten Märkte zu beschreiben, auf denen der Emittent tätig ist, insbesondere sind auch seine Unternehmensstrategien sowie Wettbewerbsstärken zu konkretisieren. Gerade in diesen Bereichen ist erforderlich, mit der notwendigen Sensibilität einer nüchternen haftungsorientierten Darstellung im Prospekt zu arbeiten – der Prospekt ist kein Marketinginstrument oder anders: Denken Sie immer an den „Beipackzettel"! Daher empfiehlt es sich auch nicht diese Darstellung von der Marketingabteilung des Emittenten entwerfen zu lassen.

8.5.4 Finanzteil

Dem Prospekt müssen bestimmte historische Finanzinformationen (im wesentlichen Jahresabschlüsse) beigefügt werden, die im sogenannten Finanzteil abgedruckt werden. Hierbei bedarf es der folgenden Elemente:

Zunächst sind die letzten zwei Konzernjahresabschlüsse in testierter Form aufzunehmen. Sofern diese keine 24 Monate abdecken (weil es Rumpfgeschäftsjahre gab) sind weitere Konzernabschlüsse aufzunehmen. Gibt es keine Konzernabschlüsse sind testierte Jahresabschlüsse aufzunehmen. Die vorgelegten Abschlüsse – egal ob Konzernabschlüsse oder Einzelabschlüsse – müssen in jedem Fall eine Kapitalflussrechnung enthalten und zwar auch wenn dies – wie im Einzelabschluss nach HGB – gesetzlich nicht erforderlich ist. Ggf. müssen die Kapitalflussrechnungen nachträglich erstellt und geprüft werden. In jedem Fall ist immer der letzte Jahresabschluss aufzunehmen, auch wenn es für 24 Monate Konzernabschlüsse gibt; wird der Einzelabschluss neben den Konzernabschlüssen vorgelegt ist hierfür keine Kapitalflussrechnung notwendig.

Sogenannte „Pro-forma-Abschlüsse", wie sie etwa bei Aktienemissionen erforderlich sind, müssen nicht aufgenommen werden. Pro-forma-Abschlüsse zeigen die Daten des letzten Abschlusses so modifiziert, als wenn eine wesentliche Änderung beim Emittenten, z. B. Hinzukauf eines weiteren Unternehmens, schon zu Beginn der Rechnungslegungsperiode des letzten Abschlusses stattgefunden hätte. Eine freiwillige Ergänzung solcher Pro-forma-Informationen ist möglich. Dies ist auch empfehlenswert, wenn im Laufe der letzten 24 Monate wesentliche Änderungen in der Gesellschaftsstruktur stattgefunden haben und ohne solche Pro-forma-Finanzinformationen die tatsächliche wirtschaftliche Lage für den Anleger nicht nachvollziehbar ist. Im Extremfall kann sich dann sogar ein Haftungsrisiko ergeben, wenn solche Daten nicht freiwillig vorgelegt werden. Bei Hinzufügen von Pro-forma-Finanzinformationen sind diese zuvor von einem Wirtschaftsprüfer zu bescheinigen.

Denkbar ist schließlich auch, dass der Emittent dem Prospekt eine Ergebnisprognose für ein laufendes oder ein künftiges Geschäftsjahr beifügen möchte. Grundsätzlich empfiehlt sich, dies zu vermeiden, weil dies potenziell zu Haftungsrisiken führt. Hinzu kommt: Wird eine solche Prognose aufgenommen, so muss ein Wirtschaftsprüfer deren Plausibilität bescheinigen. Umgekehrt gilt aber: Wird die Prognose nicht in den Prospekt aufgenommen, so darf sie auch nicht im Rahmen der anschließenden öffentlichen Vermarktung genutzt werden, da nach § 15 WpPG der Prospekt und die Marketingunterlagen konsistent sein müssen. Wurde eine Ergebnisprognose veröffentlicht und wird diese als wesentlich für einen Anleiheinvestor angesehen, ist eine Aufnahme in den Prospekt zwingend. Bei Aktienemissionen ist regelmäßig davon auszugehen, dass eine solche Wesentlichkeit gegeben ist. Bei Anleiheemissionen ist dies anders, da es für den Anleiheinvestor primär auf die Fähigkeit des Emittenten ankommt, Zins und Tilgung zu leisten was nicht unbedingt mit einer Ergebnisprognose verknüpft sein muss.

Schließlich muss dem Prospekt ein Zwischenabschluss beigefügt werden, wenn im Zeitpunkt der Aufstellung der Billigungsfassung des Prospektes mehr als neun Monate seit dem Stichtag des letzten Jahresabschlusses vergangen sind. Der Zwischenabschluss muss dann mindestens sechs Monate umfassen und kann ungeprüft sein (wenn ein Comfort Letter darauf gegeben wird, ist aber eine prüferische Durchsicht erforderlich, vgl. dazu vorstehend vgl. 8.3.2). Zwischenabschlüsse, die schon anderweitig veröffentlicht wurden (etwa aufgrund einer bestehenden Börsennotierung der Aktien des Emittenten) müssen in den Prospekt aufgenommen werden.

Literatur

[1] Hasler, P.-T. (2011): Die Bedeutung des Ratings für den deutschen Mittelstand, Anleihen Finder, Nr. 8, S. 24-27.

[2] Keunecke, U. (2005): Prospekte im Kapitalmarkt: Anforderungen, Prospekthaftung bei geschlossenen Fonds, Investmentfonds, Wertpapieren und Übernahmeangeboten, Schmidt Verlag, Berlin.

[3] Schanz, K.-M. (2007) Börseneinführung: Recht und Praxis des Börsengangs, 3. Aufl., Beck Verlag, München.

9 Die Bond Story: Charakteristika, Inhalte, Erfolgsfaktoren

Sven Döbeling (Raiffeisen Bank International AG)

9.1 Die Bond Story

Mittelstandsunternehmen, meist inhabergeführt, praktizieren bisher überwiegend eine sparsame Informationspolitik. Diese beschränkt sich in ihrem Adressatenkreis oft auf die Hausbanken. Seit der Einführung von Basel II und beschleunigt seit dem Ausbruch der Finanzkrise 2007/2008 gerät dieses Hausbankenprinzip aber unter Druck. Investoren verlangen von Banken hohe Risikoaufschläge bei deren Refinanzierung. Dies macht gemeinsam mit höheren Anforderungen bei der Eigenmittelunterlegung im Zuge von Basel III die Kreditvergabe für Banken immer weniger attraktiv.

Dadurch ergibt sich eine Lücke bei der Versorgung der Unternehmen mit Fremdkapital. Diese Entwicklung führt zunehmend zu einer Disintermediation bei der Fremdkapitalbeschaffung, also der Ausschaltung von Intermediären zwischen Quelle und Ziel des Kapitals im Wirtschaftskreislauf[4]. Unter anderem tragen Sparer ihr Geld nun nicht mehr notwendigerweise zu einer Kapitalsammelstelle wie Bank oder Versicherung, sondern investieren direkt in die Realwirtschaft. Das Mittel der Wahl ist dabei die Unternehmensanleihe.

Deshalb steht der Mittelstand vor einem Umbruch bei der Informationspolitik. Sie wandelt sich von einer Beziehung des Unternehmens zu wenigen persönlich bekannten Adressaten hin zu einer Beziehung des Unternehmens zu vielen, meist anonymen Anleihegläubigern. Der gewohnte Dialog mit den Gläubigern verliert sukzessive an Bedeutung, Information wird zur Bringschuld. Das Unternehmen muss die Anleihegläubiger als Kunden verstehen, die ein verständliches Produkt erwerben wollen. Wie bei jedem Produkt ist Marketing unerlässlich, um am Markt erfolgreich zu sein. Wichtiger Bestandteil des Marketings einer Anleihe ist die sogenannte Bond Story.

Die Bond Story ist, entsprechend der Equity Story bei einer Aktie, die Übersetzung der Unternehmensstrategie in die Sprache der Investoren, Finanzanalysten und Medien. Im Gegensatz zur „Equity Story" stehen bei der Bond Story allerdings die Risiken im Vordergrund, nicht die Chancen.

Dieser Artikel nutzt Analogien zu einer Stellenbewerbung, um Ihnen die wichtigsten Bestandteile der Bond Story vorzustellen. Diese besteht typischerweise aus folgenden Elementen:

---

[4] Vgl. Fitch Ratings (2010).

- Ein dem Anschreiben einer Bewerbung entsprechender Überblick

- Detailinformationen zur Mittelverwendung

- Ein ausführliches Geschäftsrisikoprofil und eine Beschreibung des Geschäftsmodells

- Informationen zum Finanzrisikoprofil

- Ausführungen zur Stellung der Anleihe und den Anleihebedingungen

9.2   Bewerben Sie sich!

Sehr geehrter Herr Investor,

mit verwalteten Geldern in Höhe von 50 Mrd. € sind Sie eines der führenden Häuser im Bereich Unternehmensanleihen. Gerne möchte ich Teil Ihrer Erfolgsgeschichte werden und bewerbe mich um einen Platz in Ihrem Portfolio.

Mit meinen 70 Jahren verfüge ich über langjährige Erfahrung und bin dabei spezialisiert auf die Produktion von Dämmmaterialien für Wohnbau, Industrie und die Automobilindustrie. Dabei dürfte ich Ihnen in Ihrem Oberklassewagen und aus der energieeffizienten Modernisierung Ihrer Immobilie bekannt sein. In diesen Bereichen bin ich Marktführer in Europa.

Ich bilanziere seit fünf Jahren nach IFRS und verfüge traditionell über eine konservative Finanzpolitik. Daher bin ich überzeugt, dass ich einen deutlichen Wertbeitrag zu Ihrem Portfolio leisten kann. Als eine Perle des deutschen Mittelstandes biete ich aufgrund der Seltenheit meiner Anleihen einen Beitrag zur Portfoliodiversifizierung.

Meine Preisvorstellungen liegen bei einer fünfjährigen Laufzeit beim aktuellen Swap-Satz plus einem Spread von 150 bis 170 Basispunkten.

Ich freue mich, von Ihnen zu hören und stehe Ihnen gerne bei Rückfragen zur Verfügung.

Mit freundlichen Grüßen

Ihre Mustermann AG

Die Bond Story ist eine Bewerbung bei Investoren und entsprechend ist es das Ziel, den Bewerbungsprozess erfolgreich zu durchlaufen. Eine Bewerbung ist immer ein Marketing in persönlicher Sache, in diesem Fall ist die Bond Story Marketing für ein bestimmtes Unternehmen.

Die erfolgreiche Platzierung einer Anleihe erfordert im Vorfeld eine Situationsanalyse. Neben der Analyse, welche Investorengruppen an einer Anleihe eines Unternehmens interessiert sein könnten, sind Informationen über das Marktumfeld, Renditeerwartungen und Daten zu den Unternehmen, mit denen man um das Geld der Investoren konkurriert, unerlässlich.

Bewerben, bei wem?

„Max, das musst Du sehen", Frau Schreck, Personalleiterin der Mustermann AG kann sich kaum beruhigen. Max Mustermann beugte sich über die ihm vorgelegten Bewerbungen. „...Grundkenntnisse Buchhaltung erworben, danach 17 Jahre als Ornithologe auf Juist...ist das unser neuer Leiter Buchhaltung?", fragt Frau Schreck Herrn Mustermann. „Warum bewerben sich viele Leute auf Stellen, deren Profil gar nicht passt?"

Neben den Bedürfnissen des Unternehmens an das Volumen und die Laufzeit der Finanzierung stehen die Bedürfnisse der potentiellen Investoren im Vordergrund. Die unterschiedlichen Investorengruppen wie Fonds, Versicherungen und Privatanleger haben recht unterschiedliche Anforderungen. Institutionelle Investoren unterliegen stark formalen Kriterien. Die folgende Abbildung illustriert dies für Anleihen.

Abbildung 9.1   Anforderungen unterschiedlicher Investorengruppen

Institutionelle Investoren wie Fonds, Versicherungen, Pensionskassen:
Rating, IFRS, Listing am geregelten Markt
Anforderungen bei Mindestgröße: 300-500 Mio. €

Sondertöpfe o.g. Institutioneller (ca. 5-10% des Portfolios), Trading Desks, Banken:
Kein Rating, IFRS, Listing am geregelten Markt
Geringere Anforderungen an Mindestgröße

Privatanleger, Family Offices, Spezialfonds, (Privat-)Banken:
Keine generellen Anforderungen hinsichtlich Rating, Rechnungslegungsstandard, Listing und Mindestgröße

Abnehmende Relevanz der Technischen Debt Story

Zunehmende Relevanz der inhaltlichen Debt Story

Quelle: Raiffeisen Bank International

Seit 2009 lässt sich eine lebhaftere Emissionstätigkeit von ungerateten Unternehmen beobachten. Diese Transaktionen erfreuen sich bei den relevanten Investoren auch großer Beliebtheit. Gerade bei der Ansprache von Privatanlegern und Family Offices ist eine verständlich kommunizierte Bond Story zentral für den Vermarktungserfolg.

Auf einen Blick!

„Das sieht doch interessant aus! Energieeffiziente Sanierung passt doch genau in unser Thema „Nachhaltig Investieren". Lass uns die Mustermann AG mal näher anschauen."

Wenn Sie Ihren potenziellen Investorenkreis identifiziert haben, dann ist eine zielgerichtete Ansprache möglich. Für Institutionelle und Privatinvestoren gilt gleichermaßen, dass eine Vielzahl von Vorschlägen auf begrenzte Bearbeitungsressourcen treffen. Wie bei einer persönlichen Bewerbung ist es Ihr Ziel, ausreichend Interesse mit ihrem „Anschreiben" hervorzurufen, um in die nähere Auswahl zu kommen. Eine starke Marke oder ein hoher Bekanntheitsgrad machen diesen Punkt für sie leichter. Relevant ist aber vor allem, Ihr Geschäftsmodell kurz und klar darzulegen.

Abbildung 9.2   Beschreibung des Geschäftsmodells: Wer, was, wie?

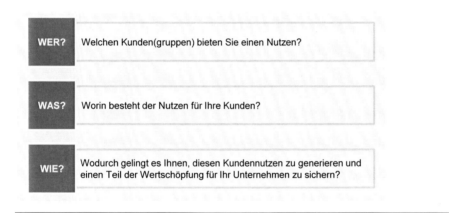

Quelle: Raiffeisen Bank International

Die Beschreibung Ihres Geschäftsmodells wird dem Leser ggf. trivial erscheinen. Die Vermarktung einer Anleihe ist aber der Stillen Post nicht unähnlich. Die Emittentin erklärt ihr Geschäftsmodell der beauftragten Bank. Innerhalb der Bank kommuniziert der Mitarbeiter, der die Emittentin bei der Anleihe betreut, das Geschäftsmodell an seine Kollegen im Vertrieb. Diese kommunizieren mit Portfoliomanagern, die wiederum mit ihrem Risikomanagement sprechen. Auf diesem Weg werden die meisten involvierten Personen keine Experten in der betroffenen Industrie sein. Nur wenn die Emittentin mit einer klaren Botschaft überzeugen konnte, wird sie Gegenstand einer genaueren Betrachtung. Diese Botschaft sollte im Wesentlichen Antworten auf die Fragen Wer, Was und Wie geben. Für die Mustermann AG könnte diese lauten:

- ■ **Wer?** Wir produzieren Dämmmaterial für Unternehmen und Privatleute in Deutschland und Westeuropa.

- **Was?** Wir liefern qualitativ hochwertige Materialien. Die Dämmwerte entsprechen den Spitzenprodukten der Konkurrenz. Unsere geschützte MusterFix Technologie ermöglichst es, eine Prämie gegenüber unserer Konkurrenz durchzusetzen und seit über zehn Jahren einen Marktanteil von 25-30 % auf dem 30 Mrd. € Markt in Westeuropa zu halten.

- **Wie?** MusterFix verhindert zuverlässig Montagefehler, so dass Reparaturen bei der Dämmung erheblich seltener auftreten als bei Konkurrenzprodukten. Die Kunden sind bereit, eine deutliche Prämie für unsere Produkte zu zahlen, da Reparaturen, Stilllegung von Produktion oder das Entfernen von Verputzung bedeuten würden. Beides macht eine Reparatur kostspielig.

Das macht die Mustermann AG zum Marktführer in allen Bereichen in Deutschland und in den Sparten Automobil und Industrie in ganz Westeuropa.

„Auf einen Blick!" stellt eine Zusammenfassung der unter 9.3 aufgeführten Bestandteile der Bond Story dar. Als Destillat enthält es deren wichtigste Bestandteile. Bei Erstemittenten liegt der Schwerpunkt klar auf einer kurzen Zusammenfassung des Geschäftsmodells. Weitere Informationen zur Darstellung des Geschäftsprofils enthält der Abschnitt „…und was machen Sie denn so?"

Diese erste Überzeugungsarbeit ist für viele Unternehmen eine große Herausforderung. Unternehmen, die der Öffentlichkeit bereits bekannt sind, haben es deutlich leichter als Unternehmen ohne Medienpräsenz. Folgende Checkliste könnte für die Einschätzung der Bond Story hilfreich sein:

- Schätzen Sie Ihren Bekanntheitsgrad ein!

- Wer nutzt und kennt Ihre Produkte?

- Wie häufig wird Ihr Unternehmen in der Fach-, Finanz- und Tagespresse genannt?

- Welcher Anteil der Nennungen war positiv?

- Wie bekannt sind Sie relativ zu anderen Unternehmen Ihrer Branche?

- Wie bekannt sind Sie im Vergleich zu anderen Emittenten?

9.3   Ihre Bewerbungsmappe

Die Betrachtung der Bond Story als plakatives, marketingorientiertes Anschreiben, das in 30 Sekunden überzeugen will, greift verständlicherweise zu kurz. Die Bond Story ist ein Werkzeug, um den Entscheidungsfindungsprozess in einem bestimmten Sinne zu beeinflussen. Für institutionelle Investoren, die täglich Investitionsentscheidungen treffen, steht die Erleichterung der Informationsbeschaffung im Vordergrund. Mit einer leicht verständlichen und strukturierten Bond Story werden dem Investor die Einschätzung des Kreditrisikos und damit die Entscheidung erleichtern, ob eine Anleihe eine risikoadäquate Rendite bietet. Ob in Präsentationsform auf einer Roadshow oder als Report, letztendlich erwarten die Investoren Information zu denselben Themenbereichen. Dies sind Details zu der geplanten Transaktion in Form von Termsheet und Anleihebedingungen, die Bond Story im engeren Sinne und Informationen zur Ermittlung Ihrer Kreditqualität. Die Bestimmung der Kreditqualität unterteilt sich in einen quantitativ orientierten Teil zur Bestimmung des Finanzrisikoprofils und einen eher qualitativen Teil zur Bestimmung des Geschäftsrisikoprofils.

...und was machen Sie denn so?

Das Geschäftsmodell und das damit einhergehende Geschäftsrisikoprofil Ihres Unternehmens sind zentral für Ihre Bonitätseinschätzung. Dabei sind zwei Bereiche für Analysten besonders relevant: Die Branche und die jeweilige Wettbewerbsposition in derselben. Diese Analysen können z. B. in Form einer SWOT–Matrix verbunden werden; für eine reine Beschreibung der Branche bietet sich alternativ eine Analyse angelehnt an Porter an.[5] Eine Analyse der Branche umfasst dabei insbesondere die Verhandlungsmacht von Lieferanten und Abnehmern, die Rivalität in der Branche, die Höhe der Eintrittsbarrieren für neue Wettbewerber und die potenzielle Bedrohung durch Substitute. Unternehmen aus Branchen mit einer geringen Verhandlungsmacht gegenüber ihren Lieferanten und Abnehmern unterliegen meist auch einer größeren Zyklizität und haben aus Investorensicht ein schlechteres Geschäftsrisikoprofil als solche aus weniger konjunkturabhängigen Segmenten. Ratingagenturen stufen üblicherweise Bereiche wie Baustoffe, Kapitalgüter, Papierindustrie, Bauunternehmen, Stahl, Fluggesellschaften und Reedereien als Branchen mit hohem Geschäftsrisiko ein, während Konsumgüterhersteller, Telekommunikation, Pharma und Versorger als eher defensive Branchen eingeschätzt werden.

Die Emittentin kann nur wenig Einfluss auf die Brancheneinschätzung durch die Investoren ausüben, das Geschäftsrisikoprofil wird aber auch maßgeblich von der Positionierung innerhalb der Industrie bestimmt. Führende Unternehmen auch zyklischer Branchen erhalten bessere Kreditrisikoeinschätzungen als die zu Grunde liegende Industrie grundsätzlich nahelegt. Beispiele hierfür sind die Lufthansa, die trotz ihrer Aktivität in der als extrem schwierig geltenden Luftfahrtbranche zumindest bei der Ratingagentur Standard & Poor's über ein Investment Grade Rating (BBB-) verfügt. Entsprechend der Lufthansa als einer der führenden Airlines Europas gelingt es AP Möller-Maersk als weltweit führendem Schifffahrtsunternehmen sich deutlich von seinen Wettbewerbern abzusetzen. Auch wenn AP Möller-Maersk über kein offizielles Rating verfügt, schätzen Investoren die Bonität als deutlich besser ein als von Konkurrenten wie der französischen CMA CGM und der größten deutschen Reederei Hapag Lloyd, die beide mit Ratings im B Bereich weit außerhalb des Investment-Grade-Bereichs liegen. Auch wenn sicherlich ein Teil der Unterschiede in der Bonität bei den Beispielen durch bessere Bilanzrelationen erklärbar ist, favorisieren Investoren grundsätzlich Unternehmen, die führend in ihrer Branche sind. Der Nr. 1 oder 2 einer Branche wird eher zugetraut, Preiserhöhungen durchzusetzen oder den Wettbewerb für sich positiv zu beeinflussen.

---

[5]   Vgl. Porter, M. E. (2008).

Als Handlungsanweisung für das Management können daher folgende Punkte herausgearbeitet werden:

- Stellen Sie heraus, wieso und wo Sie besser sind als der Durchschnitt Ihrer Branche!

- Haben Sie die Kostenführerschaft inne?

- Oder die Qualitäts- oder Innovationsführerschaft?

- Weist Ihr Unternehmen ein besonderes Risikomanagementsystem auf?

- Wie ist die Qualität des Managements einzustufen? Existieren klare Nachfolgeregelung bei eigentümergeführten Unternehmen?

- Gibt es längere Vertragslaufzeiten mit Ihren Abnehmern?

- Wie diversifiziert ist die Lieferanten- und Abnehmerschaft?

- Wie stabil sind die Erträge in einem volatilem Umfeld?

Kann ich Deine Kreditkarte haben?

So wie diese Frage zum Reflex „Wofür?" führt, möchte ein potenzieller Investor von der Emittentin erfahren, wie die Mittel aus einer Anleihe verwendet werden sollen. Der Anleiheprospekt enthält generelle Aussagen zur Verwendung der aus der Emission zugeführten Mittel. Diese Angabe zur Mittelverwendung ist bei großen, etablierten Emittenten oft sehr allgemein gehalten und lautet nicht selten „Für allgemeine Unternehmenszwecke".

Abbildung 9.3   Mittelverwendung

- Verbesserung der Liquiditätskennziffern und des Fälligkeitenprofils durch Umwandlung kurzfristiger Verbindlichkeiten in langfristige
- Refinanzierung bestehender Verschuldung
- Aufbau zusätzlicher Verschuldung, um organisch zu wachsen
- Aufbau zusätzlicher Verschuldung, um Übernahmen durchzuführen
- Liquiditätsbeschaffung, um Ausschüttungen an den Eigentümerkreis zu ermöglichen

Quelle: Raiffeisen Bank International

Von mittelständischen Emittenten erwarten Investoren jedoch genauere Informationen zur Mittelverwendung. Neben den Effekten auf Bilanz und Gewinn- und Verlustrechnung möchten die Investoren auch erfahren, ob und in welchem Ausmaß Investitionen oder

Akquisitionen vorgesehen sind. Verständlicherweise bevorzugen Anleihegläubiger eine Mittelverwendung, die sich positiv oder neutral auf die Kreditqualität auswirkt.

Während der negative Effekt einer Ausschüttung von Eigenkapital finanziert durch Fremdkapital offensichtlich ist, zeigt sich in der tendenziell negativen Auslegung von Wachstum der Unterschied zwischen einer chancenorientierten Equity Story und dem Wunsch von Anleiheinvestoren nach einer Limitierung von Risiken. Selbst die bilanzneutrale Refinanzierung bestehender Verschuldung ist erläuterungsbedürftig, wenn der bestehende Gläubigerkreis weitgehend abgelöst wird. Die Handlungsanweisungen für das Management lauten daher:

■ Informieren Sie offen über den Verwendungszweck!

■ Binden Sie die Fälligkeit der geplanten Anleihe sinnvoll in Ihr Fälligkeitenprofil ein!

Auf einen gemeinsamen Nenner kommen

Die Darstellung Ihres Finanzrisikoprofils soll die Emittentin mit anderen Unternehmen der Branche transparent vergleichbar machen. Idealerweise lassen sich aus den Zahlen Rückschlüsse auf die Kreditqualität relativ zu den Vergleichsunternehmen ziehen. Haben diese Unternehmen Anleihen ausstehen, lässt sich das Pricing in Relation zum Pricing dieser Anleihen setzen. Allerdings machen unterschiedliche Rechnungslegungsvorschriften und (im Detail) unterschiedliche Geschäftsmodelle häufig einen direkten Vergleich schwierig. Wichtig ist hier, mit Schwächen offen umzugehen. Auslassungen und ausweichende Antworten führen zu Misstrauen bei potenziellen Investoren. Die Emittentin sollte daher verdeutlichen, dass sie eine Schwäche bzw. ein Problem erkannt hat und proaktiv an Lösungen arbeitet. Eine Anleihe ist eine öffentliche Angelegenheit. Die Emittentin sollte sich bewusst sein, dass eine für einen einzelnen Fragesteller unbefriedigende Antwort am Folgetag öffentlich diskutiert werden könnte.

Wissen, wo man steht

Die Kombination aus Geschäftsrisiko und Finanzrisiko vermittelt den Investoren Informationen über Ihre Ausfallwahrscheinlichkeit. Um das Gesamtrisiko der Emittentin einschätzen zu können, benötigen Investoren zusätzliche Informationen über die drohende Ausfallhöhe. Die Ausfallhöhe bestimmt sich einerseits aus dem spezifischen Geschäftsmodell. Bei einem Immobilienunternehmen sind naturgemäß mehr Aktiva verwertbar als bei einem Unternehmen der Dienstleistungsbranche. Der zweite Faktor betrifft die Stellung der Verbindlichkeiten aus der Anleihe zu den anderen Verbindlichkeiten des Unternehmens. Unternehmensanleihen stellen überwiegend unbesicherte, nicht nachrangige Verbindlichkeiten dar. Auch wenn diese Verbindlichkeiten ausdrücklich nicht nachrangig sind, können sie in der Verwertung von Vermögenswerten schlechter gestellt sein als andere Verbindlichkeiten. Dies gilt z. B. für den Fall der Vergabe von Sicherheiten an andere Gläubiger und bei der Aufnahme von Fremdkapital auf einer Ebene unterhalb der Anleihe. Die Anleihebedingungen enthalten standardmäßig eine Negativverklärung, die die Besicherung von Verbindlichkeiten untersagt. Diese Verpflichtung bezieht sich oft nur auf Kapitalmarktverbindlichkeiten in unterschiedlichsten Definitionen. Hier gilt entsprechend dem Finanzrisikoprofil: Seien Sie offen bezüglich Ihrer Absichten, und bezüglich der Stärken und Schwächen beim Investorenschutz in Ihren Anleihebedingungen!

9.4 Was der Bauer nicht kennt, ...

Anleihekauf ist Vertrauenssache. Diese Aussage klingt trivial, die Emittentin sollte sich aber im Klaren sein, dass es sich bei einer Anleihe um eine Kaufentscheidung wie bei anderen größeren Anschaffungen handelt. Nehmen wir als Vergleich einen Gebrauchtwagenkauf: Alle Schwachstellen eines Autos innerhalb einer kurzen Zeit zu erfassen, ist auch für Experten schwierig. Entsprechendes gilt für das komplexe Gesamtsystem „Unternehmen". Wenn eine allumfängliche Analyse nicht möglich ist, basiert ein Teil einer Entscheidung auf Bauchgefühl. Dieses wird maßgeblich von Vertrauen beeinflusst. Deshalb kauft man überwiegend da, wo man gute Erfahrungen gemacht hat. Für Investoren bedeutet das, dass sie das Produkt Kreditrisiko dort erwerben, wo sie es zuvor auch getan haben: Bei etablierten Emittenten mit einer langen, beobachtbaren Historie auf dem Kapitalmarkt. Bei diesem Vertrauen geht es nicht um die Bonität. Es geht für den Investor nicht darum, die beste Bonität zu kaufen, sondern darum, ein Risiko zu erwerben, dem der entsprechende Ertrag gegenüber steht.

Erstemittenten sind in unterschiedlichem Maß von diesem Mangel an Vertrauen gegenüber einem neuen Produkt betroffen. Von einer Dr. August Oetker KG ist der Öffentlichkeit hinsichtlich der Finanzen wenig mehr als der Umsatz bekannt. Dennoch ist es äußerst wahrscheinlich, dass Investoren bei der Bereitstellung von Finanzinformationen zu einer Beteiligung an einer Anleihe bereit wären. Neben der Größe und der recht genauen Vorstellung, die Investoren sich auch ohne Finanzinformationen vom Geschäftsmodell machen können, steht hier die Präsenz der Produkte in der Öffentlichkeit. Das Vertrauen in die Produkte überträgt sich auf eine mögliche Anleihe. Andere Unternehmen sind der breiten Öffentlichkeit vielleicht weniger bekannt, haben sich aber mit syndizierten Krediten und/oder Schuldscheindarlehen bereits einem gewissen Investorenkreis geöffnet und können das von diesem Investorenkreis gesetzte Vertrauen auf neue Investoren übertragen.

Vertrauensbildung ist ein langfristiger Prozess und geschieht nicht über Nacht. Eine Anleiheemission ist eine strategische Entscheidung und bedarf einer Vorbereitungszeit, die über die Prospektgenehmigung hinausgeht. Allerdings stehen einige Werkzeuge zur Verfügung, um diesen Prozess zu erleichtern.

Gütesiegel

Das Gütesiegel der Anleihewelt ist ein externes Rating einer renommierten Ratingagentur. Ohne Rating bleibt der Emittentin der größte Teil der Investorenschaft verschlossen. Darüber hinaus gibt es aber zahlreiche weitere Gütesiegel, die sich positiv auf die Vermarktung einer Anleihe auswirken können. Positive Bewertungen der Produkte durch z. B. Stiftung Warentest, Innovations- oder Umweltpreise wirken sich positiv aus und lassen sich – soweit sinnvoll – in die Beschreibung Ihres Geschäftsmodells einflechten. Entsprechendes gilt für Zertifizierungen wie z.B. ISO 9000.

Empfehlungen durch Dritte

Empfehlungen mindern das subjektiv wahrgenommene Risiko der Investitionsentscheidung. Eine Empfehlung kann explizit, aber auch sehr implizit durch einflussreiche Personen oder Institutionen erfolgen. Explizite Empfehlungen wie die Werbung von Johannes B. Kerner für die Aktie der Air Berlin oder Manfred Krug für die Deutsche Telekom sind ungewöhnlich, solche von Finanzexperten äußerst selten. Implizite Empfehlungen lassen sich subtiler in der Bond Story verwenden. Dies gilt für die Produkte, das Geschäftsmodell und auch für die Anleihe selbst. Implizite Empfehlungen könnten z. B. sein:

- Der Großteil Ihrer Abnehmer sind bekannte Konzerne

- Sie forschen gemeinsam mit einem führenden Institut

- Ein weltbekannter Versicherungskonzern finanziert Sie

- Die Bookrunner Ihrer Anleihe platzieren oft bei den für Sie relevanten Investoren, Sie verfügen daher über eine große Reputation

- Die Finanzpresse sieht positive Aussichten für Sie oder Ihre Branche

Die zu vermittelnde Botschaft ist immer ähnlich. Die Emittentin wurde von Institutionen oder Personen geprüft, denen der Investor Vertrauen entgegen bringt. Entsprechend kann der Investor einen gewissen Vertrauensvorschuss geben.

9.5   Fazit

Die Bond Story ist ein Porträt eines Unternehmens. Abhängig vom Unternehmen und Adressatenkreis sind einige Bestandteil im Einzelfall unterschiedlich zu gewichten. Im Zentrum steht aber immer die klare Darstellung Ihres Geschäftsmodells. Dies gilt insbesondere für Unternehmen, die in erklärungsbedürftigen Nischen aktiv sind. Die Emittentin sollte dabei immer im Blick behalten, dass die Bond Story auf den Umgang mit Risiken und nicht mit den Chancen des Unternehmens fokussiert. Frei nach Helmut Schmidt: Wer Visionen hat, soll zum Arzt gehen, nicht an den Anleihemarkt.

Literatur

[1] Fitch Ratings (2010): European Corporate Funding Disintermediation, veröffentlicht am 23. Juli 2010, abgerufen am 19.09.2011: http://www.fitchratings.com.
[2] Porter, M. E. (2008): The Five Competitive Forces that Shape Strategy, Harvard Business Review, Januar 2008, S. 79-93.

10 Pressearbeit als zentraler Baustein einer Anleihevermarktung

Frank Ostermair (Better Orange IR & HV AG)

10.1 Was kann gute Pressearbeit im Rahmen einer Anleiheemission leisten?

Um es vorweg zu nehmen: Es gab schon Anleiheemissionen von Mittelständlern in den neuen Qualitätssegmenten, die auch ohne begleitende Pressearbeit erfolgreich waren. Als Beispiele sind insbesondere Underberg und Valensina zu nennen. Beide Emissionen zählen zu den erfolgreichsten des Jahres 2011. Daher drängt sich die Frage auf: Wegen oder trotz der stiefmütterlich betriebenen Pressearbeit? Kapitalmarkt- und Kommunikationsexperten sind sich gleichermaßen einig: Der Erfolg dieser beiden Emissionen ist vor allem den beiden starken Marken zu verdanken. Die ideale Mischung und eine optimale Nutzung der eigenen Ausgangslage hatte dagegen Katjes International erzielt. Aufbauend auf der starken Bekanntheit setzte Katjes International eine aktive Pressearbeit einschließlich Pressekonferenz und TV-Auftritten um und wurde bei Beginn des öffentlichen Angebots von privaten und institutionellen Investoren geradezu überrannt.

Es gibt auch erfolgreiche Beispiele von Unternehmen, die über keine Marke und wenig Bekanntheit verfügten, die es aber nicht zuletzt mit Unterstützung erfolgreicher Pressearbeit geschafft haben, positive Aufmerksamkeit für die eigenen Anleiheemission zu erzielen. Die Golden Gate AG ist so ein Unternehmen. Dem Spezialisten für Gesundheits- und hochwertige Wohnimmobilien ist es gelungen, ohne einen Euro für Werbung auszukommen, aber mit aktiver Pressearbeit die eigene Anleihe im Volumen von 30 Mio. € vollständig zu platzieren – vorrangig mit Unterstützung der begleitenden Bank bei institutionellen Investoren, aber auch mit einem signifikanten Anteil bei Privatanlegern.

Die Wirtschafts- und Kapitalanlagepresse stand den neuen Mittelstandsanleihen, die in den Qualitätssegmenten Bondm/Stuttgart, Entry Standard/Frankfurt, Mittelstandsbörse Deutschland/Hamburg und der mittelstandsmarkt/Düsseldorf notieren, von Anfang an kritisch gegenüber. Teilweise offenbarten sich in der Anfangszeit auch deutliche Informationsdefizite zu den Kriterien, Strukturen und Prozessen bei Emissionen in den neuen Marktsegmenten. Die Börsen mit ihren Qualitätssegmenten sind hier nach wie vor aufgefordert, eine noch aktivere Informations- und Kommunikationspolitik zu betreiben. Doch trotz der teilweise sehr kritischen Berichterstattung zu den Mittelstandsanleihen im Allgemeinen entwickelten sie sich bislang zu einer echten Erfolgsgeschichte. Wesentlich differenzierter analysierte die Presse bislang Einzelwerte. Allerdings hat diese Berichterstattung bislang nie den Raum und Umfang bekommen, wie man es von Börsengängen kennt.

Die Presseberichterstattung entscheidet nicht über das Wohl und Wehe einer Anleiheemission. Die Investoren agieren in vielen Fällen relativ unbeeindruckt von der allgemeinen Berichterstattung – ganz anders als bei Börsengängen. Aber: Die Bedeutung der individuellen Berichterstattung zur Anleihe steigt in volatilen Märkten und mit zunehmendem Wettbewerb um Investoren innerhalb des Marktsegments. Gute Pressearbeit kann den Platzierungserfolg einer Anleiheemission wirkungsvoll unterstützen und insbesondere helfen, das notwendige Budget für Werbung deutlich zu reduzieren. Die Golden Gate AG, die mit einem Media-Budget von null Euro und rein mit Pressearbeit bei ihrer erfolgreichen Emission agierte, ist allerdings ein Extrembeispiel, das in volatileren Märkten so kaum mehr funktionieren würde.

Derzeit gibt es rund 50 Wirtschafts- und Kapitalanlagejournalisten, die sich vertiefend mit Mittelstandsanleihen beschäftigen. Allerdings wird das Meinungsbild – insbesondere bei Neuemissionen – durch lediglich fünf bis zehn Journalisten maßgeblich bestimmt. Nachfolgende Tabelle gibt einen Überblick über die wichtigsten Medien für die Pressearbeit bei einer Anleiheemission:

Tabelle 10.1   Wichtige Medien für die Pressearbeit bei Anleiheemissionen

Special Interest (Online)	www.fixed-income.org	Meinungsführer bei Mittelstandsanleihen, Exklusiv-Informationen, Empfehlungen
	www.anleihen-finder.de	Detaillierte Informationsplattform, Schwerpunkt liegt auf Multiplikatoren und Dienstleistern
	www.bond-point.de	Kurz-Interviews, Webcasts, Nachrichten-Service
	www.anleihencheck.de	Kurzberichte, Ableger von aktiencheck.de, sehr große Reichweite
Special Interest (Print/PDF)	Bond Magazine	Newsletter von fixed-income.org
	AnleihenBulletin	Newsletter von anleihen-finder.de
	Bond Guide	Newsletter von Going Public
Kapital-anlage	Euro am Sonntag	Gezielte Besprechung von einzelnen Anleihen
	Kaum eine Rolle spielen Kapitalanlagemagazine wie Börse Online, Focus Money, Der Aktionär, Capital. Keine Besprechung von einzelnen Anleihen, mit Ausnahme von börsennotierten Unternehmen. Allenfalls Berichterstattung zum Markt allgemein unter Nennung aktueller Anleihe-Beispiele.	
Wirtschaftspresse	Handelsblatt	Meinungsführer bei Mittelstandsanleihen, gezielte Besprechung von einzelnen Anleihen
	Wirtschaftswoche	Gezielte Besprechung von einzelnen Anleihen; meist größervolumige Anleihen
	FAZ	Gezielte Besprechung von einzelnen Anleihen nur im Online-Angebot faz.de
	Börsen-Zeitung	Vereinzelt Besprechung von Anleihen
	Süddeutsche Zeitung, Financial Times Deutschland, Die Welt und die Print-Ausgabe der FAZ sowie die führenden Nachrichtenagenturen berichten in der Regel ausschließlich über Marktthemen bei Mittelstandsanleihen und nicht über einzelne Emissionen.	
TV	Deutsches Anleger Fernsehen (DAF)	Einziger TV-Sender mit regelmäßiger Berichterstattung zu Mittelstandsanleihen
	n-tv, ZDF, ARD und regionale TV-Sender können meist nur in Ausnahmefällen über ausgewählte Bezugspunkte und Nachrichtenwerte für einzelne Anleiheemissionen gewonnen werden.	

Quelle: Better Orange

In der frühen Vorbereitungsphase hilft eine gute Presseberichterstattung, die gewünschten Partner für das Projekt zu gewinnen. Wenn dann im weiteren Projektverlauf im Rahmen eines Pre-Sounding erstmals Investoren angesprochen und ihr Interesse an Unternehmen und Anleihe abgefragt werden, macht sich eine gute Wahrnehmung in der Wirtschaftsöffentlichkeit bezahlt. Im Pre-Marketing werden die angesprochenen Investoren vorab selbst recherchieren, wie das Unternehmen in der Wirtschaftspresse gesehen wird und mit einem entsprechenden Bild in die Gespräche mit der Emittentin gehen. In der Zeichnungsphase können dann schließlich über die Berichterstattung konkrete Zeichnungsempfehlungen generiert werden – oder eben auch das Gegenteil, falls Anleihe und Unternehmen nicht zu überzeugen wissen.

10.2 Vertrauen ist die Basis für den Vermarktungserfolg

Insbesondere Privatanleger, aber auch zahlreiche Investoren aus dem semi-institutionellen Bereich gewähren starken Marken bei Anleiheemissionen einen deutlichen Vertrauensvorschuss. Wie wichtig aufgebautes Vertrauen für den Vermarktungserfolg ist, zeigen auch die Erfolge börsennotierter Mittelständler, die nun zusätzlich Anleihen emittieren. KTG Agrar AG und Nabaltec AG aus dem Entry Standard haben es in einer frühen Phase der Marktentwicklung sogar geschafft, ihre Anleihen als reine Eigenemissionen, also ganz ohne Bankunterstützung, zu platzieren. Ein Erfolgsfaktor war sicherlich, dass KTG Agrar und Nabaltec sich seit ihren Börsengängen zu starken Kapitalmarkt-Marken entwickelt haben. Auch die große Nachfrage bei Air Berlin oder nach der ungerateten Dürr-Anleihe sind ein Verdienst des während der Börsennotierung aufgebauten Vertrauens der Anleger.

Abbildung 10.1 Beispiele für erfolgreiche Anleiheplatzierungen

Erfolgreiche Anleiheplatzierung

No-Name

Börsen-Marke

Marke

Steigender Marketing- und Kommunikationsaufwand

Beispielunternehmen:

- Katjes International
- Underberg
- Valensina
- KTG Agrar
- Nabaltec
- S.A.G. Solarstrom
- Golden Gate
- Windreich I
- SiC

Quelle: Better Orange

10.3   Gute Pressearbeit als Grundlage für den Vermarktungserfolg

Ohne Bekanntheit kein Vertrauen. Ohne Vertrauen kein Investment. Bekanntheit ist die erste Vorstufe für das Schaffen einer Vertrauensbasis. Legen wir den Erfolg der Marken am Anleihemarkt als weiteres Kriterium zu Grunde, sind Sympathie, Verlässlichkeit/Zufriedenheit und Einzigartigkeit weitere Eigenschaften, die hinzukommen müssen – einzeln, aber besonders wirkungsvoll im Zusammenspiel. Wissenschaftliche Untersuchungen und Umfragen (z. B. der Unternehmensberatung Musiol Munzinger Sasserath) verdeutlichen, dass Verlässlichkeit und Qualität die wichtigsten Vertrauenstreiber sind[1].

Pressearbeit kann in diesem Umfeld die Grundlage für den Vermarktungserfolg schaffen:

■ Erhöhung der Bekanntheit: Es gibt keinen anderen Kommunikationsweg, der so schnell und effizient die Bekanntheit eines Unternehmens erhöht wie Presseberichterstattung.

■ Verlässlichkeit und Qualität: Eine positive Berichterstattung in der Presse transportiert automatisch Verlässlichkeit und Qualität. Es ist eine der zentralen Aufgaben der Journalisten, im publizistischen System zu hinterfragen, zu analysieren, einzuordnen und zu bewerten. Eine entsprechende Wertschätzung – bewusst oder unbewusst – genießen die Journalisten durch ihre Leser, Zuhörer oder -seher.

■ Sympathie und Einzigartigkeit: Auch hier kann Pressearbeit einen wichtigen Beitrag leisten.

Abbildung 10.2   Dimensionen einer Marke

Quelle: Better Orange

---

[1]   Vgl. Musiol, K. G./Munzinger, U./Sasserath, M. (2010).

Starke Marken verfügen also bereits über wichtige Grundlagen für einen Vermarktungser-folg. Unbekannte Unternehmen, die erstmals mit Ihrer Anleihe an den Kapitalmarkt gehen, können diese Defizite zumindest teilweise mit einer guten Pressearbeit kompensieren.

10.4 Voraussetzungen für eine wirkungsvolle Pressearbeit

Analyse der eigenen Ausgangslage

- Bislang geleistete Pressearbeit: Wie ist die Qualität der bisherigen Pressearbeit zu beur-teilen? Ist bereits eine Basis in der Wirtschaftspresse vorhanden? Wie ist mein bestehen-des Kontaktnetzwerk zu Wirtschaftsjournalisten? Wie ist meine Bekanntheit in den Branchenmedien und in der regionalen Presse?

- Stärken/Schwächen- sowie Chancen/Risiken-Analyse (SWOT)

- Wettbewerb: Wie agieren die Wettbewerber in der Branche und am Kapitalmarkt?

- Emissionskonzept: Entscheidet sich das Unternehmen für eine Fremd- oder Eigenemis-sion? Sollen Privatanleger oder institutionelle Investoren adressiert werden?

Strategie- und Konzeptentwicklung

- Erarbeiten und Formulierung der Ziele

- Einbettung in das Gesamt-Vermarktungskonzept

- Herausarbeiten der Alleinstellungsmerkmale des Unternehmens

- Formulieren eines Unternehmenskurzprofils

- Strukturieren des Newsflow: Welche Ereignisse stehen im Unternehmen an? Welche Themen gibt es, die sich für eine Presseansprache eignen?

Inhaltliche Vorbereitung

- Aufbereitung der Basis-Inhalte: Fotomaterial, Filmmaterial, Lebensläufe, Unterneh-mensdarstellung

- Q&A-Katalog, Coaching

- Erstellung einer Unternehmenspräsentation (für max. 30 Minuten)

Technische und organisatorische Voraussetzungen

- Schaffung klarer Zuständigkeiten für die Pressearbeit: Wer spricht für das Unterneh-men auf Ebene der Geschäftsleitung? Wer ist der Pressekontakt im Unternehmen?

- Generierung eines individuellen Presseverteilers

- Sicherstellung eines elektronischen Distributionswegs für Pressemitteilungen (EquityStory/DGAP, dpa/ots/EuroAdhoc)

Anleihespezifische Vorbereitungen

- Aufbau/Modifikation eines Pressebereichs auf der Unternehmenswebsite, im Zusammenspiel mit dem neu zu schaffenden Investoren- bzw. Anleihebereich

- Erstellung eines Factsheet

- Sicherstellung eines elektronischen Distributionswegs für Quasi Ad-hoc-Meldungen (DGAP, euro adhoc)

- One Voice Policy: Klare Zuständigkeiten und Sprachregelungen vor und während der Emission

- Krisenkommunikation: Insbesondere für den Fall, dass aufgrund von Marktverwerfungen die Emission abgebrochen werden muss, sollten bereits klare Sprachregelungen erarbeitet sein.

10.5   Mit oder ohne Unterstützung einer spezialisierten Agentur?

Nahezu alle Unternehmen haben bei ihren Anleiheprojekten auf spezialisierte Agenturen zurückgegriffen. Ausnahmen waren Underberg und Valensina, weil hier keine aktive Pressearbeit gewählt wurde, und einige börsennotierte Unternehmen, weil hier bereits eine hohe Expertise in der Kapitalmarktkommunikation vorhanden war.

Börsen und begleitende Banken unterstützen die Emittenten teilweise zusätzlich in der Kapitalmarktkommunikation, der Retail-Vermarktung und mit dem einen oder anderen Journalistenkontakt. Dies sollte genutzt werden, ist es doch meist Bestandteil der ohnehin getroffenen vertraglichen Vereinbarungen. Darüber hinaus darf man von einer spezialisierten IR-Agentur eine deutlich weitergehende Unterstützung erwarten, beispielsweise bei der Entwicklung der Bond Story, der Kommunikationsstrategie, der Homepage, speziell des Anleihe- und Investorenbereichs, bei der Strukturierung der Retail-Kommunikation oder beim Aufbau geeigneter IR-Strukturen für die Zeit nach erfolgreichem Listing.

Bislang gibt es in Deutschland nur rund fünf IR-Agenturen, die bei Anleiheemissionen eine wichtige Rolle spielen und bereits an mehr als zwei Transaktionen oder mehr als an einem Börsenplatz aktiv waren. Der Grund liegt im hohen Spezialisierungsgrad: Gefordert werden eine spezifische Kompetenz für die Kommunikation innerhalb des regulatorischen Rahmens an den Kapitalmärkten, Kontakte zu den speziellen Anleihejournalisten, besonderes Know-how in der Betreuung von Service-Centern für Privatanleger, die Steuerung und das Handling der Prozesse bei Eigenemissionen und nicht zuletzt eine ausgewiesene Expertise für das Kommunikations-Coaching der Geschäftsleitung. Traditionelle PR-Agenturen oder auch die unternehmensinterne Presseabteilung können diese Kompetenzen nicht vorweisen.

Abbildung 10.3 Regulatorischer Rahmen

Anleihe-Kommunikation			
Wertpapier-prospektgesetz	US Law Considerations	Regelwerk	Publicity Guidelines
	(sowie ggf. Kanada und Japan)	ab Zulassungsantrag: • Quasi-Ad-hoc-Pflicht (analog § 15 WpHG) • Reporting	

Quelle: Better Orange

10.6 Intensität der Pressearbeit

Man kann nicht nicht kommunizieren! Es kann Gründe geben, warum Unternehmen bei Anleiheemissionen in der Pressearbeit zurückhaltend agieren. Zwingend sichergestellt sein muss aber auch dann, dass zumindest auf Anfragen professionell reagiert werden kann. Was darf man wann wem mitteilen? Welche Unterlagen stehen zur Verfügung? Wie wird mit schriftlichen Interviewanfragen verfahren? Um nur ein paar Beispiele zu nennen.

Für viele mittelständische Unternehmen ist die Anleihekommunikation der Startschuss für die Pressearbeit. Oft wurde in der Vergangenheit nicht oder nur fallweise kommuniziert. Wichtig ist, die Pressearbeit zur Anleiheemission in Tiefe und Frequenz so anzulegen, dass man dies auch nach erfolgter Emission weiterführen kann und will. Für eine langfristig auf Vertrauen ausgelegte Pressearbeit ist es wichtig, konstant und nachvollziehbar zu kommunizieren: Lieber weniger in der Tiefe, dafür aber gleichbleibend als ständiges Wechseln zwischen hoher Informationstiefe in guten Zeiten und geringer Tiefe in schlechteren Zeiten.

Die Intensität der Pressearbeit kann nur individuell entschieden werden. Wie intensiv wollen Geschäftsleitung und Eigentümer kommunizieren? Wie beurteilen Journalisten die Größe, Marktbedeutung und Branche des Unternehmens?

10.7 Phasen der Pressearbeit

Vorbereitung auf eine spätere Anleiheemission

Unternehmen, die sich mit den ersten Überlegungen zu einer möglichen Anleiheemission befassen, sollten dabei auch kritisch ihren eigenen Auftritt in der Presse hinterfragen. Banken, Berater und Anwälte, die in der Vorbereitungsphase kontaktiert werden, werden immer mit einer Internet- und Presse-Recherche zum Unternehmen starten. Eine positive Presse-Coverage kann helfen, auch die gewünschten Partner für das Projekt zu gewinnen. Eine negative Presseberichterstattung in der Vergangenheit kann die Partneransprache entsprechend erschweren.

Unter Umständen kann es eine Option sein, in dieser frühen Phase auf der Basis bestehender Pressekontakte dosiert ein oder zwei Hintergrundgespräche mit Journalisten zu aktuellem Geschäftsverlauf oder neuen strategischen Entwicklungen zu führen und so für eine aktuelle, recherchierbare Berichterstattung zu sorgen.

Vor einem Announcement

Steht das Team für die geplante Anleiheemission und sind die ersten Vorbereitungen angelaufen, kann die Pressearbeit weiter intensiviert werden. Wichtig ist, dass die Themen unabhängig von der geplanten Anleiheemission kommuniziert und dass die Publicity-Guidelines des Projekts eingehalten werden.

Ziel in dieser Phase ist es, eine weitere positive Berichterstattung und neue Kontakte mit Journalisten, vor allem aus der Wirtschaftspresse, zu generieren. Insbesondere in der Spätphase der Anleihevorbereitungen kann das dann beginnende Pre-Marketing bei institutionellen Investoren mit einem positiven Grundrauschen in der Presse wirkungsvoll unterstützt werden. Vorrangige Instrumente sind Pressemitteilungen und Einzelgespräche mit Journalisten.

Announcement

Üblicherweise wird ein Unternehmen einige Zeit vor dem Start des öffentlichen Angebots öffentlich bekanntgeben, eine Anleihe begeben zu wollen. Dieses Announcement kann beispielsweise zum Start des Pre-Marketing erfolgen. Möglich ist aber auch ein rein reaktives Announcement, weil die Anleihepläne bereits begonnen haben durchzusickern.

Das Timing für das Announcement wird zuvorderst vom Kapitalmarkt bestimmt. In stark volatilen und unsicheren Märkten wird die Veröffentlichung der Anleihepläne möglichst nah an den Start des öffentlichen Angebots geschoben werden. Zeigt sich das Marktumfeld stabil und positiv, kann das Timing für das Announcement entsprechend einer optimalen Unterstützung in der Vermarktung gewählt werden. Üblicherweise werden die Anleihepläne in einer Pressemitteilung öffentlich gemacht. Wichtig ist, dass zu diesem Zeitpunkt die Unternehmenswebsite bereits an die neuen Gegebenheiten angepasst wurde.

Zeichnungsphase

In der Regel wird die Investoren-Roadshow mit einer Presse-Roadshow kombiniert. Wichtige Schlüsselmedien werden im Vorfeld oder während der Zeichnungsphase direkt besucht oder wenigstens telefonisch kontaktiert. Hier geht es darum, ganz konkret das Unternehmen und die Anleihe mit ihren Parametern vorzustellen. Ziel ist es, Artikel zur Anleihe und eine direkte Zeichnungsempfehlung zu generieren. Die Inhalte entsprechen weitgehend der Investoren-Roadshow, weil bevorzugt spezialisierte Anleihejournalisten besucht werden.

Begleitet wird diese Phase der Pressearbeit meist mit ein oder zwei Pressemitteilungen, die speziell auf die Anleihe, die geplante Mittelverwendung und die weitere Unternehmensstrategie abstellen. Ein besonderer Mehrwert aus der Pressearbeit kann generiert werden, wenn es gelingt, in der Zeichnungsphase Branchenmedien und regionale Presse für eine Berichterstattung zu gewinnen. Die Leserschaft der Regionalpresse am Unternehmensstandort ebenso wie von Branchenmedien verfügt in aller Regel über Vorkenntnisse zu Unternehmen und Branche, die es zu nutzen gilt. Sie können bei einer überzeugenden Bond Story auf einer besseren Informationsbasis für ein Investment gewonnen werden. In der Ansprache von Privatanlegern sind insbesondere emotionale Faktoren wie Sympathie sehr wichtig. In der Region und in der eigenen Branche sind die Voraussetzungen dafür meist deutlich stärker ausgeprägt – im positiven wie im negativen Sinn. Dies sollte entsprechend in den Planungen, insbesondere aufgrund der zeitlichen Vorlaufzeiten und der Verfügbarkeit von Online-Medien, berücksichtigt werden.

Den Abschluss der Pressearbeit in der Zeichnungsphase bildet entweder eine kurze Pressemitteilung zum Platzierungserfolg und Ende des öffentlichen Angebots oder die Mitteilung zum Notierungsstart.

Zeitliche Perspektive der Pressearbeit

Üblicherweise zielen alle Maßnahmen in der Anleihevermarktung und -kommunikation darauf ab, möglichst schnell eine vollständige Platzierung zu erreichen. Mittlerweile akzeptiert sind aber auch Anleiheemissionen, die als Eigenemission über die öffentliche Angebotsfrist hinaus fortgeführt werden. Dann kann sich die Emission auf einen Zeitraum von bis zu zwölf Monaten erstrecken. Ein Beispiel ist die BKN biostrom AG, der es gelungen ist, ausreichend Mittel einzuwerben, um die bereits weit fortgeschrittenen Planungen für den Start des Eigenbetriebs von Biogasanlagen mit im ersten Schritt neun Anlagen zu realisieren. Das primäre Emissionsziel ist erreicht worden. Zusätzliche Mittel aus der nachgelagerten Eigenemission werden in weitere Biogasanlagen investiert, die aus der bestehenden Pipeline heraus entwickelt werden können.

Zeichnet sich ein Szenario ab, dass die Emission ausgeweitet werden soll, ist es wichtig, den eigenen Newsflow sehr genau zu analysieren und zu strukturieren.

10.8   Pressearbeit zur Anleiheemission als Auftakt für langfristige Beziehungen

Ziel der Pressearbeit sollte es immer sein, Leser und Investoren langfristig und transparent über das Unternehmen und wichtige Entwicklungen zu informieren. Die Pressearbeit kann der wichtige Startpunkt für den Aufbau langfristiger Beziehungen zu Wirtschafts- und Kapitalanlagejournalisten sein – insbesondere dann, wenn es gelungen ist, die relevanten allgemeinen Wirtschaftsmedien am eigenen Standort und im eigenen Bundesland in die Kommunikation einzubinden.

Mindestens über die Laufzeit der Anleihe hinweg wird die Wirtschaftsöffentlichkeit nun sehr genau auf das Unternehmen und seine wirtschaftliche Entwicklung achten. Anlässe wie Finanzzahlen zum Halbjahr und zum Geschäftsjahr, wichtige Investitionen und eventuelle Übernahmen oder strategische Änderungen sollten deshalb der Ausgangspunkt für einen proaktiven Dialog mit der Wirtschaftsöffentlichkeit, allen voran den Wirtschaftsjournalisten sein.

Doppelt profitieren

Die Präsenz in den Medien kann Synergien zum operativen Geschäft generieren. Mitarbeiter, potenzielle Mitarbeiter, Kunden, Partner, Banken und Lieferanten nehmen sehr schnell und dezidiert wahr, wie das Unternehmen in der Presse gesehen und beurteilt wird. Darin liegen Risiko und Chance zugleich.

Nicht selten wird die Anleiheemission der Auftakt für eine weitergehende Entwicklung am Kapitalmarkt sein. Gegebenenfalls steht in einigen Jahren eine Folgeanleihe an. Einige der Unternehmen, die jetzt eine Anleihe begeben haben, werden vielleicht mittelfristig einen Börsengang ins Auge fassen. Dann werden die bereits frühzeitig aufgebauten Kontakte und die Berichterstattung der Vergangenheit eine gute Basis dafür sein, um die eigene Unternehmensstory weiter bekannt zu machen und so die Pressearbeit einen wichtigen Beitrag zur erfolgreichen Umsetzung künftiger Finanzierungsstrategien leisten zu lassen.

10.9   Regeln für die Pressearbeit

Abschließend stellen wir die zehn goldenen Regeln für eine erfolgreiche Pressearbeit vor:

■ Kommunizieren Sie nur, wenn es auch etwas zu kommunizieren gibt!

■ Wählen Sie Informationstiefe und Frequenz so, dass Sie sie auch nach erfolgter Emission fortführen können und wollen!

■ Nehmen Sie sich möglichst die Zeit für persönliche Treffen und Redaktionsbesuche!

■ Akzeptieren Sie, dass Journalisten darin frei sind, was sie schreiben! Außer bei Zitaten und Interviews erfolgt keine Freigabe durch Sie.

- Seien Sie flexibel und gut vorbereitet! Ein offener Dialog ist einer Management-Präsentation immer vorzuziehen – wenn sich die Gelegenheit dazu ergibt.

- Lassen Sie sich durch kritische Fragen nicht aus der Ruhe bringen! Das gedruckte/gesendete Interview profitiert von einem Gespräch auf Augenhöhe.

- Unterschätzen Sie keinesfalls die Bedeutung von Regional- und Branchenpresse – auch für Kapitalmarkttransaktionen!

- Nachbereitung ist genauso wichtig wie Vorbereitung. Stehen Sie für spätere Rückfragen und Klärungen zur Verfügung!

- Versetzen Sie sich beim Verfassen von Pressemeldungen in die Rolle der Journalisten und Leser! Welche Aspekte interessieren?

- Geben Sie der Pressearbeit etwas Zeit und Vorlauf.

Literatur

[1] Musiol, K. G./Munzinger, U./Sasserath, M. (2010): Markenvertrauen 2010, Studie der Gesellschaft für umsetzungsorientierte Markenberatung und Markenentwicklung mbH, Berlin.

11 Innovative Instrumente der Anleihevermarktung

Robert Wirth (Equity Story AG)

11.1 Werbemaßnahmen zur Anleiheemission

Machen wir uns nichts vor. Mittelstandsanleihen ohne Marketing zu platzieren ist schlicht nicht möglich. Zu unbekannt sind viele Emittenten am Kapitalmarkt, die Bilanzen zu unreif für eine schnelle Vollplatzierung. Institutionelle verlangen zudem einen nennenswerten Anteil an Retail-Anlegern bei der Emission, um auch einen liquiden Handel zu gewährleisten – und nicht zuletzt, um auch wieder aussteigen zu können.

Neben einer durchdachten PR-Strategie kommt also dem Marketing eine wesentliche Bedeutung zu. Marketing im Sinne von Maßnahmen zur Vermarktung von Anleihen bei Privatanlegern.

Zielgruppe und Werbebotschaft

Der Privatanleger in Deutschland ist eher zinsorientiert. Das Sparbuch ist den Deutschen ans Herz gewachsen. Von Aktien und Fonds wollen viele schon lange nichts mehr wissen, wie die Statistiken des Deutschen Aktieninstituts regelmäßig zeigen. Zu unsicher sei das Ganze und zu hoch die Gebühren der Fondsindustrie. Brechen die Märkte ein, so stürzen auch die Fonds im Gleichschritt ab. Also bleibt das Geld auf Festgeldkonten oder Sparbüchern geparkt. Und genau hier liegt die Zielgruppe, die es für Anleihen zu interessieren gilt. Denn ein großer Vorteil der Anleihe ist ein fixer Coupon, eine Zinszahlung – am besten jährlich und über fünf Jahre. Ist die Anleihe einmal erstanden, muss sich der Privatanleger über die gesamte Laufzeit keine Gedanken mehr machen. Zwar schwanken auch die Anleihekurse, aber bei weitem nicht so erheblich wie die Aktienkurse – und zudem ist die Rückzahlung am Laufzeitende garantiert, es sei denn, der Emittent kann den Schuldendienst nicht mehr bewerkstelligen.

Die Zielgruppe ist also klar definiert. Jetzt muss noch ein passender Köder ausgeworfen werden, um die Sparer an die Angel zu bekommen. Und was könnte hier wirkungsvoller sein als eine attraktive Rendite? Der Zinssatz ist das entscheidende Anlagekriterium für den Privatanleger. Magere 1,5 % auf dem Sparbuch oder Tagesgeldkonto – oder doch lieber 7,5 % Rendite mit einer Mittelstandsanleihe. Der Rendite-Unterschied muss attraktiv genug sein, um den klassischen Sparer für Anleihen zu begeistern. Bei einer Differenz von 5 Prozentpunkten ist das in der Regel der Fall. In unseren bislang sehr erfolgreichen Kampagnen hat immer der Zinscoupon eine zentrale Rolle gespielt. Selbstverständlich ist der Zinssatz nicht das alleinige Kriterium, jedoch treten bei entsprechend attraktiven Zinssätzen Themen wie Ratings bei den Privatanlegern eher in den Hintergrund.

Nachdem geklärt ist, wie (Zinssatz) man wen (den klassischen Sparer) zu erreichen hat, stellt sich die Frage, auf welchen Wegen der Emittent diesen Anlegertypus am besten erreicht. Ein guter Mediaplan unterscheidet sich von einem schlechten Mediaplan in der Effizienz der Werbewirkung im Verhältnis zu den eingesetzten Werbe-Spendings. Bei der Planung der Mediakampagne stellen wir uns also immer wieder die Frage, wie können wir mit den vorhandenen Mitteln die höchste Werbewirkung für den Emittenten erzielen.

Target-Marketing

Maßnahmen, die eine hohe Effizienz aufweisen, sind Targeting-Maßnahmen. Man steuert die Werbung ganz gezielt auf Bereiche, die die Zielgruppe nutzt. In unserem Fall wäre es natürlich das Einfachste, es gäbe eine Zeitschrift, die sich ausschließlich an Sparer und Anleihekäufer richtet, aber diese Zeitschrift gibt es nicht. Es gibt aber eine Reihe von Finanz- und Wirtschaftsportalen, die spezielle Inhaltsbereiche für unsere Zielgruppe bereithält. Beispielsweise Tages- und Festgeld-Vergleiche verschiedener Banken oder aber natürlich die Anleihebereiche der großen Finanzportale. Diese Content-Bereiche können gezielt mit Werbebannern angesteuert werden. So erreicht man eine zielgruppengenaue Platzierung der Anleihewerbung und damit eine sehr effiziente Verwendung der bereitgestellten Werbegelder. Die Schaltung einer Anleihewerbung im Optionsschein-Bereich eines Finanzportals macht dagegen keinen Sinn und ist pure Verschwendung der Kundengelder. Eine weitere trickreiche Möglichkeit, den Anleger unserer Zielgruppe auch auf weiteren Bereichen des Finanzportals mit Anleihewerbung zu versorgen, besteht darin, den Nutzer über technische Mechanismen auf den Finanzportalen zu „markieren" und die Werbung auch dann noch einzublenden, wenn dieser den Sparer- oder Anleihebereich auf dem jeweiligen Portal schon verlassen hat und sich zum Beispiel einem Aktien-Snapshot zuwendet. Auf diese Weise kann die Werbung penetriert werden und führt dann in der Folge noch häufiger zu einem Klick auf das entsprechende Werbemittel – und damit ist das Ziel der Targeting-Maßnahme, den potenziellen Anleihezeichner zu interessieren, erreicht.

Performance-Marketing und Werbe-E-Mails

Weitere sehr effektive Wege der zielgruppenspezifischen Ansprache sind das Performance-Marketing und Werbe-E-Mails.

Unter Performance-Marketing versteht man Marketing-Maßnahmen, deren Bezahlung in direktem Verhältnis zu der Werbewirksamkeit steht. Im Gegensatz zu sogenannten Display-Anzeigen wird hier nicht pro Erscheinen abgerechnet, sondern pro aktiven Klick auf das jeweilige Werbemittel. Entscheidend für die Performance ist das Werbeumfeld. Die Werbeschaltung gelangt mit entsprechenden Schlüsselwörtern versehen nur in das gewünschte Inhalte-Umfeld. Ein weiterer Vorteil der Performance-Werbung liegt darin, dass über sogenannte Channel-Buchungen interessante Internetseiten erreicht werden können, die ansonsten nur mit großen Werbebudgets buchbar wären (z. B. aufgrund Mindestbuchungssummen).

Die Werbewirksamkeit bei E-Mailings hängt im Wesentlichen von zwei Dingen ab: zum einen vom E-Mail-Adressmaterial und zum anderen von der Konzeption des Werbemittels.

Selbstverständlich ist, dass E-Mail-Adressen nur dann mit Werbung beschickt werden, wenn die Einwilligung der Adressaten vorliegt. Die Zahl der zu beschickenden E-Mail-Adressen ist eine reine Budgetfrage. Unsere bislang umfangreichste E-Mail-Werbekampagne bestand aus dem Versand von sogenannten HTML-Werbemitteln an fünf Millionen Adressaten. Diese Kampagne war sehr erfolgreich.

Der Umfang der Adressen alleine allerdings ist nur ein Kriterium. Die E-Mail-Adressaten müssen auch für das Vermarktungsthema affin sein. Weiterhin ist der reine Versand noch keine Garantie, dass die E-Mails auch geöffnet werden – die Öffnungsraten spielen also eine wichtige Rolle. Öffnungsraten variieren wiederum sehr stark vom angegebenen Betreff in den E-Mails. Wurden die E-Mails tatsächlich geöffnet, ist entscheidend, dass die Werbebotschaft auch vollständig transportiert wird, also der E-Mail-Leser nicht vorzeitig abbricht und die E-Mail doch noch im virtuellen Papierkorb verschwindet.

Die Online-Werbemittel haben im Übrigen das Ziel, die Interessenten auf eine Landing Page des Emittenten zu führen. Eine Landing-Page ist eine Internetseite, die weiterführende Informationen zur Anleihe bereithält und am besten so aufgebaut ist, dass im Anschluss an die Information auch gleich die Zeichnung möglich ist. Wird der Interessent aber, nachdem er auf das Online-Werbemittel geklickt hat, nicht mehr stringent zu den Anleiheinformationen geführt, so wird die Werbung in der Regel ohne Zeichnungserfolg bleiben. Ist die Seite also zu kompliziert aufgebaut oder aber gar nicht erreichbar, so war die Online-Werbeaktion vergebens.

Print-Werbung

In den klassischen Print-Medien gestalten sich Targeting-Maßnahmen sehr schwierig. Man behilft sich durch die Platzierung der Anzeigen im Umfeld redaktioneller Berichterstattung oder Rubriken, die der Zielgruppe am nächsten sind. Die Streuverluste sind hier ungleich höher, müssen aber dennoch in Kauf genommen werden. Durch die Auswahl der Titel können Streuverluste wiederum minimiert werden. Medien, die redaktionell berichten, bergen die Gefahr einer negativen oder zumindest sehr kritischen Berichterstattung. Dies zu vermeiden ist zwar Aufgabe der PR-Agentur, gelingt aber nicht immer. Die Platzierung einer Anleihewerbung im Umfeld eines negativen Artikels zur aktuellen Anleiheemission ist ebenfalls Geldverschwendung – aber für alle Beteiligten im Vorfeld nur schwer erkennbar.

Regionale Werbemaßnahmen

Ebenfalls große Bedeutung hat die regionale Komponente bei den Werbeschaltungen. Mittelständische Unternehmen sind am Kapitalmarkt möglicherweise nicht visibel, in der Region des Unternehmenssitzes jedoch als Arbeitgeber sehr bekannt. Bei eigentümergeführten Familienunternehmen genießt die Unternehmerfamilie häufig großes Ansehen. Diese positive Ausgangslage liefert den Nährboden für effektive Anzeigenschaltungen auf regionaler Ebene. Hier kommen vor allem die regionalen Tageszeitungen mit ihren Wirtschafts- und Lokalteilen in Betracht.

Auch Mitarbeiter tragen die Botschaft nach außen – oder werden von Bekannten nach dem Zustand des Unternehmens gefragt. Sie sind in diesem Fall Botschafter des Unternehmens. Daher ist es auch angezeigt, Marketingmaßnahmen bei den Mitarbeitern des Unternehmens durchzuführen. Hier bieten sich Informationsflyer zum Mitnehmen an und natürlich – falls vorhanden – das unternehmenseigene Intranet. Ebenfalls effektiv sind Briefe der Unternehmensleitung, die in die Lohntüte gepackt werden. Dies ist an Aufmerksamkeitsstärke nicht mehr zu überbieten.

Der Mediaplan beinhaltet die Gesamtheit aller Werbeschaltungen, die Anzeigenformate sowie den Zeitplan der Schaltungen. Die Maßnahmen müssen zeitlich aufeinander abgestimmt sein. Gerade in der Anfangsphase sollte der Werbedruck recht hoch sein. Verläuft die Zeichnung in der Anfangsphase bereits schleppend, wird die Emission häufig sehr schnell als Flop eingestuft – und in der Folge bleiben weitere Zeichnungen aus. Umgekehrt verhält es sich, wenn in den ersten Tagen reges Zeichnungsinteresse spürbar ist. Dies zieht weitere Zeichner an.

Kontrolle der Werbemaßnahmen

Sämtliche Werbemaßnahmen müssen laufend auf Effizienz geprüft werden. Während auch hier wiederum die Überprüfbarkeit in den klassischen Print-Medien zu wünschen übrig lässt, liefern die Online-Werbemittel ständige Performance-Übersichten. Hieraus lässt sich die Qualität im Vergleich zu anderen Werbemitteln auf dem jeweiligen Medium schlussfolgern. Bei unterdurchschnittlicher Performance empfiehlt es sich, das Werbemittel entsprechend zu verändern, bis es bessere Resultate erzielt.

Gerade in den ersten Tagen der Schaltung der Online-Werbemittel kommt dieser laufenden Optimierung eine sehr große Bedeutung zu. Die Schwierigkeit liegt sehr häufig nicht in der Erkenntnis, dass eine Werbeform nicht besonders gut funktioniert, sondern in der schnellen Reaktionszeit, dieses Werbemittel entsprechend zu verändern. Häufig sind neben dem Emittenten, der die Werbung freizugeben hat, auch noch Rechtsanwaltskanzleien und externe Grafiker in den Prozess eingebunden. Dieses System aus vielen Ansprechpartnern reagiert logischerweise sehr träge. Um dies zu umgehen, empfiehlt es sich, einen Dienstleister zu wählen, der über großes Know-how verfügt, um eigene Spielräume ohne umständliche Absprachen schnell zu nutzen und im Sinne des Emittenten zügig Verbesserungen herbeiführt.

11.2   Absatzkanal auf der eigenen Internetseite

Neben den Werbemaßnahmen lohnt sich auch eine Betrachtung der Absatzkanäle. Klassischerweise wird ein Lead-Manager, also in der Regel eine Bank, beauftragt, institutionelle Zeichner und Direktbanken anzusprechen. Diese können anschließend die Anleihe über die Börse in der Regel über einen Zeitraum von zwei Wochen zeichnen. Danach wird die Anleihe in den Handel eingeführt.

Emittenten von Mittelstandsanleihen wird empfohlen, einen weiteren Absatzkanal zu nutzen: die eigene Internetseite. Unter Einhaltung der rechtlichen Rahmenbedingungen können Zeichnungen von Privatanlegern von Beginn der Zeichnungsfrist bis zum Ende der Gültigkeit des Prospekts entgegen genommen werden. Eine von uns entwickelte Software namens BOND.MANAGER erlaubt es den Emittenten von Eigenemissionen, sämtliche Kommunikationsvorgänge mit den Privatanlegern automatisiert vorzunehmen.

Die Umsetzung ist denkbar einfach: In die Webseite des Unternehmens wird das User-Interface des BOND.MANAGER, also die Benutzeroberfläche, als sogenannter iFrame integriert. Damit ist es den Investoren möglich, über das Online-Zeichnungsformular, das im Look and Feel des Emittenten erscheint, die Anleihe verbindlich zu zeichnen – sowohl online als auch per Fax oder auf dem postalischen Weg.

Der Emittent bietet damit seinen Investoren eine hohe Servicequalität ohne großen eigenen Aufwand: Denn die Aufgaben innerhalb des Zeichnungsprozesses werden von externen Funktionsträgern wie dem Operator, dem technischen Administrator und der Zahlstelle übernommen. Diese handeln innerhalb der vom Emittenten vergebenen Rechte. Dem Emittenten fallen innerhalb des Zeichnungsprozesses keine speziellen Aufgaben zu. Er befindet sich in erster Linie in der Rolle des Beobachters. Dabei hat er jederzeit einen genauen Überblick über die über den BOND.MANAGER abgewickelten Transaktionen. Im Administrationsbereich erhält der Emittent alle Informationen über die Zeichner, deren Aufträge sowie das gezeichnete Volumen seiner Anleihe.

Die Kenntnis der Kundendaten ist ein weiterer großer Vorteil des BOND.MANAGER, denn sie ermöglicht effiziente Creditor-Relations. Das Unternehmen kann also jederzeit mit seinen Geldgebern in Kontakt treten – ohne großen zeitlichen und finanziellen Aufwand. Das kann sich vor allem bei der Emission weiterer Anleihen bzw. anderen Kapitalmaßnahmen als großer Vorteil erweisen. Im Gegensatz zu allen anderen Zeichnungswegen kennt der Emittent seine Gläubiger dann mit Namen und Anschrift. Soll die Anleihe schließlich zurückgezahlt werden und die Refinanzierung der Anleihe ebenfalls über ein öffentliches Anleiheangebot erfolgen, so sind die mit Namen registrierten Anleihegläubiger wertvoll für den Emittenten.

Der Emittent hat in den letzten fünf Jahren durch pünktliche Zinszahlungen ein Vertrauensverhältnis zu den Gläubigern aufgebaut. Die Rückzahlung der Anleihe unterstreicht dies selbstverständlich. Bei marktgerechter Verzinsung wird eine Vielzahl der bisherigen Investoren die freigewordenen Mittel wiederum dem Emittenten zur Verfügung stellen. Hier ist grundsätzlich der Weg über einen persönlichen Brief des Vorstands an den Gläubiger empfehlenswert. Auch der telefonische Kontakt im Nachgang des ersten Schreibens verspricht Erfolg. Sämtliche Maßnahmen sind wiederum sehr leicht auf Effizienz prüfbar.

Ein umsichtiger Finanzvorstand hat immer die Refinanzierung der aufgenommen Mittel im Blick. Daher sollten Creditor-Relations-Maßnahmen in Betracht gezogen werden. Diese dienen der kontinuierlichen Investorenpflege. Am besten gelingt dies durch eine regelmäßige Informationsversorgung, sei es mit Unternehmensnachrichten, mit Zwischenberichten oder auch mit Statements des Vorstands zu neuen Produkten, Projekten und nicht zuletzt

Erfolgen. Wird ein Investor laufend mit Nachrichten aus dem Unternehmen versorgt, fühlt er sich gut informiert, gut aufgehoben und wird seine Anteile nicht so schnell über die Börse veräußern, sondern bis zur Endfälligkeit im Depot halten. Die Chance, dass ein Investor, dessen Anleiheanteile zurück bezahlt wurden, diese Mittel unmittelbar wieder in einer weiteren Tranche beim Unternehmen anlegt, ist als sehr hoch einzustufen.

Die Vorteile des BOND.MANAGER auf einem Blick:

- Zusätzlicher Absatzkanal auf der Internetseite des Emittenten

- Zeichnung auch über die Börsenzeichnungsfrist hinaus

- Der Emittent kennt seine Geldgeber

- Zeichnung online, per Fax oder auf dem Postweg möglich

Ablauf einer erfolgreichen Online-Zeichnung mit E-Mail-Kommunikation

Bei der Zeichnung einer Anleihe über den BOND.MANAGER füllt der Anleger das Online-Formular auf der Homepage des emittierenden Unternehmens aus. Neben den persönlichen Daten wie Name, Adresse und Geburtsdatum müssen die Depotdaten sowie das gewünschte Zeichnungsvolumen angegeben werden. Abschließend wird der gewünschte Kanal für die Kommunikation mit dem Emittenten ausgewählt, zum Beispiel per E-Mail (die Kommunikation per Post oder Brief erfolgt analog).

Nach dem Absenden der Zeichnungsanfrage wird der entsprechende Datensatz im BOND.MANAGER angelegt und der Zeichnungsantrag auf dem Server als PDF-Dokument erstellt. Der Kunde erhält anschließend einen Hinweis auf der Webseite, dass die Datenübertragung erfolgreich (oder gegebenenfalls fehlerhaft) war. Außerdem wird ihm seine Referenznummer angezeigt.

Der Kunde erhält nun eine E-Mail mit dem Link zur verbindlichen Zeichnung zugeschickt. Über den Link erreicht er den geschützten Bereich der Unternehmenswebseite zur Abgabe des Zeichnungsantrags. Parallel wird ihm eine neue E-Mail mit einem PDF-Dokument zugesandt, das neben einem Anschreiben des Unternehmens den Zeichnungsantrag, die Widerrufsbelehrung, alle Informationen nach Art. 246 §§ 1 ff. EGBGB und die Zahlungshinweise enthält.

Abbildung 11.1 BOND.MANAGER - Prozessablauf bei Kommunikation per E-Mail

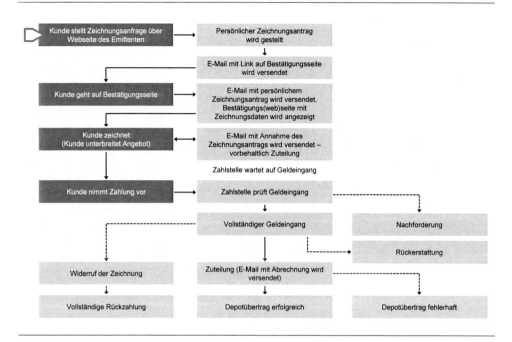

Quelle: EquityStory AG

Durch Drücken des „Zeichnen"-Buttons kann der Kunde ein verbindliches Angebot abgeben, wenn er zuvor bestätigt hat, dass er die E-Mail mit dem PDF-Dokumenten erhalten sowie den Verkaufsprospekt heruntergeladen, gelesen und verstanden hat. Ebenso müssen die Widerrufsbelehrung, die Datenschutzerklärung und die Anleihebedingungen zur Kenntnis genommen worden sein.

Alternativ kann der Kunde die Tasten „Nicht zeichnen" oder „Ändern" drücken. Hat der Kunde einen Änderungswunsch, wird er erneut auf die Webseite des Emittenten verlinkt, wo er eine neue Zeichnungsanfrage stellen kann.

Nach der Bestätigung des Kunden wird die Zeichnung im BOND.MANAGER als „online bestätigt" markiert. Dem Kunden wird der erfolgreiche Übertrag der Zeichnung auf der Webseite bestätigt. Zudem erhält er eine weitere E-Mail, die ihn über die Annahme seines Angebotes informiert und nochmals die Zahlungsinformationen zum Treuhandkonto der Zahlstelle übermittelt.

Nach der Überweisung des Kunden erfolgt in der Regel innerhalb der nächsten Arbeitstage die Zuteilung. Der Kunde erhält unmittelbar nach der Zuteilung die Abrechnung über den Kauf per E-Mail. Außerdem wird er darüber informiert, dass die Zahlstelle angewiesen wurde, den Übertrag der Wertpapiere auf das angegebene Depot durchzuführen.

Leider läuft nicht jede Zeichnung so glatt wie soeben beschrieben. Die Zeichner könnten beispielsweise:

- Zu wenig Geld überweisen

- Zu viel Geld überweisen

- Kein Geld überweisen

- Die Zeichnung widerrufen

- Änderungen an der Zeichnung vornehmen

- Nicht korrekte Depotverbindungen angegeben

- Eine Teilzuteilung erhalten

Daher muss der BOND.MANAGER auf alle Eventualitäten reagieren können.

Aber wie kann die Software das? Das Konzept ist, alle Fälle, die im Laufe der Zeichnung auftreten können, mit sogenannten Templates (Vorlagen) abzubilden. Vor dem Start der Anleihe werden für sämtliche Fälle entsprechende Kommunikationsvorlagen erstellt. Diese werden übrigens immer im „Look and Feel" des Emittenten gestaltet (Logo, Unterschrift des Vorstands etc.). Es kommuniziert also immer der Emittent der Anleihe mit dem Zeichner.

Die Vorlagen sind also im System hinterlegt – und zwar in zweifacher Form: einmal als Variante für die Online-Zeichnung und anschließender Kommunikation per E-Mail und zum anderen als Post/Brief-Variante. Die Schreiben werden im System erstellt und dann vom Operator ausgedruckt und in die Post gegeben. Dabei werden die Dokumente mit den Daten des Zeichners personalisiert.

Sämtliche Änderungen im Rahmen einer Anleihezeichnung werden als sogenannte Status-Wechsel im System hinterlegt.

Übersicht der Statusmeldungen

Eine Zeichnung im BOND.MANAGER wird durch vier Status-Typen charakterisiert:

- die Zeichnung,

- der Geldeingang,

- der Depotübertrag und

- die Rückerstattung.

Jeder Statustyp steht für einen eigenen Prozess innerhalb der Zeichnung und kann nur einen aktuellen Zustand besitzen. Die Pfeile in der folgenden Abbildung 11.2 zeigen die üblichen Statuswechsel im Verlauf einer erfolgreichen Zeichnung.

Abbildung 11.2   BOND.MANAGER – Übersicht der Statusmeldungen

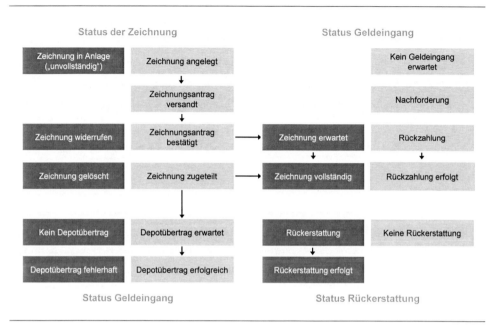

Status der Zeichnung   Status Geldeingang

Zeichnung in Anlage („unvollständig")   Zeichnung angelegt   Kein Geldeingang erwartet

Zeichnungsantrag versandt   Nachforderung

Zeichnung widerrufen   Zeichnungsantrag bestätigt → Zeichnung erwartet   Rückzahlung

Zeichnung gelöscht   Zeichnung zugeteilt → Zeichnung vollständig   Rückzahlung erfolgt

Kein Depotübertrag   Depotübertrag erwartet   Rückerstattung   Keine Rückerstattung

Depotübertrag fehlerhaft   Depotübertrag erfolgreich   Rückerstattung erfolgt

Status Geldeingang   Status Rückerstattung

Quelle: EquityStory AG

Der große Vorteil der Software ist, dass sämtliche Zeichnungsdaten und Kommunikations-abläufe zentral in einer Datenbank erfasst und abgelegt werden. Auf diese Datenbank haben alle Beteiligten gemäß dem Rechtekonzept zu jeder Zeit Zugriff. Der lästige Datenaus-tausch per E-Mail und Excel-Listen entfällt. Hierzu ist eine Nutzerdefinition notwendig, die wir Rollenverteilung nennen.

Die Rollenverteilung

Der BOND.MANAGER unterscheidet vier verschiedene Rollen, die am Prozess der Zeich-nung einer Anleihe beteiligt sind. Neben dem Emittenten sind dies der technische Admi-nistrator, der Operator und die Zahlstelle. Nachfolgend werden die Funktions- und Aufga-benbereiche der einzelnen Rollen beschrieben.

Technischer Administrator

Der technische Administrator überwacht den reibungslosen Betrieb des BOND.MANAGER im Internet. Er besitzt umfassende Rechte und Tools, um eventuell auftretende Störungen frühzeitig erkennen und gegebenenfalls beheben zu können. Der technische Administrator legt neue Emittenten an und setzt im Berechtigungssystem die Zugriffsrechte für die Be-nutzer der Rollen. Eine Instanz der Software besitzt nur einen technischen Administrator mit einer definierten Gruppe von Benutzern.

Emittent

Der Emittent ist der Herausgeber der Anleihe. Im Verständnis des BOND.MANAGER ist er in der Regel aber nicht selbst Betreiber bzw. Operator der Plattform. Er kann auch nur seine eigenen Zeichnungen, Kunden und Statistiken einsehen. Der Emittent als Rolle hat ein eingeschränktes Leserecht. Dieses versetzt ihn jedoch in die Lage, den Vorgang der Zeichnung zu überwachen und sich wichtige Informationen zu beschaffen. Die Rolle des Emittenten ist für den Prozess der Zeichnung nicht zwingend zu besetzen, da er im Workflow nicht aktiv handelt. Er nimmt vielmehr die Position eines Beobachters ein.

Alle aktiven Handlungen für den Emittenten werden durch den von ihm eingesetzten Operator ausgeführt. Eine Instanz der Software besitzt in der Regel mehrere Emittenten. Die Software schließt jedoch aus, dass ein Emittent Daten eines anderen Emittenten sehen kann. Auch die Existenz anderer Emittenten ist ihm nicht bekannt.

Operator

Der Operator der Plattform ist ein Dienstleister, der im Auftrag und Namen des Emittenten die Prozesse der Zeichnung über den BOND.MANAGER koordiniert. Der Operator übernimmt die gesamte Kommunikation mit den Kunden. Während E-Mails vom BOND.MANAGER automatisch generiert werden, führt der Operator im Namen des Emittenten den Schriftverkehr mit den Kunden, die keine E-Mail-Kommunikation wünschen. Der Operator betreut auch die Service-Hotline des Emittenten, um die Zeichnungsinteressenten beim Ausfüllen der Anträge zu unterstützen.

Der Operator kann für einen Kunden auch per Telefon eine vollständige Zeichnungsanfrage aufnehmen und anschließend den persönlichen Zeichnungsantrag per Brief versenden. Außerdem beseitigt er im Auftrag von Kunden Fehler in bestehenden Zeichnungsanträgen. Als Fax und Brief eingehende Zeichnungsanträge nimmt der Operator entgegen, scannt diese ein und lädt die Dokumente zum Zeichnungsantrag hoch. Im BOND.MANAGER wird die Annahme der Bestätigung als PDF-Dokument generiert, das dem Kunden zugeschickt wird. Zeichnungsanträge, die offensichtlich unsinnig und als Spam einzustufen sind, werden nach einer gewissen Karenzzeit durch den Operator entfernt.

Treten Probleme bei der Zahlung oder dem Depotübertrag auf, leitet der Operator die Anfragen und Hinweise der Zahlstelle an den Kunden weiter. Individuelle Anschreiben an den oder vom Kunden werden im System hochgeladen und stehen damit auch der Zahlstelle zur Verfügung. Außerdem aktualisiert der Operator täglich alle Daten. Dazu gehören der aktuelle Börsenkurs und die Höhe des Nominals der Zeichnungsbox.

Zahlstelle

Die Zahlstelle nimmt eine zentrale Rolle innerhalb des Zeichnungsprozesses ein. Sie fungiert als Treuhänder in der Zahlungsabwicklung. Im Auftrag des Emittenten übernimmt die Zahlstelle die Kontrolle der eingehenden Zahlungen sowie die Organisation und Ausführung von Rückerstattungen oder vollständigen Rückzahlungen. Auch die Zuteilung der Anleihen und der Depotübertrag fallen in ihren Aufgabenbereich.

Die Kontrolle von eingehenden Zahlungen erfolgt außerhalb des BOND.MANAGER in der EDV der Zahlstelle. Im BOND.MANAGER können die entsprechenden Zeichnungen über die Referenznummern gefiltert werden. Dabei ist zu berücksichtigen, dass sich die Höhe der Stückzinsen ändert, wenn das Datum der tatsächlichen Zahlung deutlich von der geplanten Zahlung des Kunden abweicht. Der BOND.MANAGER weist zur Kontrolle den Differenzbetrag in der Detailansicht der Zeichnung aus. Die Zahlstelle kontrolliert diese Differenz und löst gegebenenfalls eine Nachforderung oder eine Rückerstattung aus.

Bei einer Nachforderung generiert der BOND.MANAGER automatisch eine E-Mail bzw. einen Brief als PDF-Dokument mit der Aufforderung zur Zahlung. Hat der Kunde dagegen zu viel gezahlt, wird er ebenfalls automatisch informiert, dass eine Rückerstattung erfolgt ist. Diese wird durch die Zahlstelle in der EDV der Bank angewiesen. Nach der Rücksendung des bestätigten Zeichnungsantrags und dem vollständigen Geldeingang nimmt die Zahlstelle im Auftrag des Emittenten die Zuteilung vor. Der Kunde erhält dann automatisch eine Abrechnung per E-Mail oder Brief. Die Zuteilung sollte zwei bis fünf Tage nach dem vollständigen Geldeingang durch den Kunden erfolgen. Anschließend nimmt die Zahlstelle den Depotübertrag vor. Alle Vorgänge werden im BOND.MANAGER durch Änderungen der Statusmeldungen dokumentiert.

Von der Rückerstattung zu unterscheiden ist die vollständige Rückzahlung. Kunden, die nach längerer Zeit noch keine Bestätigung ihres Zeichnungsantrages zugesandt haben, wird der gesamte Betrag zurück überwiesen. Das Gleiche gilt, wenn der Anleger von seinem Recht auf Widerruf Gebrauch macht. Die Rückzahlung führt die Zahlstelle in ihrer EDV aus.

Einen Sonderfall stellt die Zeichnung von Sales Agents dar. Diese werden ausschließlich über die Zahlstelle angelegt und verwaltet. Nachdem ein Sales Agent im BOND.MANAGER angelegt wurde, wird für diesen der Zeichnungsstatus auf „reserviert" gesetzt. Der entsprechende Anlagebetrag wird dann vom Gesamtnominal abgezogen und steht für weitere Zeichnungen nicht mehr zur Verfügung. Die Zuteilung an die Sales Agents erfolgt über die Zahlstelle und gilt als verbindliche Zeichnung der Anleihe.

Die 2. Phase: Zeichnungen mit Stückzinsberechnung

Während bis zur Börseneinführung der Anleihe in der Regel keine Stückzinsen an den Zeichner ausgeschüttet werden, ändert sich dies mit Einführung der Anleihe in den Börsenhandel. Denn auch nach Einführung der Anleihe an der Börse ist ein Erwerb der Anleihe auf der Internetseite des Emittenten möglich. Hier wird dann der aktuelle Börsenkurs als Kaufkurs herangezogen. Weiterhin findet eine Berechnung der Stückzinsen statt. Der Käufer der Anleihe hat also den Angebotskurs und zusätzlich die Stückzinsen auf das Konto der Zahlstelle zu überweisen.

Der BOND.MANAGER führt die Berechnung der Stückzinsen gemäß dem Stückzinsberechnungsverfahren laut Emissionsprospekt durch. Nach erfolgter Zahlung des Emittenten erfolgt der Depotübertrag in der Regel binnen zwei Tagen nach Zahlungseingang und erfolgreicher Zuteilung.

Dauerhafte Archivierung der Zeichnungsdokumente

Sämtliche Zeichnungsunterlagen inklusive dem Schriftverkehr mit den Interessenten werden im BOND.MANAGER archiviert. Alle Statuswechsel innerhalb einzelner Zeichnungen sind exakt nachvollziehbar und können auch nachträglich nicht gelöscht werden. Auf diese Weise ist die gesamte Anleihen-Emission rechtssicher dokumentiert.

11.3   Zusammenspiel von Online-Zeichnung und Online-Marketing

Ein weiterer Pluspunkt beim Einsatz des Online-Zeichnungstools ist das Zusammenspiel mit Online-Marketingmaßnahmen. Die Werbekampagne ist nun nicht mehr notwendigerweise auf die Zeichnungsfrist bei der Börse zu beschränken – Marketingmaßnahmen können das ganze Jahr über positive Zeichnungseffekte erzielen.

Weiterhin können Werbemaßnahmen noch besser auf Effizienz überprüft werden. Entschließt sich der Emittent beispielsweise für eine regionale Anzeigenkampagne, so kann über die Postleitzahlen-Zuordnung der Zeichnungen exakt festgestellt werden, welche Anzeigenmotive, welche Medien und so weiter zu Zeichnungen geführt haben. Diese wertvollen Informationen sind nur auf dem Weg der Online-Zeichnung zu erhalten. Die Analyse dieser Daten lenkt die künftigen Vermarktungsmaßnahmen und führt zu einer positiven Gesamtperformance der eingesetzten Werbemittel.

12 Die Rolle des Anleihe-Research auf den Platzierungserfolg einer Mittelstandsanleihe

Susanne Hasler (Sphene Capital GmbH)

12.1 Der Bond-Analyst als Informationsprozessor

Eine aktive Kapitalmarktkommunikation ist bei der Emission einer Anleihe ein ebenso grundlegender Erfolgsfaktor wie bei der Platzierung von Eigenkapital. Die Erwartungen der Investoren an eine gute Kapitalmarktkommunikation betreffen sowohl Umfang und Relevanz als auch die zeitliche Nähe der offengelegten Informationen durch den Emittenten. Neben dem direkten Kontakten zwischen Emittent und Investoren, beispielsweise durch ein professionelles Bonds Relations-Team, übernehmen Finanzanalysten die Aufgaben der Bündelung der Informationen, deren Analyse und Bewertung sowie die Aufbereitung in Form von Research-Reports. Eine wesentliche Funktion des Analysten dabei ist, eine unabhängige Außenansicht zu einem Unternehmen zu entwickeln und diese argumentativ darzulegen[1].

In diesem Umfeld ist der Bond-Analyst mit einem Informationsprozessor vergleichbar, der zunächst sämtliche verfügbaren Informationen bewertet, verarbeitet und vergleicht und diese anschließend in kondensierter Form seinem Kunden, dem Privatanleger und dem institutionellen Bond-Investor, in schriftlicher und auch mündlicher Form zur Verfügung stellt. Der Jahresabschluss stellt dabei die wichtigste einzelne Informationsquelle für einen Anleiheinvestor dar. Von der Bedeutung vergleichbar mit dem Jahresabschluss bei einer Bond-Emission ist der Wertpapierprospekt, der vor jedem öffentlichen Angebot von Wertpapieren und vor jeder Börsenzulassung an einem geregelten Markt veröffentlicht werden muss. Im Gegensatz zum Jahresabschluss wird der Wertpapierprospekt von den Fachabteilungen des emittierenden Unternehmens (zum Beispiel Rechts- und Steuerabteilung, Rechnungswesen, Investor Relations) und in Zusammenarbeit mit einer oder mehreren Investmentbanken, mit spezialisierten Kanzleien und Wirtschaftsprüfungsgesellschaften erstellt, ist jedoch umfangreicher als ein Abschluss und gleichzeitig informativer.

Anschließend sind sonstige am Markt verfügbaren Informationen zu beschaffen und zu analysieren. Die verwendeten Informationsquellen reichen

---

[1] Grundsätzlich sind Finanzanalysen unvoreingenommen zu erstellen. Mögliche Interessen und Interessenskonflikte müssen gemäß § 34b Abs. 1 Nr. 2 WpHG und Finanzanalyseverordnung in der Analyse angegeben werden.

- von allgemein verfügbaren Daten aus Geschäfts- und Zwischenberichten, Ad-hoc-Statements, Fact Books und Unternehmensbroschüren, Mitarbeiter- und Aktionärszeitschriften sowie Finanzanzeigen über

- allgemein verfügbare, personalisierte Angaben, die ein Bond-Analyst während der Hauptversammlung, auf Pressekonferenzen, Analysten- oder Investorenveranstaltungen bzw. aus Fernseh- und Radiointerviews erhält, und

- allgemein verfügbaren, inoffiziellen Unternehmensdaten wie Angaben von Ratingagenturen, Marktforschungsinstituten, Zeitungen und Zeitschriften, Industriekontakte und den Aussagen von Wettbewerbern, bis hin zu

- personenspezifischen Daten aus Einzel- oder Gruppengesprächen mit dem C-Management oder den Bond Relations-Mitarbeitern.

Natürlich wird der sorgfältige Finanzanalyst die Angaben des Managements nicht blind übernehmen, zumal jeder Vorstand versuchen wird, seine Gesellschaft insbesondere im Jahresabschluss im besten Licht erscheinen zu lassen – sofern dies mit den geltenden Rechnungslegungsrichtlinien noch irgendwie in Einklang zu bringen ist. Ein Bond-Analyst sollte daher Jahresabschlüsse stets mit einem gehörigen Maß an Skepsis lesen, Einmalerträge bereinigen, also

- Sondereinflüsse aus ungewöhnlichen oder einmaligen Begebenheiten, die nicht aus der nachhaltigen Geschäftstätigkeit des Unternehmens stammen, also insbesondere neutrale Aufwendungen und Erträge wie zum Beispiel Kauf oder Verkauf von Unternehmensbestandteilen (Discontinued Operations) oder Aufwendungen im Zusammenhang mit der Börseneinführung, und

- Sondereinflüsse aus der dispositiven Ausnutzung von bilanzpolitischen Bewertungsspielräumen, im angelsächsischen Sprachraum euphemistisch als „Creative Accounting" bezeichnet, und Ansatzwahlrechten wie zum Beispiel steuerlich nicht anerkannte Rückstellungen oder spezielle Sonderabschreibungen

und – last, but not least – versuchen, zwischen den Zeilen zu lesen. Das reicht aber in der Regel nicht aus. Nicht nur, weil in Unternehmen sehr kreative Menschen beschäftigt sind, die zum einen versuchen, die Einmaleffekte zu verschleiern, so dass deren Identifikation für den Außenstehenden nicht immer einfach ist, sondern auch, weil die heute gängigen Buchhaltungsvorschriften für Unternehmen des Industriezeitalters entwickelt worden sind, nicht für Unternehmen des Informationszeitalters. Immaterielle Wirtschaftsgüter zum Beispiel haben bei den klassischen Industrieunternehmen keine Rolle gespielt, bei Software- oder Internetwerten ist dies heute anders.

Darüber hinaus stellt der Bond-Analyst auch Fragen, die der Jahresabschluss gar nicht beantworten kann: Wer sind die Gläubiger der Gesellschaft? Wer sind die Eigentümer der Minderheiten? Gibt es inoffizielle Verbindungen zu außenstehenden Dritten? Sind die Konditionen marktgerecht? Diese Fragen interessieren nicht nur in Bezug auf das die Anleihe emittierende Unternehmen, sondern auch auf deren Referenzunternehmen.

Erst nachdem der Bond-Analyst alle verfügbaren Informationen aufgesaugt und komplexe Sachverhalte auf einfache reduziert hat, kann er die wesentlichen Treiber der Unternehmensentwicklung offenlegen und in seinem Research-Report verarbeiten. Vor diesem Hintergrund kann die Analysearbeit mit einem Puzzle verglichen werden: Solange nur einzelne Puzzlestücke auf dem Tisch liegen, ist noch kein Motiv zu erkennen. Je mehr Puzzleteile zusammengefügt werden, desto deutlicher wird das Gesamtmotiv. Aber erst mit dem letzten Puzzlestück erschließt sich dem Analysten das Sujet: Ist das Unternehmen reif für die Begebung einer Anleihe.

Abgrenzung zum Equity Research

Bestimmend für den Inhalt eines Research Reports ist der Nutzen, den die Adressaten – primär die privaten und institutionellen Investoren – aus seiner Lektüre erwarten. Während in traditionellen Kreditansätzen vorrangig die Robustheit eines Geschäftsmodells bzw. der generierten Cashflows beurteilt wird, liegen dem Equity Ansatz eine dynamische und auf das zukünftige Wachstum fokussierte Sichtweise zugrunde. Bei der Beurteilung des „fairen" Eigenkapitalwertes eines Unternehmens, dem Kursziel, unternimmt der Analyst eine Bewertung der verschiedenen Vermögensgegenstände eines Unternehmens, insbesondere in ihrem Zusammenspiel sowie in der Verbindung mit dem vorhandenen Humankapital und den Qualifikationen des Managements. Im Sinne dieser Going Concern-Betrachtung ist der Ansatz eines Equity-Research immer auch ein dynamischer, wachstumsorientierter Ansatz. Bei einem Bond-Investment hingegen spielt das zukünftige Wachstum eine eher untergeordnete Rolle, bisweilen wird sogar die Auffassung vertreten, Wachstum wäre nachteilig für den Bond-Investor.

Noch ein weiterer Unterschied tut sich auf: Bei einem Equity Report erwartet der Leser eine Anlageempfehlung und ein Kursziel auf der Basis einer transparenten Bewertung. Welches Gewicht er letzten Endes der Empfehlung beimisst hängt davon ab, wie viel Überzeugungskraft und subjektive Qualität er in der dargelegten Argumentation findet. Für Bond-Investoren dagegen lautet die entscheidende Frage, inwieweit der Emittent zukünftig in der Lage sein wird, ausreichende liquide Mittel zu generieren, um seinen jährlichen Zinszahlungsverpflichtungen nachzukommen und am Ende der Laufzeit der Anleihe in der Lage sein wird, den Nennbetrag an den Anleger zurückzuzahlen. Im Grunde interessiert den Bond-Investor also nur die Höhe des Default-Risikos des Emittenten bzw. seiner Anleihe und somit vor allem die im Grunde nach pessimistische Frage: Was könnte bei einem Investment schief laufen?

Die Tragweite dieses Risikos ist bei einer Anleihe teilweise deutlich höher als im Falle eines Equity-Investments; der Grund ist das oftmals erheblich höhere Engagement bei Bond-Investments im Vergleich zu Equity-Investments.[2] Ob sich ein bestimmtes, von der Emittentin angebotenes Produkt dagegen am Markt besser durchsetzt als erwartet, ob der Gewinn während der Laufzeit gesteigert werden kann oder nicht, ob Marktanteile hinzugewonnen werden können oder nicht, ist für den Bond-Investor dagegen vollkommen irrele-

---

[2]   Vgl. DVFA (2011) S. 4.

vant. Nichtsdestotrotz gibt es insbesondere bei höherverzinslichen (High Yield-) Anleihen eine gewisse Annäherung zwischen den Ansätzen des Bond-Research und des Equity-Research. Stephen F. Esser stellt zunächst fest:

„Using an equity approach, or at least considering the hybrid nature of high-yield debt, can either validate or contradict the results of traditional credit analysis, causing the analyst to dig further."[3]

Und führt weiter aus:

„For those who work with investing in high-yield bonds, whether issued by public or private companies, dynamic, equity-oriented analysis is invaluable."[4]

Auf der anderen Seite zeigt Martin S. Friedson auf, dass sich mit Hilfe der Perspektive und der Werkzeuge der Bond-Analyse wertvolle Einblicke für die Anteilseigner der jeweiligen Schuldner ergeben können – insbesondere vor dem Hintergrund des ausdrücklichen Fokus auf die Analyse der möglichen Risikofaktoren sowie der rechtlich relevanten Rangfolge zwischen Fremd- und Eigenkapital[5].

Abgrenzung zum Ratingreport

Der Ratingbericht ist ein hauptsächlich vergangenheitsorientiertes Produkt. Für die Vergangenheit gibt der Kaufmann nichts, werden Kritiker einer derartigen, auf die Vergangenheit aufgebauten Analyse einwenden. Um hier eine Lanze für den Ratingreport zu brechen stellen wir den Ausspruch Mark Twains entgegen, der einst meinte, dass sich die Geschichte zwar nicht wiederholt, sie sich aber „reimt"[6]. Insofern ist die Kenntnis der Vergangenheit wichtig, um die Zukunft prognostizieren zu können.

Und genau dies trennt den Ratingreport vom Bond-Research ab, der ungleich zukunftsbetonter angelegt ist: Basierend auf den Erkenntnissen der Vergangenheit und aufgrund der Analyse von Vergleichsunternehmen sind die Ertragskraft am Bewertungsstichtag einzuschätzen und die zukünftigen Erfolgsdeterminanten unter Berücksichtigung der erwarteten Umwelt- und Marktbedingungen zu prognostizieren. Auch wenn es bezüglich der Granularität der Finanzplanung unterschiedliche Meinungen gibt, wird sich der Bond-Analyst in der Regel auf die Laufzeit der Anleihe beziehen, in der Regel also einen Zeitraum von drei bis fünf Jahren, über den er detaillierte, vollständig integrierte Planungen der Bilanz, der Gewinn- und Verlustrechnung sowie der Kapitalflussrechnung erstellen wird.

In nachfolgender Tabelle 12.1 sind die wesentlichen Elemente eines Anleihen-Research zusammengefasst:

---

[3]   Esser, S. F. (1995) S. 47.
[4]   Ebd., S. 54.
[5]   Fridson M. S. (2010)
[6]   "History doesn't repeat itself, but it rhymes", zitiert nach: Knoop, T. A. (2010) S. 161.

Tabelle 12.1   Aufbau eines Anleihen-Research

Gliederungspunkt	Zielsetzung	Inhalt	Kommentar
Inhaltsangabe	• Übersicht über Aufbau und Inhalte	• Kapitelüberschriften in korrekter Reihenfolge	• wichtig bei längeren Reports
Executive Summary	• Darstellung der Kernthesen und der Empfehlung	• Kernelemente des Geschäftsmodells • Wesentliche Entwicklungen und Schlussfolgerungen • Wesentliche Kennzahlen und Bewertung • Handlungsempfehlung und Hauptrisiken	• Alle wesentlichen Aussagen und Thesen – die Story – sollten hier zusammengefasst sein • „Appetizer", um das Interesse am Report zu wecken
Bewertung von Kennzahlen	• Darstellung des Bonds • Ausführliche Bewertung	• Beschreibung des Bonds und ggf. der Bondbedingungen • Historische Entwicklung und Prognose der Inputfaktoren • Analyse der Kennzahlen und deren Entwicklung • Szenario und/oder Stress-Test-Analyse • Schlussfolgerungen und Handlungsempfehlungen	• Annahmen und Methoden sollen transparent und für den Leser nachvollziehbar ausgeführt werden
Business Summary	• Detaillierte Darstellung und Analyse der Geschäftsbereiche • Markt- und Branchenanalyse	• Beschreibung des Unternehmens • Darstellung und Entwicklung der Geschäftsbereiche • Wettbewerbsanalyse und Analyse der Erfolgsfaktoren • Unternehmensgeschichte • Vorstellung Bewertung des Managements	• Wesentlicher Input für die Ergebnisschätzungen und deren Nachvollziehbarkeit
Stärken/Schwächen, Chancen/Risiken	• Darstellung der Investmentrisiken	• Negative Industrie- und Wettbewerbsentwicklungen • Regulatorische Risiken und mögliche gesetzliche Beschränkungen • Unternehmensspezifische Schwächen und daraus abgeleitete Risiken	• Insbesondere gilt es, den Investor auf mögliche Risiken hinzuweisen • Welche Risikofaktoren sieht der Analyst und wie bewertet er diese?
Finanzdaten und Schätzungen	• Integrierte Planung von Gewinn- und Verlustrechnung, Bilanz und Cashflow-Statement	• Historische Finanzdaten • Finanzprognose • Anhang mit Tabellen zu GuV, Bilanz, Cashflow-Statement u.a.	• Der Investor benötigt genügend Informationen und Transparenz, um die zugrundeliegenden Annahmen und Ergebnisse nachvollziehen zu können.

Quelle: Sphene Capital

12.2   Typische Elemente des Bond-Research

Typischerweise umfasst die Beurteilung der Bonität einer Emittentin und der spezifischen Risiken einer einzelnen Unternehmensanleihe durch einen Bond-Analysten die folgenden Kernthemen[7]:

■ Analyse der Liquidität und der Solvenz des Emittenten,

■ Bedeutung der zugrundeliegenden Sicherheiten,

■ Analyse der Anleihebedingungen und

---

[7] Fabozzi, F. J. (2007) S. 424.

■ Einschätzung der Qualität des Managements und Corporate Governance.

12.2.1   Was zählt, sind Liquidität und Solvenz

Damit eine Emittentin in der Lage ist, eine Anleihe zu bedienen, muss sie freie Cashflows in entsprechender Höhe generieren. Die Einschätzung darüber, inwieweit ein Unternehmen hierzu in der Lage sein wird, ist das Ziel einer umfassenden Einschätzung der Geschäftstätigkeit, der Konjunktur- und Branchenentwicklung, der Strategie eines Unternehmens sowie dessen bisheriger finanziellen Performance.

Beurteilung des Geschäftsmodells

Die Frage nach dem Geschäftsmodell eines Unternehmens lässt sich auch umformulieren in grundsätzliche Fragen wie: Womit verdient ein Unternehmen sein Geld? Wer sind seine Kunden? Welche Produkte und Dienstleistungen bietet es an? Formuliert vor dem Hintergrund eines bestimmten methodischen Gerüstes lauten die Fragen beispielsweise auch: Welche Strategie verfolgt das Management? Inwieweit ist ein Unternehmen Kostenführer oder gelingt ihm eine Abgrenzung gegenüber anderen?

Ein solches methodisches Gerüst für die Beurteilung eines Geschäftsmodells stellt die Branchen- und Wettbewerbsanalyse. Bond- wie Aktienanalysten verwenden derartige Gerüste zielgerichtet im Sinne von Werkzeugen. Diese erfüllen keinen Selbstzweck sondern dienen dazu, die richtigen Fragen zu stellen. Die eigentlichen Ziele sind die Identifizierung der wesentlichen Erfolgsfaktoren eines Unternehmens, das Erkennen und Bewerten zukünftiger Chancen und Risiken und nicht zuletzt die Transparenz und Nachvollziehbarkeit der Ergebnisse der Unternehmensanalyse.

Die Untersuchung eines Geschäftsmodells beginnt mit einer Analyse der Branchenstruktur: Wie attraktiv ist die Branche eines Unternehmens? Wie hoch sind die erzielbaren Margen? Nach Michael E. Porter[8] führt die Beantwortung dieser Fragen über eine Analyse der „Five Forces" zur Bestimmung der Wettbewerbsintensität: (1) der Rivalität innerhalb der Branche, (2) der Gefahr durch neue Wettbewerber, (3) der Gefahr durch Substitute, (4) der Macht seitens der Lieferanten und (5) der Macht seitens der Kunden. Schritt zwei ist eine Beurteilung der spezifischen Wettbewerbsposition eines Unternehmens. Sie erfolgt auf der Basis der Wettbewerbskräfte sowie der gewählten Wettbewerbsstrategie und damit u. a. den bereits genannten Fragen nach einer möglichen Kostenführerschaft, Differenzierung bzw. Einzigartigkeit der Produkte und Dienstleistungen oder einer Fokussierung auf eine bestimmte Nische. Schließlich geht es in einem letzten Schritt um die eigentliche Bewertung und um die Feststellung, wie erfolgreich das Management eines Unternehmens die gewählte Strategie umsetzt – mithin die Fragen nach Performance und Kennzahlen.

---

[8]   Porter M. E. (2008).

Performance und Kennzahlen

Das gewählte Geschäftsmodell und die Strategie des Managements haben in der Regel einen unmittelbaren Einfluss auf bestimmte Performancekennzahlen. Eine erfolgreiche Differenzierungsstrategie und Pflege eines bestimmten Markennamens sollten einem Unternehmen höhere Absatzpreise und damit höhere Bruttomargen ermöglichen; dagegen erzielt ein erfolgreicher Kostenführer trotz geringer Bruttomargen aus dem Verkauf von Massenprodukten höhere operative Erträge im Vergleich zu seinen Mitbewerbern. Die Kräfte des Wettbewerbs und die strategische Ausrichtung der Unternehmen beeinflussen Preise und Kosten, aber auch den Bedarf und Umfang von Investitionen. Die qualitative Bewertung wie erfolgreich eine bestimmte Strategie umgesetzt wurde, wie vorausschauend, mit welchen Strategien und wie rasch das Management in der Vergangenheit auf verschiedene Herausforderungen reagiert hat, ist daher eng verbunden mit einer quantitativen Analyse der historischen Unternehmensperformance und mündet schließlich in eine Prognose der zukünftigen Performance des Unternehmens durch den Analysten.

Einer der anerkanntesten Ansätze der Performanceanalyse ist das DuPont-Modell. Dabei werden wahlweise ROE (Return on Equity, Eigenkapitalrentabilität) oder ROA (Return on Assets, Vermögensrentabilität) in die einzelnen Performance-Konstituenten zerlegt:

Für den ROE gilt:

$$\frac{\text{Nettogewinn}}{\text{Eigenkapital}} = \frac{\text{Vermögen}}{\text{Eigenkapital}} \times \frac{\text{Umsatz}}{\text{Vermögen}} \times \frac{\text{EBIT}}{\text{Umsatz}} \times \frac{\text{EBT}}{\text{EBIT}} \times \frac{\text{Nettogewinn}}{\text{EBT}}$$

Der ROA setzt sich zusammen aus:

$$\frac{\text{Nettogewinn}}{\text{Vermögen}} = \frac{\text{Umsatz}}{\text{Vermögen}} \times \frac{\text{EBIT}}{\text{Umsatz}} \times \frac{\text{EBT}}{\text{EBIT}} \times \frac{\text{Nettogewinn}}{\text{EBT}}$$

Die Stromgrößen aus der Gewinn- und Verlustrechnung werden in der Regel mit durchschnittlichen Bestandsgrößen aus der Jahresanfangs- und Endbilanz verbunden. Der Charme des Ansatzes liegt in seiner Strukturierung, mit deren Hilfe sich weiterführende Fragestellungen und Analysen eingrenzen lassen. Ein hoher ROE kann beispielsweise Folge eines vergleichbar niedrigen Eigenkapitalanteils gemessen am Gesamtvermögen sein, mit anderen Worten eines hohen bilanziellen Leverage; stellt ein Analyst dies fest, wird er daraufhin gegebenenfalls Szenarien zu unterschiedlichen konjunkturellen Rahmenbedingungen entwickeln und die Auswirkungen insbesondere auf die weitere Zahlungsfähigkeit des Unternehmens untersuchen.

Bonität und Kennzahlen

Den breitesten Raum innerhalb eines Research-Reports nimmt in aller Regel die Frage nach der Bonität des Emittenten ein: Welche (freien) Cashflows werden dem Unternehmen zukünftig zur Verfügung stehen? Aus welchen liquiden Mitteln wird es die Anleihe bedienen? Grundlage für die Beurteilung dieser Fragen ist eine ausführliche Analyse der wichtigsten Finanzdaten (Gewinn- und Verlustrechnung, Bilanz und Kapitalflussrechnung) über einen ausreichenden Zeitraum, im Idealfall über einen vollständigen Konjunkturzyklus, also etwa fünf bis sieben Jahre. Stehen entsprechende historischen Daten nur für einen kürzeren Zeitraum zur Verfügung – wie dies bei den meisten Emissionen von Mittelstandsanleihen bislang der Fall ist –, sind Abstriche hinsichtlich der Belastbarkeit der Daten und möglicher Trendaussagen erforderlich. Wie schwer der Verlust an Aussagekraft letztendlich wiegt, hängt vom jeweiligen Geschäftsmodell ab, aber auch davon, wie zyklisch ein Geschäftsmodell ist bzw. in welcher Geschäftsphase sich ein Unternehmen zum beobachteten Zeitpunkt befindet. Schwierig ist die Situation insbesondere bei jungen Unternehmen, in einer frühen Phase des Lebenszyklus, wenn noch keine Erfahrungen für die verschiedenen Branchen- und Konjunkturzyklen vorliegen.

Die Bonität eines Emittenten umfasst aber nicht nur die Generierung von Eigenmitteln aus der operativen Tätigkeit heraus oder durch die Veräußerung bzw. Securitization von Vermögensgegenständen wie zum Beispiel den Verkauf von Forderungen, sondern schließt auch die Frage mit ein, inwieweit zusätzliche Finanzierungsquellen oder Kreditlinien dem Unternehmen offen stehen. Dazu zählt auch die Einschätzung, wie bindend und damit zuverlässig mögliche Finanzierungszusagen seitens der Banken getroffen wurden.

Für die Beurteilung eines Unternehmens bzw. einer Anleihe wird der Analyst die verfügbaren Daten und Informationen zu verschiedenen Kennzahlen zusammenfassen. Die wichtigsten bond-spezifischen Kennzahlengruppen sind: Verschuldungs- und Deckungsgradkennzahlen sowie Kennzahlen zur Kapitalstruktur, mit derer Hilfe eine erste Bonitätseinschätzung eines Emittenten erfolgt. Die Betonung liegt auf „erster" – keine der nachfolgenden Kennzahlen kann eine intensive Auseinandersetzung mit dem Geschäftsmodell eines Unternehmens, der Finanzdaten sowie des äußeren Umfeldes (Branche, Konjunktur, Gesetze und Regulierungsbestimmungen) ersetzen. Auch lassen sich Kennzahlen nicht über verschiedene Unternehmen oder gar Branchen generalisieren und so ist die Erklärung und Bewertung der Kennzahlen – bezogen auf einen konkreten Fall – immer auch eine der vordringlichen Aufgaben des Bond-Analysten.

Abbildung 12.1   Kennzahlengruppen und Beispiele

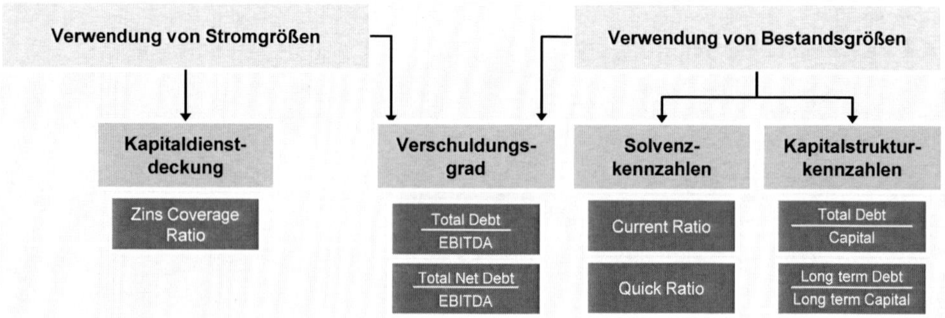

Quelle: Sphene Capital, DVFA

In vorstehender Abbildung 12.1 sind die wichtigsten Kennzahlen zusammengefasst, die aus unserer Sicht in keinem professionellen Bond-Research fehlen dürfen[9]:

Kurzfristige Solvenz-Kennzahlen

Kurzfristige Solvenz-Kennzahlen geben einen Hinweis darauf, inwieweit die kurzfristigen Vermögenswerte eines Unternehmens ausreichen würden, um daraus die kurzfristigen Verbindlichkeiten zu bedienen[10]:

$$\text{Current Ratio} = \frac{\text{Umlaufvermögen}}{\text{Kurzfristige Verbindlichkeiten}}$$

$$\text{Quick Ratio} = \frac{\text{Umlaufvermögen} - \text{Vorräte}}{\text{Kurzfristige Verbindlichkeiten}}$$

Kennzahlen zur Kapitaldienstdeckung

Kapitaldienstdeckungskennzahlen setzten die Cashflows eines Unternehmens dem Schuldendienst und Verpflichtungen aus Leasing gegenüber. Je nach Geschmack kann zwischen der auf das EBIT

$$\text{EBIT Zins Coverage} = \frac{\text{EBIT}}{\text{Zinsen} + \text{Zinsanteil Leasing}}$$

und – aus unserer Sicht sinnvoller – das EBITDA bezogene Zinsdeckung unterschieden werden

$$\text{EBITDA Zins Coverage} = \frac{\text{EBITDA}}{\text{Zinsen} + \text{Zinsanteil Leasing}}$$

eher seltener findet sich dagegen eine Variante, die sich auf den operativen Cashflow der Emittentin bezieht:

$$\text{Free Operating Cashflow Zins Coverage} = \frac{\text{Free Operating Cashflow} + \text{Zinsen}}{\text{Zinsen} + \text{Tilgungsverpflichtungen}}$$

Kennzahlen zum Verschuldungsgrad

Bei den Kennzahlen zum Verschuldungsgrad werden Strom- und Bestandsgrößen vermischt. Im Gegensatz zu den vorgenannten Kennzahlen sind sie umso attraktiver, je niedriger sie ausfallen. Kennzahlen zum Verschuldungsgrad beziehen sich entweder auf die Gesamtverschuldung eines Unternehmens, also

---

[9] Vgl. hierzu auch DVFA Deutsche Vereinigung für Finanzanalyse und Asset Management (2011).
[10] Es liegt in der Natur der Kennzahlen, dass keine Beurteilung darüber erfolgt, inwieweit ein Unternehmen sein Working Capital auch effizient nutzt.

$$\text{Total Debt to EBITDA} = \frac{\text{Gesamte zinstragende Verbindlichkeiten}}{\text{EBITDA}}$$

bzw.

$$\text{Durchschnittliche Rückzahlungsdauer} = \frac{\text{Gesamte zinstragende Verbindlichkeiten}}{\text{Free Operating Cashflow} - \text{Dividenden}}$$

oder auf die Nettoverschuldung des Unternehmens, also

$$\text{Total Net Debt to EBITDA} = \frac{\text{Zinstragende Verbindlichkeiten} - \text{Liquide Mittel} - \text{Wertpapiere}}{\text{EBITDA}}$$

Kennzahlen zur Kapitalstruktur

Kennzahlen zur Kapitalstruktur bilden die Zusammensetzung des Kapitals und damit die Passivseite der Bilanz ab. Sie geben eine Antwort auf die Frage: Wie hoch ist das finanzielle Leverage eines Unternehmens? Gleichwohl vermitteln diese Kennzahlen alleine keine ausreichenden Informationen darüber, wie hoch letztlich das Risiko eines Investments ist. Vor einer entsprechenden Bewertung sind immer auch weitere Einflussgrößen, wie die Wettbewerbssituation innerhalb der Branche, die Zyklizität der Branche und die Volatilität der Unternehmensgewinne, die grundsätzliche Ergebnisstabilität und die Stetigkeit der Cashflowentwicklung, zu berücksichtigen. Also

$$\text{Langfristige Verbindlichkeiten Capital Ratio} = \frac{\text{Langfristige Verbindlichkeiten}}{\text{Langfristige Verbindlichkeiten} + \text{Eigenkapital}}$$

oder

$$\text{Total Debt Capital Ratio} = \frac{\text{Kurzfristige und Langfristige Verbindlichkeiten}}{\text{Kurzfristige und Langfristige Verbindlichkeiten} + \text{Eigenkapital}}$$

12.2.2   Zugrundeliegende Sicherheiten

Die Stellung von Sicherheiten ist kein zwingender Bestandteil einer Unternehmensanleihe. Werden Sicherheiten für eine Anleihe gestellt, dann begründen diese zunächst einen vorrangigen Anspruch des Investors („absolute Vorrangregel") im Falle einer Zahlungsunfähigkeit des Emittenten. Allerdings kann diese Regel im Fall einer Reorganisation im Rahmen eines Insolvenzplanverfahrens auch ausgehebelt werden; für die Beurteilung einer konkreten Anleihe durch einen Analysten spielen die zugrundeliegenden Sicherheiten daher oft eine eher untergeordnete Bedeutung.

12.2.3   Zusätzliche Anleihebedingungen (Covenants)

Jedes Unternehmen unterliegt gewissen Einschränkungen und Bedingungen, die generell einem Schutz der Gläubiger dienen. Dazu zählen insbesondere, dass ein Unternehmen regelmäßig und vollumfänglich sämtliche Zahlungsverpflichtungen erfüllt, die Bewahrung und Pflege der Vermögensgegenstände und die Sicherstellung einer reibungslosen Geschäftstätigkeit sowie die Erfüllung von Mindestkommunikationsvorschriften gegenüber seinen Interessensgruppen.

Zusätzlich zu den Verpflichtungen des Kreditnehmers, bestimmte Dinge zu tun, können in den Anleihebedingungen auch ausdrückliche Negativklauseln vereinbart werden. Diese sind sehr vielgestaltig, häufig werden unter anderem Grenzen für die weitere Aufnahme von Fremdkapital festgelegt, sei es durch die Feststellung eines Maximalbetrages oder durch die Definition einer bestimmten Kapitalstruktur. Andere Restriktionen können die Gewinnausschüttung in Form von Dividenden oder den Rückkauf von eigenen Aktien regeln. All diese Regelungen sind im Rahmen eines Bond-Research grundsätzlich relevant; insbesondere hinsichtlich der Einschätzung, inwieweit die Bedingungen einer Anleihe und Regelungen früherer Kreditverträge die Entscheidungen zur operativen Geschäftsführung und bei Finanzierungsfragen beeinflussen.

12.2.4   Qualität des Managements und Corporate Governance

Der Begriff der Corporate Governance umfasst alle Grundsätze eines Unternehmens, die Unternehmenspolitik und festgelegte Prozesse sowie klar definierten Verantwortungsstrukturen, die allesamt dazu dienen, Interessenkonflikte innerhalb des Unternehmens zu vermeiden bzw. deren negative Folgen zu mindern. Verschiedene empirische Untersuchungen haben den Einfluss des Corporate Governance-Systems auf die Unternehmensperformance, die Kursentwicklung und das Rating untersucht. Insbesondere haben S. Bhojraj und P. Sengupta den Zusammenhang zwischen Bond-Renditen, Bond-Ratings und Corporate Governance auf der Basis einer Grundgesamtheit von 1.005 Industrie-Anleihen über einen Zeitraum von fünf Jahren zwischen 1991 bis 1996 beobachtet. Demnach können Corporate Governance-Mechanismen das Ausfallrisiko von Bonds reduzieren, indem sie die Kosten für die Kontrolle des Managements („Agency Costs") senken und das Informationsungleichgewicht zwischen Unternehmen und Gläubigern reduzieren. Unternehmen mit einer starken institutionellen Eigentümerstruktur und Außenkontrolle profitieren von niedrigeren Renditen und besseren Ratings ihrer Anleihen[11].

Ohne einen Anspruch auf allgemeine Gültigkeit zu erheben, haben sich in den vergangenen Jahren eine Reihe von Standards und Verhaltensnormen entwickelt, die – von einem Unternehmen implementiert – von Analysten und Investoren häufig als Hinweis für den Charakter und die Qualität des Managements interpretiert werden. So hat die OECD 1999

---

[11]   Bhojraj, S./Sengupta, P. (2001).

und in der Neufassung von 2004 bestimmte Grundsätze eines Corporate Governance-Systems vorgeschlagen. Diese betreffen im Einzelnen

- die Aktionärsrechte und Schlüsselfunktionen der Kapitaleigner,

- die Gleichbehandlung der Aktionäre,

- die Rolle der verschiedenen Unternehmensbeteiligten,

- Offenlegung und Transparenz sowie

- die Pflichten des Aufsichtsorgans.

Diese Grundsätze gelten nach Auffassung der OECD insbesondere für börsennotierte Unternehmen, können darüber hinaus auch ein nützliches Instrument zur Verbesserung der Unternehmensführung nicht börsennotierter Unternehmen darstellen und als Grundlage für die Entwicklung guter Regeln in der Unternehmensführung dienen[12].

Literatur

[1]   Bhojraj, S./Sengupta, P. (2001): Effect of Corporate Governance on Bond Ratings and Yields: The Role of Institutional Investors and Outside Directors, abgerufen am 25.09.2011: http://ssrn.com/abstract=291056.
[2]   DVFA Deutsche Vereinigung für Finanzanalyse und Asset Management (2011): Mindeststandards für Bondkommunikation, Frankfurt am Main.
[3]   Esser, S. F. (1995): High-Yield Bond Analysis: The Equity Perspective, Ashwinpaul, C. S. (Hrsg.) Credit Analysis of Nontraditional Debt Securities, Association for Investment Management and Research, Charlottesville.
[4]   Fabozzi, F. J. (2001): Bond Portfolio Management, John Wiley & Sons, Hoboken.
[5]   Fabozzi, F. J. (2007): Fixed Income Analysis, CFA Institute, John Wiley & Sons, Hoboken.
[6]   Fridson, M. S. (2010): How Research from High-Yield Market Can Enhance Equity Analysis, CFA Institute, Charlottesville.
[7]   OECD Publications (2004): OECD-Grundsätze der Corporate Governance, Neufassung 2004, abgerufen am 25.09.2011: http://www.oecd.org/dataoecd/57/19/32159487.pdf.
[8]   Porter M. E. (2008): The Five Competitive Forces that Shape Strategy, Harvard Business Review, Januar 2008, S. 79-93.

---

[12]   OECD Publications (2004).

13 Anleiheplatzierung nach Ende der stückzinsfreien Zeichnungsphase

Christian Schäfer (Conmit Wertpapierhandelsbank AG)

Immer öfter sieht man in der letzten Zeit, dass Anleiheemissionen am Ende der stückzinsfreien Zeichnungsphase nicht vollständig gezeichnet wurden. Dies geschieht bewusst oder unbewusst und liegt oft in der Tatsache begründet, dass das Emissionsvolumen der als „bis zu"-Emissionen strukturierten Anleiheemissionen maximal nach oben ausgereizt wird, da, anders als beim Börsengang, auch eine Teilvalutierung der bereits girosammelverwahrten Globalurkunde einer Anleihe die Emission nicht scheitern lässt.

Eine unvollständige Platzierung einer Anleihe zum Zeitpunkt des Listings an der Börse ist ein unerwünschtes Ergebnis kann aber auch ein bewusster Bestandteil einer Emissionsstrategie sein. Der vorliegende Beitrag stellt die Besonderheiten der Zeichnung in der sog. „zweiten" Phase dar und zeigt Lösungsmöglichkeiten für eine (vollständige) Platzierung nach dem Listing, gibt aber auch Hinweise für einen Platzierungserfolg in der ersten Phase.

13.1 Maßnahmen für den Platzierungserfolg: Die Erarbeitung eine Platzierungsstrategie

Vermeidung einer zweiten Zeichnungsphase

Ob ein Emittent die zweite Zeichnungsphase zur Platzierung der Anleihe nutzen muss, kündigt sich in aller Regel im Verlauf der ersten Zeichnungsphase an. In diesem Fall liegt es letztlich in der Verantwortung des Emittenten, unverzüglich gegenzusteuern bzw. dies zu veranlassen. Im Fall einer laufenden Platzierung bleibt dem Emittenten häufig nur noch die Möglichkeit Ad-hoc-Maßnahmen anzuwenden, um den Platzierungserfolg in der ersten Phase noch sicherzustellen. Auf jeden Fall sollten auch die getroffenen Ad-hoc-Maßnahmen auf der Basis einer Fehleranalyse der bisherigen Emission getroffen werden. Typische Fehler finden sich meist in einer nicht marktgerechten Parameterdefinition der Anleihe, aber auch in der gewählten Kommunikations- und Platzierungsstrategie, also der Frage wo, wie, wann und mit welchem Mitteleinsatz die Emission begeben werden soll.

Maßnahmen können beispielsweise in der Einschaltung eines zusätzlichen Co-Lead-Managers bestehen, der aufgrund seiner Branchenexpertise oder über die spontane Aktivierung weiterer Selling Agents das Platzierungsvolumen erhöht. In der Regel können hier aufgrund des Zeitdrucks nur institutionelle Investoren angesprochen werden, so dass sich aus einer ursprünglich öffentlichen Platzierung zwangsweise eine Misch-Platzierung ergibt. Ob dieser Weg beschritten wird, muss der Emittent in Abhängigkeit von seiner Finanzierungsplanung entscheiden.

Emission als controllingfähiges Projekt

Eine Emission folgt einem bestimmten Ablauf, der sich aus den inhaltlich-sachlogischen Abhängigkeiten zwischen den einzelnen Arbeitsblöcken und Maßnahmen ergibt. So kann etwa ohne vorliegende Strukturierung der Anleihe der Wertpapierprospekt nicht erstellt werden. Die Abarbeitung einer logischen Folge von Arbeitsschritten bedeutet aber noch lange nicht, dass ein gesteuertes Projekt vorliegt. Zu einem Projekt gehören konstitutiv folgende Merkmale: Eine verantwortliche Projektleitung mit vertraglich vereinbarten Weisungs- und Steuerungsrechten den übrigen Projektbeteiligten gegenüber, ein Projektplan mit formal und inhaltlich definierten Arbeitsergebnissen für jeden Projektschritt und die Definition von messbaren Qualitätskriterien. Vor diesem Hintergrund schlagen wir auch vor, zukünftig in die Mandats- und Beratungsverträge zwischen Emittent und den Leistungserbringern verstärkt erfolgsabhängige Vergütungskomponenten einzubringen.

Eine Emission sollte stets unabhängig vom Emissionsvolumen, aber abhängig von der Zielgruppe der Investoren als Projekt mit den wesentlichen Projektrollen

- Emittent,

- Emissionsberater,

- Lead-Bank incl. banktechnischer Abwicklung,

- Selling Agent zur Unterstützung der Platzierung bei institutionellen oder privaten Investoren,

- Rechtsberatung und

- Investor Relations

bestehen. Die Projektplanung sollte beim Emissionsberater und der Lead-Bank liegen. Diese können sich ggf. Externer für Rating, Due Diligence (Betriebsprüfung des Emittenten) und Strukturierung der Finanzierung bedienen, wenn dies aus Gründen der Haftung oder zur Hinzuziehung von Spezialwissen notwendig erscheint.

Grundsätzlich kann mit einem standardisierten Projektplan gearbeitet werden, den sich der Emittent als Auftraggeber der Emission vorlegen lassen und diskutieren sollte. Je nach Umfang der Emission und der geplanten Zielgruppe von Investoren – hier vor allem in der Unterscheidung zwischen privaten und institutionellen Investoren – wird der Projektplan eine Kombination von Modulen beinhalten. So kann eine Emission einerseits standardisiert, andererseits durch fallbezogene Ergänzung um bestimmter Module erweitert werden, so dass der individuellen Situation des Emittenten stets Rechnung getragen wird. Wir sprechen diesbezüglich von einem möglichen und auch notwendigen Schritt der „Industrialisierung" von Anleiheemissionen innerhalb der hier diskutierten Segmente. Ziel muss es sein, durch die Standardisierung die Stückkosten einer Emission zu reduzieren und damit auch kleinere Emissionsvolumina profitabel am Markt zu platzieren.

Die Projektplanung des Leadmanagers sollte nicht nur die Meilensteine des Projektes „Emission" in der zeitlichen, formalen Form aufzeigen, sondern sie sollte auch inhaltlich messbar die Maßstäbe und die Ausprägungen definieren, an denen der Emittent in den einzelnen Phasen erkennen kann, ob der jeweilige Projekterfolg sichergestellt ist oder nicht. Damit wird die Emission ein für den Emittenten controllingfähiges Projekt, innerhalb dessen der Lead-Manager an den Auftraggeber berichtet. Somit können „Überraschungen", die Ad-hoc-Maßnahmen erst erzwingen, vermieden werden. Ein wichtiger Meilenstein im Platzierungsprozess ist beispielsweise, wie viele institutionelle Investoren angesprochen worden sind und für welches Volumen eine Zusage zur Zeichnung besteht. Ein weiterer Meilenstein besteht in der intensiven Überwachung der Zeichnungsphase (vor allem der ersten Phase) und der Bereithaltung von sofort abrufbaren Maßnahmen zur Nachsteuerung der Zeichnung (Selling Agents etc.).

Schließlich gehört auch die Erarbeitung und Vorlage eines „Plans B" zur Aufgabe der Projektplanung, etwa falls unerwartete exogene Einflüsse in der kritischen Phase der Zeichnung auftreten sollten.

Schaffung von Transparenz über das platzierte Volumen

Während im Bereich der Finanzierung über Equity, z. B. bei einem Börsengang, die Veröffentlichung der Anzahl der gezeichneten Anteile gesetzlich vorgeschrieben ist, gibt es derartige Regelungen im Bereich Debt, also beispielsweise bei Anleihen, (noch) nicht – obwohl solche Regeln Transparenz für den Investorenmarkt schaffen würden. Der Anteil der erfolgreichen Platzierungen am Gesamtemissionsvolumen in der ersten Phase würde seitens der institutionellen und privaten Investoren als ein Indikator für die Attraktivität der Anleihe und des Emittenten gewertet werden. Insbesondere bei den oben erwähnten Misch-Platzierungen dürfte eine solche Vorgehensweise den Platzierungserfolg der zweiten Phase verbessern. Gleichzeitig würde eine solche Methode die genannten erhöhten Anforderungen an die Emissionsplanung stellen. Marktgerecht wäre hier zum Beispiel die wöchentliche Veröffentlichung der Platzierungsquote. Die Lead-Bank müsste hier die Quoten ermitteln und dem Emittenten zur Veröffentlichung innerhalb eines ausgestalteten Investor Relations-Programms zur Verfügung stellen.

Entwicklung neuer Vertriebswege und Verbesserung bestehender Wege

Die Bereitschaft zur Unterstützung der Platzierung einer Anleihe hängt auch wesentlich von den Anreizsystemen ab, in die der Selling Agent angebunden ist. Mit der Einführung der börslichen Mittelstandsmärkte in Deutschland – derzeit sind fünf Marktplätze in Betrieb – haben sich die Vermarktungswege für Retail-Investoren auf die beiden Wege der Zeichnung über die Börse und die Zeichnung über den Emittenten bzw. die Lead-Bank (Zahlstelle) konzentriert. Retail-Banken, hier insbesondere die Direktbanken, die vor allem über aktive Privatinvestoren in ihrem Kundenportfolio verfügen, fungieren dagegen immer seltener als Selling Agent. Der Grund dafür ist zunächst nur ein technischer: Aufgrund der technischen Angabe des jeweiligen Börsenplatzes im verwendeten Order-Erfassungssystem wird dem Orderbuchmanager nicht mehr mitgeteilt, von welcher Bank der Zeichnungsauftrag erfasst worden ist. Im Extremfall könnte die Lead-Bank bzw. der Emittent die vereinbarte Bezahlung für die Vermittlung des Kunden („Selling Fee") an den Selling Agent schlichtweg verweigern. Nur die Übermittlung der Zeichnungsorder über das System des sogenannten Zeichnungsfensters würde die Information über die Bank des Zeichners an den Orderbuchmanager weiterleiten; dieses System wird aber kaum noch genutzt.

In der Vergangenheit wurde vereinzelt eine Lösung umgesetzt, um im bestehenden System die Kennung der die Order erfassenden Bank (Selling Agent) an den Orderbuchmanager und in der Folge an die Lead-Bank/Zahlstelle sicherzustellen: Der Selling Agent tauscht vor der Weiterreichung der Orderdaten seine Kennung (dies ist die sogenannte Kassenvereins-nummer) mit dem Orderbuchmanager aus, so dass der Orderbuchmanager bzw. die Lead-Bank die Order dem Selling Agent eindeutig zuordnen kann. Mit dieser einfach umzuset-zenden Maßnahme können die Retail-Banken wieder an das Anreizsystem für die Unter-stützung einer Platzierung angebunden werden.

Das Potential für Emittenten im Bereich der Retail-Platzierung liegt allein bei den deut-schen Direktbanken zusammengenommen bei ca. 15 Millionen Kunden. Diese Banken können durch ihre Informationsmedien wie z. B. Newsletter aktiv über die Anleihe infor-mieren.

13.2   Der Ablauf der Zeichnung im öffentlichen Angebot

Die längst mögliche Dauer einer Zeichnungsphase richtet sich zunächst nach der maxima-len Gültigkeitsdauer des Wertpapierprospektes, die nach § 9 Abs. 1 Wertpapierprospektge-setz zwölf Monate beträgt. In der Praxis werden jedoch ein bis vier Wochen zwischen Ver-öffentlichung des Prospektes und der Zuteilung sowie dem Listing an der Börse angesetzt und im Wertpapierprospekt veröffentlicht. Diese Phase bezeichnet man auch als die erste Zeichnungsphase.

Die Gründe, diese Phase möglichst kurz zu halten, liegen anlegerseitig in dem Interesse der Vermeidung einer zinslosen Kapitalbindung bei der Zahlstelle (auch wenn nach wie vor die Option einer Teilvalutierung bzw. Teillieferung besteht). Die Vorteile einer längeren ersten Zeichnungsphase liegen vor allem in der Möglichkeit einer breit gestreuten Retail-Platzierung durch die längere „marktoffene Zeit", die insbesondere für die Akquisition und die Roadshow genutzt werden kann. In der Praxis hat sich die Dauer von zwei bis zu vier Wochen für die erste Zeichnungsphase durchgesetzt.

Das Ende der zweiten Zeichnungsphase wird entweder dadurch erreicht, dass der gesamte 12-Monatszeitraum abgelaufen ist, oder dass das Emissionsvolumen der Anleihe vollstän-dige platziert wurde.

Abbildung 13.1   Überblick über die Zeichnungsphasen

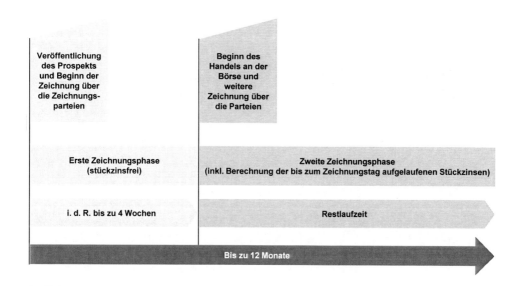

Quelle: Conmit Wertpapierhandelsbank

Mit der Zuteilung der Anleihe an die Zeichner sowie dem zeitgleichen Listing an der Börse werden weitere Pflichten des Emittenten wirksam, insbesondere die Verpflichtung zur Zahlung des Coupons. Zeichnet ein Anleger nach dem Listing, so steht ihm nicht der gesamte Coupon zu, sondern nur der nach seiner Haltezeit pro rata temporis bemessene Anteil des Coupons, zum Ausgleich dafür bezahlt er den allgemein als Stückzins bezeichneten Verrechnungsbetrag an den Verkäufer bzw. Emittenten. Zeichnungen in der zweiten Phase stehen in Konkurrenz zu möglichen börslichen Käufen der Anleihe und erfordern je nach Notierung der Anleihe weitere Steuerungsmaßnahmen, auf die später eingegangen werden soll.

13.3   Die Zeichnung der Anleihe

Die Anleihe kann über mehrere Wege gezeichnet werden, wobei sich vielfach im Interesse einer investorenfreundlichen Vorgehensweise die Kombination nachstehender drei Möglichkeiten sowohl in der ersten als auch in der zweiten Zeichnungsphase als zielführend herausgestellt hat. In jedem Fall kommt der Lead-Bank die Aufgabe der Gesamtkoordinationsfunktion aller Orders zu. Hierbei müssen die Lead-Bank/Zahlstelle und der Orderbuchmanager in einer engen zeitlichen Abstimmung stehen, da, falls es in der Zeichnungsphase zu einer Überzeichnung der Emission kommt, unmittelbar eine Repartierung des aktuell im Orderbuch befindlichen Zeichnungsaufträge vorgenommen werden muss. Repartierung bedeutet, dass die Zuteilung der Stücke prozentual nach dem jeweiligen Zeichnungsvolumen des Zeichners herabgesetzt wird. In der Regel wird ein Mal pro Tag eine Sammelorder mit allen Zeichnungsaufträgen eines Tages („Blockorder") gegen die Zahlstelle erteilt und damit die Globalurkunde, in der die Rechte der Anleihekäufer verbrieft sind, (teil-)valutiert.

Die geldseitige Regulierung der Zeichnungsorders, also die Bezahlung der Wertpapiere durch den Zeichner, ist in der Praxis bislang durch Überweisungen des Zeichners durchgeführt worden. Eine Zuteilung erfolgte erst immer dann, wenn der Kommissionär – also die Lead-Bank – die entsprechenden Zahlungen erhalten hat. Alternativ zu einer Überweisung ist es für die geldseitige Abwicklung der Zeichnung auf allen hier erwähnten Zeichnungswegen auch möglich, dass der Kunde bei der Lead-Bank einen Lastschriftauftrag zu Lasten seines Kontos erteilt. Die bisherigen Erfahrungen mit dieser bislang kaum praktizierten Vorgehensweise zeigen, dass dies als sehr kundenfreundlich wahrgenommen und von etwa einem Viertel der Zeichner genutzt wird. Der Zeichner erspart sich den Arbeitsschritt der Überweisung. Es muss hier allerdings der Entscheidung des Emittenten überlassen bleiben, ob dieser Zahlungsweg gewählt werden soll, denn die abwickelnde Bank dürfte aus Gründen des Lastschrift-Risikos für die Dauer der Rückgabefrist der Lastschrift eine Sicherheit vom Emittenten fordern.

13.3.1   Die Zeichnung über den Emittenten

Der Emittent bindet ein Tool zur Online-Erfassung der Stammdaten des Zeichners („Zeichnungsbox") in seine Webseite ein, über das der Anleger einen Zeichnungsauftrag absetzten kann. Dieses Tool ist bei verschiedenen Herstellern als Standard-Software verfügbar und für die konkrete Anleihe konfigurierbar. Der Anleger muss in der Zeichnungsbox folgende Informationen hinterlegen.

■ Ausmachender Zeichnungsbetrag oder Anzahl Stücke bei Festpreis

■ Name, Vorname

■ Adresse

■ Telefonnummer, E-Mail

■ Depotnummer des Endbegünstigten

■ Bank des Endbegünstigten inkl. Bankleitzahl

Nach Abschluss der Dateneingabe wird automatisch der fertige Zeichnungsauftrag als ein elektronisches Dokument an den Anleger versandt. Der Anleger unterzeichnet daraufhin rechtsverbindlich den ausgedruckten Auftrag und sendet ihn an den Emittenten oder die Lead-Bank bzw. die Zahlstelle, die nach erfolgtem Zahlungseingang auf dem Zahlstellenkonto die Zuteilung vornimmt. Anlegerfreundlich ist hier, dass der Kunde sich in der Zeichnungsbox zu jedem Zeitpunkt den Status der von ihm beauftragten Zeichnung anzeigen lassen kann.

13.3.2   Die Zeichnung über die Hausbank (Direktbank) des Anlegers

Der Zeichnungsauftrag kann auch über die depotführende Bank des Zeichners („Hausbank") erteilt werden. Die Hausbank leitet die Zeichnungsorder durch die Nutzung einer direkten Anbindung an die entsprechende Börse weiter.

13.3.3   Die Zeichnung über die Lead-Bank und die Börse

Wie auch bei der Zeichnung über den Emittenten sollte dem Anleger bzw. Investor zusätzlich die Möglichkeit der Zeichnung über die Lead-Bank gegeben werden oder auch, sofern einer der börslichen Mittelstandsmärkte an der Emission beteiligt ist, die Möglichkeit der direkten Zeichnung über die Börse. Die bei der Börse eingehenden Zeichnungsorders werden durch den Orderbuchmanager bei der Börse überwacht und ausgeführt. Der Orderbuchmanager ist ein zugelassener Händler der jeweiligen Börse. Dieser hat im Rahmen der Zeichnung die Aufgabe während der gesamten Zeichnungsperiode zum Handelsbeginn einen Quote, also einen verbindlichen Kaufpreis, zu stellen. Die Quote muss dem Emissionsfestpreis des Wertpapiers entsprechen.

Abbildung 13.2   Übersicht über die Zeichnungswege

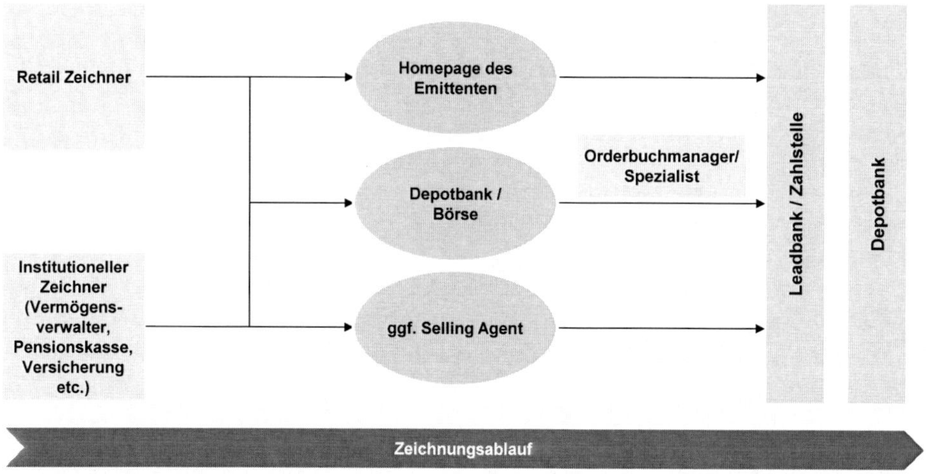

Quelle: Conmit Wertpapierhandelsbank

13.3.4   Die Zeichnung über Selling Agents

Im Rahmen einer öffentlichen Platzierung erfolgt die Platzierung an Retail-Anleger und auch an institutionelle Investoren in der Regel auch über sogenannte Selling Agents, die von der Lead-Bank mandatiert und in deren Auftrag potenzielle Investoren auf die Emission aufmerksam machen oder direkt ansprechen, zu denen die Lead-Bank selbst keine Kundenbeziehungen pflegt. Sind institutionelle Anleger an der Zeichnung beteiligt, so ist es üblich, dass eine sogenannte „Lieferung gegen Zahlung" durch die Lead-Bank durchgeführt wird.

13.4   Platzierung in der zweiten Zeichnungsphase - Platzierungsstrategie und Kommunikation

Die Strategie der Platzierung setzt zunächst die klare Definition der Unternehmensstrategie des Emittenten voraus. Erst eine klar formulierte und in sich schlüssige Unternehmensstrategie kann überhaupt Vertrauen am Kapitalmarkt schaffen. Denn sie beantwortet die Frage des potentiellen Investors nach der Lage des Unternehmens und nach dem Sinn der Mittelverwendung und ermöglicht dem potentiellen Investor überhaupt eine Einschätzung des Risikos seines Investments. Die aus der Unternehmensstrategie abgeleitete Strategie der Platzierung mündet in die Festlegung aller wesentlichen Anleiheparameter wie Emissionszeitpunkt, Zinscoupon und Anleihelaufzeit incl. Couponterminen (jährlich, halbjährlich etc.). Abgeleitet aus der Entscheidung, ob eine Retail-Platzierung, eine Platzierung im öffentlichen Angebot oder Mischformen aus beiden umgesetzt werden soll, ist auch die Kommunikations-Strategie ein wesentlicher Bestandteil der Platzierungsstrategie; sie bereitet mit den notwendigen zeitlichen Vorläufen die Zielsegmente der Platzierung auf die Emission vor.

Eine Platzierung in der zweiten Zeichnungsphase muss nicht in jedem Fall ein unerwünschtes Ergebnis sein, sondern kann durchaus Bestandteil der Planung sein. So bietet es sich beispielsweise an, in der ersten Zeichnungsphase institutionelle Investoren anzuwerben, um ein zuvor definiertes Mindestmaß an Mittelzuflüssen zu erhalten und parallel und additiv dazu Retail-Investoren mit einem Mindestmaß an Werbeaufwendungen anzusprechen. Damit wird erst einmal die Aufnahmefähigkeit des Retail-Marktes getestet, ohne dass das Mindestmaß an Mittelzuflüssen gefährdet wird. In der zweiten Zeichnungsphase kann dann mit der Unterstützung durch zielgenaue Werbemaßnahmen das zu diesem Zeitpunkt noch erstrebte Zeichnungsvolumen am Retail-Markt eingeworben werden. Entscheidend für den Erfolg einer solchen phasenversetzten Misch-Platzierung scheint jedoch zu sein, dass den Marktteilnehmern diese Platzierungsstrategie als solche plausibel vermittelt wird. Es darf hier keinesfalls die Meinung bei den Marktteilnehmern entstehen, dass die Platzierung in der zweiten Phase deshalb durchgeführt werden muss, weil die Platzierung in der ersten Phase nicht wie beabsichtigt vollständig erfolgreich gewesen ist.

Platzierung nach zeitlicher Mittelerfordernis

Anleiheemissionen dienen verschiedentlich auch für die Finanzierung von Unternehmensakquisitionen. Hierbei nutzen Emittenten den Zeitraum der zweiten Zeichnungsphase aus, um beispielsweise eine avisierte, aber noch nicht rechtswirksame Akquisition zum gegebenen Zeitpunkt aus dem Mitteln der Emission leisten zu können. Der Vorteil ist hier, dass innerhalb des Einjahreszeitraums der Gültigkeit des Wertpapierprospektes sehr schnell Kapitalgeber akquiriert werden können. Im Wertpapierprospekt wird diese Mittelverwendung beschrieben und die Werbung des potentiellen Investors – Retail-Investor oder institutioneller Investor – in der zweiten Zeichnungsphase muss mit dem Hinweis auf eine bewusst spätere Zeichnung durchgeführt werden.

Veränderungen des Marktumfeldes

Kurzfristige Änderungen im Marktumfeld können die strategischen und auch operativen Planungsgrundlagen einer Emission in Frage stellen. Unter besonders widrigen Umständen kann dann eine vollständige Platzierung in der ersten Zeichnungsphase nicht erreicht werden. Die Faktoren dafür sind vielfältig und können von rasch auftretenden, allgemeinen Unsicherheiten in der Beurteilung der gesamtwirtschaftlichen Situation durch den Anleger bis hin zu kurzfristig auftretenden rechtlichen oder ökonomischen Änderungen in der Branche des Emittenten reichen. Diese Faktoren hemmen durch die erzeugte Unsicherheit in der Regel bei Retail-Investoren die Bereitschaft zu einem Engagement in die Anleihe. Institutionelle Anleger fällen ihre Investitionsentscheidungen vielfach auf Basis zusätzlicher Kriterien wie der erwarteten Fungibilität, nach dem Management, Covenants, einer möglichen Bond Story und Größe des Emittenten.

Ungenügende Emissionsplanung und unzutreffende Prämissen

Neben exogenen Faktoren kann eine ungenügende Emissionsplanung dazu führen, dass nicht wie beabsichtigt das gesamte Emissionsvolumen innerhalb der ersten Zeichnungsphase platziert wird. Die Emissionsplanung beruht vor allem auf Annahmen zur Aufnahmefähigkeit und zur Erschließung des Marktes. Diese Annahmen gehen in die Parameter der Anleihe selbst ein wie Coupon und Emissionsvolumen und die Parameter bestimmen die Art und Weise der Platzierung.

Neben unzutreffenden Prämissen kann auch eine unvollständige Emissionsplanung selbst oder deren nur teilweise Umsetzung den vollständigen Platzierungserfolg der ersten Phase verhindern und so unbeabsichtigt ggf. die Nutzung der zweiten Phase erzwingen. Häufig ist die fehlerhafte Ansprache von Investoren oder die Ansprache der falschen institutionellen Investoren eine Ursache für mangelnden Platzierungserfolg. So konnte es vorkommen, dass von der Lead-Bank eingeschaltete Selling Agents nicht über das notwendige Branchenwissen verfügten, um den Emittenten passgenau mit den institutionellen Investoren zusammenzubringen, die in der entsprechenden Branche nach Investitionsmöglichkeiten suchten.

13.5   Besonderheiten der Platzierung in der zweiten Zeichnungsphase

Die Beachtung der Stückzinsen und Stückzinsrechner

Unabhängig vom Zeichnungsweg haben Zeichnungen bzw. Zuteilungen in der zweiten Phase zu berücksichtigen, dass Stückzinsen für die Dauer zwischen Listing und Zuteilung berechnet werden, da diese dem Anleger für diesen Zeitraum nicht zustehen. Während der Anleger in der ersten Zeichnungsphase den ausmachenden Zeichnungsbetrag Brutto wie Netto kennt, muss er für die Zeichnung in der zweiten Phase den um den tagesaktuellen Stückzinsbetrag erhöhten Stückpreis kennen, um ganze Stücke ordern zu können. Deshalb müssen dem Anleger Stückzinsrechner zur Verfügung stehen, anhand deren er den tagesaktuell ausmachenden Betrag für die gezeichneten Stücke berechnen kann. Selbstverständlich müssen die mit der Emission betrauten Stellen auf der Seite des Emittenten wie z. B. Investor Relations jederzeit bereit sein, dem Anleger Hilfestellung zu geben. Aber auch auf der Homepage des Emittenten sollten Stückzinsrechner als Ergänzung des Zeichnungstools („Zeichnungsbox") zur Verfügung stehen.

Der Zeichnungsweg direkt über die Börse verlangt ebenso wie der Weg über den Emittenten die Bereitstellung eines Stückzinsrechners. Anders bei der Zeichnung über die Lead-Bank (Zahlstelle): Hier wird die Lead-Bank selbst die Stückzinsen berechnen können und dem Zeichner über den ausmachenden Betrag informieren. Dasselbe gilt für die Zeichnung über die Hausbank des Zeichners.

Die bisherigen Erfahrungen von Zeichnungen während der zweiten Zeichnungsphase haben gezeigt, dass es nicht ausreichend ist, dem Anleger einen Stückzinsrechner einfach nur zur Verfügung zu stellen; vielmehr hat sich herausgestellt, dass ein erheblicher Erklärungsbedarf zur Stückzins-Thematik besteht. In der Praxis kann dies durch eine geeignete IR-Beratung („Hotline") des Emittenten oder des börslichen Mittelstandsmarktes gelöst werden.

Für die Berechnung der Stückzinsen gilt die Formel:

$$\text{Stückzins} = \text{Kapital} \times \text{Zinssatz} \times \frac{\text{Stückzinstage}}{\text{Anzahl Tage pro Jahr}}$$

Die Stückzinstage entsprechen der Anzahl an Tagen vom letzten zurückliegenden Zinstermin (bzw. Zinslaufbeginn) inklusive bis zur Zinsvaluta. Dazu ein kurzer Exkurs. Es gibt zwei maßgebliche Konventionen, wie eine Anleihe in den Bedingungen aufgesetzt werden kann:

■ Die historische ältere Konvention zählt die Tage so, dass jeder Monat mit 30 Tagen gerechnet wird, die sogenannte deutsche oder buchhalterische Methode (30/360-Methode). Diese Berechnungsmethode ist beim händischen Ausrechnen der Stückzinsen einfacher, Probleme ergeben sich allerdings beim 31. eines Monats und im Februar.

■ Jünger ist das Verfahren, die Tage so zu zählen, wie sie sind, die sogenannte ACT/ACT-Methode, auch ISDA-Methode genannt (nach der International Swaps and Derivatives Association). Dabei werden die Tage im Jahr gezählt, wie sie tatsächlich angefallen sind.

Je nach Ausgestaltung der Anleihe, ob eine jährliche, halbjährliche oder sogar vierteljährlicher Zinszahlung erfolgen soll, muss eine Variante gewählt werden. Dazu ist aufgrund der komplexen Ausprägungen die Einschätzung eines Wertpapierspezialisten erforderlich.

Wichtig im Zusammenhang mit den Stückzinsen ist, dass während der ersten Zeichnungsphase bei Einstellung der Geschäftsbestätigung (Schlussnote) in das Börsensystem („BOEGA") durch den Eingeber darauf zu achten ist, dass im Feld der Zinsvaluta zwingend der Zinslaufbeginn hinterlegt wird. Hier wurde in der Vergangenheit von diversen Banken als Valuta „Geschäftstag + 2" hinterlegt, was zu großen Problemen in der Abwicklung führte und Transaktionen häufig rückabgewickelt werden mussten.

Die Wertstellung bei Belieferung

Ein wichtiger Unterschied zwischen der ersten und zweiten Zeichnungsphase besteht in der geldseitigen Erfüllung der Zeichnungen: Die Belieferung bzw. Geldverrechnung der ausgeführten Geschäfte erfolgt für Zeichnungen aus der ersten Angebotsphase nach dem in den Anleihebedingungen genannten Valutatag. In der zweiten Phase jedoch wird die Belieferung bei den in Deutschland verwahrten Anleihen am Geschäftstag mit Valuta plus 2 Arbeitstage („Valuta + 2") ausgeführt.

Probleme in der zweiten Zeichnungsphase bei Zeichnungen über das Zeichnungstool des jeweiligen Börsenplatzes bzw. des Emittenten

Die zweite Zeichnungsphase unterscheidet sich für den Investor im Wesentlichen dadurch, dass durch den parallel laufenden Sekundärmarkt bereits eine Marktbewertung der Anleihe vorgenommen wird. Der Kurs verharrt somit nicht mehr zwangsweise auf seinem Ausgabekurs, sondern passt sich dem Angebot und der Nachfrage der Marktteilnehmer an. Für den Emittenten ist dies solange ohne Bedeutung, als sich ein Marktkurs über den ursprünglichen Ausgabekurs einstellt. Dieses Szenario dürfte allerdings gerade in der zweiten Zeichnungsphase eher unrealistisch sein. Denn der Emittent kommt eben aufgrund der fehlenden Nachfrage überhaupt erst in die Bedrängnis, in diese zweite Angebotsphase einzutreten. Realistisch dürfte daher sein, dass sich ein Kurs eher unterhalb oder bestenfalls in der Nähe des ursprünglichen Ausgabekurses an der Börse einstellt.

Was bedeutet diese Schlussfolgerung nun aber in der Praxis? Platziert der Emittent seine Anleihe unterhalb des ursprünglichen Ausgabekurses, verteuert sich der Bond für den Emittenten, während sich aus Sicht des Investors die Rendite erhöht.

Der Emittent muss also darauf achten, zu welchem Kurs er seine Anleihe noch platzieren möchte bzw. kann und ab wann es für ihn unwirtschaftlich wird. An dieser Stelle gilt somit in jedem Fall die Grenzkostenbetrachtung. Eine Durchschnittsbetrachtung wie Sie von vielen Dienstleistern und Banken am Markt propagiert wird, ist in jedem Fall abzulehnen, denn es kann keinen wirtschaftlichen Nutzen geben, über die Anleihe auch nur eine Euro über den opportunen Finanzierungkonditionen aufzunehmen. In der Praxis stellen sich somit für den Emittenten je nach Beschaffenheit des Zeichnungstool des jeweiligen Börsenplatzes folgende Optionen dar:

- Der Emittent platziert auch in der zweiten Zeichnungsphase weiterhin nur zum Ausgabekurs: Anleger werden sich zunächst am Sekundärmarkt so lange Anteile beschaffen, bis sich der aktuelle Anleihekurs auf Ausgabekurs befindet. In Abhängigkeit der Funktionsweise des jeweiligen Zeichnungstools wird in der Regel ab diesem Moment der beauftragte Skontroführer damit beginnen, nicht mehr die Marktnachfrage mit dem Marktangebot überein zu bringen, sondern mit dem Angebot des Emittenten.

- Der Emittent gibt dem Skontroführer eine Untergrenze des Ausgabekurses vor: Das Angebot des Emittenten mit der Marktnachfrage ist somit leichter zu „matchen", da der Skontroführer je nach Situation individuell über den Ausgabekurs (bis zur Untergrenze) entscheiden kann.

- Der Emittent richtet sich nach den Markt. Wie bereits beschrieben ist diese Alternative aus betriebswirtschaftlicher Sicht abzulehnen: Lässt der Emittent den Sekundärmarkt darüber entscheiden zu welchem Kurs er seine Anleihe emittiert, etwa indem er immer zum Schlusskurs des Vortages zuteilt, begibt sich dieser nicht nur rein rechnerisch auf dünnes Eis. Er öffnet zudem auch Tür und Tor für Marktmanipulation. Denn nichts liegt Spekulanten näher, als gegebene Chancen auszunutzen. Und diese liegen darin, dass es keine Untergrenze beim Ausgabekurs gibt, die Nachfrage nur begrenzt vorhanden ist und diese vor allem in der Praxis mit schnell, stark fallenden Kursen nicht zunimmt. Dies liegt dabei zum einen darin begründet, dass der Markt im Mittelstandsbereich nur bedingt transparent ist. Zum anderen aber auch darin, dass ein hoher Anteil privater Zeichner vorhanden ist. Diese agieren oftmals nicht rational, lassen sich also von fallenden Kursen verunsichern und zum Verkaufen animieren.

13.6   Maßnahmen für den Platzierungserfolg in der zweiten Zeichnungsphase

Wir haben bereits dargestellt, dass eine Platzierung in der zweiten Phase vermieden werden sollte, wenn diese nicht ausdrücklicher Bestandteil der Finanzierungs- und Platzierungsstrategie des Emittenten ist. Ad-hoc Maßnahmen für die zwangsweise Platzierung in der zweiten Phase haben wir bereits oben erwähnt. Für eine strategisch beabsichtigte Nutzung der zweiten Phase haben sich folgende Maßnahmen zur Sicherung des Platzierungserfolges bewährt:

- Darstellung der Platzierungsstrategie vor Beginn der Maßnahme: Unvollständige Platzierungen zum Zeitpunkt des Listings wirken sich in der Regel negativ auf die Meinungen der Kapitalmarktteilnehmer über den Emittenten und den an der Emission beteiligten Parteien aus. Diese Meinung – einmal halböffentlich oder öffentlich in beispielsweise Online-Foren oder sogar der Fachöffentlichkeit formuliert – ist nur noch schwer zu entkräften. Deshalb muss eine zweiphasige Platzierungsstrategie glaubhaft und prominent zu Beginn der Emission vorgestellt werden. Dies bedeutet auch, dass über den gesamten Zeitraum der Emission bestimmte Emissions-Sollgrößen vorab definiert und das jeweils zu den Zielterminen erreichte Volumen veröffentlicht werden. Nur durch diese freiwillige Transparenz kann ein Höchstmaß an Vertrauen der Marktteilnehmer erzeugt werden.

■ Maßnahmen der Kommunikation: Für die zweite Phase haben sich verschiedene Maßnahmen als erfolgreich herausgestellt, die in einem auf den Emittenten und die Platzierungsstrategie zugeschnittenen Mix angewendet werden können: Investor Relations und Public Relations-Maßnahmen, Präsentation des Emittenten auf Kapitalmarktkonferenzen, Roadshows bei Zulieferbetrieben, Kunden des Emittenten oder institutionellen Anlegern. Die Erfahrung hat gezeigt, dass eine Platzierung über bestehende Netzwerke (insbesondere Kunden) des Emittenten erfolgversprechend sind. Auch verstärkte regionale Maßnahmen können erfolgreich sein, wenn ein Unternehmen durch seinen Nutzen als regionaler Arbeitgeber und Steuerzahler bekannt ist.

■ Vereinfachung der Zeichnung hinsichtlich der Stückzinsen: Die Zeichnungsorder in der zweiten Phase muss wie oben beschrieben die Stückzinsen berücksichtigen. Allerdings kommt in der Praxis ein Zeitunterschied dadurch zustande, dass zwischen Zeichnung und geldseitiger Erfüllung des Geschäfts durch Überweisung oder Lastschrifteinzug Zeit vergeht, für die wiederum die Stückzinsen reduziert werden müssen. Um hier unwirtschaftliche Buchungen zum Ausgleich dieser Geldbeträge zu vermeiden, sollte ein Bagatellbetrag eingeführt werden, bis zu dem der Investor nicht belastet wird. Denkbar ist hier sogar, dass je nach Emissionsstrategie der Emittent zusätzlich dem Investor einen bestimmten Stückzinsbetrag erstattet und so einen zusätzlichen Anreiz für eine Zeichnung gibt.

■ Weitere Einzelmaßnahmen: Ein weiteres Mittel der Wahl innerhalb der zweiten Zeichnungsphase ist die Einschaltung zusätzlicher Selling Agents vor allem mit dem Fokus der Platzierung im institutionellen Bereich. Zu beachten ist hier, dass die Kostenstruktur der Emission sich dadurch verändern kann.

13.7 Zusammenfassung

Zeichnungen in der zweiten Phase können aus finanzierungsstrategischen Gründen des Emittenten erwünscht sein – Stichwort Cashflow-Optimierung. Bei der Vermarktung können Einzelmaßnahmen über einen längeren Zeitraum kostengünstiger und effizienter als ein großer Werbedruck während der ersten Zeichnungsphase sein, da so ein besseres Tracking der Maßnahme möglich ist und unnötig hohe Werbekosten vermieden werden können. Allerdings führen Zeichnungen während der zweiten Phase immer auch zu einem erhöhten Abwicklungsaufwand. Dafür lassen sich unbeabsichtigte unvollständige Platzierungen in der ersten Phase durch ein professionelles Projektmanagement verhindern.

Teil 3
Die Platzierung einer Mittelstandsanleihe

14 Entscheidungskriterien mittelständischer Unternehmen bei der Begebung einer Anleihe

Raimar Bock und Roger Peeters (Close Brothers Seydler Bank AG)

14.1 Die Platzierung im Überblick

Wie so oft im geschäftlichen Leben stehen auch (potenzielle) Emittenten von Mittelstandsanleihen vor der Frage: „Make or buy?". Bei dieser (oftmals erstmaligen) Adressierung des Kapitalmarkts geht es hier um die Überlegung, ob und in welchem Umfang der Emittent einer Anleihe „Dritte" – hiermit sind im Wesentlichen fokussierte Investmentbanken für seine Dienste gemeint – einbindet oder das Ganze mehr oder minder selbst in die Hand nimmt. Zu entscheiden ist also, ob die Anleihe als „Eigenemission" oder als „Fremdemission" platziert werden soll.

Wenn ein Unternehmen eine Anleihe als Eigenemission ausgibt, ist damit eine direkte Platzierung des Emissionsunternehmens ohne Einschaltung eines Bankenkonsortiums gemeint. Eine Fremdemission wird dagegen von einem Emissionskonsortium begleitet, das dafür zuständig ist, die Anleihe bei institutionellen Investoren zu platzieren. Das bedeutet also, dass das Emissionsunternehmen die verschiedenen Prozesse bei einer Anleihebegebung an den Kapitalmarktpartner überträgt; dies betrifft sowohl technische Belange als auch die Investorenansprache.

Zum besseren Verständnis noch einmal in Kürze die wesentlichen Schritte, die ein Unternehmen bei der Begebung einer Anleihe durchläuft. Diese Schritte sind Start der Wertpapierprospektarbeiten, Pre-Sounding, Marketingmaßnahmen, Billigung des Wertpapierprospekts, Roadshows und Angebotsfrist.

Der erste Schritt für eine Anleiheemission ist ein von der deutschen Bundesanstalt für Finanzdienstleistungsaufsicht (BaFin) oder etwa von der luxemburgischen Aufsichtsbehörde gebilligter Wertpapierprospekt. Dieser Wertpapierprospekt ist bei einem öffentlichen Angebot gesetzlich vorgeschrieben und besteht in den Kernabschnitten aus Informationen über die Geschäftstätigkeit des Unternehmens, Risikofaktoren, generelle Informationen, Beschreibung der Wertpapiere sowie aus einem Finanzteil. Oft umfasst dieser Prospekt mehrere hundert Seiten. Für gewöhnlich müssen bis zu drei Fassungen bei der BaFin eingereicht werden.

Nachdem eine vorläufige Fassung des Wertpapierprospekts eingereicht wurde, werden die genaueren Konditionen der Emission in einem sogenannten Pre-Sounding ermittelt. Bei diesem Pre-Sounding wird außerdem die generelle Bereitschaft der Investoren an einer

Emission teilzunehmen beurteilt. Insgesamt dient das Pre-Sounding also zur fairen Bewertung der Anleiheemission für den Investor sowie für das Emissionsunternehmen.

Ist das Pre-Sounding erfolgreich verlaufen, beginnen die Marketingmaßnahmen. Diese Maßnahmen umfassen Print-Werbung, Interviews, Online-Werbung, Konferenzen sowie optionale Medientrainings.

■ Print-Werbung setzt sich aus Hintergrundberichten über die Gesellschaft in der Wirtschaftspresse sowie aus Werbung in Wirtschaftsmagazinen in Form von Zeitungsanzeigen und Marketing-Flyern zusammen.

■ Interviews werden mit Fachzeitschriften, Fernseh- und Radiosendern geführt, teils auch mit Radio- und Fernsehsendern der Emissionsplattform (z. B. Börse Stuttgart TV), die dann auf deren Homepage abgerufen werden können.

■ Konferenzen werden in Form von Unternehmenspräsentationen bei der Gesellschaft abgehalten. Außerdem sollten Analystenkonferenzen und auch eine Pressekonferenz abgehalten werden.

■ Weitere mögliche Marketingmaßnahmen sind etwa Online-Werbung auf Internetseiten von Börsenplattformen, Finanzportalen sowie von Direktbanken oder auch ein Medientraining, um das Management des Emissionsunternehmens in dem Umgang mit Präsentationen, Interviews, Kameras und mit Investoren zu schulen.

Die endgültige Billigung des Wertpapierprospektes von der BaFin sollte vor oder am Anfang der Roadshows stattfinden. In Roadshows stellt sich das Emissionsunternehmen bei Investoren aus ganz Europa vor und erläutert ihnen das genaue Geschäftsmodell des Unternehmens, die Verwendung des aufgenommenen Kapitals sowie generelle Zukunftsaussichten der Branche und des Unternehmens im Speziellen. Für diese Roadshows ist eine möglichst umfassende Transparenz unabdingbar.

Wesentlicher Bestandteil der Roadshow-Aktivität ist auch die Aushändigung eines Research-Reports, welcher üblicherweise von einem versierten Analysten des Bankhauses angefertigt wurde, das die Emission begleitet. Der Report beinhaltet eine detaillierte Beschreibung des Geschäftsmodells des Emittenten, eine Einschätzung der aktuellen Marktlage in Bezug auf das Unternehmen sowie die zukünftigen Aussichten des Unternehmens. Investoren legen hohen Wert auf qualitativ gute Research-Berichte um einen umfassenden Überblick über die Chancen und Risiken eines potenziellen Investments zu erlangen und zudem wichtige Finanzkennzahlen in aufbereiteter Form zu erhalten.

Eine ähnliche Rolle wie der Research-Report nimmt im Platzierungsprozess auch das (bei nicht börsennotierten Firmen zumeist vorgeschriebene) Rating ein. In Abgrenzung zum Research ist das Rating noch stärker quantitativ ausgerichtet und konzentriert sich in seiner Vorgehensweise und Ansprache stark auf die Kreditwürdigkeit, während ein Research-Bericht mehr die komplette „Investment Story" vermittelt.

Die im gesamten Roadshow-Prozess vermittelte Transparenz beinhaltet

- quantitative Kriterien (Kennzahlen wie Jahresabschluss, Halbjahresbericht, Eigentümer-struktur, „Hidden Liabilities", Covenants, etc.) und

- qualitativen Kriterien (Verwendung des Kapitals wie Informationen über zukünftige Projekte, die auf die zukünftige finanzielle Situation des Unternehmens einwirken kön-nen, M&A Projekte, etc.).

Sind diese Punkte vermittelt, ist es auch dem Investor möglich, zu einer ausführlichen Einschätzung des Emittenten sowie der Chancen und Risiken der Anleihe zu gelangen. Unmittelbar nach der Roadshow werden die genauen Parameter der Emission, also im Wesentlichen die Höhe des Coupons, festgelegt.

Nach abgeschlossener Roadshow steht das Management des Emittenten für gewöhnlich vor der finalen Frage, ob es den Rubikon überqueren will, sprich das öffentliche Angebot beginnt und die Angebotsfrist startet. Innerhalb dieser Frist (meistens ca. zehn Tage) müs-sen die Investoren das komplette Anleihevolumen zeichnen, um eine erfolgreiche Platzie-rung zu gewährleisten. Hier kommen auch erstmals Privatanleger zum Zuge, die für ge-wöhnlich über spezialisierte Plattformen der deutschen Börsenplätze wie etwa Frankfurt, Düsseldorf oder Stuttgart adressiert werden.

Bei der Abwägung eines Emittenten, ob er den hier kurz geschilderten Emissionsprozess nun mehr oder weniger „auf eigene Faust" oder mit Hilfe eines Bankhauses oder eines kompletten Konsortiums durchführt, steht auf der einen Seite (Eigenemission) ein mögli-cher Kostenvorteil (das Unternehmen spart sich die Platzierungsfee für den Emissionspart-ner), während der kooperative Weg ein Mehr an Know-how, Investorenreichweite und Transaktionssicherheit mit sich bringt.

14.2   Vor- und Nachteile einer Eigenemission

Die Eigenemission durch ein Unternehmen, welches eine Inhaberschuldverschreibung begibt, ist zwar ein selten anzutreffender, aber sicherlich grundsätzlich anzudenkender Weg. Es gab in den vergangenen Jahren einige Firmen, die einen derartigen Prozess auch vollständig und erfolgreich durchgeführt haben.

Entscheidend bei der Frage, ob es einem Unternehmen selbst gelingen kann, genug interes-sierte Anleger zu finden, sind sicherlich der Bekanntheitsgrad des Unternehmens selbst sowie die bereits in der Vergangenheit (etwa über eine Börsennotierung der AG selbst) gewonnenen Investorenkontakte. Da hier der Dienstleistungspartner, welcher im Wesentli-chen für die Zusammenführung von Investoren und Emittenten verantwortlich ist, aus dem Prozess rausgenommen worden ist, ist ein umfangreiches Maß an direkten Kontakten zweifelsohne von großem Vorteil.

Auch gilt es hier zu unterscheiden, ob das betroffene Unternehmen durch sein operatives Geschäft über eine umfangreiche Bekanntheit verfügt oder nur Insidern bekannt ist. Im Falle einer Firma beispielsweise aus der Konsumindustrie mit einer hohen Bekanntheit der eigenen Marken stehen die Chancen grundsätzlich besser, Konsumenten auch für die Refinanzierung des Unternehmens zu gewinnen.

Emittenten, die diesen Weg gehen, sollten bei dieser Stoßrichtung jedoch zwei wichtige Komponenten nicht außer Acht lassen:

- Starke Ausrichtung auf Privatanleger: Die Vorgehensweise, über die Bekanntheit der eigenen Marken Aufmerksamkeit und Anlageinteresse zu generieren, führt fast schon zwangsläufig zu einer ausschließlichen Adressierung des Segments der Privatanleger oder Retail-Investoren.

- Fehlende Möglichkeit eines vorherigen Austauschs zur optimalen Preisfindung. Der entfallende Prozess des Pre-Soundings, in dem die momentanen Preisvorstellungen seitens der Investoren geprüft und in die eigene Preisbewertung eingebaut werden, entfällt. Somit ist der Emittent faktisch auf sich gestellt, den optimalen Coupon festzusetzen. Ein zu hoher Coupon führt zu unnötigen Zinsaufwendungen in den Folgejahren, ein zu niedriger Coupon erhöht die Gefahr, dass das komplette Projekt scheitert.

Im Gegenzug beinhaltet die Eigenemission aus Sicht des Emittenten im Wesentlichen einen zumindest vorläufigen Vorteil auf der Kostenseite: Die Platzierungsfee für die Konsortialbank, welche üblicherweise einen niedrigen einstelligen Prozentsatz ausmacht, kann eingespart werden. Bei einer Emission mit einem spürbaren zweistelligen Millionenvolumen geht es hier schnell um einen hohen sechsstelligen bis niedrig siebenstelligen Betrag.

Ein weiteres Plus aus Sicht des Emittenten ist die bei einer Eigenemission vorliegende Autarkie. Nimmt der Begeber der Anleihe den Prozess komplett in die eigene Hand, ist er natürlich auch jederzeit in der Situation, alle Entscheidungen und Vorgehensweisen selbst zu treffen und gibt somit nicht das „Ruder aus der Hand".

14.3   Vor- und Nachteile einer Fremdemission

Die Fremdemission, bei der der Strukturierungs- und vor allem Platzierungsprozess bei der Begebung einer Anleihe von einem oder mehreren (also einem Konsortium von) Bank-Partnern durchgeführt wird, ist der marktübliche Weg. Nachfolgend sollen noch einmal die wichtigen Punkte, in denen der Partner dem Emittenten zur Seite steht bzw. seine Dienste zur Verfügung stellt, aufgezeigt werden. Dabei soll insbesondere aufgezeigt werden, was ein (potenzieller) Emittent von Anleihen für Dienstleistungen in Anspruch nehmen kann bzw. was er bei der Auswahl seiner Partner beachten soll.

Der Dienstleistungsprozess setzt genau genommen schon ein, bevor die Entscheidung zur Begebung einer Anleihe final getroffen wurde. Ein erfahrender Bankpartner pflegt einen verantwortungsvollen Austausch mit potenziellen Emittenten, in denen gemeinsam die

Bond Story vom Grund auf durchdacht und besprochen wird. Die Begebung einer Anleihe muss sich für alle Beteiligten lohnen und von daher gilt es frühzeitig anzuklopfen, ob und in welcher Ausgestaltung die Anleihe das richtige Produkt für den Emittenten ist.

Dabei bekommt der Emittent für gewöhnlich ein dreidimensionales Feedback aus dem Hause des verantwortlichen Bankpartners:

■ Experten aus dem Kapitalmarktteam diskutieren die Struktur, insbesondere hinsichtlich der Ausgestaltung des Bonds (Sicherheiten, Covenants etc.) und helfen bei der optimalen Besetzung weiterer Aufgaben beispielsweise der Wahl der passenden Anwaltskanzlei für die Erstellung des Prospekts.

■ Research-Analysten geben dem Emittenten ein ehrliches und zielführendes Feedback, ob die geplante (Neu-)Verschuldung aus Sicht eines unabhängigen Finanzanalysten tragbar ist; darüber hinaus vermitteln sie eine dezidierte Einschätzung über die momentane Bilanzstärke des Unternehmens, was für den späteren Prozess der Preisfindung ebenfalls wichtig ist.

■ Sales-Mitarbeiter, welche im späteren Prozess für den Vertrieb der Anleihe bei institutionellen Investoren verantwortlich sind, erklären dem Management, das oftmals zum ersten Mal mit dem Kapitalmarkt in Verbindung kommt, was Investoren von dem Unternehmen erwarten. Das ist ein wesentlicher Grundstein für eine später gelungene Adressierung professioneller Anleger und ein gut austariertes Pricing.

Wichtig in dieser Phase ist es aus Sicht des Emittenten, Bankenpartner ins Boot zu holen, die über hinreichende Erfahrung („Track Record") in solchen Platzierungsprozessen verfügen sowie dem Unternehmen gegenüber ehrlich auftreten und die Sachlage objektiv schildern. Ist die Bank in dieser Phase zu optimistisch hinsichtlich möglicher Konditionen und Platzierungsmöglichkeiten, wird sich das in einer späteren Phase rächen.

Bei der Erstellung des Prospekts bzw. der vorherigen Auswahl des am besten passenden Kanzlei-Partners für dieses wichtige Dokument ist neben der bereits angesprochenen Erfahrung das vorhandene Netzwerk der Bank ein wichtiger Baustein. Gleiches gilt für die mögliche Vergabe weiterer Dienstleistungen, etwa an IR- oder PR-Agenturen.

Je näher das eigentliche Projekt der Platzierung rückt, umso mehr positioniert sich die begleitende Bank als Mittler zwischen Emittent und institutionellen Anlegern. Einen ganz wesentlichen Teil nimmt hierbei das sogenannte „Pre-Sounding" ein. In dieser Phase vor der eigentlichen Platzierung bringt die Bank den Emittenten in einer oder mehreren Präsentationen mit mehreren versiert ausgesuchten Investoren zusammen. Dieser Austausch dient zwei wichtigen Zwecken:

■ Zum einen soll der Emittent erstmals bei wichtigen „Ankerinvestoren", welche erfahrungsgemäß größere Positionen erwerben oder auch eine Art von Vorbildfunktion für andere Anleger einnehmen, vorgestellt werden. Eine gelungene Präsentation in dieser Phase kann für die spätere Platzierung ausgesprochen vorteilhaft sein.

- Zum anderen dient das Feedback der Anleger dazu, in diesem Prozess klare Preisvorstellungen des Marktes einzuholen und somit einen optimalen, marktgerechten Coupon zu fixieren.

Im Idealfall hat der Emittent nach einem erfolgreich durchgeführten Pre-Sounding eine sehr gute Vorstellung, was er zahlen muss und welche Erfolgswahrscheinlichkeit seine Emission hat sowie auch einen ersten wichtigen Austausch mit künftigen Geldgebern erlebt.

Die Bank führt das Pre-Sounding üblicherweise wenige Wochen vor der eigentlichen Platzierung durch und bereitet den Emittenten dementsprechend umsichtig auf diesen Austausch vor (Frage & Antwort-Runde simulieren, Präsentation gemeinsam entwerfen, Teilnehmerkreis vorstellen etc.). Die Nachgespräche zum Pre-Sounding dienen der finalen Preisfindung und einer noch möglichen Entscheidung, den Prozess abzubrechen oder zu verschieben.

Letzteres muss immer als Option im Hinterkopf behalten werden, schließlich kann das Marktumfeld volatil sein, so dass die Investitionsbereitschaft der Anleger nicht immer konstant auf der gleichen Höhe ist. Entsprechend wichtig ist die zeitnahe Momentaufnahme. Dadurch, dass sich dieser Abgleich noch in einem nicht-öffentlichen Stadium vollzieht, hat der Emittent die wertvolle Möglichkeit eine Platzierung beispielsweise um wenige Monate zu verschieben, ohne dass es mit einem potentiellen Imageschaden in der Öffentlichkeit einher geht.

Ist die finale Entscheidung getroffen und liegen die Parameter zumindest in sehr engen Spannen fest, kann die eigentliche Roadshow starten. In dieser Phase tritt der wahrscheinlich größte Unterschied zwischen Eigen- und Fremdfinanzierung zu Tage.

Während der Roadshow, die zeitlich unterschiedlich ausgestaltet sein kann, aber im Normalfall nicht länger als eine Woche dauert, führen Sales-Mitarbeiter der Bank(en) das Management des Emittenten zu einer Vielzahl von Investoren im Inland und bei größeren Emissionen auch ins europäische Ausland. Dabei bringt das Bankhaus den Emittenten je nach Größe der Emission mit einer zwei- oder dreistelligen Anzahl von Investoren in Kontakt. Wichtig hierbei ist die Auswahl der Investoren:

- Ein wenig qualifizierter, unerfahrener Bankpartner schießt hier im übertragenen Sinne mit der Schrotflinte auf den Kapitalmarkt und versucht unkoordiniert, möglichst viele Termine zu vereinbaren.

- Ein erfahrener Bankpartner nutzt das in den Vormonaten gewonnene Know-how über den Emittenten und die Erfahrung aus dem Pre-Sounding, um möglichst ausschließlich Termine mit Investoren zu koordinieren, die auch zu der jeweiligen Anleiheplatzierung passen. Durch diese Vorgehensweise lässt sich im Vorhinein verhindern, dass mindestens eine der beiden Parteien das Investorengespräch mit einem Gefühl der Ernüchterung verlässt.

Die Investoren, mit denen sich das Management nun trifft, sind im Normalfall langjährige und gut bekannte Kunden des Sales-Teams. Diese Beziehung ist eine wesentliche Grundlage für eine erfolgreiche Platzierung, weil sie einerseits den Zugang erleichtert, aber auch andererseits alle Beteiligten dazu verpflichtet, Chancen und Risiken für Emittent und Gläubiger offen und transparent zu diskutieren.

Während der Roadshow, die unmittelbar vor dem Start der echten Zeichnungsfrist stattfindet, gewinnt der Emittent ein finales, klares Bild über den Zeichnungswillen der institutionellen Investoren und kann somit noch ein letztes Mal den Zinscoupon justieren oder auch im negativsten Falle eine Absage oder Verschiebung des Prozesses einleiten. Im Idealfall erhält der Emittent aber in dieser Phase bereits so viele (formal unverbindliche) Zeichnungszusagen, dass die Platzierung schon erfolgreich abgeschlossen ist, ehe sie eigentlich begonnen hat.

Wenn dann die eigentliche Zeichnungsfrist beginnt, kommen die Privatanleger als zusätzliche Nachfragekraft hinzu. Erfahrungsgemäß sind Privatinvestoren jedoch ausgesprochen schwer in größerem Umfang zu adressieren und zudem auch verhältnismäßig wenig berechenbar. Von daher sollten diese nur als „Sahnehäubchen", das noch „on top" dazukommt, einkalkuliert werden. In einer als Fremdemission durchgeführten Platzierung muss der Grundaufbau jedoch so konstruiert sein, dass der Emittent seine Anleihe auch ganz ohne Zeichnungsaufträge von Privatanlegern platzieren kann. Sorgen diese dann für weitere Nachfrage, tut dies der Stabilität des Orderbuchs gut, welches ohnehin immer mit einer Überzeichnung geschlossen werden sollte.

Nach einem erfolgten und hoffentlich erfolgreichen Abschluss einer Anleiheplatzierung endet zwar formal die Mandatierung der Bank, nicht aber die nötige Arbeit. Die Betreuung des sogenannten „After-Markets" ist eine oftmals unterschätzte Aufgabe, deren Erfüllung jedoch unumgänglich ist. Kernaufgaben dieses Prozesses sind eine weitere Vermittlung von Informationen zwischen Emittent und Investor, die Gewährleistung eines liquiden Handels sowie die Durchführung von Block-Trades.

14.4   Zusammenfassung und Fazit

Bei der Entscheidung, ob ein Unternehmen sich die Dienste einer oder mehrerer Bankpartner sichert oder das Ganze gewissermaßen auf eigene Faust durchführt, geht es im Wesentlichen um eine kritische Reflexion dessen, was der Emittent „in house" durchführen kann und was nicht.

Bei der Eigenemission entfällt im Normalfall die direkte und gezielte Ansprache institutioneller Investoren, da dieses Netzwerk bei einem mittelständischen Unternehmen – insbesondere wenn es selbst nicht börsennotiert ist –, schlichtweg nicht vorhanden ist. Dementsprechend muss in Kauf genommen werden, dass die Platzierung mehr oder weniger ausschließlich von Privatanlegern und Investoren aus dem eigenen Umfeld (etwa von Family & Friends, Kunden oder Geschäftspartnern) gezeichnet wird. Erfahrungsgemäß klappt dies nur in der Kombination einer ausgesprochen kleinvolumigen Anleiheemission mit einem sehr hohen Bekanntheitsgrad des die Anleihe begebenden Unternehmens. Ist eine dieser beiden Eigenschaften nicht vorhanden, kann eine Eigenemission nur begrenzt empfohlen werden.

Ebenso entfällt bei einer Eigenemission der Prozess der professionellen Preisfindung, weil es einem Emittenten alleine nicht oder nur sehr schlecht gelingen wird, einen fairen, marktüblichen Zins auszutarieren, den Investoren genau in diesem Moment als Verzinsung für das eingesammelte Kapital abverlangen. Von daher muss auch hier im Hause des Emittenten eine sehr hohe Kompetenz und Marktnähe vorhanden sein. Mittelständische Unternehmen können diese Eigenschaften in der Regel nicht vorweisen.

Aus diesem Grund verlassen sich die meisten Emittenten erfahrungsgemäß in diesen Aspekten nicht nur auf ihr eigenes Wissen, sondern bedienen sich einer oder mehrerer professioneller Bankpartner. Tatsächlich ist die Form der Fremdemission auch nicht nur der effizientere, sondern auch der unter dem Strich auch kostengünstigere Weg, da der Wert der möglichen Ersparnis bei einem präzise justierten Coupon und auch der zu gewinnende Platzierungssicherheit die Summe der mit der Beauftragung der Bank verbundenen (erfolgsabhängigen) Provisionen im Trend übersteigt.

Literatur

[1] Blättchen, W./Nespethal U. (2010): Anleihenemission mittelständischer Unternehmen, Corporate Finance biz vom 06.12.2010, Heft 8, S. 496-503.

15 Die Rolle der Emissionsbank bei der Begebung von Mittelstandsanleihen

Holger Clemens Hinz und Christopher Johannson (quirin Bank AG)

15.1 Die klassische Rolle von Investmentbanken

In erster Linie nimmt eine Investmentbank (oder auch Emissionsbank im Allgemeinen) die in klassischer Weise von Banken im gesamten Finanzsystem wahrgenommene Funktion eines Finanzintermediärs wahr. Emissionsbanken vernetzen am Kapitalmarkt das Angebot an Kapitalquellen mit Kapitalsuchenden (u. a. Unternehmen). Wie durch Achleitner[1] beschrieben fungieren sie im engeren Sinne daher als Vertragsgegenseite von Angebot und Nachfrage.

Abbildung 15.1 Finanzintermediäre zwischen Kapitalquellen und Kapitalverwendung

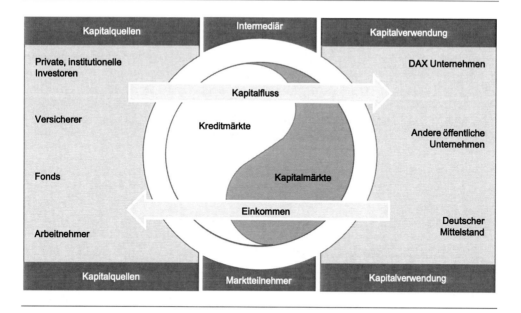

Quelle: quirin bank

---

[1]   Achleitner, A.-K. (2002) S. 23-54, S. 502-561.

Aus den Transaktionsbedürfnissen ihrer Kunden, Unternehmer, Privatkunden und Investoren heraus übernehmen Emissionsbanken finanzwirtschaftliche Rechte und Pflichten. Hierbei findet ein vollständiger Eigeneintritt in das Geschäft statt. Somit übernimmt eine Emissionsbank einen Großteil der mit einem Geschäft verbundenen Risiken für einen bestimmten Zeitpunkt, wie beispielsweise bei der Emission einer Mittelstandsanleihe der Ersterwerb der Schuldverschreibung. Wie in Abbildung 15.1 ersichtlich erleichtern Emissionsbanken als Finanzintermediäre zwischen Investoren und Unternehmen den Kapitalfluss und helfen, Informationsasymmetrien (u. a. die marktgerechte Festlegung der Konditionen für ein Geschäft) zu überwinden und Transaktionskosten zu reduzieren, indem sie Vertragsabschlüsse zwischen den Parteien vereinfachen. Für den erfolgreichen Abschluss eines Geschäfts besteht die Aufgabe einer Emissionsbank insbesondere darin, die erforderlichen unterschiedlichen Parteien für den definierten Transaktionszweck – bspw. einer Mittelstandsanleihe – zusammenzuführen und somit einen Abschluss für beide Seiten zu ermöglichen. Dabei werden alle für den Vertragsabschluss erforderlichen Voraussetzungen durch die Emissionsbank geschaffen. Hierzu gehört insbesondere die vollständige dokumentationsseitige sowie organisatorische Vorbereitung und Strukturierung einer Transaktion, um die Platzierbarkeit für den Kunden zu vereinfachen.

Im Beispiel der Emissionsdurchführung verpflichtet sich die Emissionsbank darüber hinaus, eine Distributionsfunktion wahrzunehmen, bei der sie geeignete Investoren für eine Emission sucht und dementsprechend versucht, die Emission möglichst erfolgreich zu platzieren. Hierbei besteht der von der Emissionsbank geleistete Mehrwert in erster Linie in der Vermittlungs- und Informationsleistung. Somit wird auch ihre Entlohnung an den erfolgreichen Abschluss des Vertrags geknüpft. Die Emissionsbank enthält daher meistens eine erfolgsabhängige Komponente in der Vergütung, die üblicherweise den Großteil ihrer Entlohnung ausmacht. Die Aufgabe der Emissionsbank hört jedoch mit dem erfolgreichen Abschluss einer Emission nicht auf; sie bleibt vielmehr als Finanzintermediär erster Ansprechpartner für Investoren und Unternehmen und nimmt damit auf der Unternehmensseite die Rolle der „Hausbank am Kapitalmarkt" ein.

15.2   Aufgaben der Emissionsbank in der Praxis

15.2.1   Leistungsspektrum bei der Emission von Mittelstandsanleihen

In der Praxis bietet die Emissionsbank im Rahmen der Emission einer Mittelstandsanleihe eine Vielzahl von Dienstleistungen an, welche ihr Profil als Finanzmarktintermediär abrunden. Tabelle 15.1 zeigt eine kurze Abgrenzung der Leistungen, die im Rahmen einer Fremdemission durch eine Emissionsbank für den Emittenten übernommen wird und vergleicht diese mit der im Segment der Mittelstandsanleihen ebenfalls praktizierten Eigenemission. Neben der Distributionsfunktion übernimmt die Emissionsbank in diesem Zusammenhang auch die Steuerung und Koordination aller mit der Emission verbundenen

Akteure und sorgt für die Einhaltung des Zeitplans. Damit nimmt die Emissionsbank nimmt eine zentrale Rolle bei der Emission einer Mittelstandsanleihe ein, da ein fehlerhaftes Management der an der Emission beteiligten Parteien in Abstimmung mit dem Markt-Timing den Erfolg massiv gefährden kann.

Tabelle 15.1   Leistungen bei der Emission einer Mittelstandsanleihe im Vergleich

Leistung	Eigenemission	Emission über Emissionsbank Fremdemission
Wertpapiertechnische Abwicklung	Zahlstelle	Zahlstelle (z. B. Emissionsbank)
Betreuung im Börsensegment	(Bondm-)Coach Kapitalmarktpartner Listing Partner	(Bondm-)Coach Kapitalmarktpartner Listing Partner (z. B. Emissionsbank)
Vertrieb bei institutionellen Investoren	Eingeschränkt möglich (teilweise Einbindung von Selling Agents)	Emissionsbank(en)
Vertrieb bei Privatinvestoren	Emission durch Unternehmen über Börse (hohes Reputationsrisiko), Prozess kann *nicht* gestoppt werden	Emission unter Koordination von Emissionsbank über Börse, Prozess kann im Zweifel gestoppt werden
Vermarktung	Beauftragung einer Kommunikationsagentur	Beauftragung einer Kommunikationsagentur unter Koordination von Emissionsbank
Rating	Beauftragung einer Ratingagentur	Beauftragung einer Ratingagentur unter Koordination von Emissionsbank
Wertpapierprospekt	Wirtschaftsprüfer Anwälte Unternehmen	Wirtschaftsprüfer, Anwälte, Unternehmen unter Koordination von Emissionsbank

Quelle: quirin bank

Neben den mit einer Emission einer Mittelstandsanleihe üblichen Aufgaben übernehmen Emissionsbanken auch die durch das jeweilige Börsensegment der im Rahmen einer Emission ausgewählten Börse geforderte Funktion als Coach, Kapitalmarkt- oder Listing Partner. Diese Partnerschaft ist insbesondere für Unternehmen des Mittelstands vorgeschrieben, dessen Aktien noch nicht in einem Regulierten Markt an einer Wertpapierbörse in der Europäischen Union notieren. Die Aufgabe der Emissionsbank ist es hierbei, das Unternehmen während der gesamten Laufzeit der Mittelstandsanleihe bei der Erfüllung der aus der Emission resultierenden Folgepflichten beratend zur Seite zu stehen und letztendlich zu helfen, diese auch zu erfüllen. Darüber hinaus berät die Emissionsbank auch in weiteren Fragestellungen rund um Folgefinanzierungen sowie Kapitalmarktfragen. Ausgewählte Emissionsbanken können darüber hinaus auch die Funktion der Emissions- und Zahlstelle und damit die komplette wertpapiertechnische Abwicklung aus einer Hand anbieten. Die begleitende Emissionsbank erfüllt mit diesem Gesamtpaket an Dienstleistungen die Rolle der „Hausbank am Kapitalmarkt". Mit ihr erlangt der Emittent das notwendige vollumfängliche Know-how, welches im Rahmen der Emission einer Mittelstandsanleihe von Nöten ist.

15.2.2   Vor der Mandatierung

Von einer Emissionsbank muss zunächst die wichtige Frage für die Emission einer Mittelstandsanleihe geklärt werden, ob ein Unternehmen die erforderliche Kapitalmarktreife besitzt und die bestehende allgemeine Finanzsituation die Emission zulässt. Eine allgemeingültige und präzise Definition für Kapitalmarktreife existiert nicht. Ihre Beurteilung erfolgt vor allem anhand des Erfahrungsgrads des Managements, der Rechnungslegung sowie der Transparenz des Unternehmens in Bezug auf Organisations- und Gesellschafterstruktur.

Basis der Beurteilung für die Kapitalmarktreife eines Unternehmens sind zunächst die Bonität des Unternehmens und die Ausarbeitung nachvollziehbarer Gründe, die für die Emission einer Mittelstandsanleihe sprechen, die sogenannte Bond Story. Vor allem muss die Mittelverwendung für Investoren klar nachvollziehbar sein. Um das Interesse potentieller Investoren anziehen zu können, muss der Emittent eindeutig am Markt positioniert sein und zeigen, dass er sich positiv von seinen Wettbewerbern abhebt. Als Gütesiegel hierfür kann stellvertretend eine Marke mit hohem Bekanntheitsgrad und starker Konsumnähe dienen. Die alleinige Zugehörigkeit zu einer erfolgreichen Branche oder eines sich besonders gute entwickelnden Marktes reicht in der Regel nicht aus. Alleinstellungsmerkmale durch eine besondere oder vielversprechende Wettbewerbsposition eines Unternehmens in einem attraktiven Markt sind hier gefordert.

Ein wichtiges Indiz für eine erfolgreiche Bond Story ist ein überzeugendes Unternehmenskonzept sowie eine offene und vollständige Darstellung aller Risiken, vor allem jedoch eine klar nachvollziehbare Mittelverwendung. Hier kommt gerade bei Kandidaten für Mittelstandsanleihen der nachhaltig belegbaren Ertragskraft eine hohe Bedeutung zu. Die bisherige Entwicklung sowie die Zukunftsaussichten des Unternehmens müssen belegen, dass die gegenwärtige bzw. zukünftige positive Ertragslage stabil und realisierbar ist.

Des Weiteren hat ein potenzieller Kandidat eine transparente Unternehmens- und Organisationsstruktur aufzuweisen, da verschachtelte Konzerne oder Unternehmensgruppen mit nur schwer durchschaubaren Beteiligungs- und Beherrschungsverhältnissen von den Investoren mit Skepsis betrachtet werden. Besonders im Zusammenhang mit Haftungsthematiken sind hier klare Strukturen von Vorteil, vor allem wenn es sich bei der Emittentin nicht um die operative Gesellschaft handelt.

Unverzichtbar für die Emissionsfähigkeit und die erfolgreiche Durchführung einer Mittelstandsanleiheemission sind auch die fachliche Kompetenz, die gute Außendarstellung und die Erfahrung des Managements in allen wichtigen Funktionsbereichen. Gerade bei mittelständischen Firmen determiniert die Geschäftsleitung direkt die zukünftige Entwicklung, da die Wachstumschancen zumeist auf deren exzellentes Netzwerk in eine Industrie und die mit ihnen in Verbindung gebrachten bewährten Produkten beruhen. Kontinuität im Management muss daher gewährleistet sein. Auch die Belastbarkeit des Managements stellt eine wichtige Voraussetzung dar, da während und nach der Emission neue Aufgaben und gewisse Veränderungen auf die Gesellschaft zukommen. Vor allem auf nicht börsennotierte Gesellschaften kommen einige zusätzliche Aufgaben hinzu, die auch nach der Emission bewältigt werden müssen. Die Mittelstandsanleihe betreffende bzw. beeinträchtigende Informationen müssen im Rahmen der Publizitätspflichten offengelegt werden. Außerdem ist nun das unternehmerische Handeln einer Vielzahl von Regularien unterworfen, vor allem, wenn Covenants bei der Anleihestruktur eine Rolle spielen.

Im Hinblick auf die Glaubwürdigkeit und Qualität der Unternehmensplanung ist die professionelle Darstellung der Unternehmensentwicklung gegenüber den Investoren sehr wichtig. Hierbei ist das Controlling des Unternehmens gefragt. Information und Transparenz sollten für die Unternehmen als Chance zur Kommunikation verstanden werden, da sie die Grundlage für jede Investmententscheidung darstellen.

Ob ein Kandidat die beschriebenen Anforderungen aufweist, muss die Emissionsbank entscheiden. Bei dieser Entscheidung muss vor allem die Platzierbarkeit der Mittelstandsanleihe sowie zukünftige mögliche Rechtsansprüche aufgrund von potenziellen Falschdarstellungen im Wertpapierprospekt und natürlich die Rückzahlbarkeit durch den Emittenten berücksichtigt werden. Auch bei der Einhaltung der Folgepflichten muss die Emissionsbank Verantwortung gegenüber der Börse übernehmen und in Zweifelsfällen Strafen zahlen, sofern der Emittent nicht in der Lage ist, die Auflagen im Zusammenhang mit dem jeweiligen Börsensegment zu erfüllen.

15.2.3 Vorbereitungsphase

Ist die strategische Entscheidung für eine Mittelstandsanleiheemission getroffen, steht die intensive Vorbereitung des Emittenten an. Als Grundlage aller weiteren Entscheidungen wird zunächst der Status quo des Unternehmens festgestellt. Gerade mittelständische Unternehmen sind zumeist gut beraten, in dieser Phase einen professionellen Berater zu Rate ziehen und/oder einen emissionserfahrenen Mitarbeiter zu rekrutieren, der die interne Projektleitung übernehmen kann. Der externe Berater bietet eine umfassende betriebswirtschaftliche Expertise und das notwendige Spezialwissen über den Kapitalmarkt, so dass Schwachstellen im Unternehmen frühzeitig aufgedeckt und behoben werden können.

Auf Basis der Analyse der Organisationsstruktur, des Rechnungswesens, der finanzwirtschaftlichen Verhältnisse und der vergangenen Jahresabschlüsse sowie der Mitarbeiterstruktur und Kundenbeziehungen entwickelt der Berater gemeinsam mit der Emissionsbank ein erstes Konzept für die Emission der Mittelstandsanleihe, welches das weitere Vorgehen und einen detaillierten Fahrplan bis zum Closing beinhaltet. Abbildung 15.2 zeigt deskriptiv den chronologischen Ablauf der Emission einer Mittelstandsanleihe. Insgesamt kann für die Vorbereitungs- sowie die Ausführungsphase ein Zeitraum von sechs bis 16 Wochen veranschlagt werden.

In dieser frühen Phase ist es ratsam, eine vorläufige Einschätzung über Rating, Coupon und Platzierbarkeit vorzunehmen, um nicht unvorbereitet in die Gespräche und Verhandlungen mit Investoren zu treten. Hierbei offenbart sich nämlich ein üblicher Interessenskonflikt: Naturgemäß neigen die handelnden Personen des Kandidaten zu einer subjektiven Bewertung des eigenen Unternehmens, wohingegen die Emissionsbanken eine erfolgversprechende Transaktion mit Stabilität im Sekundärmarkt realisieren möchten.

Abbildung 15.2   Chronologischer Ablauf der Emission einer Mittelstandsanleihe

Chronologischer Ablauf

Vorbereitungsphase

Due Diligence

Vorbereitung für Rating Agenturen

Vorbereitung für Wertpapierprospekt

Treffen der Rating Agenturen

Vorbereitung für Roadshowpräsentationen

Vorbereitung für Roadshow

Einholen der Ratings

Drucken des Wertpapierprospekts

Ausführungsphase

Roadshow

Pricing

Öffentliches Angebot

Closing

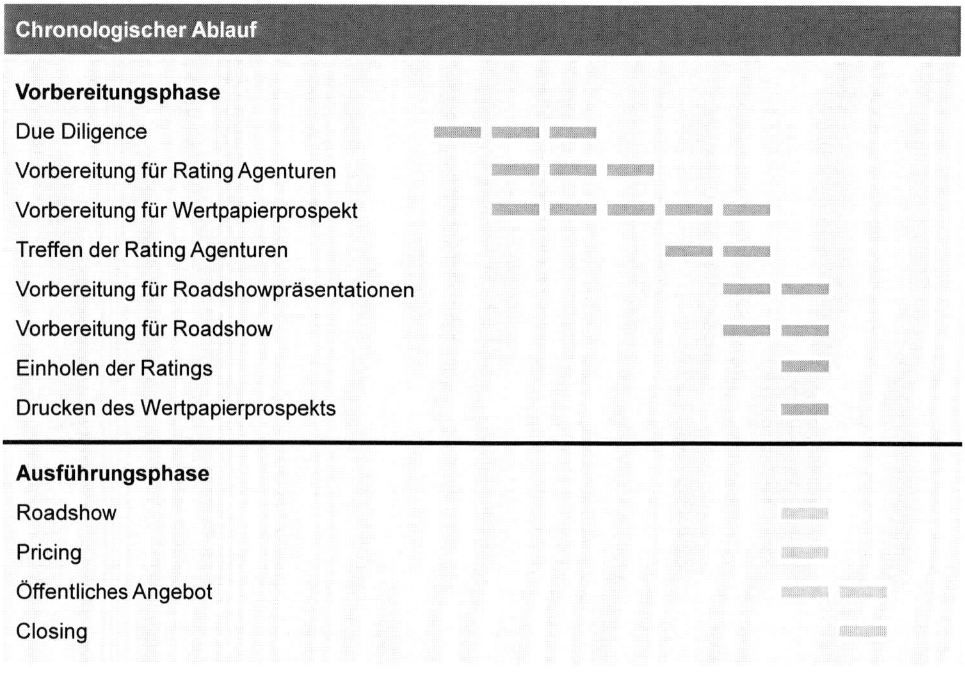

Quelle: quirin bank

Mandatsvertrag

Die Auswahl einer Emissionsbank orientiert sich auf Seiten eines Unternehmens in erster Linie an der Erfahrung der Investmentbank im speziellen Segment der Mittelstandsanleihe-emissionen. Hierbei spielen Überlegungen in Bezug auf Platzierungssicherheit, die Emissionskosten und den Zusatzleistungen der Emissionsbank vor und nach der Emission eine entscheidende Rolle. Ziel eines potenziellen Emittenten muss es sein, das Preis-/Leistungsverhältnis individuell zu optimieren, ohne die Platzierung zu gefährden. Für Investmentbanken stellt sich in diesem Zusammenhang die Qualität und Reputation im Zusammenhang mit der Platzierungskraft als entscheidender Wettbewerbsfaktor heraus.

Die wesentlichen Parameter des abzuschließenden Mandatsvertrags beinhalten den geplanten Zeitpunkt der Emission, die Ausstattung und Stückelung der Schuldverschreibungen, die Laufzeit der Mittelstandsanleihe, das angedachte Volumen der Mittelstandsanleihe, die vereinbarten Covenants, die Vergütung der Emissionsbank(en), die vorläufige, indikative Festlegung einer Spanne für den Zinscoupon, die Haftungsregelungen zum Wertpapierprospekt sowie die Regelungen zur Kostenverteilung beim Abbruch der Emission. Die oben genannten Parameter, die die Anleihebedingungen direkt betreffen, werden üblicherweise in einem indikativen „Term Sheet" festgeschrieben und dem Anhang zum Mandatsvertrag beigefügt.

Due Diligence

Zentrale Aufgaben in der Vorbereitungsphase sind die Durchführung der Due Diligence und die Vorbereitung des Unternehmens auf die Gespräche mit der bzw. den Ratingagentur(en), auf deren Grundlage die Erstellung des Wertpapierprospektes sowie die weitere Strukturierung des Emissionskonzepts erfolgen.

Das Emissionskonzept dokumentiert die strategischen Eckpunkte der Emission einer Mittelstandsanleihe. Der Sinn und Zweck einer Due Diligence besteht darin, das kapitalsuchende Unternehmen vor der Emission einer Mittelstandsanleihe detailliert zu durchleuchten. Neben der Plausibilisierung der Finanzdaten geht es darum, die Chancen und Risiken der Gesellschaft in Form einer Stärken- und Schwächen-Analyse herauszufinden. Für Emissionsbanken ist die Durchführung einer Due Diligence eine unabdingbare Voraussetzung für die Emission eine Mittelstandsanleihe, um zu verifizieren, ob die Vorstellungen über den potenziellen Kandidaten auch tatsächlich mit den betrieblichen Gegebenheiten im Einklang stehen und alle wesentlichen Einflussfaktoren bekannt sind. Dem Unternehmer gibt sie die Möglichkeit, die Finanzierungssituation sowie die Risiken des Unternehmens zu konkretisieren und damit den folgenden Ratingprozess sowie die Platzierung zu optimieren. Die Erfahrungen, die bei der Due Diligence gemacht werden, sind zudem für das Management ein wichtiges Training als Vorbereitung für die sich im Rahmen der Roadshow anschließenden Gespräche mit institutionellen Investoren.

Ratingagenturen und Coupon

Im Zuge der Emissionsvorbereitungen muss die für Ratingagenturen notwendige Dokumentation vorbereitet werden. Hier spielt der Vorbereitungsstand des Emittenten eine entscheidende Rolle. Die Emissionsbank achtet hierbei darauf, dass der Zeitplan eingehalten wird und hilft dem Emittenten, alle notwendigen Vorbereitungen für die Gespräche und den nachgelagerten Informationsaustausch mit einer Ratingagentur in einem angemessenen Zeitraum zu erfüllen, da die Beauftragung der Ratingagentur sowie die Erstellung des Ratings ebenfalls Zeit in Anspruch nimmt.

Marketing und Investor Relations

Parallel zu den Gesprächen mit den Rechtsanwälten und Wirtschaftsprüfern muss ein Konzept für die Öffentlichkeitsarbeit im Zuge der Emission einer Mittelstandsanleihe erarbeitet werden. Der Platzierungserfolg der Emission hängt maßgeblich von einer überzeugenden, sicheren und glaubhaften Kommunikation der Bond Story des Unternehmens ab. Im Rahmen der Emission hat die Einschaltung einer erfahrenen Agentur für Investor Relations deshalb einen hohen Stellenwert. Beispielsweise werden für die Vorbereitung von Investorengesprächen, die während der Roadshow stattfinden, in Zusammenarbeit mit den zuständigen IR-Agenturen üblicherweise Medientrainings durchgeführt, die das Management für Presse- und Investorenfragen sensibilisiert und öffentliche Auftritte vorbereitet.

Voraussetzung für ein erfolgreiches Marketing-Konzept ist, dass die Kommunikation den unterschiedlichen Bedürfnissen aller Zielgruppen – institutionellen Investoren, Asset Managern und Privatinvestoren – gerecht wird. Das erstellte Konzept muss mit den langfristigen Unternehmenszielen übereinstimmen und eine über den Zeitpunkt der Emission einer Mittelstandsanleihe hinausreichende, kontinuierliche Öffentlichkeitsarbeit bis zur Fälligkeit dieser des Emittenten ermöglichen.

Wertpapierprospekt

Wichtige Voraussetzung für die Unterbreitung eines öffentlichen Verkaufsangebots in Deutschland und anderen europäischen Ländern ist die Vorlage eines Wertpapierprospekts. Im Rahmen der Vorbereitung der Emission fällt ein Großteil der Arbeit für die Erstellung dieses unter Federführung einer Anwaltskanzlei erstellten Dokuments sowie für das Management der daran beteiligten Parteien an. Die besondere Herausforderung im Rahmen einer effizienten Koordination aller Parteien durch die Emissionsbank besteht vor allem in der Einhaltung des Zeitplans, um die Emission zeitlich nicht allzu sehr nach hinten zu verzögern. Neben dem Projektmanagement ist die Emissionsbank darüber hinaus an der Erstellung von Teilbereichen des Wertpapierprospektes wie u. a. dem Marktteil beteiligt.

Bei der Erstellung des Wertpapierprospektes muss aufgrund der gemeinsamen Haftung der an einer Emission beteiligten Berater sowie des Emittenten gegenüber den Investoren für die Richtigkeit der gemachten Angaben Sorge getragen werden, da er zugleich als Verkaufsunterlage im Rahmen eines öffentlichen Verkaufsangebots fungiert. Als Ausgangslage dienen dafür die Daten aus der Due Diligence. Etwa sechs bis acht Wochen bevor die Billigung der BaFin ergehen soll, wird in der Regel ein Zeitplan für die Emission mit dem für die Prüfung des Wertpapierprospekts bei der BaFin zuständigen Referat abgesprochen. Bis zum offiziellen Start des Billigungsverfahrens verbleiben dann noch zwischen zwei und drei Wochen, um gegebenenfalls Änderungen oder Ergänzungen in den Wertpapierprospekt einzuarbeiten bzw. zusätzliche Unterlagen zu beschaffen. Der Zeitraum bis zur abschließenden Billigung dauert dann zumeist fünf bis sechs Wochen.

Preisbildung

In Deutschland erfolgt die Platzierung von Unternehmensanleihen üblicherweise im Rahmen eines Bookbuilding-Verfahrens, das bis zum Schluss Möglichkeiten der Anpassung in Bezug auf das Emissionsvolumen, den Coupon, den Ausgabepreis und die Ausgestaltung von Covenants zulässt. Auch werden hier meist vorab die einzelnen Quoten für institutionelle und private Investoren definiert, in dem ein umfängliches Bankensyndikat mit diversifiziertem Investorenzugang mit der Begleitung mandatiert wird. Bei Mittelstandsanleihen ist die Bestimmung der Emissionsparameter in dieser marktüblichen Form nicht möglich, da bis heute die technische Funktionalität der für die Einbeziehung von Privatanlegern an den Börsen in Deutschland verwandte Zeichnungsbox dies nicht zulässt. Im Klartext heißt dies, sobald eine Emission über die Zeichnungsbox einer Börse beginnt, müssen alle Emissionsparameter vollständig fixiert sein, da eine Änderung nur durch ein aufwendiges Nachtragsverfahren zum Wertpapierprospekt möglich wäre. Somit muss die Preisfestsetzung der Emissionsparameter bei der Mittelstandsanleihe zwischen der Emissionsbank und dem Emittenten vorgezogen werden (siehe Abbildung 15.2). Das hier anschließend verwendete Emissionsverfahren entspricht somit einem Festpreisverfahren.

15.2.4   Ausführungsphase – Platzierung und Vermarktung

Die Positionierung einer Mittelstandsanleihe an einem der dafür geschaffenen Börsensegmente verlangt den Aufbau eines Nachfragespannungsbogens. Den ersten Schritt bei der Vermarktung der Emission beginnt mit dem Start der Roadshow. Hierbei handelt es sich um eine Präsentation des Managements, meist vertreten durch den geschäftsführenden Gesellschafter oder Vorstandsvorsitzenden sowie den kaufmännischen Geschäftsführer oder Finanzvorstand, zusammen mit Vertretern der begleitenden Emissionsbank, vor institutionellen Investoren in Europa.

Der eigentlichen Angebots- und Zeichnungsfrist vorgeschaltet ist zunächst das sogenannte Pilot-Fishing. Noch vor der Billigung des Wertpapierprospektes werden institutionelle Schlüsselinvestoren vom Sales-Team der begleitenden Emissionsbank mit dem Unternehmen und seinem spezifischen Chance-/Risikoprofil vertraut gemacht. Das aus dem Pilot-Fishing gewonnene Feedback dient der Emissionsbank dazu, eine Indikation über das Marktpotential der Mittelstandsanleihe zu erhalten und geht als eine weitere Verfeinerung der ursprünglichen Bewertungsspanne in die Festlegung des Preises bzw. des Coupons über. Hier offenbart sich die Besonderheit bei der Emission einer Mittelstandsanleihe. Wie bereits im vorstehenden Kapitel zum Preisbildungsmechanismus umfänglich erläutert muss im Vergleich zu klassischen Anleiheemissionen die Preisfestsetzung nach dem Pilot-Fishing erfolgen und in den Wertpapierprospekt als letzter fehlender Parameter eingepflegt werden.

Sind sämtliche Vorbereitungen abgeschlossen und hat die BaFin den Wertpapierprospekt gebilligt, wird der neue Internetauftritt live geschaltet und es beginnt die Vermarktungs- und Platzierungsphase und damit der Start der Werbekampagne und der Roadshow.

Die Zeichnungsfrist umfasst bei typischen Mittelstandsanleiheemissionen in der Regel fünf bis zehn Werktage. Je nach Investorennachfrage kann die Zeichnungsfrist jedoch durch die Emissionsbank verlängert oder verkürzt werden. Dieser Zeitraum ist vielfach mit ausschlaggebend für den Erfolg der Emission. Im Kern stützt sich die Vermarktung der Mittelstandsanleihe auf eine Mischung aus öffentlichem Verkaufsangebot in Deutschland kombiniert mit einer europaweiten Ansprache institutioneller Investoren im Rahmen der Roadshow, die das Management des Emittenten zusammen mit der Emissionsbank durchführt. Diese ermöglicht ausgewählten institutionellen Investoren, sich in Gruppenpräsentationen und Einzelgesprächen (One-on-Ones) ein Bild von der Gesellschaft zu machen. Je nach Anleihebedingungen kann bei gegebener Nachfrage eine Erhöhungsoption für das geplante Emissionsvolumen ausgeübt werden, um weiteres Kapital im Zuge der Mittelstandsanleiheemission einzusammeln.

Während der Zeichnungsphase werden sämtliche Zeichnungswünsche von institutionellen und privaten Investoren auf täglicher Basis im zentralen, elektronischen Orderbuch der begleitenden Emissionsbank, dem sogenannten Bookrunner, aggregiert und ausgewertet. Institutionelle Zeichnungswünsche werden dabei namentlich aufgeführt, die Zeichnungen der privaten Anleger hingegen werden in einem Posten zusammengefasst.

Nach Ablauf der Zeichnungsfrist legen Emittent und Emissionsbank gemeinsam anhand der qualitativen Auswertung der institutionellen Nachfrage die Zuteilung fest. Kriterien sind hierfür die Anlagestrategie bzw. Art des Investors, die Teilnahme am Pilot-Fishing bzw. der Roadshow, die Ordergröße im Verhältnis zum verwalteten Vermögen sowie gegebenenfalls die Limitierung der Order. Anhand der verwendeten Kriterien wird den Investoren ein Ranking zugeteilt. Die im Vorfeld vereinbarte Platzierungsstrategie wird nun präzisiert, indem die Quoten für institutionelle und private Investoren abschließend festgelegt werden. Im Vordergrund steht dabei das Ziel, eine stabile Investorenbasis zu generieren sowie ein hohes Maß an Liquidität im Sekundärmarkt zu gewährleisten.

15.3   Eigen- versus Fremdemission

15.3.1   Eigenemissionen - eine Bestandsaufnahme

Für mittelständische Unternehmen stellt sich nach dem Beschluss zur Emission einer Mittelstandsanleihe die Frage, ob eine Emissionsbank überhaupt zu Rate gezogen werden soll. Schließlich geben die Börsensegmente der einzelnen Börsen den Emittenten grundsätzlich die Möglichkeit, selbstständig an Investoren heranzutreten, um Mittel für die anvisierte Emission einzuwerben. Hierbei spielen für die Emittenten zunächst Kostengründe eine wesentliche Rolle, da eine Emissionsbank im Rahmen der Platzierung abhängig von der Höhe des Emissionserlöses in nicht unerheblichem Maße vergütet wird. Von den seit 2010 bis einschließlich August 2011 durchgeführten 45 Emissionen handelt es sich bei 26 dieser Emissionen um Eigenemissionen. Hier bemühten sich die Unternehmen selbstständig, die Teilschuldverschreibungen neben Privatinvestoren auch institutionellen Investoren anzubieten. Es kann jedoch konstatiert werden, dass diese Art der Emission bislang nicht so sehr erfolgreich verlief. Nur rund 46 %, also 12 der 26 Eigenemissionen konnten voll platziert werden. Dadurch zeigen sich die erhöhten Risiken, die im Zusammenhang mit Eigenemissionen entstehen. Für Emittenten, die keine Emissionsbank mit in den Prozess integrierten und bei der Platzierung scheiterten, hat sich nachfolgend eine Reihe von Nachteilen ergeben. Hierzu gehören in erster Linie die fehlenden Mittelzuflüsse, mit denen die Unternehmen unter Umständen bereits geplant haben, die sie jedoch nicht einwerben konnten. Auch der Imageschaden ist bei einer nicht erfolgreich platzierten Mittelstandsanleihe stets nicht aus den Augen zu verlieren, da die mediale Wirkung im Zusammenhang mit dem Marketingaufwand und dem öffentlichen Verkaufsangebot nicht zu unterschätzen ist. Schließlich kann eine missglückte Mittelstandsanleiheemission dazu führen, dass die Bonität des Emittenten nachhaltig geschwächt und vor allem auch Folgeplatzierungen nicht nur erschwert sondern eventuell unmöglich werden.

15.3.2 Eigen- und Fremdemissionen im Vergleich

Tabelle 15.2 zeigt den direkten Vergleich von Eigen- und Fremdemissionen. Auffällig ist, dass der Anteil vollplatzierter Emissionen unter Einbindung einer Emissionsbank mit rund 63 % deutlich besser ausfällt, als bei Eigenemissionen. Zudem fanden manche der erfolglosen Fremdemissionen in den Zeiträumen statt, in denen die Märkte einen starken Einbruch erlitten und somit eine Platzierung grundsätzlich unmöglich war. Eine am Markt anerkannte Emissionsbank hätte die Emission in so einem Marktumfeld vermutlich aus Gründen der gemeinsamen Reputation auch im Sinne des Emittenten verschoben.

Tabelle 15.2 Eigen- und Fremdemissionen im Vergleich

Eigen- oder Fremdemission	Anzahl Emissionen	davon vollplatziert	Aggregiertes Emissionsvolumen	Durchschnittliches Emissionsvolumen
Eigenemissionen	26	12	1.066 Mio. €	41,0 Mio. €
Fremdemissionen	19	11	1.250 Mio. €	65,8 Mio. €
Gesamt	45	23	2.316 Mio. €	51,5 Mio. €

Quelle: BondGuide, Bond Magazine, Stand: August 2011

Allgemein profitiert der Emittent bei der Fremdemission von dem Know-how der Emissionsbank. Diese verfügt gewöhnlich über ausgezeichnete Kontakte zu institutionellen Investoren und erleichtert somit die Platzierung sowie den nicht zu unterschätzenden Managementaufwand. Auch der Vergleich durchschnittlicher Emissionsvolumina macht deutlich, dass sich mithilfe von Emissionsbanken im Durchschnitt bislang höhere Emissionsvolumina erzielen ließen.

Ein wesentlicher Unterschied beim Vergleich zwischen Eigen- und Fremdemission zeigt sich schließlich im Platzierungsprozess. Aufgrund des Übernahmevertrages übernimmt die Emissionsbank ein gewisses Gegenparteirisiko während der Zeichnung. Letztendlich kann der Prozess, sofern er von der Emissionsbank begleitet wird, bis zum letzten Tag der Zeichnungsfrist abgebrochen werden, etwa, wenn die Platzierung nicht den gewünschten Erfolg verspicht, wie erhofft. Somit bleibt dem Emittenten beim Rückzug ein Großteil der

Kosten erspart, die durch die Emission entstehen. Im Falle der Eigenemission ist ab dem Start der Zeichnungsfrist der Prozess nicht mehr zu stoppen. Somit offenbart sich die Einschaltung einer Emissionsbank als eine Art Versicherung im Prozess. Da ausgewählte Emissionsbanken neben der Begleitung während des gesamten Prozesses ein Komplettpaket anbieten, welches die Zahlstellenfunktion sowie die Betreuung an der Börse als Coach, Kapitalmarkt- oder Listing Partner vorsieht, bleiben Emittenten bei der Wahl einer solchen Emissionsbank eventuelle Mehrkosten durch Einzelverträge mit anderen Parteien erspart.

Literatur

[1] Achleitner, A.-K. (2002): Handbuch Investment Banking, 3. Aufl., Gabler Verlag, Wiesbaden.
[2] Altman, E. (1992): Revisiting the High Yield-Bond Market, Financial Management, Vol. 21, S. 78-92.
[3] Asquith, P. et al. (1989): Original Issue High Yield-Bonds: Aging Analysis of Defaults, Exchanges and Calls, Journal of Finance, Vol. 44, S. 923-952.
[4] Bosch, U./Groß, W. (1998): Das Emissionsgeschäft, Bank-Verlag, Köln.
[5] Müller-Trimbusch, J. (1999): High Yield-Anleihen zur Risikofinanzierung deutscher Unternehmen, Diss. European Business School, Wiesbaden.

16 Die richtige Platzierungsstrategie bei einer Anleiheemission

Andreas Wegerich (youmex AG)

Erfolg und Misserfolg einer Anleiheemission sind im Wesentlichen vom Emittenten selbst und von der richtigen Platzierungsstrategie abhängig, wie eine erste Analyse der am Kapitalmarkt begebenen Mittelstandsanleihen von bislang 45 Unternehmen (Stand August 2011) deutlich macht.[1] Insoweit stellt sich berechtigterweise die Frage nach den Kernelementen der richtigen Platzierungsstrategie bei einer öffentlichen Anleiheemission (Initial Public Bond Offering oder IPBO).

Abbildung 16.1 Der Anleiheemissionsprozess

1. Planungsphase	• Auswahl des Emissionsberaters • Prüfung der Kapitalmarktreife des Emittenten • Corporate Finance-Analyse/Beratung • Festlegung des Emissionsvolumens • Mittelverwendungsplanung • Investment Story • Vertragsgespräche
2. Vorbereitungsphase	• Indikative Zeitplanung • Wahl des Börsenplatzes • Auswahl und Mandatierung der spezialisierten Berater (Rechtsanwalt, Wirtschaftsprüfer, Ratingagentur, Investor Relations Agentur) • Zusammenstellung des Konsortiums • Pre-Sales/Marketing (Markt-Sounding, Pilot Fishing) • Festlegung Emissionsverfahren (Eigen-/Fremdemission) • Anleihenstrukturierung
3. Prozessphase	• Marketing (Kommunikationskonzept, IR-Agentur, Pressegespräche, Roadshow, Interviews etc.) • Erstellung Rating-Bericht • Erstellung Wertpapierprospekt • Billigung des Wertpapierprospekts durch die BaFin • Erstellung Research Report • Investor Education
4. Zeichnungsphase	• Festlegung Zeichnungsfrist • Aufhebung der Kommunikations- und Pressesperre • Analysten-/Pressegespräche • Investorenansprache • Zuteilungsverfahren • Notierungsaufnahme der Anleihe
5. Post IPBO-Phase	• Corporate Finance-Beratung • Folgerating • Finanzmarktkommunikation • Transparenzpflichten

Quelle: youmex

Der Emissionsprozess für die Begebung einer Mittelstandsanleihe lässt sich, wie bei einem Börsengang eines Unternehmens (Initial Public Offering oder IPO), in vier Phasen untertei-

---

[1] Vgl. die Angaben der jeweiligen Börsen.

len: Planungsphase, Vorbereitungsphase, Prozessphase und Zeichnungsphase. Nach erfolgreicher Platzierung und Listing der Anleihe an einer deutschen Börse beginnt die nicht weniger wichtige fünfte Phase, die Post IPBO-Phase. Die Meilensteine des Anleiheemissionskonzeptes stellen die strukturellen Eckpunkte der Emission dar, die sich auf die einzelnen Phasen des Emissionsprozesses zeitlich gestaffelt erstrecken. Einzelne dieser Meilensteine sind für die richtige Platzierungsstrategie einer Anleiheemission von besonderer Bedeutung. Diese werden im Beitrag beschrieben und erläutert.

Ob die Platzierungsstrategie richtig war, lässt sich eindeutig am Ende des Anleiheemissionsprozesses festmachen: Die Anleihe ist innerhalb kürzester Zeit vollständig platziert und aufgrund großer Nachfrage überzeichnet.

Die Praxis zeigt, dass in der Vergangenheit nicht alle Mittelstandsanleihen in wenigen Stunden oder in wenigen Tagen am Kapitalmarkt im vollen Umfang platziert werden konnten. In Einzelfällen betrug die Platzierungsdauer gar bis zu 360 Tage und bei einigen Emissionen wurde das Volumen reduziert. Eine hundertprozentige Platzierungssicherheit der Mittelstandsanleihen gibt es also nicht.

16.1   Funktion des Emissionsberaters

Trifft das Unternehmen die Entscheidung, seinen Fremdkapitalbedarf über den öffentlichen Kapitalmarkt zu decken, steht am Beginn eines solchen Anleiheemissionsprozesses die Auswahl und die Mandatierung eines kapitalmarkterfahrenen Emissionsberaters.

Die meisten Börsenplätze in Deutschland setzten für ein Listing in den Mittelstandssegmenten die Mandatierung eines solchen Beraters voraus. An der Frankfurter Wertpapierbörse sind dies die „Deutsche Börse Listing Partner", in Stuttgart die „Bondm Coaches", in Düsseldorf die „Kapitalmarktpartner" und in München die „Emissionsexperten".

Am Markt existieren unterschiedliche Meinungen zu Emissionskonzepten und zu der richtigen Platzierungsstrategie. Einige Emissionsberater vertreten die Auffassung, dass es für das Unternehmen letztendlich darauf ankommt, dass die Anleihe platziert wird und somit die finanziellen Mittel zufließen. Ob die Platzierung in 100 oder 365 Tagen erfolgt, soll hierbei unerheblich sein. Ein solches Platzierungsangebot kann sich in der Regel nur an private Anleger und Investoren aus dem Umfeld des Unternehmens, wie z. B. Kunden, Mitarbeiter und Lieferanten, richten.

Aus institutioneller Sicht muss eine derartige Finanzierungsstrategie grundsätzlich in Frage gestellt werden, da ein Mittelzufluss über einen ungewissen Zeitraum selten in Einklang mit der Investitions-, Finanzierungs- und Geschäftsplanung des Emittenten stehen kann. Wird die Emission plangemäß auf eine Zeitdauer von bis zu 365 Tagen ausgelegt, ist jedenfalls zu berücksichtigen, dass sich in einer so langen Zeitspanne Marktgegebenheiten verändern können, was die Nachfrage nach dem Corporate Bond des Emittenten beeinflusst.

Ein aktuelles Beispiel ist der August 2011, als sich faktisch über Nacht ein positives Umfeld in einen abstürzenden Markt verwandelt hat. Branchentrends können sich umkehren, politische Entscheidungen können erheblichen Einfluss auf Angebot und Nachfrage von Unternehmensanleihen haben. Erfahrungsgemäß kann kein Kapitalmarktexperte genaue Aussagen dazu treffen, wann welche Einflussfaktoren Kursveränderungen und damit Marktschwankungen in welcher Höhe auslösen. Es bleibt immer ein gewisses Restrisiko, das umso größer wird, je länger die Zeitspanne für eine Kapitalmarkttransaktion angelegt wird. Bis zur Vollplatzierung und Schließung einer Anleihe ist im Sekundärmarkt (Handel an der Börse) auch keine Kurssteigerung möglich, da von Emittentenseite ständig Tranchen des Papiers neu in den Markt begeben werden.

Aus institutioneller Anlegersicht wird eine erfolgreiche Anleiheplatzierung innerhalb weniger Tage geschlossen. Eine schnelle Überzeichnung der Emission beweist, dass Pricing, Volumen und Zeitpunkt richtig waren. Nun sind auch im Sekundärmarkt Kurssteigerungen möglich, da das nachgefragte Volumen nur teilweise bedient wurde und Investoren sich nun über die Börse eindecken müssen.

Der Anleiheemissionsprozess ist ein komplexer Vorgang, in dem der Emissionsberater als Bindeglied zwischen dem Emittenten und den verschiedenen involvierten Parteien, wie Banken, Rechtsanwälten, Wirtschaftsprüfern und Agenturen für Investor Relations (IR) und Public Relations (PR) fungiert. Er begleitet den Emittenten bei der Vorbereitung, der Umsetzung und auch im Anschluss der öffentlichen Anleiheemission (Post IPBO-Phase). Daneben strukturiert er die Transaktion, übernimmt die Koordination des gesamten Prozesses und verfügt über ein exzellentes Netzwerk zu Investoren, Finanzdienstleistungsinstituten und Konsortialbanken.

16.2 Die Kapitalmarktreife des Emittenten

Grundlegende Voraussetzung für die Platzierbarkeit einer Bondemission ist, wie bei einer Aktienemission mit anschließendem Börsengang) auch, die Kapitalmarktreife des Emittenten. Das bedeutet, dass nicht nur die gesetzlichen Vorgaben und die regulatorischen Anforderungen der Börsensegmente für Mittelstandsanleihen vom Emittenten erfüllt werden („formale Kapitalmarktreife"), sondern darüber hinaus auch die Bereitschaft des Managements besteht, sich dem Kapitalmarkt zu öffnen und der Financial Community das geforderte Maß an Informationen bereitzustellen. Interessanterweise ist die vom Markt geforderte Transparenz („innere Kapitalmarktreife") teilweise leichter zu erfüllen als die hohen Anforderungen der Banken für die Vergabe von Krediten, was die Begebung einer Anleihe am Kapitalmarkt zur echten Finanzierungsalternative solider mittelständischer Unternehmen qualifiziert.

Im Wesentlichen beschränken sich die Transparenzkriterien auf wenige Punkte, wie die zeitnahe Veröffentlichung des testierten Jahresberichtes, der Halbjahreszahlen und eine Quasi Ad-hoc-Pflicht für ergebnisrelevante Ereignisse. Ferner erwarten professionelle Investoren Informationen zur Mittelverwendung, Mittelwirkung und Mittelrückführung. Für die obligatorische, jährliche Analystenkonferenz stellen die Börsen Plattformen zur Verfügung. So veranstaltet die Deutsche Börse AG beispielsweise zweimal im Jahr ein Forum: Die „Entry und General Standard Konferenz" im Frühjahr und das „Eigenkapitalforum" im Herbst, die für Analystenveranstaltungen geeignet sind.

Professionelle Investoren setzen die wirtschaftliche Kapitalmarktreife eines Unternehmens voraus, d. h., das Volumen der Anleihe sollte in angemessener Relation zur Unternehmensgröße und zum Unternehmensumsatz stehen. Der Emittent sollte ein bewährtes Geschäftsmodell aufweisen, wachstumsstark sein sowie nachhaltig positive Jahresergebnisse erzielen. Aufgrund der fehlenden oder geringen Besicherung von Anleihen müssen die Emittenten darüber hinaus über einen stabilen positiven Cashflow verfügen. Die aus der Anleihe entstehende Zinslast muss bestenfalls mehrfach durch diesen gedeckt sein.

Für alle nicht börsennotierte Unternehmen sind Anleihen eine ebenso interessante und realistische Finanzierungsoption. Die mittelständischen Unternehmer sollten das Verständnis für den Kapitalmarkt und die Bereitschaft aufbringen, für die Zeit vor und nach der Anleiheemission ein kapitalmarkterfahrenes Team (z. B. Rechtsanwalt, Wirtschaftsprüfer, Investor Relations Agentur, Research Agentur) aufzustellen und zu budgetieren. Dieses Verständnis ist das äußere Anzeichen für die Kapitalmarktreife solcher Unternehmen.

16.3   Der richtige Platzierungszeitpunkt

Während die tatsächliche Anleiheplatzierung nur wenige Stunden bis einige Tage dauert, nimmt die Vorbereitungszeit eine wesentlich längere Zeitspanne ein. Die Aufstellung eines indikativen Zeitplans (siehe Abbildung 16.2) unter Berücksichtigung sämtlicher erforderlichen Maßnahmen gehört zu den Aufgaben des Emissionsberaters. Für ein kapitalmarkterfahrenes, gut vorbereitetes Unternehmen kann ein Emissionszeitraum von durchschnittlich drei Monaten veranschlagt werden. Unternehmen, die über keine oder nur geringe Kapitalmarkterfahrung verfügen, sollten einen Zeitraum von mindestens acht weiteren Wochen oder mehr einplanen. Eine exakte Faustformel lässt sich aus den Erfahrungen der bisher am Kapitalmarkt emittierten Anleihen leider nicht ableiten. Dies ist vielmehr von jedem Einzelfall abhängig.

Grundsätzlich ist es nicht exakt vorhersehbar, wann der Zeitpunkt zur Platzierung einer Anleihe ideal gewählt ist. Private Anleger wie auch institutionelle Investoren sind in der anhaltenden Niedrigzinsphase auf der Suche nach attraktiven Alternativen. Auch konjunkturelle und politische Entwicklungen können sich auf das Kapitalmarktumfeld auswirken. Der Berater, der den Emissionsprozess strukturiert und koordiniert, muss daher die Flexibilität mit einplanen, auf derartige Markteinflüsse zu reagieren.

Hinsichtlich des Platzierungszeitpunktes sollte eine ungeschriebene Negativliste für bestimmte Monate vom Emittenten beachtet werden, wie die Urlaubsmonate Juli und August. Ferner schließen die meisten Investoren noch vor Mitte Dezember ihre Bücher und widmen sich Neuemissionen frühestens wieder ab Februar des Folgejahres.

Ein guter Emissionsberater kennt die Zeitfenster des Kapitalmarktes und warnt rechtzeitig vor etwaigen Gefahren. In Zusammenarbeit mit dem Management des Unternehmens wird unter Berücksichtigung der Negativliste ein indikativer Zeitplan erstellt, der alle am Prozess beteiligten Institutionen und Dienstleister einbindet.

Abbildung 16.2 Indikativer Zeitplan in einem Emissionsprozess (Muster)

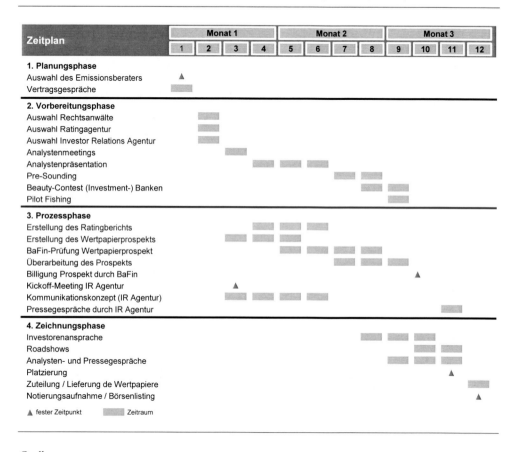

Quelle: youmex

16.4 Wahl des Börsenplatzes

Für potentielle Emittenten stellt sich die Frage, an welchem Finanzplatz in Deutschland die Mittelstandsanleihe im Rahmen der richtigen Platzierungsstrategie begeben werden soll. Die Zulassungsvoraussetzungen und die Folgepflichten der Anleihesegmente an den Börsen Düsseldorf, Hamburg/Hannover, Frankfurt, Stuttgart und München gleichen sich weitgehend. Einzig das Kriterium des Mindestinvestitionsvolumens oder die Vorlage eines Unternehmensratings könnten vielleicht ein Motiv sein, einen bestimmten Börsenstandort zu präferieren.

Als Auswahlkriterium für die Wahl des Handelsplatzes einer Mittelstandsanleihe sollte die Platzierungskraft der Börse selbst herangezogen werden. Die Kosten der verschiedenen Börsenstandorte spielen für einige Emittenten in der Regel eine Rolle, sollten aber letztendlich bei der Wahl des Standortes nicht vorrangig den Ausschlag geben.

Die Börse Stuttgart hat mit dem im Mai 2010 eröffneten Segment Bondm eine Vorreiterrolle im Segment der Mittelstandsanleihen eingenommen. Neu war, dass eine Börse selbst Marketing für die Titel der Emittenten macht und die Platzierung der Papiere durch die gezielte Ansprache von Investoren unterstützt. Die anderen Börsenplätze sind nach und nach in dieses interessante Marktsegment eingetreten. Der „First-Mover"-Effekt der Börse Stuttgart führt dazu, dass diese die Statistik noch in vielerlei Hinsicht anführt. Die Handelsplätze Frankfurt und Düsseldorf sind dabei, in Bezug auf Anzahl der Emissionen und Emissionsvolumen, aufzuholen. Die Zukunft wird zeigen, ob der Anleihe-Boom anhält und welche Finanzplätze mit ihrem spezifischen Leistungs- und Beratungsportfolio den Bedürfnissen der Emittenten und der Anleger am besten entsprechen.

Die bedeutendste Börse in Deutschland ist die Frankfurter Wertpapierbörse (FWB), mit der elektronischen Handelsplattform Xetra. Ein Großteil des Aktien- und Anleihehandels in Deutschland wird über die FWB und Xetra abgewickelt. Die Börse Frankfurt ist ein internationaler Finanzplatz an dem eine Vielzahl professioneller Anleger investieren und handeln. Ferner verfügt die FWB mit ihren Deutsche Börse Listing Partnern über das größte Netzwerk an Kapitalmarktexperten in Deutschland.

Es ist immer wieder zu beobachten, dass mittelständische Unternehmen aus lokalem Patriotismus ihre regionale Börse für eine Anleiheplatzierung bevorzugen. Dem ist grundsätzlich nichts entgegen zu halten, da vor allem Privatanleger gerne regional investieren und für diese Anlegerklientel das Segment ursprünglich entwickelt worden ist. Der Fokus von institutionellen Investoren richtet sich jedoch eher auf international verdrahtete Finanzplätze wie Frankfurt.

16.5   Die Platzierungspartner

Die Auswahl der begleitenden Platzierungspartner ist ebenso ein maßgeblicher Erfolgsfaktor bei einer Anleiheemission. Da zuletzt die Privatanleger als solide Investoren in Mittelstandsanleihen ausgemacht worden sind, ist neben der Mandatierung eines Lead Managers für die Platzierung durchaus die Anbindung der klassischen Retail Banken wie Discount Broker, Sparkassen und Raiffeisenbanken von Vorteil, so dass man durchaus von einem Bankenkonsortium sprechen kann.

Über die in das Platzierungskonsortium einbezogenen Banken erlangt der Emittent Zugang zu institutionellen Investoren im In- und Ausland. Mit der Platzierungskraft der Platzierungspartner und Banken entscheidet sich, in welchem Umfang ein Unternehmen das geplante Emissionsvolumen am Kapitalmarkt bei institutionellen Investoren platzieren kann.

Die Auswahl des betreuenden Lead Managers für die Platzierung gehört im Rahmen der Vorbereitungsphase des Emissionsprozesses zu den originären Aufgaben des Emissionsberaters. Der Emissionsberater wird die Auswahl unter Konkurrenzaspekten üblicherweise durch einen Beauty Contest vornehmen.

16.6   Das Emissionsvolumen

Im Zeitraum von März 2010 bis Ende August 2011 wurden an den Mittelstandssegmenten Deutschlands 34 Unternehmensanleihen mit einem Emissionsvolumen von insgesamt 1.913 Mio. € emittiert. Dies entspricht einem durchschnittlichen Emissionsvolumen von 56 Mio. € pro Anleihe. Weitere 13 Anleihen mit einem Emissionsvolumen von insgesamt 314 Mio. € wurden im gleichen Zeitraum im Freiverkehr der Börse Frankfurt und Düsseldorf emittiert. Das durchschnittliche Emissionsvolumen dieser Anleihen fällt jedoch mit 24 Mio. € deutlich niedriger aus, als die vergleichbaren Emissionen in den fünf Mittelstandssegmenten.

Abbildung 16.3   Anzahl und durchschnittliches Emissionsvolumen der Mittelstandssegmente (Stand: 31.08.2011)

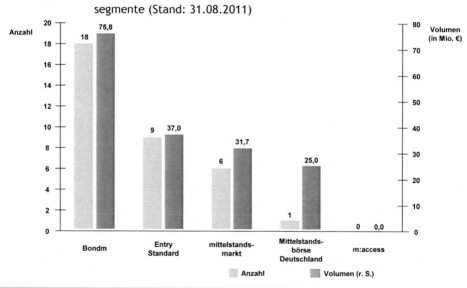

Quelle: youmex

Die Auswertung der vergangenen Anleihetransaktionen (siehe Abbildung 16.3) zeigt, dass das durchschnittliche Emissionsvolumen zwischen 31 Mio. € (mittelstandsmarkt) und rund 76 Mio. € (Bondm) betragen hat. Absolut betrachtet belief sich das kleinste Emissionsvolumen auf 10 Mio. € (verschiedene Emittenten) und das größte Emissionsvolumen auf 225 Mio. € (Dürr AG).

Ausgangslage für die Bestimmung des Emissionsvolumens ist in der Regel der geplante Kapitalbedarf des Emittenten auf Grundlage seiner Finanzplanung. Grundsätzlich sollte die Begebung einer Anleihe nur Teil des Gesamtfinanzierungskonzeptes sein. Ein guter Emissionsberater hat die Eigenkapitalquote des Unternehmens und das Rating vor und nach der Transaktion im Blick, um die zukünftige Refinanzierungsfähigkeit des Unternehmens nicht zu gefährden. Dabei kann die von dem Unternehmen geplante Mittelverwendung auf die Finanzierung von externem Wachstum, die Umsetzung einer Internationalisierungsstrategie, die Investition in Assets (z. B. neue Technologien) und/oder die Umplatzierung von Schuldtiteln/Krediten entfallen. Für die Höhe des Emissionsvolumens ist ferner relevant, wie hoch die erwartete Nachfrage der Investoren eingeschätzt wird. Man spricht in diesem Fall von einem marktgerechten Emissionsvolumen.

Für eine ganze Reihe institutioneller Investoren bestehen strukturelle Vorgaben für Investments. Sofern beispielsweise das Mindestinvestitionsvolumen 5 Mio. € beträgt und das Investment 10 % des Emissionsvolumens nicht überschreiten darf, kommen für diesen Investor sämtliche Anleiheemissionen unter 50 Mio. € nicht in Betracht.

Je größer das Volumen einer Anleiheemission, desto mehr potentielle Investoren können angesprochen werden, was die Wahrscheinlichkeit einer schnellen Vollplatzierung der Anleihe erhöht.

16.7   Investorenauswahl und -ansprache

Für das Kapitalmarktinstrument der Mittelstandsanleihe kommen institutionelle Investoren (z. B. Fondsgesellschaften, Finanzinstitute, Family Offices, Versicherungen und Pensionsfonds) und Privatanleger als Kapitalgeber in Betracht. Beide Zielgruppen haben häufig einen unterschiedlichen Investitionshorizont und Investitionsfokus. Institutionelle Investoren verfolgen üblicherweise eine taktische Investitionsstrategie und präferieren Investments in einen liquiden und funktionsfähigen Sekundärmarkt. Demgegenüber investieren Privatanleger eher langfristig (Buy-and-hold-Investoren) und messen der Liquidität im Sekundärmarkt eine geringere Bedeutung zu. Ein angemessener Anteil an Privatanlegern kann insoweit auch zu einer Kursstabilität der Anleihe am Sekundärmarkt beitragen. Auch die Abhängigkeit des Emittenten von wenigen großen Investoren wird durch die angemessene Einbeziehung von Privatanlegern deutlich verringert. Das Interesse der Privatinvestoren ist auf die seit langem niedrigen Zinsen für Spareinlagen und Tagesgeldkonten sowie auf die Höhe der Coupons für Unternehmensanleihen zurückzuführen, die von 5,70 % bis 9,25 % reichen.

Über die Höhe der Platzierung von Mittelstandsanleihen bei Investoren gibt es unterschiedliche Aussagen von Marktteilnehmern. In verschiedenen Veröffentlichungen werden „ausgerechnet die Privatanleger" für die Entwicklung des neuen Anleihesegments in den letzten Monaten verantwortlich gemacht. Diesen wird teilweise ein Platzierungsvolumen von 50 % bis zu 70 % zugerechnet. Derartige Aussagen sind interessant, lassen sich aber nicht eindeutig verifizieren.

In der Regel wird der überwiegende Anteil des Emissionsvolumens von Mittelstandsanleihen über institutionelle Investoren platziert. Ein Investorenmix von 70 % institutioneller Investoren und 30 % Privatanleger würde einem idealen Platzierungsverhältnis entsprechen[2]. Da institutionelle Investoren erfahrungsgemäß einen Teil des gezeichneten Emissionsvolumens nach Börsennotiz an Privatinvestoren umplatzieren, kann sich das Platzierungsverhältnis auf eine Quote von 50 % institutioneller Investoren und 50 % Privatanleger einpendeln.

Um Privatanleger ansprechen zu können darf die Stückelung der Wertpapiere, also das Mindestinvestitionsvolumen, nicht zu groß sein. Die Stückelung der bisher begebenen Mittelstandsanleihen belief sich in der Regel auf 1.000 € und entspricht damit der von der überwiegenden Anzahl der Börsensegmente vorgegebenen Obergrenze. Klassische Anleihen für institutionelle Investoren weisen üblicherweise eine Stückelung von 50.000 € bis 100.000 € auf. Hierdurch wird die Privatanlegerorientierung dieser Segmente noch einmal deutlich zum Ausdruck gebracht. Fast alle Mittelstandssegmente für Anleihen bieten den Emittenten aktiv ihre Unterstützung bei der Vermarktung und Platzierung der Wertpapiere an. Dies ist vor allem für Unternehmen interessant, die eine reine Eigenemission der Anleihe durchführen möchten. Die Börsen stellen teilweise ein Zeichnungs-Tool für die Zeichnung der Unternehmensanleihe über die Hausbank der Anleger sowie gezielte Anlegerinformationen (z. B. Newsletter, Pressemitteilungen, Banner) über ihre Internetseite zur Verfügung. In das Kommunikations- und Informationskonzept der Börsen werden teilweise auch Finanzportale und Social-Media-Netzwerke (Facebook, Twitter, Xing) eingebunden.

Die Platzierungskraft der Börse bei der Anleiheemission darf von Emittenten – insbesondere bei Eigenemissionen – nicht überschätzt werden. Hier kommt es vielmehr auf die Größe und den Bekanntheitsgrad des Emittenten sowie auf die Öffentlichkeitsarbeit der IR-Agentur und der PR-Agentur im Vorfeld der Emission an.

16.8 Ausgestaltung der Anleihe

Mittelstandsanleihen können höchst unterschiedlich strukturiert sein. Informationen über die Ausstattungsmerkmale der Anleihe finden sich im Wertpapierprospekt, in dem auch mögliche Risiken zu dem Wertpapier aufgeführt sind. Insbesondere für den Privatanleger ist der Wertpapierprospekt die mit Abstand sicherste Informationsquelle.

---

[2]   Vgl. Walchshofer, M. (2011) S. 48.

Da gerade die Mittelstandsanleihesegmente von den Börsen mit Blick auf den Privatanleger ausgelegt worden sind, ist eine relativ einfache Strukturierung der Anleihen zuletzt der Standard gewesen. Im Allgemeinen werden Mittelstandsanleihen als Inhaberschuldverschreibungen ausgegeben, bei denen jeder, der im Besitz des Wertpapiers ist, Anspruch auf Zins- und Tilgungszahlungen hat. Die Ausstattungselemente der bislang begebenen Unternehmensanleihen lassen sich wie folgt beschreiben:

■ Stückelung von 1.000 €

■ Mittel- bzw. langfristige Laufzeit zwischen drei und sieben Jahren

■ Couponanleihe mit laufender Verzinsung

■ Fester Zinssatz über die Laufzeit der Anleihe

■ Tilgung der Anleihe in einer Summe am Ende der Laufzeit

■ Meist keine Covenants

Mittelstandsanleihen weisen in der Regel keine Elemente exotischer Anleiheformen auf, wie z. B. eine variable Verzinsung, die Kopplung von Zins- und/oder Tilgungsleistungen an einen Index oder die Einräumung eines Sonderkündigungsrechts. Klassische Unternehmensanleihen werden – im Gegensatz zu Mittelstandsanleihen – mit umfangreichen Verhaltensverpflichtungen bzw. Auflagen des Kreditnehmers während der Laufzeit der Anleihe gekoppelt, die im Allgemeinen als sogenannte Covenants bezeichnet werden. Beispiele hierfür sind:

■ Verpflichtung des Unternehmens, bis zur vollständigen Rückführung der Anleihe anderen Gläubigern keine Sicherheiten zu geben (Negativerklärung; erstrangige Anleihe)

■ Einhaltung von Finanzkennzahlen während der Laufzeit der Anleihe, so dass die wirtschaftliche und finanzielle Entwicklung des Unternehmens im Wesentlichen so verläuft, dass die Rückzahlung der Anleihe gesichert ist

■ Vereinbarung einer Change of Control-Klausel bei einem Wechsel der Gesellschafter und grundlegenden Strukturänderungen des Unternehmens, die den Gläubigern ein Sonderkündigungsrecht gewährt

■ Cross Default-Vereinbarung (Drittverzug), d. h., es besteht ein Kündigungsrecht der Anleihegläubiger, wenn das Unternehmen beispielsweise eine ihm in anderen Verträgen obliegende Zahlungsverpflichtung gegenüber Dritten verletzt

Die Bandbreite der Zinscoupons für Mittelstandsanleihen variiert stark in Abhängigkeit des Marktes, also der sogenannten Peer Group. Einen Anhaltspunkt für die Ausfallwahrscheinlichkeit geben die Ratings der auf den Mittelstand in Deutschland spezialisierten Ratingagenturen Euler Hermes Rating GmbH und Creditreform Rating AG. Das Rating zeigt die Bonität eines Unternehmens und das mit der Investition verbundene Risiko. Rund 56 % der Mittelständler, die im Rahmen der Erfüllung der Zulassungsvoraussetzungen für eine Anleiheemission ein Unternehmensrating vorweisen mussten, haben eine Einstufung im Investment Grade erhalten.

Für das neue Marktsegment Mittelstandsanleihe sollte ein Unternehmensrating in allen Börsensegmenten als ein Qualitätsmerkmal angesehen und grundsätzlich verpflichtend werden. Da dieses Marktsegment auch auf Privatanleger ausgerichtet ist, können diese ihre Anlageentscheidung von dem Bestehen eines akzeptablen Unternehmensratings abhängig machen. Das darf natürlich nicht darüber hinwegtäuschen, dass es trotzdem zu Zahlungsausfällen kommen wird. Zukünftig wird tendenziell ein Anleiherating zu erwarten sein, d. h., dass dann auch verstärkt Covenants als Ausgestaltungselement der Anleihe Berücksichtigung finden werden.

16.9   Die Platzierungsarten

Im Rahmen der Strukturierung der Anleiheemission ist festzulegen, auf welchen Wegen die Platzierung erfolgen soll. Das Unternehmen kann die Platzierung in einer Eigenemission vornehmen, indem die Investoren von diesem direkt angesprochen werden oder es kann auf das Netzwerk von Banken und Investmenthäusern für die Platzierung der Gläubigerpapiere zurückgreifen. Bei genauerer Betrachtung der erfolgreichsten Emissionen seit Start der Mittelstandsanleihesegmente scheint der Mix aus bankbetreuter Emission und Eigenemission die beste Strategie zu sein.

Bei der Eigenemission machen die Unternehmen von der Möglichkeit Gebrauch, die Anleihen über die eigene Homepage zu platzieren, ferner bieten die Börsen mit Ihren Segmenten für Mittelstandsanleihen Unterstützung bei der Vermarktung der Wertpapiere an.

Von den bis Ende August 2011 an den Mittelstandsegmenten für Unternehmensanleihen getätigten Emissionen erfolgten neun (rund 26 %) als reine Eigenemissionen. Davon sind vier Eigenemissionen im laufenden Jahr 2011 immer noch nicht abgeschlossen gewesen. Besonders auffallend sind in diesem Zusammenhang die Unterschiede in der Platzierungsdauer, die bei Eigenemissionen durchschnittlich rund 98 Tage und bei Emissionen die durch Banken begleitet wurden rund 25 Tage beträgt.

Die Platzierung der Anleihe durch den Emittenten ohne Einschaltung von Banken und Nutzung ihrer Netzwerke zu Investoren birgt ein hohes Platzierungsrisiko. Statistiken alleine helfen bei der Frage nach der richtigen Strategie nicht weiter, da die besonders erfolgreichen Platzierungen in diesen Auswertungen lediglich als Durchschnittswert erfasst sind. Greift man jedoch aus dem relativ jungen Markt der Mittelstandsbonds die begehrtesten Titel heraus, so ergibt sich ein gänzlich anderes Bild: Die Emissionen Katjes, Valensina, Underberg, Air Berlin und KTG Agrar waren nach Veröffentlichung des Angebotes und Start der offiziellen Zeichnungsfrist binnen Stunden vergriffen. Diese Unternehmen verfügen nicht nur über einen überregionalen Bekanntheitsgrad sondern wissen diesen auch entscheidend zu nutzen. Der richtige Mix macht am Ende des Tages den Erfolg aus. Alle diese Unternehmen hatten eine Bank an ihrer Seite, die für das Management eine Roadshow bei institutionellen Anlegern im Vorfeld der Emission organisierte und die das sogenannte „Buch" führte.

Natürlich war das Sentiment gut, als diese Unternehmen ihr Angebot veröffentlicht haben, weil im zeitkritischen Prozess von der Prospektierung der Anleihe (Anwaltskanzlei), der Kommunikation mit der BaFin bis hin zur Billigung (Anwaltskanzlei), der Abstimmung mit dem Börsenplatz (Investmentbank) bis zur Öffnung der Zeichnungsbox nur erfahrene Profis Hand in Hand gearbeitet haben, um exakt das gewünschte Zeitfenster für eine erfolgreiche Emission in einem boomenden Markt zu erwischen.

Die verschiedenen Börsen in Deutschland haben mit Ihren Zeichnungstools ein wunderbares Instrument geschaffen, über das private Anleger gleichermaßen wie institutionelle Investoren direkt Zeichnungsaufträge in das Orderbuch einstellen können. Die Unternehmen selbst haben die Möglichkeit, Anfragen von Anlegern mit einer internen oder externen IR-Abteilung zu bearbeiten und Zeichnungsscheine direkt entgegenzunehmen. Ein professioneller Emissionsberater wird in Zusammenarbeit mit der Investmentbank die verschiedensten technischen Möglichkeiten nutzen, um Zeichnungen und Zeichnungsscheine entgegenzunehmen.

Die reine Technik, also u. a. Zeichnungs-Tools der Börsen, sammelt isoliert betrachtet kein Geld ein. Unternehmen, die erfolgreich eine oder mehrere Anleihen im Markt für Mittelstandsunternehmen platziert haben, nutzten die gesamte Bandbreite der Investorenansprache. Hierzu gehört die Roadshow bei institutionellen Investoren genauso wie Pressekonferenzen und Interviews mit Redakteuren regionaler und überregionaler Tageszeitungen und Magazine. Über all diese Maßnahmen können der Bekanntheitsgrad des Unternehmens selbst gesteigert und die Anleiheemission überregional bekannt gemacht werden. Nur auf diese Weise werden sämtliche technischen Features auch sinnvoll genutzt.

16.10   Die Marketing- und Kommunikationsstrategie

Kapitalmarktkommunikation will sorgfältig durchdacht sein und bedarf neben Know-how auch einer ganzen Reihe gewachsener Strukturen und Kontakte, z. B. zu Journalisten und Wertpapieranalysten.

Eine geeignete, erfahrene Investor Relations-Agentur sollte die gesamte öffentliche Kommunikation begleiten sowie die Organisation von Presseterminen und Analystenkonferenzen übernehmen, so dass eine einheitliche Ansprache und Information der Anleger erfolgen kann. Die Kommunikationsstrategie endet nicht mit der erfolgreichen Schließung der Anleiheplatzierung. Viel mehr beginnt mit dem Start des Handels an der Börse die eigentliche Investor Relations und Public Relations-Arbeit.

Mit der Bond-Platzierung und dem anschließenden Börsen-Listing sollten im Unternehmen Strukturen geschaffen worden sein, um die Investoren in regelmäßigen Abständen und auf Anfrage über die Entwicklung des Unternehmens informieren zu können. Nur dann besteht die Bereitschaft des Kapitalmarktes (private Investoren genauso wie institutionelle Anleger) dem Unternehmen als dauerhafter Finanzierungspartner beiseite zu stehen.

Durch die Transparenz gegenüber Analysten, Journalisten und Investoren stehen die Unternehmensinformationen zwar auch dem Wettbewerb zur Verfügung, doch in der Öffentlichkeit stehende Unternehmen erhalten mehr Beachtung und Vertrauen von ihren Lieferanten, Kunden und vor allen Dingen bei den Investoren. So können sich diese Mittelständler leichter und immer wieder über den öffentlichen Kapitalmarkt finanzieren. Der gut informierte Investor ist meist auch ein treuer Geldgeber. Zuletzt beobachten konnte man diese Tatsache im zweiten Halbjahr 2009. Die Finanzkrise hatte ihren Höhepunkt noch nicht überwunden, als eine Reihe von mittelständischen, börsengelisteten Unternehmen Kapitalerhöhungen platzierte, während der konservativ finanzierte Mittelstand in Deutschland klagte, unter einer Kreditklemme zu leiden und Investitionen zurückstellen musste. Schlussendlich geht der öffentliche Kapitalmarkt immer auch wesentlich weniger streng mit transparenten Unternehmen ins Gericht als kreditfinanzierende Banken.

Im aktuellen Markt der gelisteten Mittelstandsbonds besteht zweifellos noch großer Nachholbedarf an Investor Relations-Arbeit in Bezug auf Bondholder, wie die regelmäßige Veröffentlichung bestimmter Verschuldungskennzahlen, Berichte zur Eigentümerstruktur und Covenants anderer Finanzierungsinstrumente. Nach aktueller Meinung verschiedener Kapitalmarktexperten ist zu erwarten, dass sich die Ausgestaltung der Anleihen mittelständischer Unternehmen bald an die Präferenzen institutioneller Anleger anpassen wird, was auch den privaten Anlegern zu Gute kommen und schlussendlich die Platzierung der Wertpapiere selbst erleichtern wird. Eine professionelle Emissionsbegleitung und spezialisierte IR Agenturen werden einer solchen Entwicklung Rechnung tragen.

16.11   Resümee

- Erfolg und Misserfolg einer Anleiheemission sind im Wesentlichen vom Emittenten selbst und von der richtigen Platzierungsstrategie abhängig!

- Aus institutioneller Anlegersicht ist eine Anleiheplatzierung dann als erfolgreich anzusehen, wenn sie innerhalb weniger Tage geschlossen wird.

- Die Auswahl des begleitenden Lead Managers für die Platzierung ist ein maßgeblicher Erfolgsfaktor bei einer Anleiheemission.

- In der Regel wird der überwiegende Anteil des Emissionsvolumens von Mittelstandsanleihen über institutionelle Investoren platziert.

- Eine geeignete, erfahrene Investor Relations Agentur sollte die gesamte öffentliche Kommunikation begleiten.

- Kapitalmarktexperten erwarten, dass sich die Ausgestaltung der Anleihen mittelständischer Unternehmen sukzessive an die Standards, die institutionelle Anleger erwarten, anpassen wird.

Literatur

[1] Walchshofer, M. (2011): Erfolgsfaktor Kapitalmarktkommunikation – Mittelstandsanleihen aus Sicht institutioneller Anleger, GoingPublic Special „Anleihen 2011", GoingPublic Media, München, S. 48-49.

[2] Motte, L. de la (2011): Es werden Mittelständler Pleite gehen, Handelsblatt, Druckausgabe vom 05.07.2011.

17 Kosten einer Mittelstandsanleihe

Peter Thilo Hasler (BLÄTTCHEN & PARTNER AG)

Aufgrund des kurzen Zeitraums, innerhalb dem in Deutschland Mittelstandsanleihen begeben werden, ist die Thematik der Kosten einer Anleiheemission in der einschlägigen Literatur bislang kaum behandelt worden. Vereinzelt werden in Gesprächen mit dem Management einzelne Kostenpositionen aufgeführt, eine Komplettübersicht unterbleibt jedoch in den meisten Fällen – zu intransparent sind die bei den verschiedenen Parteien nach Art, Höhe und Struktur anfallenden Kosten. Kein Wunder also, dass Emittenten mit stabilen Kreditbeziehungen zu ihren Hausbanken häufig vor den mit einer Anleiheemission verbundenen Einmal- und Folgekosten zurückschrecken. So ist von Emittentenseite zu hören, dass die Gesamtkosten eines Initial Public Bond Offerings (IPBO) bei bis zu 10 % des Emissionsvolumens liegen, was – bei einer durchschnittlichen Laufzeit von fünf Jahren – die jährlichen Kosten der Mittelstandsanleihe um etwas mehr als zwei Prozentpunkte verteuern würde.

Und auch bei den Folgekosten kursieren in Gesprächen mit dem Management Schätzungen, die 20.000 € bis 30.000 € pro Jahr zum Teil auch deutlich übersteigen. Daher ist es für jeden Anleihekandidaten wichtig zu wissen, welches die wesentlichen Kostenpositionen für eine Anleiheemission sind, welche Einflussgrößen diese Kosten maßgeblich bestimmen und welcher Verhandlungsspielraum in der Emissionspraxis besteht. Darüber hinaus fallen die mit der Anleiheemission verbundenen Kosten zu unterschiedlichen Zeitpunkten an, weshalb es bereits mit der Grundsatzentscheidung für das IPBO sinnvoll ist, ein nach Kostenpositionen inhaltlich und zeitlich strukturiertes Gesamtbudget aufzustellen. Für die Emittentin ist dabei insbesondere von Bedeutung, dass in diesem Budget Kostenpositionen enthalten sind, die durch frühzeitiges Handeln im positiven Sinn beeinflusst werden können.

Zusammenfassend kann festgestellt werden, dass die Gesamtkosten einer Anleiheemission an den Segmenten für mittelständische Unternehmen zwischen 3 % und 5 % des Emissionsvolumens liegen[1], wobei sich auch Werte von mehr als 10 % beobachten lassen. Auch wenn die Kosten hoch erscheinen mögen, sollte die Emittentin stets bedenken, dass ihr bei der Begebung einer Mittelstandsanleihe i. d. R. höhere finanzielle Mittel zufließen als bei alternativen Finanzierungsformen des Fremdkapitals wie z. B. Bankkrediten. Außerdem steht der Emittentin das Fremdkapital für einen fixen Zeitraum zur Verfügung. Schließlich sind die Kosten immer auch im Kontext einer Steigerung des Bekanntheitsgrades und dem daraus resultierenden verbesserten Absatz von Produkten und Dienstleistungen zu sehen.

---

[1] Vgl. Elberskirch D. (2011).

17.1   Variable Kosten der Anleiheplatzierung

Platzierungsprovisionen der Banken

Das wichtigste Kriterium für die Auswahl der Lead-Bank sollte neben der Qualität und der Reputation des Bankhauses vor allem die Platzierungskraft bei (semi)institutionellen Investoren (Family Offices, Vermögensverwaltern, Pensionskassen und betriebliche Versorgungswerke etc.) sein. Da die an der Platzierung beteiligten Banken in Abhängigkeit von der Bond Story bis zu 90 % des Anleihevolumens bei diesen Adressen platzieren werden, ist insbesondere die Platzierungsstärke von besonderer Bedeutung. Leider weisen selbst etablierte Geschäftsbanken bei diesen Investorengruppen häufig Defizite auf, so dass es sich empfiehlt, die Qualität und Intensität der Kundenbeziehungen vor einer Mandatierung gut zu prüfen. Gleichfalls ist bei der Zusammenstellung des Konsortiums – ab einem Emissionsvolumen von 50 Mio. € sollten zwei Banken an der Platzierung beteiligt sein, bei größeren Emissionen auch mehr – darauf zu achten, dass die Überscheidungen der einzelnen Konsortialmitglieder bezüglich der jeweiligen Platzierungsstärken minimiert werden. Nur so kann eine optimale Marktabdeckung garantiert werden. Aber auch die Reputation der Bank sowie ihr sogenannter „Track Record" sollten bei der Auswahl der Banken berücksichtigt werden, da die Verpflichtung eines namhaften Instituts zwar keine Garantie für eine erfolgreiche Emission ist, an den Kapitalmärkten aber zumindest als Signal für einen qualitativ hochwertigen Emittenten verstanden wird.

Insofern sollte es nicht verwunderlich sein, dass der Löwenanteil der Emissionskosten auf die von der Bank geforderten Platzierungsprovisionen entfällt. Bei der erfolgreichen Durchführung einer Anleiheemission ist die Bank mit einer als Prozentsatz vom Emissionsvolumen zu bemessenden Platzierungsprovision zu vergüten. An den Märkten für Mittelstandsanleihen – also dem Entry Standard für Anleihen in Frankfurt, Bondm in Stuttgart, der mittelstandsmarkt in Düsseldorf und der Mittelstandsbörse Deutschland in Hamburg und Hannover – liegen die Platzierungsprovisionen der Banken zwischen 2,5 % und 5,0 % des Emissionsvolumens. In der Praxis fällt die prozentuale Platzierungsprovision umso geringer aus, je höher das zu erwartende Emissionsvolumen ist, da der Aufwand der Bank bei einer Anleiheemission unterproportional mit der Höhe des Emissionsvolumens steigt. Bei einem Emissionsvolumen unter 25 Mio. € und/oder einem schlechten Rating muss dementsprechend mit Platzierungsprovisionen gerechnet werden, die die genannte Obergrenze auch übersteigen können.

In jedem Fall sind die Platzierungsprovisionen im Detail mit den platzierenden Bankhäusern zu verhandeln und bereits im Mandatsvertrag mit dem Konsortialführer festzuschreiben. Eine typische Formulierung der Vergütungsregelung im Mandatsvertrag könnte lauten:

> „Die Emittentin zahlt der platzierenden Bank im Falle der erfolgreichen Umsetzung der Emission der Inhaberschuldverschreibungen ein Transaktionshonorar in Höhe von 2,75 % des insgesamt platzierten Emissionsvolumens. Das Transaktionshonorar wird mit Begebung der Inhaberschuldverschreibungen und dem Erhalt des Kaufpreises fällig. Die

Bank ist berechtigt, ihre Vergütung von Emissionserlös abzuziehen. Alle im Rahmen dieser Vereinbarung bezifferten Provisionen und Honorare verstehen sich ohne Umsatzsteuer. Sämtliche ggf. anfallende Steuern, insbesondere Umsatzsteuern, sind von der Gesellschaft zu tragen."

Wichtig ist die Erkenntnis, dass eine Anleiheemission für die Banken mit keinem Platzierungsrisiko verbunden ist. Im Gegensatz zum Börsengang gibt es beim IPBO keinen Übernahmevertrag im eigentlichen Sinne. Vielmehr erfolgt die Platzierung grundsätzlich auf „Best Effort-Basis", das heißt, dass Platzierungsprovisionen nur für tatsächlich platzierte Anleihen fällig werden. Diese wenig anreizkompatible Praxis führt bei schlechtem Platzierungsverlauf mitunter dazu, dass Banken ihre Platzierungsanstrengungen frühzeitig einstellen oder zumindest auf ein Mindestmaß zurückschrauben und sich gedanklich bereits der nächsten Transaktion zuwenden. Im gegensätzlichen Fall einer Überzeichnung der Anleihe kann das Verfahren des Best Effort zu für die Emittentin unbemerkten Konflikten unter den platzierenden Banken führen. Denn an der Zuteilung der Anleihe nehmen ausschließlich die Lead-Bank(en) und die Emittentin teil, so dass es naheliegend ist, dass der Konsortialführer eine Zuteilung der bei ihm aufgegebenen Zeichnungen bevorzugt und die etwa bei Co-Managern oder Selling Agents aufgegebenen Zeichnungen benachteiligt. Aus diesem Grund ist es üblich, dass (semi)institutionelle Investoren wie unabhängige Vermögensverwalter oder Family Offices die Zeichnungen vorrangig an den Konsortialführer geben. Die Co-Manager einer Transaktion versuchen sich ihrerseits durch eine sogenannte „Protection"-Vereinbarung gegenüber einer nachteiligen Behandlung von Seiten der Lead-Bank abzusichern.

Für die Emittentin von besonderer Bedeutung kann eine Ergänzung der Vergütungsregelung sein, wonach der platzierenden Bank die Platzierungsprovision auch dann zusteht, wenn die Platzierung der Anleihe erst nach Beendigung des eigentlichen Platzierungsfensters (von regelmäßig zehn Arbeitstagen) erfolgt. Dies hat die Konsequenz, dass bei nicht vollständiger Platzierung der Anleihe die begleitende Bank auch dann zu vergüten ist, wenn diese selbst nicht länger mit der Transaktion betraut ist, sondern die Platzierung etwa durch einen Selling Agent erfolgt. Nach dieser Regelung hätte also die Emittentin die ursprünglich mandatierte Bank über die etwaige Platzierung von Inhaberschuldverschreibungen durch Dritte zu informieren und mit der Platzierungsprovision zu entlohnen, obwohl diese an der Platzierung der Anleihe überhaupt nicht beteiligt war.

(Diskretionäre) Incentive Fee

Die bei Börsengängen übliche Praxis, den Banken (seltener auch den Kommunikationsagenturen) neben der Platzierungsprovision eine zusätzliche variable Vergütungskomponente von bis zu 1,0 % des Platzierungsvolumens anzubieten, hat inzwischen auch vereinzelt Eingang in die Mandatsvereinbarungen von Anleiheplatzierungen gefunden. Von der Emittentin ist festzulegen, ob diese allein dem Konsortialführer bzw. Bookrunner zusteht oder ob es im freien Ermessen der Emittentin liegt, diese auf alle Konsortialmitglieder zu verteilen. Aus unserer Sicht ist die zweite Alternative zu bevorzugen, da sie mit einer Incentivierung des gesamten Konsortiums verbunden ist.

Eine mögliche Formulierung der Incentive Fee in der Mandatsvereinbarung mit den Banken könnte wie folgt lauten:

> „Die Platzierungsprovision wird um 0,5 % erhöht, sofern das Gesamtprojekt und die Platzierung der Anleihe aus Sicht der Emittentin gut verlaufen sind."

Bei der spezifischen Ausgestaltung der Incentive Fee ist insbesondere darauf zu achten, dass sie anreizkompatibel ist und die Lead-Bank und das Konsortium zu einer bestmöglichen Leistung angehalten werden. Auch auf die Gefahr hin, einen wenig nachprüfbaren Vorschlag zu machen, halten wir es für sinnvoll, die Incentive Fee von der allgemeinen Gesamtzufriedenheit der Emittentin abhängig zu machen. Liegt die Incentive Fee im alleinigen Ermessen der Emittentin, sollte sie auch nicht davor zurückscheuen, die beteiligten Banken entsprechend ihrer Leistung unterschiedlich zu behandeln oder auch die vereinbarte Incentive Fee nicht vollständig auszuschütten. Es erscheint wenig ratsam, den Tag der Notierungsaufnahme als das entscheidende Datum, ob eine Incentive Fee gezahlt werden solle oder nicht, heranzuziehen, da das Management an diesem Tag ohnehin bester Stimmung sein dürfte. Deshalb sollte die Entscheidung zu einem späteren Zeitpunkt gefällt werden, also etwa ein oder zwei Wochen später.

Ebenfalls sinnvoll ist die Bezahlung einer Incentive Fee, wenn die von der platzierenden Bank im Beauty Contest avisierte Nominalverzinsung der Anleihe tatsächlich erreicht oder unterschritten wird. Durch diese Koppelung kann vermieden werden, dass die Bank im Beauty Contest mit Investorenkontakten prahlt, die die Anleihe „in jedem Fall zeichnen werden", obwohl sie dies vielleicht nur in einem außergewöhnlich attraktiven Marktumfeld tun würden.

Kosten des Comfort Letter

Einen weiteren, unter Umständen beträchtlichen Kostenblock stellen die Aufwendungen für den Comfort Letter dar. Mit diesem Dokument bestätigt der Abschlussprüfer der Emittentin, dass die im Wertpapierprospekt enthaltenen, aus den von ihm testierten Jahresabschlüssen stammenden Finanzinformationen richtig und vollständig sind. Die Kosten für den Comfort Letter setzen sich aus zwei Positionen zusammen: den Kosten des Abschlussprüfers, der den Comfort Letter abgibt, und den Kosten für die Versicherung, die der Abschlussprüfer eingeht, um die von den Banken geforderte Haftungssumme für den Comfort Letter abzudecken.

Während die Kosten für den Abschlussprüfer fix und vom Emissionsvolumen unabhängig sind, orientiert sich die Höhe der geforderten Haftungssumme im Kern an der Höhe des Emissionsvolumens. Denn zur Absicherung einer etwaigen Prospekthaftung verlangen die Banken, dass der Wirtschaftsprüfer für den Comfort Letter eine Haftung eingeht, üblicherweise in Höhe der Hälfte des Emissionsvolumens. In der Regel reicht die Berufshaftpflichtversicherung des Wirtschaftsprüfers nicht aus, die für den Comfort Letter geforderte Haftung abzudecken. In diesen Fällen ist es gängige Praxis, dass der Wirtschaftsprüfer eine Versicherung abschließt, die den nicht gedeckten Teil der Haftung übernimmt. Die Kosten hierfür trägt dann die Emittentin. Derzeit gibt es in Deutschland nur eine einzige Versicherungsgesellschaft, die eine Haftpflichtversicherung für den Comfort Letter anbietet. In Abhängigkeit von der Qualität und der Erfahrung des Wirtschaftsprüfers beträgt dort die Versicherungsprämie pro 1 Mio. € Haftungssumme etwa 7.500 € zzgl. 19 % Versicherungsteuer.

Kosten der Zahlstelle

Die Zahlstelle betreut die Emittentin in allen Fragen der wertpapiertechnischen Abwicklung der Emission einer Anleihe. Hierzu zählen insbesondere die Abwicklung des Zeichnungsprozesses sowie die für die Inhaber der Mittelstandsanleihe gebührenfreie (halb)jährliche Auszahlung der Zinsen (Bruttobetrag abzüglich der Kapitalertragssteuer und des Solidaritätszuschlags auf die Kapitalertragssteuer) gegen Einreichung der aufgerufenen Zinscoupons sowie die Rückzahlung der jeweiligen Anleihe bei Fälligkeit (Tilgung).

Ebenfalls zum Leistungsspektrum gehört für die meisten Zahlstellen die Beantragung einer Wertpapierkennnummer bzw. ISIN (International Securities Identification Number) zur eindeutigen Zuordnung der Anleihe, ferner die Erstellung der Richtlinie für die wertpapiertechnische Abwicklung und die Veranlassung einer Veröffentlichung bei der Clearstream Banking AG sowie die Erstellung und Einreichung einer Globalurkunde ebendort[2].

Sofern keine effektiven Stücke ausgegeben werden – bei Mittelstandsanleihen bislang der Normalfall –, wird die Anleihe in untereinander gleichberechtigte, auf den Inhaber lautende und fortlaufend nummerierte Teilschuldverschreibungen eingeteilt. Die Teilschuldverschreibungen zuzüglich der Zinsansprüche sind in einer Globalurkunde bzw. Globalschuldverschreibung ohne Globalzinsschein verbrieft. Die Zahlstelle erstellt diese Urkunde und legt sie der Emittentin zur Unterzeichnung durch ihre Geschäftsführung vor. Anschließend wird sie die Urkunde bei der Clearstream Banking AG einreichen und hinterlegen.

Für die Vergütung der technischen Zahlstellenfunktion bestand an den deutschen Mittelstandsbörsen lange Zeit eine ungewöhnlich große Bandbreite, die sich nur aus der Abschöpfung von Monopolgewinnen erklären lässt. Für eine vergleichsweise homogene Dienstleistung wird neben einem Einmalbetrag von etwa 10.000 € für die Verbriefung der valutierten Anteile bei Aufträgen von Banken, Maklern oder Börsen eine variable Vergütung fällig, die von 0,2 % bis über 1,0 % (inklusive Zusatzdienstleistungen wie bestimmte Zeichnungssoftware) des Emissionsvolumens reichen kann. Eine sorgfältige Auswahl der Zahlstelle kann also für die Emittentin beträchtliche Kosten sparen.

Sonstige Beraterkosten

Vornehmlich – aber nicht nur – kleine und mittelständische Unternehmen vertrauen bei einer Anleiheemission auf die Unterstützung eines professionellen Emissionsberaters, insbesondere um die bestehende Informationsasymmetrie zwischen der Emittentin und der

---

[2]   Vgl. dazu: Gantenbein, P./Spremann K. (2007) S. 17.

Investmentbank zu beseitigen. Hierzu zählt insbesondere die optimale Vorbereitung des Unternehmens auf die Anleiheemission, d. h. die Herstellung der „Anleihereife" der Emittentin, sowie die Sicherstellung der erfolgreichen Umsetzung der Anleihebegebung. Darunter sind insbesondere die Unterstützung bei der Verhandlung der Mandatsvereinbarung mit den Führungsbanken zu verstehen, die Beratung bei der Zusammenstellung des Konsortiums, die Erstellung eines Zeit- und Meilensteinplans bis zur geplanten Notierungsaufnahme der Anleihe, eine kritische Analyse der Unternehmensplanung, die Entwicklung der Bond Story (gemeinsam mit der Auftraggeberin), die Unterstützung beim Unternehmensrating und bei der Erstellung des Wertpapierprospekts, die Vorbereitung der Präsentationen, des Dry Run, die Begleitung von Pressekonferenz und Analysten-Meeting sowie die Erstellung der Roadshow-Unterlagen. Da der Emissionsberater von der Emittentin mandatiert wird, sind es auch alleine deren Interessen, die er vertritt.

Die Kosten für die Emissionsberatung bestehen aus einer fixen und einer variablen Komponente, wobei erstere betraglich von geringerer Bedeutung ist. Die variable Komponente bezieht sich in der Regel auf das Volumen der Anleihe. Bei einem markttypischen Anleihevolumen von etwa 50 Mio. € liegen die Gesamtkosten der Emissionsberatung bei maximal 1 % des Emissionsvolumens.

17.2   Fixe Kosten der Anleiheemission

Kosten für die Erstellung des Wertpapierprospekts

Einen bedeutenden Fixkostenblock bilden die Kosten für die Prospekterstellung. Zur Minderung ihres Haftungsrisikos, aber auch zur Absicherung ihres Emissionsstandings am Kapitalmarkt wird von den Banken für die Prospekterstellung üblicherweise großer Wert auf die Einschaltung einer renommierten Anwaltskanzlei gelegt. Fällt die Wahl auf eine erfahrene deutsche Kanzlei, liegen die Kosten in Abhängigkeit von der Unternehmensgröße, der Komplexität des Geschäftsmodells, der Anzahl der Tochtergesellschaften und des Internationalisierungsgrades zwischen 30.000 € und 100.000 €, bei angelsächsischen Kanzleien und komplexen Geschäftsmodellen können die Kosten auch (um ein Vielfaches) darüber liegen.

Dieser Betrag ist als Pauschalbetrag zu verstehen, der auch die Vorgespräche mit der BaFin bzgl. des Zeitplans und der in den Prospekt aufzunehmenden Jahresabschlüsse, die Legal Due Diligence und die abzugebende Legal Opinion bzw. Disclosure Opinion umfasst. Die Erstellung des Prospekts beginnt unmittelbar nach der Entscheidung für eine Anleiheemission, so dass die Kosten für die Prospekterstellung auch bei einer späteren Absage der Emission bereits angefallen sein werden. Zuweilen ist mit dem Honorarvorschlag eine bestimmte Anzahl an Prospektsitzungen explizit abgedeckt. Werden die in der Praxis üblichen vier bis fünf Prospektsitzungen überschritten, fallen meist Zusatzkosten für jede weitere Prospektsitzung auf Basis der Stundenhonorare der Anwälte an.

Kosten für den Druck oder die Übersetzung des Prospekts, dessen Umfang erfahrungsge-mäß bei etwa 150-250 Seiten liegt[3], sind bei Mittelstandsanleihen optional. Grundsätzlich ist der Prospekt nur auf der Homepage zu veröffentlichen und Interessenten auf Anforderung zur Verfügung zu stellen. Es bietet sich jedoch an, stets eine begrenzte Anzahl an gedruck-ten oder kopierten Prospekten vorrätig zu halten, um diese etwa auf der Management-Roadshow an potenzielle Investoren auszuhändigen.

Kosten der Due Diligence

Während bei einem Börsengang eine Business Due Diligence, d. h. eine Due Diligence des Markt- und Wettbewerbsumfeldes sowie der Unternehmensstrategie üblich ist, die in Ab-hängigkeit von der Größe der Emittentin, ihrer Internationalität, der Anzahl der Tochterge-sellschaften, der Komplexität der Technologie und der Dauer des Unternehmensbestehens beträchtliche Ausmaße annehmen kann, werden diese von den Banken bei der Emission von Mittelstandsanleihen bislang meist nicht gefordert. Eine Technical Due Diligence, die bei Hochtechnologie-, Biotechnologie- oder Nanotechnologie-Unternehmen von speziali-sierten Beratungsgesellschaften durchgeführt wird, ist dagegen weniger bedeutend, da derartige Unternehmen vom Kapitalmarkt nur in Ausnahmefällen als anleihetauglich ein-gestuft werden dürften.

Ob von den Banken eine Financial Due Diligence gefordert wird, ist in der Praxis davon abhängig, ob die Bank auf dem Wertpapierprospekt erscheint. Falls ja, wird diese von eini-gen Banken in der Regel selbst durchgeführt bzw. an einen Partner vergeben. Die Kosten hierfür sind zum Teil durch die Platzierungsprovision abgedeckt, so dass der Emittentin keine weiteren Kosten entstehen. Ob im Rahmen der Financial Due Diligence auch eine Tax Due Diligence durchgeführt wird, hängt davon ab, wann die letzte steuerliche Betriebsprü-fung stattgefunden hat. Ist der zeitliche Abstand relativ kurz, wird auf eine Tax Due Dili-gence verzichtet, bei größeren Abständen wird sie im Rahmen der Financial Due Diligence mit abgearbeitet und erhöht die Kosten für diese um rund 10 %.

Aus naheliegenden Gründen wird die Legal Due Diligence von dem Anwalt durchgeführt, der auch den Prospekt erstellt, da die Informationen, die in der Legal Due Diligence ge-wonnen werden, prospektrelevant sind und damit ohnehin in den Prospekt eingearbeitet werden müssen. Ihre Kosten sind in den Prospektkosten enthalten.

Kosten für das Rating

Für die Begebung einer Mittelstandsanleihe ist an allen Börsenplätzen mit Ausnahme der Mittelstandsbörse Deutschland in Hamburg/Hannover ein Rating erforderlich[4]. Die größten und bekanntesten Ratingagenturen sind Standard & Poor's, Moody's und Fitch Ratings. Die US-amerikanischen Agenturen haben jahrzehntelange Erfahrungen im Rating von zumeist global tätiger Unternehmen und von Staaten, so dass ihre Ratings bei den Investo-

---

[3]   Wobei die Spanne von knapp 100 bis über 600 Seiten reicht.
[4]   Für börsennotierte Gesellschaften ist die Erstellung eines Ratings an keinem der Börsenplätze verpflichtend.

ren am internationalen Anleihemarkt großes Gewicht haben: Kaum eine internationale Anleiheemission kommt ohne eine Bonitätseinstufung von Standard & Poor's, Moody's oder Fitch aus. Anders auf dem deutschen Markt für Mittelstandsanleihen: Hier sind die globalen Ratingagenturen bislang kaum in Erscheinung getreten. Stattdessen teilen sich den Markt die Creditreform Rating AG aus Neuss und die Hamburger Euler Hermes Rating GmbH untereinander auf. Daneben sind in Deutschland drei weitere Ratingagenturen von der BaFin zugelassen worden, namentlich die Feri EuroRating Services AG, Bad Homburg, die GBB Rating Gesellschaft für Bonitätsbeurteilung mbH, Köln, sowie die Tübinger PSR Rating GmbH; keine der drei Agenturen ist allerdings bislang für ein Anleihe-Rating mandatiert worden. Den deutschen Ratingagenturen ist gemein, dass sie sich in ihrem Rating-prozess mehr oder weniger stark an den internationalen Agenturen ausgerichtet haben. Dennoch gehen sie stärker auf die spezifische Situation des (nicht selten familiengeführten) Unternehmens und seinen langfristigen und auf Vertrauen basierenden Kundenbeziehun-gen ein als ihre angelsächsischen Wettbewerber.

Die Mandatierung einer Agentur geschieht ebenfalls bereits im Anfangsstadium einer Pla-nung, da sie sich als relativ zeitintensiv erweist. Abhängig von der Entscheidung, welche Ratingagentur beauftragt wird, entstehen Einmalkosten zwischen 30.000 € bis 85.000 €. Das ab dem zweiten Jahr verpflichtende Folgerating ist demgegenüber günstiger.

Kosten des Research

In der Regel werden die an der Platzierung beteiligten Banken von ihren Research-Abteilungen ein Bond-Research erstellen lassen. In diesen Fällen ist das Research in der Vergütung der Bank aus der Platzierungsprovision enthalten. Kleinere Bankhäuser, Kapi-talmarktpartner (wie sie an der Börse Düsseldorf verpflichtend sind) oder der sogenannte Coach (verpflichtend an Bondm) unterhalten in der Regel keine eigene Research-Abteilung und haben diese outgesourct. Dann ist die Mandatierung eines professionellen unabhängi-gen Research-Hauses sinnvoll, da sich institutionelle Investoren, aber auch Privatinvestoren an den Empfehlungen der Finanzanalysten orientieren. Zwar folgen institutionelle Adres-sen nicht blind den Empfehlungen der Sell Side-Analysten, sondern werden die Anleihe selbst oder durch ein hauseigenes Buy Side-Research bewerten. Doch als professionelle Ansprechpartner für Buy Side-Analysten und (semi)institutionelle Investoren sind Re-search-Reports von nicht zu unterschätzender Bedeutung. Denn der Analyst entwirft ein unabhängiges, an den Fragen der Kapitalmarktteilnehmer orientiertes Bild des Unterneh-mens, kurzum die Bond Story, mit den wesentlichen Investitionsanreizen ebenso wie mit den Risiken der Anleihe.

Kriterien für die Auswahl des externen Research-Dienstleisters sind die handwerkliche Qualität des Research, das Renommee des verantwortlichen Finanzanalysten, und schließ-lich auch das Kunden-Netzwerk sowie der vom Research-Haus unterhaltene Research-Verteiler; insbesondere durch letzteren kann es dem Emittenten gelingen, völlig neue In-vestorenkontakte zu erschließen.

Die für diese Dienstleistungen aufgerufenen Preise sind ebenso breit gestreut wie die angebotene Research-Qualität und liegen zwischen 10.000 € und 25.000 €. Die Emittentin muss sich allerdings darüber im Klaren sein, dass mit der Mandatierung eines unabhängigen Research-Hauses (und deren Bezahlung) nicht automatisch auch ein emittentenfreundliches Urteil verbunden ist. Ganz im Gegenteil: Das Research-Haus ist sogar gesetzlich verpflichtet durch organisatorische Vorkehrungen zu gewährleisten, dass der Emittentin keine für sie günstige Empfehlung versprochen wird[5].

Platzierungsunabhängige Bankkosten

Neben den variablen Platzierungskosten wird im Mandatsvertrag häufig festgelegt, dass den Banken die ihnen entstehenden Spesen zu erstatten sind. Eine Konkretisierung oder sogar Deckelung des Betrags erfolgt nur selten. Daher sollte im Mandatsvertrag eine Deckelung der Spesen festgelegt werden.

Wird von der Lead-Bank eine allgemeine, vorab fällige Kostenpauschale (im Sinne eines monatlichen „Retainers") gefordert – etwa für Reisekosten, „Out of Pocket"-Aufwendungen oder auch für eine interne Due Diligence – sollte die Emittentin darauf achten, dass diese bei einer erfolgreichen Platzierung der Anleihe mit der Platzierungsprovision verrechnet wird.

Eine weitere, von den Banken häufig geforderte Kostenpauschale betrifft die sogenannte Break up-Fee. Sowohl für die Banken als auch für die Emittentin besteht die Gefahr, dass die Anleiheemission kurz vor Notierungsaufnahme abgesagt oder auf unbestimmte Zeit verschoben werden muss. Verwerfungen an den Kapitalmärkten, die eine erfolgreiche Platzierung der Anleihe nicht erwarten lassen, aber auch unternehmensspezifische Gründe können ursächlich dafür sein, dass sich die Emittentin kurz vor der Zeichnungsfrist dafür entscheidet, den Platzierungsprozess abzusagen. In diesen Fällen verlangen Banken in der Regel eine Erstattung der von ihnen bis zu diesem Zeitpunkt geleisteten Aufwendungen. Diese kann, je nach Emissionsvolumen, einen sechsstelligen Betrag ausmachen.

Eine Break up-Fee ist allenfalls dann gerechtfertigt, wenn die Absage der Emission allein von der Emittentin zu verantworten ist. Dass die Auswertung der Pre-Sounding-Ergebnisse eine erfolgreiche Platzierung nicht erwarten lässt, sollte demgegenüber eine Break up-Fee nicht auslösen. In keinem Fall darf die von der Emittentin akzeptierte Break up-Fee die der Bank nachweislich entstandenen Kosten wesentlich überschreiten, zumal aus unserer Sicht der Vorstand einer Aktiengesellschaft bzw. der Geschäftsführer einer GmbH gegen die Sorgfaltspflichten eines ordentlichen und gewissenhaften Geschäftsleiters (§ 93 Abs. 1 AktG, § 43 Abs. 1 GmbHG) verstoßen würde, wodurch dieser im Innenverhältnis zum Schadenersatz verpflichtet wäre[6].

---

5   Vgl. auch Frank, R. (2004) S. 319.
6   Vgl. Fleischer H. (2009) S. 350.

Kosten der Management-Roadshow

Die Kosten für die Management-Roadshow sind erwartungsgemäß davon abhängig, wie lange die Roadshow dauert, in welche Städte sie führt und wie viele Investoren besucht werden. Die institutionelle Tranche von Mittelstandsanleihen wird zum weit überwiegenden Anteil im deutschsprachigen Raum platziert, vor allem in Frankfurt am Main, München, Köln/Düsseldorf und Hamburg sowie in Wien und in Zürich. Eher selten werden von den platzierenden Banken auch Roadshows nach Frankreich oder London für sinnvoll erachtet. Marktüblich ist, dass von Seiten der Emittentin zwei Vorstandsmitglieder, CEO und CFO, an der Roadshow teilnehmen, die von einem Bankangestellten, zumeist aus dem Institutional Bond-Sales, begleitet werden. Dementsprechend setzen sich die Roadshow-Kosten aus Unterbringungs-, Reise- und Bewirtungskosten zusammen. Je nach Intensität fallen damit Roadshow-Kosten in Höhe von insgesamt etwa 15.000 € bis 25.000 € an.

Kosten für den Wechsel der Rechtsform

Die auf Mittelstandsanleihen spezialisierten Börsensegmente sehen explizit keine bestimmte Rechtsform der Emittentin vor. Mittelstandsanleihen können daher von Unternehmen jeder Rechtsform begeben werden, von Kapitalgesellschaften wie AGs oder GmbHs ebenso wie von Personengesellschaften in Form einer KG, GmbH & Co. KG oder OHG. Somit eignet sich die Mittelstandsanleihe gerade auch für kapitalsuchende Familienunternehmen, die sich nicht in eine Kapitalgesellschaft umwandeln und ihre Aktien an die Börse bringen möchten. Die im Falle eines Börsengangs oftmals erheblichen Umwandlungskosten fallen daher bei der Begebung einer Mittelstandsanleihe nicht an.

Kosten aus der Rechnungslegung

Da die Börsenplätze für Mittelstandsanleihen keine regulierten Märkte im Sinne des § 2 Abs. 5 WpHG darstellen, hat keine Umstellung der Konzernrechnungslegung nach dem internationalen Standard IFRS zu erfolgen. Die Emittentin erspart sich damit die im Falle des Börsengangs in einem regulierten Markt erforderliche doppelte Rechnungslegung nach HGB und IFRS. Vielfach unterschätzt wird hingegen der Aufwand aus der Notwendigkeit, im Wertpapierprospekt die letzten beiden testierten Konzernabschlüsse zu zeigen. Gleiches gilt, wenn Pro-Forma-Zahlen aufzunehmen sind, etwa weil es aufgrund einer Transaktion innerhalb der letzten beiden Geschäftsjahre zu einer Änderung bei Bilanzsumme, Umsatz oder Jahresüberschuss von mehr als 25 % gekommen ist[7].

Kosten der BaFin

Die Bundesanstalt für Finanzdienstleistungsaufsicht (BaFin) erhebt Gebühren für die Billigung und die Hinterlegung des Wertpapierprospekts. Die Regelgebühr beträgt beispielsweise für die Billigung eines vollständigen Prospektes 4.000 €, für die Billigung eines Basis-

---

[7]   Vgl. Anhang I Ziffer 20.2 ProspektVO.

prospektes 2.500 €, für die Billigung eines Nachtrags 500 €, für eine Notifizierung 100 €. In Summe liegen die hierfür einmalig fälligen Gebühren liegen zwischen 2.500 € und etwa 7.500 €[8].

Kosten der Börse

Von den jeweiligen Regionalbörsen werden Gebühren für die Zulassung sowie für die Einführung der Anleihen zum Börsenhandel erhoben, und zwar je nach Börsenplatz in unterschiedlicher Höhe. An der Frankfurter Wertpapierbörse zum Beispiel beträgt das Entgelt für die Einbeziehung einer Anleihe zum Open Market 500 €; für die Einbeziehung in den Entry Standard sind zusätzliche Einführungsgebühren von 750 € fällig. Daneben hat die Emittentin eine jährliche Notierungsgebühr von 5.000 € zu leisten.

Tabelle 17.1   Einbeziehungs- und Folgekosten der deutschen Börsen

Angaben in €	Einbeziehungskosten	Folgekosten (p.a.)
Entry Standard für Anleihen (Frankfurt)	1.250	5.000
Bondm (Stuttgart)	1.500	1.500
der mittelstandsmarkt (Düsseldorf)	3.000 + 0,4 % des Platzierungsvolumens*	-
Mittelstandsbörse Deutschland (Hamburg/Hannover)	1.000	1.000
m:access bond (München)	2.500	1.000-2.500**

*   *inkl. verschiedener Zusatzleistungen (z. B. Marketing)*
**   *abhängig vom nominellen Anleihevolumen*

Quelle: Angaben der Börsen

17.3   Kosten der Finanzkommunikation

Kommunikationskosten während der Anleiheplatzierung

Häufig werden Anleihen von Unternehmen begeben, die weder über eine bekannte Marke und einen entsprechenden Bekanntheitsgrad verfügen, noch intensive Kontakte mit Kapitalmarktteilnehmern aufbauen konnten. Von der Finanzkommunikation ist zunächst ein

---

[8]   Vgl. BaFin (2011) S. 10

Umfeld vorzubereiten, in dem sich die später angesprochenen Investoren über eine Internet- und Presse-Recherche einen ersten Eindruck über die Emittentin verschaffen können. Dieses Umfeld kann zum Beispiel über nicht-transaktionsbezogene Hintergrundgespräche mit ausgewählten Journalisten zum aktuellem Geschäftsverlauf oder neuen strategischen Entwicklungen bereitet werden. Im späteren Verlauf der Anleiheemission umfasst die Finanzkommunikation die Übernahme der transaktionsbezogenen Pressearbeit zur Anleiheemission einschließlich der Erweiterung der Homepage um einen Investors Relations-Bereich.

Die mit der Finanzkommunikation verbundenen Kosten sind von der Größe und dem Renommee der Kommunikationsagentur sowie dem Bekanntheitsgrad der Emittentin in der Wirtschaft- und Finanzpresse und dem damit verbundenen Zeitaufwand abhängig. Üblich ist, dass die auf Finanzkommunikation spezialisierte Agentur für vorab definierte Leistungen ein Pauschalhonorar zwischen 5.000 € und 20.000 € pro Monat in Rechnung stellt. In der Regel sind mit diesem Betrag die Managementberatung in allen Fragen der Pressearbeit, das Coaching des Vorstands, der Kontakt zu Vertretern der Zielmedien, insbesondere die Vorbereitung und Begleitung von Pressehintergrundgesprächen und Redaktionsbesuchen sowie die Dokumentation der Pressemeldungen und Pflichtmitteilungen enthalten.

Nicht enthalten sind dagegen die Kosten der Kommunikationsagentur aus der Verbreitung von Pflichtmitteilungen (Quasi Ad-hoc-Publizität) und die aus der Veröffentlichung im elektronischen Bundesanzeiger entstehenden Kosten. Ebenfalls nicht enthalten sind die für das spätere „Being Public" anfallenden Kosten der Finanzkommunikation, also insbesondere Kosten aus der Erstellung von Geschäftsberichten.

Kosten aus Werbekampagnen

Je nach Bekanntheitsgrad der Emittentin liegt ein zweiter Schwerpunkt der Finanzkommunikation in der Gestaltung und Schaltung von Anzeigenkampagnen. Diese sind jedoch nur dann effektiv, wenn sie in einer ausreichenden Streuung über verschiedene Medien und in einer Schaltfrequenz geschehen, die eine hinreichende Abdeckung der Zielgruppen erreicht. Die Kosten hierfür können in Abhängigkeit von der Anzeigengröße (einseitig oder z. B. viertelseitig), den eingesetzten Medien (Print, TV, Radio, Internet) und der Frequenz der Schaltungen erheblich sein. Infolgedessen sind Werbekampagnen bei den kleinvolumigen Mittelstandsanleihen eher selten; wenn sie denn durchgeführt werden, sind sie aus unserer Sicht nur bei Unternehmen mit konsumnahen Produkten und Dienstleistungen sinnvoll, da diese dann nicht nur die Anleiheemission unterstützen.

17.4   Unternehmensinterne Kosten

Interne Kosten bei der Emittentin werden bei einer Anleiheemission häufig unterschätzt, zumal sie betraglich kaum ermittelt werden können. Überwiegend handelt es sich dabei um Personalkosten, da die Begebung einer Anleihe erhebliche personelle Ressourcen innerhalb der Emittentin bindet, vor allem auf C-Level (CEO, CFO etc.) und in den Bereichen

Finanzen und Controlling. In der Regel ist es sinnvoll, (mindestens) einen Mitarbeiter zum sogenannten „Anleihebevollmächtigten" zu ernennen, der als Bindeglied zwischen dem C-Level der Emittentin und allen externen, mit der Anleihe befassten Parteien fungiert, insbesondere mit den Banken, der Ratingagentur, den Emissionsberatern und der Kommunikationsagentur.

Die Kosten für den Projektverantwortlichen fallen in aller Regel unabhängig von der Anleiheemission an. Es empfiehlt sich nicht, hierfür extra einen neuen Mitarbeiter einzustellen, sondern die Projektverantwortung einem erfahrenen Mitarbeiter zu übertragen, der mit allen relevanten Prozessen und Kompetenzen im Unternehmen vertraut ist. Allerdings entstehen in erheblichem Maße Opportunitätskosten, da der (oder die) Anleihebevollmächtigte während dieser Zeit nicht seinen eigentlichen Aufgaben nachkommen kann.

17.5   Ausblick

In nachfolgender Tabelle 17.2 werden die grundsätzlichen Kosten der Begebung einer Anleihe, untergliedert nach fixen und variablen Bestandteilen zusammengefasst.

Tabelle 17.2   Kosten einer Mittelstandsanleihe

	Bezeichnung	Kosten
Variable Kosten (bezogen auf Emissionsvolumen)	Platzierungsprovision der Banken	2,5 %–5,0 %
	Diskretionäre Incentive Fee der Banken	< 1,0 %
	Kosten des Beraters	< 1,0 %
	Kosten für die Zahlstelle	0,2 %–1,0 % + 10.000 €
	Ggf. Kosten für den Comfort Letter des Wirtschaftsprüfers	~7,5 ‰
Fixe Kosten	Kosten des Anwalts für Prospekterstellung, Legal Due Diligence, Legal Opinion	30.000-100.000 €
	Kosten der Ratingagentur	30.000-85.000 €
	Ggf. Kosten Erstellung externes Research	10.000-25.000 €
	Platzierungsunabhängige Bankkosten	< 20.000 €
	Kosten der Management-Roadshow	15.000-25.000 €
	Prospektbilligung durch BaFin	2.500-7.500 €
	Börseneinführungsgebühr Entry Standard	1.250 €
	Kosten Kommunikationsagentur inkl. Anpassung Homepage	5.000-20.000 € pro Monat
	Ggf. Anzeigenkampagne	> 150.000 €

Quelle: Eigene Auswertung

Natürlich werden sich im konkreten Einzelfall die Verteilung und Höhe der Einzelkosten anders darstellen, was von der Ausprägung verschiedener Kosteneinflussgrößen abhängt. Deshalb ist ein einfacher Vergleich der Gesamtkosten von Anleiheemissionen und ihrer Verteilung auf einzelne Kostenpositionen nicht aussagekräftig. Ein Vergleich ist nur dann sinnvoll, wenn die wesentlichen Kosteneinflussgrößen Anleihevolumen, Ausgangssituation der Emittentin und Anleihekonzept berücksichtigt werden.

Der stärkste Einfluss auf die relativen Kosten einer Anleiheemission geht von der Höhe des Emissionsvolumens aus, da eine Vielzahl der anfallenden Kosten aus fixen Blöcken besteht, die bei kleineren Volumina naturgemäß stärker ins Gewicht fallen. Insbesondere die von den Banken geforderten Provisionen sind maßgeblich von der Höhe des Anleihevolumens abhängig, da der Aufwand der Bank nur unterproportional mit der Höhe des Emissionsvolumens ansteigt.

Daneben werden die Kosten einer Anleiheemission maßgeblich von der Bereitschaft der Emittentin beeinflusst, Anzeigenkampagnen durchzuführen. Ist diese ausgeprägt, liegen die Kosten der Finanzkommunikation deutlich höher als bei Unternehmen, bei denen emissionsspezifische Werbeschaltungen beispielsweise aufgrund ihres Markennamens nicht erforderlich sind.

Kritisch einzuordnen sind aus unserer Sicht insbesondere jene Kosten, die nicht mit einer positiven Anreizwirkung der beteiligten Parteien verbunden sind und mit denen gleichzeitig das Risiko des Misserfolgs einseitig der Emittentin zugeschoben wird. Hierzu zählen insbesondere die vielfach von Banken geforderten fixen Kosten wie Kostenpauschalen oder Break up-Fees. Womöglich würde eine Bank eine (unter Umständen beträchtliche) Vergütung erhalten, obwohl sie die Anleihe in ihrem exklusiven Kundenkreis gar nicht selbst platziert hat, sondern mit gedrosseltem Engagement eine der Eigenemission gleichkommende Platzierungsstrategie verfolgt hat. Vor diesem Hintergrund sind Kostenpauschalen abzulehnen bzw. auf ein notwendiges Maß zu reduzieren.

Literatur

[1] BaFin (2011): Fragen und Antworten zum Auslaufen des Daueremittentenprivilegs.

[2] Bösl, K. (2011): Kosten des Börsengangs, FinanzBetrieb, Heft 11, S. 608-624.

[3] Elberskirch D. (2011), zitiert von Danhong Z. (2011) Firmenanleihe als Alternative zum Bankkredit, abgerufen am 27.10.2011: http://www.dw-world.de/popups/popup_printcontent/ 0,,15404781, 00.html.

[4] Fleischer H. (2009): Zulässigkeit und Grenzen von Break-Fee-Vereinbarungen im Aktien- und Kapitalmarktrecht, Die Aktiengesellschaft, 54. Jahrgang, S. 345-356.

[5] Frank, R. (2004): Zielgruppen der Investor Relations – Finanzanalysten: Wie denkt der Analyst?, DIRK e. V. (Hrsg.): Handbuch Investor Relations, Wiesbaden, S. 303-321.

[6] Gantenbein, P., Spremann K. (2007): Zinsen, Anleihen, Kredite, 4. Aufl., München.

[7] Kuthe, T./Zipperle, M. (2011): Mittelstandsanleihen – Ein Markt wird erwachsen, Platow Recht, Nr. 110, S. 7.

[8] Launer, M./Wilhelm, M. (2011): Bond Relations, Dissertation, dissertation.de Verlag, 1.Auflage, Berlin.

[9] Schlitt, M./Kasten, R. A. (2011): Börsennotierte Anleihen mittelständischer Unternehmen – ein Überblick über die neuen Anleihesegmente, Corporate Finance Law, Heft 02, S. 97-103.

[10] Walchshofer, M. (2011): Erfolgsfaktor Kapitalmarktkommunikation – Mittelstandsanleihen aus Sicht institutioneller Anleger, GoingPublic Special „Anleihen 2011", München, S. 48-49.

18   Bond Relations in Unternehmen

Dr. Markus Launer (Transatlantic Investor Relations LLC)

18.1   Der Mangel an Bond Relations

Die Investor Relations für Aktien ist im Vergleich zur Investor Relations für Bonds weiter entwickelt, qualitativ hochwertiger, quantitativ ausführlicher und personell wesentlich besser besetzt. Bei letzterem stimmen mitunter weder Menge noch Relevanz noch Zeitnähe der von Emittenten angebotenen Informationen mit den Erwartungen von Gläubigern überein. Dies gilt sowohl für Frequent Issuers als auch für Debütanten am Bondmarkt, sowohl für die Emission von Bondprodukten als auch für die laufende Berichterstattung. Bond-Investoren, Bond-Analysten und Credit-Analysten werden bislang nicht in gleicher Weise mit Unternehmensinformationen versorgt wie im Equity Relations, und das, obwohl Bond-Investoren teilweise sehr viel höhere und riskantere Engagements eingehen. Auch der Zugang zum Management ist für Bond-Investoren schwieriger als für Aktieninvestoren, ja manche Emittenten haben überhaupt keinen Ansprechpartner für Gläubiger[1].

Aufwertung der Investor Relations Funktion

Viele IR-Abteilungen fühlen sich nicht für Bonds zuständig und verweisen zum Treasury oder Corporate Finance, die sich wiederum selbst kaum für die Bond-Kommunikation verantwortlich fühlen. Oft können IR-Abteilungen auch nur eingeschränkt Auskunft geben über den Funding Level des Emittenten sowie die Auswirkungen von Firmenereignissen auf derivative Finanzinstrumente und Credit Default Swaps. Zudem sind bei vielen Emittenten die Abteilungen, die mit Ratingagenturen sprechen, mangelhaft mit den Equity Relations vernetzt. Die DVFA fordert daher die Gleichbehandlung von Bond- und Equity-Investoren[2]. In den wenigsten Fällen wird Investor Relations in Kapitalmarktentscheidungen im Vorfeld einer Emission eingebunden. Dabei kann IR gerade vor der Emission eine wichtige Unterstützung sein und die Kapitalmärkte vorbereiten. In der Praxis erhalten die IR-Abteilungen die Kommunikationsverantwortung leider erst mit oder nach der Platzierung. Bei der Entscheidungsvorbereitung sollte Investor Relations mit eingebunden sein, um auf die Finanzierungsrelationen Einfluss nehmen zu können und so auch die Interessen der Gläubiger unternehmensintern mit vertreten zu können.

---

[1]   Vgl. Grunow, H.W./Oehm, G.F. (2004); Duffé, A. (2005); Mast, C. (2005, 2006).
[2]   Vgl. Böhm, W. (2004); DFVA (2011); Grunow, H.W./Oehm, G.F. (2004); Duffé (2005); Deter, H./Diegelmann, M. (2003).

Aber auch Bond-Investoren müssen etwas tun

Um den Markt für Anleiheprodukte interessanter, liquider und transparenter gestalten zu können, sind aber auch die Bond-Investoren in die Pflicht zu nehmen. Es gibt zahlreiche Kommunikationsangebote von emittierenden Unternehmen, die von Gläubigern nicht wahrgenommen werden. Bei Investoren- und Analystenmeetings sind bspw. Bond-Investoren gern gesehene Gäste, doch glänzen sie häufig durch Abwesenheit, auch auf quartalsweisen Conference Calls suchen IR-Manager sie vergeblich. Einige Unternehmen bemühen sich daher, speziell den Gläubigern und Gläubigerbanken Informationen nahe zu bringen – so z. B. Haniel mit Entertainment bis hin zum Tanz und exzellentem Dinner. Bislang ist die Bond Relations-Praxis derart, dass Emissionen innerhalb von einigen Stunden bis Tagen in großen Volumina und Bündeln emittiert werden und dann meist in langfristigen Fonds fest sitzen – ohne jeglichen direkten Kontakt zum Unternehmen[3].

Die Rolle der Banken verstärken

Auch die Banken sind gefordert die Bondmärkte intensiver zu pflegen und zu promoten. So wird für den Handel kaum eine Börse genutzt, an dem zahlreiche Gläubiger zusammentreffen könnten, insbesondere auch Kleinanleger. Stattdessen läuft die Liquidität hauptsächlich über zugangsbeschränkte Bank-eigene Plattformen. Bond-Analysten gibt es bei Investmentbanken zudem nur in geringer Zahl und fristen neben den Aktienanalysten eher ein Schattendasein. Bond Relations ist hier gefordert, die wenigen Ressourcen der Banken intensiver zu nutzen und aktiv auf diese zuzugehen[4].

18.2   Einbindung der Bond Relations

18.2.1   Strukturelle Einbindung der Bond Relations

Die Struktur und Entwicklung der Bond Relations werden in der Literatur oft nach der funktionalistischen Sichtweise im Zeitablauf der Emission einer Wandelanleihe dargestellt. Dabei steht die Finanzabteilung (Treasury) vor und während der Emission kommunikativ im Vordergrund. Erst im Anschluss der Emission werden die Kommunikationsaufgaben an die Investor Relations-Abteilung übertragen. In diesem Fall ist diese mit den Problemen, die im Vorfeld der Anleiheemission gelöst wurden, nicht oder nur wenig vertraut. Sinnvoll ist es daher, dass bereits im Vorfeld einer Emission die Bond Relations-Abteilung mit der IR-Abteilung organisatorisch zusammenarbeitet und Bond Relations-Strategien im Corporate Finance als auch in der Investor Relationsabteilung effektiv kommuniziert[5].

---

[3]   Vgl. Launer, M./Wilhelm, M. (2011).
[4]   Vgl. Launer, M. (2006, 2007).
[5]   Siehe dazu auch Grunow, H. W./Oehm, G. F. (2004) und RWE (2007).

Bond Relations – Teil der Investor Relations, des Treasury oder eigener Bereich?

Wie Bond Relations im Unternehmen verankert ist hängt von den inhaltlichen Aufgaben ab. Ist das Unternehmen weitgehend bankschuldenfrei und hat lediglich eine Anleihe am Markt platziert, kann die IR-Abteilung die Kommunikationsaufgaben mit übernehmen. Die Emission wird in diesem Fall traditionell von Treasury durchgeführt, da dort das größte Fach- und Detailwissen vorliegt. Anders bei Großunternehmen wie der Lufthansa, die neben Anleihen und Bankschulden vor allem große Projektfinanzierungen für jedes ihrer Flugzeuge hat. Bond Relations steht hier vor der Aufgabe, sehr unterschiedliche Anspruchsgruppen gleichzeitig bedienen zu müssen. Emissionsprozesse laufen hier ständig und in verschiedensten Formaten ab. Sinnvoll ist es hier, einen Finanzspezialisten für Bond Relations ins Corporate Finance zu integrieren; eine solche Einordnung hat zum Vorteil, dass angefangen von der Finanzierungsstrategie bis hin zum laufenden Bond Relations Management im gesamten Corporate Finance kommuniziert wird[6].

Eine weitere Variante, Bond Relations zu positionieren, ist diesen als eigenständigen Bereich zu führen. Vorteile sind eine optimale Entfaltungsmöglichkeit, die Stärkung der Stellung im Unternehmen und eine freie Entwicklung der Strategien, Konzepte und Instrumente. Nachteilig kann sich bei dieser Vorgehensweise eine mangelnde Abstimmung bzw. Kooperation mit Treasury und der IR-Abteilung auswirken. Eine dritte Möglichkeit bietet die Angliederung des Bond Relations-Bereiches an das Investor Relations. Dabei steht die Kommunikation im Vordergrund, da Investor- und Bond-Kommunikation als gesamte Finanzkommunikation in einer Abteilung gebündelt werden. Die Vereinheitlichung der Kommunikationsbotschaften wird dadurch ebenfalls verstärkt, und ein besseres Verständnis für den Umgang mit den Investoren könnte außerdem von Vorteil sein[7]. Nachteilig könnte sein, dass die Bedeutung der Fremdkapitalfinanzierung nicht ausreichend zum Tragen kommt[8]. Um eine möglichst effiziente Informationsversorgung zu betreiben sollte Bond Relations idealerweise als Hybridfunktion beider Unternehmensbereiche – Treasury und IR – fungieren und darüber hinaus eng mit der PR und Marketingabteilung zusammenarbeiten.

18.2.2   Bond Relations im Vorfeld einer Emission

Bei einer eher prozessorientierten Sichtweise wird deutlich, dass Bond Relations eine wichtige Rolle schon im Vorfeld der Emission von Anleihen spielt – gerade wenn es darum geht, Ansehen und Image von Unternehmen zu erhöhen, das Unternehmen auf die Emission vorzubereiten, die Bankgespräche zu führen sowie die Finanzierungsstrategie neu auszurichten[9].

---

[6]   Vgl. Launer, M./Wilhelm, M. (2011).
[7]   Vgl. Deter, H./Diegelmann, M. (2004); Degenhardt, H. (2006); Duffé, A. (2005).
[8]   Vgl. Launer, M./Wilhelm, M. (2011).
[9]   Vgl. Launer, M. (2006, 2007).

Die Anforderungen an die Kommunikation im Vorfeld der Emission von Bond-Instrumenten sind stark gestiegen. Eine frühzeitige Beschäftigung mit Finanzierungsfragen und eine Finanzierungsstrategie bestimmen maßgeblich den Erfolg der Bond Relations. Mit Hilfe einer gezielten Bond Relations-Strategie kann auch eine Sensibilisierung erreicht werden, die die Aufmerksamkeit des Managements auf mögliche Risikoanzeichen lenkt, um gegebenenfalls frühzeitig eine adäquate Reaktion einzuleiten[10].

Kontakt zu Origination der Investmentbanken

Bond Relations sollte extern den Kontakt mit Kredit- und Investmentbanken, insbesondere dem Originator der Bankabteilung (Bond Capital Markets) halten. Origination steht dabei für alle Bond Capital Markets-Produkte der Bank. Diese Abteilung vereinbart bspw. mit dem Unternehmen EMTN-Programme (Anleiherahmenprogramme), unterstützt bei der Strukturierung der Bond-Produkte und verhandelt die Einzelprodukte wie Commercial Paper, Bonds und Swaps. Je kleiner die Bank ist, desto mehr werden andere Produkte unter Origination gebündelt, z. B. auch das Equity-Geschäft. Der Originator ist also im weiteren Sinne der direkte Relationship Manager zur Emittentin[11].

Formulierung einer Bond-Strategie

Je nach Intensität der Emissionsfähigkeit sollte oder muss das Unternehmen eine langfristige Bond-Strategie formulieren, zumal dies ohnehin von vielen Rahmenverträgen und deren Covenants vorgeschrieben wird. Problematisch ist jedoch, wenn die Bond-Philosophie nicht Eingang in die Unternehmenskommunikation gefunden hat; dies zu vermeiden ist Aufgabe des Bond Relations-Managers[12].

Die schriftlich fixierte Finanzierungsphilosophie hat eine erhebliche unternehmensinterne wie -externe Wirkung und u. a. erheblichen Einfluss auf die Rahmenverträge mit Banken. Dies sind zum Beispiel Fragen zum maximalen Anteil des Fremdkapitals an der gesamten Unternehmensfinanzierung, zum gewünschten Planungszeitraum, der Art der einzelnen Verschuldungskategorie und zu Fragen der Besicherungsqualität (z. B. mit welcher Art von Forderung ein Asset Backed Security zu besichern ist und wie hoch der Grad der Besicherung sein soll). Zum einen wird mit einer solchen Herangehensweise Konsistenz im Bond Relations-Management erreicht, zum anderen vollziehen sich Reaktions- und Entscheidungsprozesse schneller, da zeitraubende Rückfragen und Abstimmungen entfallen. Ziel des strategischen Bond Managements ist es, durch den Einsatz geeigneter Finanzierungsinstrumente und Laufzeiten das Unternehmen mit Liquidität zu versorgen, die Finanzierungskosten niedrig zu halten und eine ausgewogene Gläubigerstruktur zu erreichen[13].

---

[10]   Vgl. Grunow, H. W./Oehm, G. F. (2004).
[11]   Vgl. Huber, C. (2004).
[12]   Vgl. Deter, H./Diegelmann, M. (2004); Mast, C. (2005).
[13]   Vgl. Gerke, W./Steiner, M. (2001); Büschgen, H. E. (1999).

Vom Bond Relations zum Bond Management

Das Thema Unternehmensfinanzierungen (Corporate Finance) wird in der Literatur zu Investor Relations (Equity wie Bond Relations) weitgehend ausgespart. Umgekehrt ist zu beobachten, dass auch Investor Relations nicht in Kapitalstrukturentscheidungen eingebunden wird; sie wird oft auf die Kommunikation beschränkt. Dies betrifft die Equity-Seite stärker, da hier ein Schwerpunkt auf der Kommunikation liegt. Bond Relations wird teilweise von den Entscheidern mitgetragen, die in Kapitalstrukturmaßnahmen eingebunden sind. Dafür haben diese Manager oft weniger Kommunikationsverantwortung[14].

Das strategische Schuldenmanagement steuert damit u. a. die Struktur, Höhe und Fristigkeit der Verschuldung des Unternehmens und versucht, die Fremdkapitalkosten des Unternehmens zu minimieren. In einem allgemeineren Sinne werden mit diesem Begriff auch Verfahren von Unternehmen bezeichnet, ihre Verschuldung optimal zu steuern[15].

Die Entwicklung einer Strategie beinhaltet einen Zielkonflikt zwischen der Minimierung der Zinsausgaben und der Begrenzung der Änderungsrisiken. Das Bond Management kann z. B. eine optimale Zinsbindung für eine langfristige Kapitalanlage wählen und gegebenenfalls ein günstiges Zinsniveau sichern. Dabei ist es wichtig, eine nachhaltige Entlastung der Unternehmensfinanzen von Zinskosten zu erreichen, unter der Berücksichtigung der spezifischen Risikoneigung. Nicht zu vernachlässigen ist, Zinsbindungsausläufe zu koordinieren, Zins- und zukünftige Tilgungsleistungen an die Entwicklung Ihrer Liquidität anzupassen und ein vorausblickendes sowie verantwortungsvolles Risikomanagement zu implementieren – unter Berücksichtigung vergangener Portfolioentscheidungen[16].

Die Bond Story im Vorfeld der Emission

In der Praxis ist festzustellen, dass Unternehmen sehr früh mit verschiedenen Banken Gespräche über die Emission von Krediten oder festverzinslicher Wertpapiere führen. Häufig gehen die Unternehmen unvorbereitet in diese Gespräche. Sie haben weder ihre Börsenreife auf den Prüfstand gestellt, noch verfügen sie über ein geschlossenes und durchdachtes Emissionskonzept. Immer wieder werden Banken auch erste Planzahlen übergeben, die zu allen Übels vielleicht sogar sehr vorsichtig erstellt wurden. Von derartigen Gesprächen und insbesondere von der Weitergabe vorläufiger Planzahlen ist dringend abzuraten. Diese Gespräche kosten die Geschäftsleitung nicht nur unnötig Zeit, sie enden relativ unverbindlich und es besteht gar die Gefahr, dass das Emissions-Standing belastet wird, wenn zu einem späteren Zeitpunkt eine detaillierte, von den vorläufigen Zahlen deutlich abweichende Unternehmensplanung den Banken übergeben wird.

---

[14] Vgl. Launer, M./Wilhelm, M. (2011).
[15] Vgl. Gerke, W./Bank, M. (2003).
[16] Vgl. Commerzbank (2007).

18.2.3   Bond Relations nach der Bondemission

Auf Basis der Emissionsstrategie und des Emissionsprospektes gilt es nach der Emission ein langfristiges Kommunikationskonzept umzusetzen. Als ein fundamentales Kommunikationsziel sei das Management der Erwartungen erwähnt. Anders als bei Equity Relations gelten bei Bond Relations nur Aussagen als positiv, die den Bestand des Unternehmens beschreiben. Nachrichten, die für die Equity Story positiv sind, können sich in Einzelfällen sogar nachteilig auf die Bond Relations auswirken.

In der Praxis kommunizieren Unternehmen und Gläubiger kaum miteinander, es sei denn es besteht die Gefahr einer Ratingveränderung, des Eintretens von Rating-Trigger oder gar der Insolvenz. Grundsätzlich sollen in der Unternehmenskommunikation „Strukturbrüche" vermieden werden. Die Historie der Unternehmens- und der Bond-Kommunikation ist in das übergeordnete Kalkül mit einzubeziehen, um Glaubwürdigkeit und Kontinuität zu wahren[17]. Das permanente „Monitoring" des Finanzmarktes durch die Bond Relations ist wichtig, um auf Nachfrageveränderungen und -wünsche am Markt umgehend reagieren zu können. Dies schließt insbesondere die Beobachtung des Investorenverhaltens mit ein. Dann lassen sich neue Strömungen und Trends identifizieren und zinskostenmindernd ausnutzen[18].

18.3   Zielgruppen im Bondmarkt

18.3.1   Die Zielgruppen und deren Betreuung

Die Zielgruppe von Bond Relations sind in erster Linie die Anleihe- und Kreditgläubiger. In indirekter Weise wirken die Ratingspezialisten über deren Rating und die Finanzanalysten über ihre Research Reports als Meinungsmultiplikatoren. Diese haben einen erhöhten Informationsbedarf. Sie sind angehalten, stets über das Unternehmensgeschehen informiert zu sein und die Geschehnisse kompetent zu kommentieren. Wenn auch nicht gesetzlich gefordert, so hat es sich dennoch durchgesetzt, diese Zielgruppen direkt zu informieren. Bond Relations soll demnach sehr genau wissen, wer die Meinungsmultiplikatoren sind und welche Bedürfnisse diese jeweils haben[19].

Anleihe- und Kreditgläubiger fragen in der Praxis weniger Kommunikation nach als Analysten und auch Journalisten. Wegen der langfristigen Orientierung und der Bestandssicherungsausrichtung wird weniger auf die kurzfristig orientierten Unternehmensmeldungen geachtet. Dagegen existieren zunehmend Anleihe- und Kreditgläubiger, die versuchen, die kurzfristigen Schwankungen der Bewertung auszunutzen. In jüngster Zeit ist zudem zu

---

[17]   Vgl. Launer, M./Wilhelm, M. (2011).
[18]   Vgl. Grunow, H. W./Oehm, G. F. (2004).
[19]   Vgl. Launer, M. (2006, 2007).

beobachten, dass Hedge-Funds Anleihen und Kredite dazu nutzen, einen beherrschenden Einfluss auf das Unternehmen und dessen Management auszuüben[20].

Weiter besteht für Bond Relations die Möglichkeit, den Weg über die Medien zu gehen. Während die Pressearbeit der Unternehmenskommunikation unterliegt, kann Bond Relations via Quartalsberichte, Newsletter und Aktionärsbriefen direkt mit den Zielgruppen kommunizieren. Über die Medienabteilung sind die Kontakte zur relevanten Presse zu nutzen. Hier gilt es, diejenigen Publikationen mit Artikeln und Meldungen zu versorgen, die auch von der Zielgruppe wahrgenommen werden, was wiederum impliziert, die Lesegewohnheiten der avisierten Gruppe von Portfolio-Managern zu kennen. Deshalb wird das Bond Management eng mit der Presseabteilung bzw. dem Pressesprecher zusammenarbeiten (denn dieser Kommunikationsweg unterliegt der Presseabteilung). Da die Inhalte einer Unternehmensmeldung oft sehr komplex sind, sind die Unternehmenssprecher konkret auf die möglichen Gefahren, Sensibilitäten und gesetzlichen Einschränkungen hinzuweisen.

Enger Kontakt zu den Ratingagenturen

Im Vordergrund der Kommunikationsaufgaben eines Bond Relations-Managements steht der Kontakt zu den Ratingspezialisten. Deren Ergebnisse werden veröffentlicht und an die interessierten Stellen – Anleihe- und Kreditgläubiger – distribuiert. Ratingagenturen, ob vom Unternehmen beauftragt oder in Eigenregie tätig, erhalten i. d. R. tiefe Einblicke in die Finanzen und das Rechnungswesen. Die Gespräche führen oftmals der Finanzvorstand, der Finanzdirektor und/oder der Leiter des Rechnungswesens. Diese Meetings finden im Rahmen eines Besuches der Ratingagentur im Unternehmen statt, wo mit Hilfe von Präsentations-Charts, aber auch zahlreichen weiteren Unterlagen aus dem Finanz- und Rechnungswesen ein akkurates Bild vermittelt werden soll. Die Gespräche unterliegen einer besonderen Geheimhaltungspflicht[21].

Betreuung von Bond- und Kreditanalysten

Ähnlich wie im Investor Relations gibt es auch im Anleihe- und Kreditwesen spezialisierte Finanzanalysten von Investmentbanken, das sogenannte Credit Research. In ihren Grundzügen verlaufen die Gespräche weitgehend ähnlich, auch wenn sie sich mehr auf die Schulden- und Cashflow-Struktur konzentrieren. Als Grundlagen dienen Präsentationsunterlagen, die i. d. R. auch auf der Internetseite des Unternehmens veröffentlich sind. Antworten von Seiten des Unternehmens auf spezielle Fragestellungen sollen unternehmensintern gut abgestimmt sein und den Regeln der „Selective Disclosure" genügen: In Stil, Umfang und Inhalt sind diejenigen Informationen bereitzustellen, die in den jeweiligen Medien ohne echten Aufwand und zügig in „sendefähige" Stücke umgesetzt werden können. Den Bond Relations obliegt dabei die Verantwortung, dass die veröffentlichten Beiträge trotz Adaption an diese Erfordernisse auch tatsächlich dem Unternehmensinteresse entsprechen.

---

[20] Vgl. Launer, M./Wilhelm, M. (2011).
[21] Vgl. Launer, M. (2006, 2007).

Es gilt, sowohl die eigene Linie als auch die vom Kapitalmarkt geforderten Standards – Klarheit, Aussagekraft, Zuverlässigkeit und Informationsgewinn – zu beachten.

Ein ebenfalls gangbarer Weg ist die Beauftragung unabhängiger Researchhäuser, wobei deren Analysen von vermeintlich bis tatsächlich objektiv reichen. Der Grad der Objektivität hängt stark vom Ruf des jeweiligen Hauses ab. Eine andere gangbare Variante ist die Anregung entsprechender (analytischer) Abhandlungen in der Finanz- und Wirtschaftspresse. Sofern dieser Prozess noch steuerbar ist, soll darauf geachtet werden, dass die jeweiligen Veröffentlichungen die Bedürfnisse der Investoren erfüllen[22].

18.4   Die Kommunikationskanäle für Bond Relations

Dem Bond Relations-Manager steht eine Reihe von Instrumenten bzw. Übertragungswegen für die Informationsübermittlung zur Verfügung. Es bedient sich sowohl den traditionellen Transmissionsmechanismen – wie dem persönlichen Gespräch – als auch neueren wie E-Mail und Internet. Nach den Talk- und Media-Modell-Theorien gilt es für den jeweiligen Kommunikationsinhalt, dessen Erklärungsbedürftigkeit und Zielgruppe das jeweilige Kommunikationsinstrument auszuwählen. Es gilt zu unterscheiden zwischen Instrumenten der Massen- und Individualkommunikation sowie der One-way-Kommunikation. Weiter gilt es zu unterscheiden, wie viel Kommunikationsinhalte das Unternehmen transportieren möchte und wie erklärungsbedürftig diese sind. Aktuelle, wichtige, singuläre und substanzielle Ereignisse müssen Gläubigern, Analysten sowie den Intermediären und Meinungsbildnern (Presse) aktiv mitgeteilt werden. Für den gezielten, eigenen Abruf durch das interessierte Publikum eignen sich fundamentale, statistische, grundsätzliche und periodische Informationen besser. Es soll jedoch keine Informationsflut entstehen, die den Adressaten der Informationen überdrüssig werden lässt. Wie und auf welche Weise Information zu publizieren sind, steht in einem permanenten Abwägungsprozess[23].

18.4.1   Die direkte Kommunikation mit Anleihegläubigern

Die Kommunikation mit Anleihe- und Kreditgläubigern ist zwar das Herzstück von Bond Relations, wird in der Praxis jedoch stark vernachlässigt. Unternehmen haben im Anleihemarkt kaum direkten Kontakt und konzentrieren sich eher auf den indirekten Kontakt über Ratingagenturen und Finanzanalysten. Im Kreditbereich bestehen über die Relationship Manager der Banken engere Kontakte zur Emittentin. Diese vertreten auch ein größeres Produktspektrum und beraten das Unternehmen umfangreicher. Das persönliche Treffen, das sogenannte One-on-One, ist das intensivste Instrument, wo Anlegern auch tiefer gehende Informationen und Investmentideen nahe gebracht werden können. Es findet ein intensiver Informationsaustausch statt und entsprechende Anlagestrategien lassen sich in

---

[22]   Vgl. Launer, M./Wilhelm, M. (2011).
[23]   Vgl. Deter, H./Diegelmann, M. (2003); Grunow, H. W./Oehm, G.F. (2004); Mast, C. (2005); Duffé, A. (2005).

überaus geeignetem Rahmen diskutieren. Nur auf diesem Wege lässt sich ein tragfähiger Kontakt zu den Analysten aufbauen. Persönliche Treffen sind grundsätzlich das effizienteste, wirkungsvollste Instrument der Kontaktaufnahme und Kommunikationspolitik[24].

One-on-One-Meetings und Roadshows mit institutionellen Gläubigern

Im Equity Relations ist es üblich, Aktieninvestoren auf sogenannten Roadshows vor Ort zu besuchen. Dieses Kommunikationsinstrument ist im Bond Relations bislang kaum verbreitet[25]. Roadshows sind Präsentationen und Investorentreffen an alternierenden geografischen Plätzen und in rascher zeitlicher Abfolge. Sie bilden ein effizientes Informationsinstrument für Nachrichten (über z. B. umfangreiche Kapitalmaßnahmen und Emissionen) oder für Werbung (etwa bei Umschuldungsangeboten). Roadshows dienen dazu, komplexe Sachverhalte bzw. Informationen innerhalb kurzer Zeit einem möglichst großen Investorenkreis auf direktem Wege publik zu machen und zu erläutern. Ein Ersatz für das persönliche Treffen ist das Telefonat. Käufer und Verkäufer von Kreditinstrumenten – wie etwa Portfoliomanager – schätzen die persönliche Kontaktaufnahme, sofern es sich in Maßen hält. Gesprächsinhalte müssen überzeugend sein. Ein Telefonat eignet sich nicht zur Darstellung längerer Analysen oder Zusammenhänge. Bislang ist jedoch festzustellen, dass Unternehmen nur in den seltensten Fällen Gläubiger im Anlagebereich direkt anrufen. Im Kreditbereich ist es schon sehr viel häufiger der Fall, dass Unternehmen engen Kontakt zur kreditgebenden Bank halten. Anhand des Talk-Modells der Kommunikationstheorie wird das direkte Gespräch auch dahingehend beschrieben, dass eine Rückkopplung stattfindet. Dies ist zwar theoretisch richtig, in der Praxis zeigt sich jedoch, dass es bei One-on-One-Meetings nur in den seltensten Fällen zu tatsächlichen Rückkopplungen kommt.

Roadshows werden üblicherweise von den Investmentbanken organisiert. Der Kontakt wird meist über den zuständigen Finanzanalysten oder den Unternehmensbetreuer hergestellt, der an das Bond Sales Team weitervermittelt. Das Bond Sales Team organisiert dann für das Unternehmen One-on-One-Meetings, teilweise auch Gruppenmeetings. Die Bank begleitet meist den Vorstand und/oder das Bond Relations bei den Meetings. Basis dieser One-on-Ones sind meist Unternehmenspräsentationen in PowerPoint-Form; gut vorbereitete Investoren möchten teilweise auch nur Fragen stellen[26]. Während es im Equity Investor Relations üblich ist, dass Aktieninvestoren die Unternehmen auch vor Ort in deren Büro treffen (Werksbesuch), sind solche Besuche im Bond Relations eher selten. Interessierter sind dahingegen die kreditgebenden Banken, deren Relationship Manager die Unternehmen besuchen und Kontakt halten.

---

[24] Vgl. Launer, M. (2006, 2007); Launer, M./Wilhelm, M. 2011).
[25] Vgl. Deter, H./Diegelmann, M. (2003); Grunow, H. W./Oehm, G. F. (2004); Duffé, A. (2005).
[26] Vgl. Launer, M. (2006, 2007).

Die DVFA fordert den direkten Dialog mit Bond-Investoren

Investoren erwarten von Bond-Emittenten, dass sie sich nicht nur zum Zeitpunkt der Emission eines Bonds, sondern regelmäßig dem Dialog mit Bondinvestoren suchen und das Management des Emittenten für Gespräche zur Verfügung steht. In der Praxis werden Bond-Analysten und -Investoren jedoch nur in Ausnahmen und nur von wenigen Emittenten zu Kapitalmarktgesprächen oder Unternehmenspräsentationen eingeladen. Der Arbeitskreis Bondkommunikation hat angeregt, dass Bond-Emittenten mindestens einmal im Jahr eine auf die Anforderungen von Bond-Investoren zugeschnittene Veranstaltung durchführen, zu der Bondinvestoren und -analysten gezielt eingeladen werden und an der das Senior Management persönlich teilnimmt. Zusätzlich ist es aus Sicht von Bond-Investoren notwendig, dass sie ebenfalls zu Conference Calls, unterjährigen Gesprächen mit Investoren, Round Tables, Site Visits, Managementbesuchen bei Investmenthäusern und Brokern eingeladen werden[27].

18.4.2   Die Betreuung von Analysten und Journalisten

Anders als bei den Equity Relations ist die Betreuung von Anleiheanalysten in der Praxis bislang weniger üblich. Viele Unternehmen sehen keinen Sinn darin, mit den betreuenden Research-Institutionen laufenden Kontakt zu halten. Das Argument: Die Daten und Fakten ließen sich ohnehin nicht verändern und auch nicht besser darstellen als sie sind. Dabei wird davon ausgegangen, dass sich das Risiko eines Unternehmens nicht besser oder plausibler darstellen lassen kann, während bei Equity Analysten zukünftige Potentiale besser beeinflussbar seien. Auf der Investorenseite scheint eine ähnliche Meinung vorzuherrschen. Analysten-Reports für Bonds werden sehr viel weniger nachgefragt[28].

Aus theoretischer Sicht macht es jedoch sehr wohl Sinn für ein Unternehmen, mit Anleiheanalysten zu kommunizieren. Ein Rating kann als Preisfindungsindikator direkt genutzt werden, doch die Erwartungen auf Ratingänderungen, positiver oder negativer Art, lassen sich sicherlich beeinflussen – und damit die Nachfrage nach den Unternehmensanleihen. Auch das langfristige Image eines Unternehmens kann im direkten Gespräch mit Analysten verbessert werden, Hintergrundinformationen können gegeben werden, die nicht in Zeitungen stehen, Erklärungen für Vorkommnisse vermittelt werden. Doch so oft auch von Agenturen und Beratern eine intensivere Kommunikation mit dem Kapitalmarkt gefordert wird, eine Intensivierung ist in den letzten Jahren noch nicht zu beobachten gewesen[29].

Konferenzen bilden für Analysten dann ein geeignetes Instrument, wenn über einen schwierigen oder längeren Sachverhalt unterrichtet werden soll. Konferenzen mit Medienvertretern sollen zwei Schwerpunkte haben. Erstens die reine Nachrichtenübermittlung (für die Agentur- und Tagespressejournalisten), zweitens ein ausführlich informativer Teil für

---

[27]   Vgl. DVFA (2011).
[28]   Vgl. Deter, H./Diegelmann, M. (2003); Grunow, H. W./Oehm, G. F. (2004); Mast, C. (2005); Duffé, A. (2005); Reuter, E. (2006).
[29]   Vgl. Grunow, H. W./Oehm, G. F. (2004).

jene Pressevertreter, die Hintergrundinformationen sammeln. Aufgrund des offenen, inter-aktiven Charakters von Konferenzen und zur Vermeidung von Fehlentwicklungen sind die Abfolge und Inhalte detailliert vorzubereiten. Zum Aufbau und zur Entwicklung tiefge-hender Kontakte sowie zur Vermittlung von ausführlichem Hintergrundmaterial sind Pressegespräche dosiert einzusetzen. Alternativ bilden Podiumsdiskussionen mit mittel-großem Teilnehmerkreis ein vorteilhaftes Transmissionsinstrument für Analysten. Letztlich ist eine Zunahme an Unternehmenspräsentationen zu verzeichnen, worunter auch bereits deren Aufmerksamkeitswert leidet.

Ein weiteres interaktives Medium sind Telefonkonferenzen. Dabei werden Investoren re-gelmäßig pro Quartal oder auch aktuell über einzelne Themenfelder informiert; sie bieten auch die Möglichkeit, direkte Resonanzen zu erhalten. Bond-Investoren nehmen i. d. R. kaum an den quartalsweisen Telefonkonferenzen für Equity-Analysten teil[30]. Analysten fragen im Sinne des tieferen Verständnisses oft nach problematischen Einzelheiten, um diese in ihr Gesamtgefüge einzuordnen. Bei Journalisten besteht dann die Gefahr, dass sie diese Einzelheiten populistisch zu Headlines aufbauschen. Andererseits ist im Sinne des Fair Disclosure fraglich, warum Finanzanalysten tieferen Einblick in das Unternehmensge-schehen als Journalisten erhalten sollen. Insofern sollte darauf geachtet werden, dass In-formationen zu Risikopositionen, Cashflow und dessen Verwendung, die Schuldenstruktur und deren Fristigkeit usw. einheitlich kommuniziert werden[31].

18.4.3   Die Betreuung von Bond Sales-Managern

Die Betreuung von Bond Sales-Managern kann bislang als nicht existent betrachtet werden. Weder in Theorie noch in der Praxis gibt es dazu Ansätze. Launer und Onken untersuchten 2009 die Funktion von Equity Sales-Managern im Investor Relations und deren Nutzung als Meinungsmultiplikatoren. Die Erkenntnisse lassen sich auch auf das Bond Relations übertragen und sollen hier eine Anregung für die Zukunft sein.

Indirekte Zweistufenkommunikation mit Investoren über Bond Broker

In der Praxis werden die Bond Sales-Manager von den IR-Abteilungen nicht direkt ange-sprochen. Bond Sales-Manager erhalten ihre Informationen indirekt über andere Quellen, z. B. über Research Reports der hausinternen Analysten. So hat sich mittlerweile bei den Bro-ker-Häusern durchgesetzt, jeden Morgen weltweite Morning Meetings abzuhalten. In die-sen werden die aktuellsten Entwicklungen und Börsentipps in Conference Calls und Vi-deokonferenzen vorgestellt. In den großen Bulge Bracket-Brokerhäusern werden dabei sogar Vorgaben gemacht, welche Bonds nun aktuell und wie („long or short") gehandelt werden sollen. Bei Tier 2- und Tier 3-Brokerhäusern werden die Bond Sales-Manager ten-denziell eher von den Analysten informiert, welche Aktien sie dann den Kunden anbieten, bleibt oftmals ihrer eigenen Entscheidung überlassen.

---

[30]   Vgl. Launer, M. (2006, 2007).
[31]   Vgl. Launer, M./Wilhelm, M. (2011).

Viele Unternehmen haben Bond Sales auf ihren sogenannten Mailing- oder Distributions-Listen, insbesondere für Quartalsberichte und Ad hoc-Mitteilungen. Gerade die Quartalsberichte werden jedoch aus Zeitnot von Bond Sales-Managern kaum gelesen. Die Verarbeitung der direkten Unternehmensinformationen liegt eher in der Zuständigkeit der Analysten. Somit haben die Unternehmen durch die Quartalsberichte kaum direkten Einfluss auf die Broker. Die Kommunikation ist damit nicht nur indirekt, sondern auch von großen Veränderungen geprägt, ähnlich dem „Stille Post Spiel"[32].

Direkte Kommunikation mit den Bond Brokern mittels Sales Briefings

Die direkte Kommunikation von Unternehmen mit den Sales-Managern der Banken wird Sales Briefings genannt. Dies sind Unternehmenspräsentationen, die entweder persönlich oder über telefonische Konferenz-Schaltungen abgehalten werden. Die Präsentation wird in der Regel vom Vorstand des Unternehmens gehalten. Im Bereich Equity gehen die großen Investmenthäuser auf die Unternehmen zu, um den hauseigenen Equity Sales-Managern ein Briefing zu geben. Die Reichweite von Equity Sales Briefings kann derzeit kaum abgeschätzt werden. Es lassen sich aber grundsätzliche Wirkungsweisen und Effizienzaussagen ableiten. In einem Equity Sales Briefing sitzen zwischen drei und neun Equity Sales-Manager. Die übermittelten Informationen werden von den Equity Sales-Managern in den nachfolgenden Verkaufsgesprächen genutzt. Es kann angenommen werden, dass jeder Equity Sales-Manager mit fünf bis zehn Investoren über das präsentierende Unternehmen spricht, teilweise auch mehr. Je Sales Briefing entstehen daher 25 bis 50 qualifizierte Investorenkontakte. Eventuelle Überschneidungen sind positiv zu bewerten, da sie die Übertragung der Equity Story noch verstärken. Dies macht das IR-Instrument Equity Sales Briefings zu einer effektiven und sehr effizienten IR-Maßnahme[33].

Für Anleihen sind derartige Sales Briefings noch nicht bekannt. Nur bei Bond-Transaktionen werden die Bond Sales-Manager direkt gebrieft, da die Investmentbank als „Underwriter" der Transaktion sicherstellen möchte, dass deren Bond Sales-Manager möglichst sicher alle Bonds im Markt platzieren zu können.

Die vom Unternehmen kommunizierte Bond Story wird von den Analysten in Research Reports verarbeitet. Diese werden direkt an Investoren gesendet oder von den Bond Sales-Managern genutzt. Diese Bond Sales-Manager interpretieren diese Reports auf ihre eigene Weise und transportieren deren eigenen Sichtweise weiter an die Entscheider der Investorenhäuser. Es ist leicht verständlich, dass sich die ursprüngliche Bond Story auf dem Weg zum Investor mehrfach verändern kann.

---

[32]   Vgl. Launer, M./Onken, G. (2009).
[33]   Vgl. Launer, M./Onken, G. (2008).

Abbildung 18.1 Schema der Investorenkommunikation und Wirkungsweise von Equity Sales Briefings[34]

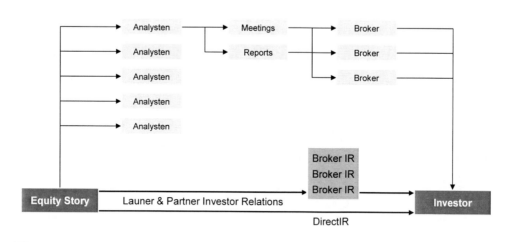

Quelle: Eigene Darstellung

Während die Finanzanalysten teilweise direkt betreut werden und institutionelle Investoren mittels Roadshows besucht werden, bleiben die Bond Sales-Manager meist ohne direkten Kontakt zum Unternehmen. Durch Bond Sales Briefings hat das Unternehmen die Möglichkeit, die Verkaufskraft der Broker für sich zu nutzen. Somit kann sich nach einem Briefing die Nachfrage nach Bonds des Unternehmens erhöhen. Es besteht aber auch das Risiko, das nach einer nicht überzeugenden Präsentation die Broker negativ über das Unternehmen sprechen und die Bonds des Unternehmens zum Verkauf empfehlen[35].

Bond Broker kommunizieren hauptsächlich über das Telefon und Bloomberg mit ihren Kunden. Sie rufen ihre Klienten an, falls sie ihnen etwas Neues oder eine Empfehlung mitteilen möchten. Sie erhoffen daraufhin vom Klienten eine Order zu erhalten. Die Initiative kann aber auch vom Investor ausgehen, der den Broker nach seiner Einschätzung fragt.

18.4.4 Die Betreuung der emittierenden Banken

Der Beziehungsaufbau vor einer Emission von Wertpapieren inkl. des Beauty Contests ist ein erster Schritt, doch auch die laufende Pflege der emittierenden Banken ist für Unternehmen von Bedeutung. Bei Merck KGaA wurde die laufende Pflege der Bankkontakte jährlich vor der Hauptversammlung in Form eines Dinners durchgeführt, bei dem speziell

---

34 Vgl. Launer, M./Onken, G. (2011).
35 Vgl. Launer, M./Wilhelm, M. (2011).

auf die Bond Relations Wert gelegt wurde (keine Präsentationen oder Hand-outs). Bei Franz Haniel & Cie wird einmal jährlich ein sogenannter Bankers Day durchgeführt: Nach einer Stadt- und Werksführung finden wechselnde Veranstaltungen statt, z. B. ein gemeinsames Outdoor Event oder ein Abendessen mit Showeinlage und Tanz; erst am zweiten Tag werden Vorträge gehalten.

Ziel solcher Präsentationen ist es, das Verständnis für die Emittentin zu vertiefen, Vertrauen zu schaffen und ein positives Image zu erhalten. Die Präsentationen können sehr detailliert sein und alle Fragen der anwesenden Banken beantworteten. Präsentiert werden insbesondere die Corporate Governance-Strategie, Finanzdetails und die Gewinnverwendung. Über die Finanzen hinaus kann auch über das soziale Engagement der Emittentin und die Nachhaltigkeit bei allen Unternehmensfragen referiert werden.

Derartige Maßnahmen sind insbesondere vor dem Hintergrund komplizierter Unternehmensstrukturen von manchen Familienunternehmen wichtig. Oftmals bestehen komplizierte Organisationsstrukturen und Entscheidungswege. KGaA-Strukturen und Holdings mit teilweise steueroptimierten Unternehmensorganisationen sollten möglichst detailliert offen gelegt werden, um das Vertrauen der Banken zu erhalten. Dabei kommt es auch darauf an, die lokale Mutterorganisation im Vergleich zur Gruppe zu verstehen. Hier können erhebliche Unterschiede bestehen, z. B. wenn ein Unternehmen seine Liquidität nicht in Deutschland in der Muttergesellschaft sammelt, sondern außerhalb in steueroptimierten Einheiten. Bei Haniel wird dies sehr klar strukturiert dargestellt und es bestehen keine komplizierten Strukturen, die Corporate Governance wurde von allen Banken klar verstanden und das Vertrauen weiter gepflegt.

18.4.5   Das Erreichen der Privatanleger

Im Gegensatz zum Equity Relations erreicht Bond Relations nur begrenzt den Privatanleger. Daher soll hier aus dem Equity Relations Anleitungen für Bond Relations mit Kleinanlegern abgeleitet werden. Während Maier (1995) eher eine explorative Studie mit nur 23 Teilnehmern durchführte[36], liefert Stüfe (1999) ein brauchbares Schema, um Privatanlegersegmente zu identifizieren[37]:

■ Anspruchsvolle, aktive Informationssucher,

■ Renditebewusste, an Printmedien orientierte Anleger,

■ Vorsichtige, an vertrauenswürdigen Informationen orientierte Privatinvestoren,

■ Informierte, beratungsorientierte Investoren, und

■ Wenig informierte, bankberatungsorientierte Privatanleger.

---

[36] Vgl. Maier, M. (1995).
[37] Vgl. Stüfe, K. (1999); Pulham, S. (2005).

Die Einteilung kann mit Einschränkungen sicherlich auch auf den Bereich der Bonds übertragen werden. Der Kreis der Privatanleger ist jedoch sehr viel kleiner.

Bezüglich der Informationsanforderungen der Privatanleger im Equity Relations ist eine Untersuchung von Hank (1999) zu nennen, wonach diese mit dem Gehalt der von den Unternehmen kommunizierten Informationen zufrieden sind, nicht jedoch bezüglich der Gleichbehandlung von institutionellen und privaten Investoren. Die Ergebnisse lassen sich sicherlich auch auf den Bereich Bonds übertragen. Kleinanleger stehen oftmals die Berichte der Ratingagenturen nicht zur Verfügung und haben kaum Zugang zu Bloomberg. Auch mit der Verständlichkeit der von den Unternehmen präsentierten Daten sind die Kleinanleger unzufrieden. Für den Bondbereich dürfte sich diese Kritik noch verschärfen, da hier die Brücke von Unternehmensinformationen zur zukünftigen Bond-Preisbildung noch schwieriger zu schlagen ist. Privatanleger nutzen der Studie nach zudem eher neutrale Informationsquellen, weniger die originäre Berichterstattung des Unternehmens. Doch gerade bei Bonds ist es wichtig, alle Details einer Anleihe zu verstehen. Der direkte Kontakt zu Bond Relations ist daher besonders wichtig[38].

Kommunikationskanäle der Privatanleger

Die wenigen Kleinanleger im Bond-Bereich werden von den Unternehmen vorwiegend über die Corporate Website des Unternehmens und über externe Medien erreicht. Nachrichtensysteme wie z. B. Bloomberg oder Thompson Reuters finden bei privaten Gläubigern selten Beachtung. Zwar nutzen sie die Mailfunktion moderner Nachrichtensysteme, fahren auf diesen Systemen jedoch kaum tägliche Prüfroutinen. So sind die Systeme auch höchst selten Gegenstand des gängigen Arbeitsprozesses und finden entsprechend wenige Einsätze. Dagegen ist das Internet für Privatanleger von hoher Bedeutung zur Informationsbeschaffung. Zum Teil werden auch Pressekonferenzen und Live-Präsentationen über das Internet gesendet oder es fungiert als Datenlieferant.

Zeitungen und Magazine verschaffen den Investoren Stimmungsbilder, lösen bei professionellen Anlegern jedoch kaum eine spontane Reaktion aus; mittel- bis langfristig sind sie aber durchaus in der Lage, ihr Market Sentiment zu verändern. Dagegen erhalten die gedruckten Medien von den Privatanlegern eine hohe Aufmerksamkeit. Anzeigen in Pressetiteln wiederum haben für institutionelle Investoren allenfalls einen (Wieder-) Erkennungseffekt, auf Anlage- oder Handlungsentscheidungen üben sie keine Wirkung aus. Bei Journalisten mögen sie dann auf Interesse stoßen, wenn sich aus dem Veröffentlichungs- bzw. Schaltungsmuster weitergehende Informationen ableiten lassen. Gegebenenfalls gibt eine Anzeige Anlass zu weiterer Prüfung: Existieren gegenüber der Ursprungsmeldung weitergehende Informationen oder Detailangaben, gewinnen die Anzeige für die Journalisten an Relevanz.

---

[38] Vgl. Hank, B. (1999); Pulham, S. (2005).

Anforderungen an die Inhalte

Bezüglich der Anforderungen an die Kommunikationsinhalte für Kleinanleger gibt die Studie des Marktforschungsinstitutes Psychonomics (2003) gute Hinweise für den Bereich Bonds. Demnach sind die wesentlichen Anforderungen an die Informationen von Investor Relations Aktualität, Glaubwürdigkeit, Verständlichkeit, Prognosegenauigkeit, Überzeugungskraft bei Prognoseänderungen, Qualität des Kontakts mit der IR-Abteilung sowie verschiedener IR-Instrumente wie Webseite, Geschäfts- und Quartalsberichte sowie Ad hoc-Mitteilungen. Es wurden aber auch die Imagewerbung von Unternehmen in Zeitungen und Zeitschriften angeführt[39].

Eine Arbeit dazu ist von Pulham (2005), in der die Ambiguitätswahrnehmung privater Investoren untersucht wird. Demnach hatte den stärksten Einfluss für private Investoren die Wahrnehmung der eigenen Kompetenz. Vertrauen besaß ebenfalls einen signifikanten, jedoch geringeren Einfluss auf die Wahrnehmung von Ambiguität. Als wichtiger Einflussfaktor auf das Vertrauen privater Investoren in ein Unternehmen wurde die Glaubwürdigkeit der Unternehmenskommunikation identifiziert. Als Informationsquellen der Privatinvestoren wurde die Presse und das Fernsehen identifiziert sowie das Gespräch mit Freunden und Bekannten. Aber auch der Geschäftsbericht wird als wichtige Quelle eingestuft[40].

Die Darstellung von Bond Relations auf der Firmenwebseite

Die Corporate Website ist für Privatanleger eines der bedeutendsten elektronischen Instrumente der Bond Relations. Auf der Corporate Website sollten die für den Gläubiger oder Analysten relevanten Informationen aktuell, transparent, ausführlich und substantiell dargestellt werden. Insbesondere für jene Unternehmen, die beabsichtigen, den künftigen Kapitalbedarf langfristig über die Fremdfinanzierungsformen von Anleihen oder Commercial Paper-Programmen zu realisieren (und nicht durch Firmenkredite), ist der Webauftritt von besonderer Bedeutung[41]. In der Regel erfolgt der Zugang zu den relevanten Informationen über den Oberbegriff Investor Relations. Der Bereich Finanzierungsstrategie erläutert die Unternehmensfinanzierung der jüngsten Vergangenheit und zeigt, wie das Unternehmen kurz-, mittel- und langfristige Ziele aus der Perspektive der Unternehmensfinanzierung bewältigen will. Dabei bilden die sogenannte Bond Targets einen eigenen Schwerpunkt. Der Bereich Bond Management soll sich ausführlich zu Nettoverschuldung, Verschuldungsgrad und Schuldenreduktionsprogrammen äußern. Bei den Finanzierungsinstrumenten sind jene Instrumente von Interesse, mit welchen das Unternehmen bezüglich seiner Finanzierung operiert: Verbindlichkeiten gegenüber Kreditinstituten, Anleihen, Commercial Papers, Factoring, Leasing, Mezzanine etc.

---

[39]   Vgl. Psychonomics (2003).
[40]   Vgl. Pulham, S. (2005).
[41]   Vgl. Kiss, P. (2001).

Bond Issuance-Programme

Ein sogenanntes Bond Issuance-Programm oder Schuldenemissionsprogramm offeriert eine Dokumentationsplattform, die im Idealfalle Informationen über Unternehmen, den Garantiegeber, den Programmbetrag, die autorisierten Händler, Art der Emission und Hauptzahlungsagenten anbietet. Bond Issuance-Programme sind insbesondere dann von Bedeutung, wenn ein Unternehmen Anleihen zur Unternehmensfinanzierung in einem standardisierten Verfahren herausgibt. Grundsätzlich ist anzuraten, die Mindeststandards der DVFA (2011) zu beachten[42]. Bei großem Umfang des darzustellenden Materials empfiehlt es sich, den User über einen oder mehrere Links zur detaillierten Bilanz, Gewinn- und Verlustrechnung sowie einer ausführlichen Kapitalflussrechnung weiterzuleiten. Zudem bieten die jeweiligen Unternehmen Downloadmaterial (beispielsweise im pdf-Format) an.

Schlusswort

Abschließend sei anzumerken, wie erfreulich es ist, dass Bond Relations in Theorie und Praxis derzeit an Bedeutung und Volumen zunimmt. Es wäre allerdings wünschenswert, Bonds würden an den Börsen liquider gehandelt werden, Unternehmen würden transparenter über Bonds berichten, die Investoren würden verstärkt mit der Emittentin in den Dialog treten, Banken würden Bonds intensiver betreuen und die Presse breiter über Corporate Bonds berichten. In Sachen Staatsanleihen haben wir dies bereits erreicht, auch wenn die Gründe dafür nicht erfreulich sind.

Literatur

[1] Böhm, W. (2004): Investor Relations der Emittenten von Unternehmensanleihen, Verlag Wissenschaft & Praxis, 1. Auflage, Sternenfels.

[2] Büschgen, H. E. (1998): Bankbetriebslehre: Bankgeschäfte und Bankmanagement, Gabler Verlag, 5. Auflage, Wiesbaden.

[3] Degenhardt, H. (2006): Fixed Income IR aus Sicht des Treasury, Vortrag VDT Essen, http://www.vdtev.de.

[4] Deter, H./Diegelmann, M. (2003): Creditor Relations – Beziehungsmanagement mit Fremdkapitalgebern, Bankakademie Verlag, 1. Aufl., Frankfurt am Main.

[5] Duffé, A. (2005): Creditor Relations – Das neue Geschäftsfeld in der Finanzkommunikation, Huber Verlag, 1. Auflage, Zürich.

[6] DVFA Deutsche Vereinigung für Finanzanalyse und Asset Management (2011): Mindeststandards für Bondkommunikation, Frankfurt am Main.

[7] Gerke, W./Bank, M. (2003): Finanzierung: Grundlagen für Investitions- und Finanzierungsentscheidungen im Unternehmen, Kohlhammer Verlag, 2. Auflage, Stuttgart.

[8] Gerke, W./Steiner, M. (2001): Handwörterbuch des Bank- und Finanzwesens, Schäffer-Poeschel Verlag, 2. Auflage, Stuttgart.

[9] Grunow, H. W./Oehm, G. F. (2004): Credit Relations: Erfolgreiche Kommunikation mit Anleiheinvestoren, Springer Verlag, 1. Auflage, Berlin Heidelberg.

---

[42] Vgl. DVFA (2011).

[10] Hank, B. (1999): Informationsbedürfnisse von Kleinaktionären, Lang Verlag, 1. Aufl., Frankfurt am Main.

[11] Huber, C. (2004): Shareholder Value vs. Bondholder Value, Deter, H./Diegelmann, M. (Hrsg.): Creditor Relations: Beziehungsmanagement mit Fremdkapitalgebern, Bankakademie Verlag, 1. Aufl., Frankfurt am Main.

[12] Kiss, P. (2001): Investor Relations im Internet, GoingPublic Media Verlag, München.

[13] Launer, M. (2006): Internationale Investor Relations, Going Public Magazin, März 2006.

[14] Launer, M. (2007): Marktorientierte Investor Relations, Going Public Magazin, September 2007.

[15] Launer, M./Wilhelm, M. (2011): Bond Relations, Dissertation, dissertation.de Verlag, 1.Auflage, Berlin.

[16] Launer, M./Onken, G. (2009): Equity Sales Briefings als Multiplikator im Investor Relations – Eine Untersuchung deutscher Unternehmen an den Finanzplätzen New York, London, Paris, Dissertation, dissertation.de Verlag, 1.Auflage, Berlin.

[17] Maier, M. (1995): Shareholder-Marketing: eigene Aktionäre als Zielgruppe kommunikationspolitischer Maßnahmen, Arbeitspapier als Schriftenreihe Schwerpunkt Marketing, Band 56, Fördergesellschaft Marketing, Ludwig-Maximilians Universität, München.

[18] Mast, C. (2006): Unternehmenskommunikation, UTB Verlag, 2. Auflage, Stuttgart.

[19] Mast, H. J. (2005): Creditor Relations als Erfolgsfaktor für die Fremdkapitalfinanzierung, Kirchhoff, K. R./Piwinger, M. (Hrsg.): Praxishandbuch Investor Relations, Gabler Verlag, 1. Aufl., Wiesbaden, S. 475-490.

[20] Psychonomics (2003): Fragebogen 5 für Private, Internetversion online auf www.boerse-online.de.

[21] Pulham, S. (2005): Investor Relations für Kleinanleger, Eul Verlag, 1. Auflage, Köln.

[22] Reuter, E. (2006): Investor Relations und Analysten, Books on Demand Verlag, 1. Auflage, Hamburg.

[23] RWE (2007): Fixed Income – Herausforderung für das IR-Management, Vortrag RWE, elektronische Publikation, abgerufen am 19.09.2011: http://www.rwe.com.

[24] Stüfe, K. (1999): Das Informationsverhalten deutscher Privatanleger, Deutscher Universitäts Verlag, 1. Aufl., Wiesbaden.

19 Mittelstandsanleihen aus der Sicht des institutionellen Investors

Jürgen Detering und Markus Mitrovski (Johannes Führ Asset Management GmbH)

19.1 Mittelstandsanleihen im Rentenmanagement

Im Euro-Rentenmarkt ist eine neue Asset-Klasse entstanden, das Wachstumssegment der inhabergeführten und mittelständischen Anleihen. Es hat sich damit eine neue Gruppe von Schuldnern etabliert, die in einer Zeit der Niedrigzinsphase, in der als sicher geltende deutsche Bundesanleihen zwischen 0,5 % und 2,0 % rentieren, dem Investor sehr attraktive Renditen bieten. Solide Mittelständler bieten einen Zinsaufschlag von 300 bis 700 Basispunkten bei einer Bonität von BBB bis B- auf Bundesanleihen und hochwertige Unternehmensanleihen der Großkonzerne.

19.1.1 Chancen für den Anleger

Da sich diese Unternehmen erstmalig an den Kapitalmarkt wenden, müssen sie im Unterschied zu den großen Emittenten eine angemessene Risikoprämie in Form von wesentlich höheren Zinsen zahlen. Der Anleger erhält eine fest verzinste Anlage, die höhere Renditen bringt als Festzinssparen, Tagesgeld, Bundesanleihen und Unternehmensanleihen der Großkonzerne. Die große Chance liegt darin, dass die Mehrzahl dieser Erstemittenten Unternehmen mit langjährig etablierten Geschäftsmodellen und starken Marken sind. Sehr häufig gibt es eine über mehrere Generationen sich erstreckende Familientradition. Die höhere Rendite dieser Schuldnergruppe kann man sich zunutze machen, indem man entweder in Einzeltitel investiert (hohes Risiko) oder in einen breit gestreuten Mittelstands-Rentenfonds (reduziertes Risiko).

Höhere Renditen sind nicht ohne ein höheres Risiko zu haben. Es kommt also im besonderen Maße auf die Fähigkeit des Anlegers an, die Risiken zu erkennen, um sie dann zu minimieren. Im Wesentlichen kommt es darauf an, gute Qualität von schlechter Qualität (Junk) zu unterscheiden.

19.1.2 Die Risiken für den Anleger

Für den Investor ergeben sich aber Risiken vor allen Dingen auch daraus, dass es noch keine Historie planmäßiger Zins- und Tilgungszahlung gibt. Gerade bei kleineren und unbekannten Firmen mit wenig erprobten Geschäftsfeldern ist Vorsicht angesagt. So ist es u. a. erforderlich, ein Mindestemissionsvolumen zu bestimmen, ab dem man eine Mittelstandsanleihe in ein Wertpapierportfolio aufnimmt.

Dabei ist es von ganz entscheidender Bedeutung, dass die neuen Emissionsplattformen der Regionalbörsen risikominimierende Qualitätsstandards geschafft haben. Ihre Zulassungsbedingungen bedeuten für die emissionswilligen Unternehmen, dass ihnen eine Reihe von Transparenzverpflichtungen abverlangt wird. Für das mittelständische Unternehmen spielen jetzt Corporate Governance, Compliance, Director Dealings und andere Melde- und Offenlegungspflichten sowie eine regelmäßige Finanzkommunikation mit den Investoren eine Rolle. Zusätzlich wird ein (Unternehmens-) Rating verlangt. Ein ausführlicher Wertpapierprospekt, in dem u. a. die finanzielle Situation (z.B. Cashflow, EBITDA, Verschuldungskennzahlen) des Unternehmens dargestellt wird, ist ebenfalls Zulassungsbedingung. Nur bereits kapitalmarktreife Unternehmen sind in der Lage, diese Börsenanforderungen zu erfüllen.

Die Börse scheint häufig am besten in der Lage zu sein, die „wahre" Bonität eines Emittenten in ihrem Kurs widerzuspiegeln. Das bedeutet einerseits bei unaufmerksamer Auswahl einer Anlage ein hohes Kursrisiko einzugehen, bei der eine attraktive Rendite schnell verloren gehen kann. Andererseits bedeutet dies, dass eine eigenständige Analyse und Überwachung der Bonitätsentwicklung eines Unternehmens schnell zu einem Kursgewinn führen kann.

19.1.3 Die „klassischen" und die „neuen" mittelständischen Anleihen

Wir unterscheiden zwei Arten von mittelständischen Anleihen. Diese Unterscheidung ist wichtig für die Konstruktion eines liquiden Mittelstands-Renten-Portfolios wie den Johannes Führ Mittelstands-Rentenfonds AMI (s. w. u.).

Zu der einen Abteilung zählen die „klassischen Anleihen" des gehobenen Mittelstandes. Zu nennen sind hier z. B. BOSCH und andere Unternehmen mit starken Marken wie adidas, Haniel und STADA. Diese Unternehmen sind meist bereits viele Jahre am Kapitalmarkt aktiv und haben in der Regel Emissionsvolumina von mehreren hundert Millionen Euro. Die andere und neue Gruppe setzt sich aus den „neuen mittelständischen" Anleihen" zusammen, die über die neuen Emissionsplattformen der Regionalbörsen begeben werden. Der Marktführer, die Börse Stuttgart, hat diese Marktnische zuerst als neues Geschäftsfeld für sich entdeckt und deckt damit die Lücke zwischen Emissionsvolumen von 10 Mio. € und 150 Mio. € ab. Inzwischen sind die Börsen Düsseldorf, Frankfurt, Hamburg/Hannover und München mit eigenen Emissionsplattformen gefolgt. Typischerweise liegt die Emissionsrendite bei diesen Emissionsdebütanten im aktuellen Umfeld zwischen 6,50 % und 9,25 %, die Laufzeit liegt zwischen drei und sieben Jahren, das Rating zwischen BBB+ und B-.

Für das Pricing der jeweiligen Emission spielen auch hier Ratingagenturen eine wesentliche Rolle. Der Marktführer in Deutschland bei den Ratings für Mittelstandsanleihen ist Creditreform, gefolgt von der Agentur Euler Hermes. Die eindeutig geringeren Ratingkosten sind nur ein Grund für die Bevorzugung der deutschen Ratingagenturen. Hinzu kommt die Skepsis vieler mittelständischer Unternehmen, von den angelsächsischen Agenturen gerecht bewertet zu werden. Vielfach gibt es die Befürchtung, dass die angelsächsischen Ratingagenturen das Erfolgsmodell des Mittelstands nicht vollständig verstehen und, indem sie zur Bonitätsbeurteilung eine Großkonzernschablone verwenden, höhere Ausfallrisiken sehen und mithin zu kritisch bewerten würden. Außerdem gibt es Differenzen hinsichtlich der Zusammensetzung der jeweils verwendeten Peergroups, weshalb es zu unterschiedlichen Ratings kommen könnte. Es gilt daher für den Investor zu bedenken, dass angelsächsische und europäische Ratinggesellschaften zu unterschiedlichen Ratingergebnissen kommen können.

Noch ein weiterer Punkt kommt hinzu: Das Rating der Ratinggesellschaften misst lediglich das statistische Kreditausfallrisiko des Emittenten. Es handelt sich in diesem Sinne eben nicht um die vollumfängliche Prüfung der Bonität eines Unternehmens. Die dem Rating zugrundeliegenden Auswahlkriterien sind stark vergangenheits- und stimmungsorientiert und damit nur sehr begrenzt in die Zukunft extrapolierbar. Die Zukunftsfähigkeit eines Unternehmens kann folglich nur unzureichend mit dem Rating dargestellt werden. Aus unserer Sicht kann das Rating höchstens als erster Anhaltspunkt dienen. Es führt kein Weg daran vorbei, eine eigene Bonitätsprüfung vorzunehmen, wozu ein größerer Umfang an Research wie im Analysemodell CRIPS® notwendig ist.

Außerdem verzichten einige Unternehmen mit einem hohen Bekanntheitsgrad sogar auf ein Rating, da sie aufgrund ihres „Brands" auch ohne Rating ihre Anleihen am Kapitalmarkt erfolgreich unterbringen können. Umso wichtiger ist es also für den Investor, eine eigene Schätzung vorzunehmen oder diese einem professionellen Rentenmanager zu überlassen.

Es sei hier noch angemerkt, dass sich u. E. das Rating über kurz oder lang generell durchsetzen wird. Denn wenn der Mittelständler Anleihen im institutionellen Publikum unterbringen will, muss er berücksichtigen, dass die institutionellen Anlagevorschriften zumeist geratete Anleihen vorschreiben.

19.1.4 Besondere Anforderungen an das Management von Mittelstandsanleihen

Der dreigeteilte Corporate-Bonds-Markt (s. Abbildung 19.1) ist ein Kreditmarkt, in dem Veränderungen in der Bonitätseinschätzung ein zentraler Treiber für Wertveränderungen von Wertpapieren sind. Die wichtigste Steuergröße im Rentenmanagement ist das Bonitätsmanagement. Der Portfoliomanager investiert in Unternehmen mit guter Qualität oder einem positiven Bonitätsausblick, um so an einer positiven Kursentwicklung der Anleihe zu partizipieren. Umgekehrt vermeidet er Anleihen von Unternehmen, bei denen er eine Verschlechterung der Bonität erwartet. In diesem Zusammenhang sind die spezifischen Eigenschaften von mittelständischen inhabergeführten Unternehmen interessant, die sich generell positiv auf die Bonitätsentwicklung auswirken.

Abbildung 19.1   Der dreigeteilte Corporate-Bonds-Markt

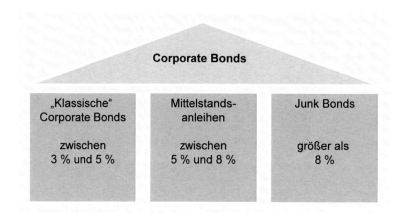

Quelle: Eigene Angaben

Mittelständische Unternehmen haben mehrheitlich die Tendenz, sich weniger stark zu verschulden. Sie wachsen in der Regel lieber organisch als durch Unternehmenszukäufe. Auch wirtschaften sie nachhaltiger und sind auf Langfristigkeit angelegt. Die Geschäftspolitik ist risikoärmer, zumal der mittelständische Unternehmer häufig mit seinem eigenen Kapital im Unternehmen engagiert ist. Viele renommierte Mittelständler verzeichnen ein kräftiges Wachstum, das auf die Fokussierung auf bestimmte Kernkompetenzen zurückzuführen ist, mit denen sie sich erfolgreich im internationalen Wettbewerb behaupten.

Hinzu kommt noch Folgendes: Die Tatsache, dass Banken aufgrund der erhöhten Eigenkapitalvorschriften durch Basel II und III ihre Kreditvergabe kürzen führt einerseits dazu, dass Mittelständler immer mehr dazu übergehen, sich über die Begebung eigener Anleihen zu finanzieren, um damit die Abhängigkeit von der Kreditfinanzierung zu verringern. Andererseits führt diese Loslösung von einer zu starken Bankenorientiertheit parallel zur Entwicklung von mehr Kapitalmarktfinanzierung auch zu einem Trend zu einer höheren Eigenkapitalquote. Neben dem Bankkredit stehen also mit erhöhtem Eigenkapital und der Anleiheemission verstärkt weitere Finanzierungsmittel für Neuinvestitionen und Wachstum zur Verfügung, die eine wichtige Voraussetzung dafür sind, dass sich das Unternehmensrating verbessern kann. Die resultierende positive Bonitätsentwicklung schlägt sich auf die Anleihenkurse nieder, die sich u. U. sprunghaft erhöhen können.

19.1.5 Partizipieren am Erfolg des Mittelstands über eine Mittelstandsanleihenfonds-Lösung

Die richtige Auswahl und Analyse der Emittenten sowie eine möglichst breite Diversifizierung eines Mittelstandsanleihenportfolios sind entscheidend für den Erfolg in dieser Asset-Klasse. Das lässt sich aus unserer Sicht nur in einem breit diversifizierten Fonds optimal darstellen.

Nur eine breitgefächerte Anlagestrategie auf der Grundlage detaillierter Analysen führt zu einer gesunden Mischung von Rendite und Risiko. Ein Investment in einzelne Titel ohne qualifizierte Analyse wäre nur hoch spekulativen Anlegern zu empfehlen.

Der im Oktober 2010 aufgelegte Johannes Führ Mittelstands-Rentenfonds AMI – der erste seiner Art – nutzt gezielt das Potential von mittelständischen Firmen, Familienunternehmen und gründergemanagten Gesellschaften für Anleger, die am Erfolgsmodell Mittelstand partizipieren möchten. Das Investment-Universum beschränkt sich dabei auf Anleihen in Euro. Bis zu max. 20 % des Fondsvolumens können in Unternehmensanleihen ohne Rating investiert werden. Das hauseigene computerunterstützte Analysemodell CRIPS® hilft, die Bonität von ca. 350 Emittenten und 2.500 Emissionen gleichzeitig zu beobachten. Die tagtägliche Überwachung der Portfolioliquidität und der Ausfallwahrscheinlichkeiten mit Hilfe von Kredit-Stress-Szenarios unterstützt zusätzlich das Risikomanagement. In Verbindung mit dem Johannes Führ Q-L-D Prinzip wird dann ein Portfolio aus Unternehmensanleihen des Mittelstands erstellt, das dem Anleger attraktive Renditen und zusätzliches Potenzial durch die Verbesserung der Kreditqualität bietet.

Qualität

Nur ein Wertpapier von guter Qualität trägt seinen Namen zu Recht. Wie kann gute Qualität von Junk unterschieden werden? Dies ist die Aufgabe des Bonitätsmanagements. Das Rating kann lediglich Ausgangspunkt der Betrachtung sein, es entbindet nicht von einer eigenen unabhängigen Emittentenanalyse. Einige der zu klärenden Fragen sind:

- Wer sind die Eigentümer?

- Wie tragfähig ist das Geschäftsmodell?

- Wie stark ist die Marke?

- Wofür wird der Emissionserlös verwendet?

- Wie stabil sind die Cashflows?

- Wie hoch ist die Verschuldung?

- Wie hoch ist das Eigenkapital?

Liquidität

Größtmögliche Liquidität der Anleihe bei sich ändernden Umfeldbedingungen muss gegeben sein.

Diversifikation

Breite Streuung verringert das Risiko. Durch eine breite Streuung des Portfolios in Unternehmen mit unterschiedlichen Geschäftsmodellen in verschiedenen Branchen soll das Portfolio-Risiko so erheblich reduziert werden, dass der Ausfall einer oder mehrerer Anleihen leicht zu verschmerzen ist.

Abbildung 19.2   Das Führsche Q-L-D-Prinzip

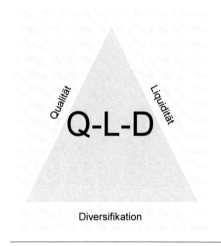

Quelle: Eigene Angaben

Beachtung von institutionellen Kriterien

Der Fonds erfüllt Qualitätsstandards, die ihn für institutionelle Anleger wie Pensionskassen, Versorgungswerke und Stiftungen investierbar macht. Die damit verbundenen Sicherheitsanforderungen kommen somit auch den Privatanlegern zugute.

Ein besonderes Augenmerk liegt auf der Einhaltung von aufsichtsrechtlichen Bestimmungen des Versicherungsrechts. Es beachtet beispielsweise die Hinweise zur Anlage des gebundenen Vermögens von Versicherungsunternehmen (BaFin Rundschreiben 4/2011 (VA) hinsichtlich High Yield-Anleihen. Entsprechend investiert der Mittelstandsrentenfonds nur in Anleihen, die zumindest ein Rating von B- aufweisen. Sollte eine High Yield-Anleihe unter B- fallen, halten wir die Bestimmungen über Haltedauer und Verkauf ein. Falls eine Anleihe unter B-/B3 mit mehr als 3 % gewichtet ist, sollte entsprechend dem o. g. Rundschreiben binnen sechs Monaten die Anleihe interessewahrend veräußert werden. Tatsächlich sind die Investmentrichtlinien des Hauses Johannes Führ strenger gehalten, so dass hier ein Verkauf innerhalb eines Monats erfolgt.

19.2 Strukturierung eines Portfolios aus Mittelstandsanleihen

19.2.1 Qualität im Bereich von Mittelstandsanleihen

Im Bereich des Managements eines Mittelstandsrentenportfolios spielt der Grundsatz der Qualität des Emittenten eine zentrale Rolle. Denn nur eine Anleihe mit guter Qualität kann zu Recht und im wahrsten Sinne des Wortes als Wertpapier gelten.

Daher ist in diesem Bereich eine exakte Analyse jeder Emission unabhängig vom Rating der Anleihe notwendig. Hierbei werden zum Teil Informationen aus der klassischen Jahresabschlussanalyse benutzt, die zusätzlich durch weitere Analysen ergänzt werden. Damit soll eine Beurteilung des Emittenten erreicht werden, die weit über die Einschätzung durch ein Rating hinausgeht.

Die nach den Bedingungen der Börsen- bzw. gesetzlichen Bestimmungen veröffentlichten Jahresabschlüsse bilden dabei den Ausgangspunkt für unsere Analysen. Als wichtigste Kennziffer betrachten wir dabei den Cashflow des Unternehmens, woraus sich der Nettozufluss liquider Mittel des Unternehmens während der Berichtsperiode ergibt. Er zeigt, inwieweit das Unternehmen aus eigener Kraft finanzielle Mittel erwirtschaften kann. Neben dem Cashflow stellt der Verschuldungsgrad des Unternehmens eine weitere wichtige Determinante dar. Verbessert sich die Eigenkapitalstruktur des Unternehmens bzw. sinken die Verbindlichkeiten, kann dies zu positiven Effekten auf die Gesamtbonität des Unternehmens führen. Infolgedessen besteht die Möglichkeit einer verbesserten Bonitätsnote bei den einzelnen Ratingagenturen, wodurch die Attraktivität der Anleihen gesteigert wird. Dies ist häufig bei Anleihen aus dem Mittelstandssegment zu erwarten, da die mittelständischen Unternehmen zumeist die eingenommenen Gelder aus der Anleiheemission für die Expansion der Geschäftstätigkeit verwenden, was für eine Steigerung des Cashflows sorgen kann. Ziel ist hierbei, die aktuelle finanzielle Situation des Unternehmens zu erfassen.

Zusätzlich richten wir unser Augenmerk auf die zukünftige Entwicklung der Geschäftstätigkeit des Emittenten. Hierzu analysieren wir Fragestellungen: Wie werden die Erlöse aus der Emission verwendet? Gibt es eine starke Marke oder gibt es Produkte, bei denen das Unternehmen ein Alleinstellungsmerkmal besitzt?

Wichtig ist dabei nicht nur die Analyse des jeweiligen Unternehmens, sondern auch ein Peer Group-Vergleich, um beispielsweise branchenspezifische Besonderheiten zu berücksichtigen.

Weiterer zentraler Punkt bei der Beurteilung der Qualität eines Unternehmens ist die Eigentümerstruktur des Unternehmens. Wir bevorzugen hier Familienunternehmen oder inhabergeführte Unternehmen, da diese häufig über stabilere Geschäftsmodelle verfügen und damit die Chance auf eine Verbesserung der Kreditwürdigkeit steigt.

19.2.2   Liquidität im Bereich von Mittelstandsanleihen

Aus der Sicht eines institutionellen Investors ist die Liquidität einer Anlage ein zentraler Punkt im Bereich der Anlagepolitik. Denn ein Wertpapier ist nur dann etwas wert, wenn man es auch zu jedem Zeitpunkt zu einem fairen Preis veräußern kann.

Daher stellt dieser Teil eines der wichtigsten Kriterien bei der Auswahl der Anleihen für unsere Portfolios dar. Dass gerade in diesem Bereich eine exakte Analyse mit einer tiefen Detailkenntnis des Marktes und des jeweiligen Unternehmens notwendig ist, zeigt allein die Tatsache, dass die Emissionsvolumina seit dem Entstehen dieses Segments im Regelfall zwischen 10 Mio. € und einigen 100 Mio. € betragen. Nur durch eine exakte Analyse vor der Investmententscheidung kann sich der Investor auf die Papiere konzentrieren, die seine Ansprüche erfüllen.

Dabei halten wir es für sinnvoll, nicht nur das reine Emissionsvolumen zu betrachten, sondern auch die tägliche Liquidität der Anleihen durch die aktuelle Spanne zwischen Geld- und Briefkurs zu beobachten. Diese kann eine gute Indikation für die aktuelle Liquidität einer Anleihe geben.

Wir sehen es daher als absolut notwendig an, innerhalb eines Portfolios gemäß den Präferenzen des Investors Restriktionen hinsichtlich des Emissionsvolumens einer Anleihe zu treffen. Im Johannes Führ Mittelstands-Rentenfonds AMI beträgt diese Grenze rund 50 Mio. €. Bei der Festlegung einer derartigen Restriktion sollte sich der Anleger von folgenden Fragestellungen leiten lassen: Welche Rolle spielen Mittelstandsanleihen im Rahmen meiner Gesamtallokation? Gibt es rechtliche Anforderungen wie Risikolimits, die unter allen Umständen eingehalten werden müssen? Ist das Investment in Mittelstandsanleihen ein dauerhaftes Investment innerhalb meiner Vermögensanlagen?

Innerhalb eines breit gefächerten Portfolios aus Mittelstandsrenten ist es zusätzlich erforderlich, auch in verschiedene Liquiditätsklassen zu diversifizieren, um im Falle einer notwendigen Veräußerung auch liquide Positionen im Portfolio zu haben. Innerhalb des Johannes Führ Mittelstands-Rentenfonds AMI besteht hier die Restriktion, 50 % des Fondsvolumens in Anleihen mittelständischer und familiengeführter Unternehmen zu investieren, die bereits langjährige Erfahrungen am Kapitalmarkt haben und bei ihren Emissionen über hohe Volumina verfügen (wie z. B. eine Haniel- oder eine Heraeus-Anleihe, bei denen das Emissionsvolumen bei 500 Mio. bzw. 250 Mio. € liegt). Die anderen 50 % des Fondsvolumens können wiederum in Anleihen mit einem niedrigeren Ausgabevolumen investiert werden.

Grundsätzlich ist im Segment der Mittelstandsanleihen in einem schwierigen Marktumfeld, das von einer hohen Risikoaversion der Anleger geprägt ist, zu beobachten, dass die Spanne zwischen Geld- und Briefkurs sich ausweitet. Jedoch bieten gerade solche Phasen für erfahrene und langfristig orientierte Investoren die Möglichkeit, interessante Investments zu tätigen. Voraussetzung ist jedoch auch hier eine exakte und detaillierte Analyse des einzelnen Investments.

19.2.3 Diversifikation bei einem Investment in Mittelstandsanleihen

Eine wichtige Komponente der erfolgreichen Anlage in Mittelstandsrenten ist der Grundgedanke der Diversifikation.

Nach unseren Erfahrungen sollte die Diversifikation des Portfolios nach verschiedenen Parametern erfolgen, um so den einzelnen Risikokategorien gerecht zu werden. Dabei sollte auf eine ausgewogene Mischung verschiedener Branchen geachtet werden, um damit bestimmte branchenspezifische Risiken zu vermeiden. Dies erfordert gerade in Marktsegmenten, die erst seit kurzem an den Börsen existieren, eine detaillierte Kenntnis des Gesamtmarktes durch den institutionellen Investor. Verdeutlicht wird das allein durch den Umstand, dass aktuell die beiden Bereiche der Windkraft- und Solarindustrie zusammen 30 % der gesamten Anleiheemissionen ausmachen. Wichtig ist hier zusätzlich die Einschätzung der einzelnen Geschäftsmodelle im Hinblick auf die Auswirkung des Branchen- bzw. Konjunkturzyklus auf die Unternehmen.

Um die Renditechancen des neuen Segments der Mittelstandsrenten in vollem Umfang auszuschöpfen, ist es zusätzlich notwendig, das Portfolio innerhalb der verschiedenen Ratingklassen breit zu streuen. Nur so lassen sich auch attraktive Renditepotenziale von Unternehmen mit einem niedrigen Rating bei einem für den Investor akzeptablen Risiko erzielen. Ein wichtiger Punkt ist hier auch, welche Rolle Emissionen ohne Rating innerhalb der Anlagestrategie spielen sollen. Bei diesen Titeln spielt naturgemäß die zuvor geschilderte individuelle Analyse der Qualität des Unternehmens durch den Investor eine entscheidende Rolle.

Grundsätzlich kann davon ausgegangen werden, dass für ein breit diversifiziertes Portfolio zumindest 30 bis 40 verschiedene Titel notwendig sind, um einen signifikanten Diversifikationseffekt zu erreichen.

In unseren Portfolios haben wir hierzu zusätzlich das maximale Gewicht der einzelnen Titel im Fonds limitiert. Dabei dürfen lediglich 1,5 % des Fondsvolumens in einen Einzeltitel der „klassischen" familiengeführten Corporate Bonds investiert werden und maximal 0,5 % bis 1 % in einen Titel der „neuen" Mittelstandsanleihen mit geringerem Emissionsvolumen.

19.2.4   Risikomanagement als Erfolgsfaktor bei einem Investment in Mittelstandsanleihen

Für die permanente Überwachung des Risikos des Investments bietet sich in einem ersten Schritt an, in regelmäßigen Intervallen den „Value at Risk" des Portfolios zu ermitteln. Der Value at Risk beschreibt somit den maximalen Verlust über einen bestimmten Zeitraum, den das Portfolio mit einer vorgegebenen Wahrscheinlichkeit überschreiten wird. Hier sind zum einen ggf. die Anforderungen von Aufsichtsbehörden an den Investor zu beachten und auch die Investmentziele des Investors zu berücksichtigen.

Grundsätzlich ist jedoch die Verwendung des Value at Risk bei diesem Marksegment kritisch zu hinterfragen. Insbesondere die weit verbreitete Benutzung historischer Daten für die Berechnung der Input-Parameter des Value at Risk kann in bestimmten Phasen zur Unter- oder Überschätzung der ermittelten Verlustwahrscheinlichkeiten führen.

Daher ist es in regelmäßigen Abständen notwendig, weitere Risikotreiber des Portfolios zu betrachten. Eine interessante Kennzahl ist hier der sog. Credit Value at Risk, der den Verlust durch die Insolvenz eines Unternehmens mit einer bestimmten Wahrscheinlichkeit innerhalb eines bestimmten Zeitraumes beschreibt. Jedoch gibt es auch hier eine Vielzahl von Kritikpunkten für die Anwendung im Bereich der Mittelstandsanleihen.

Grundsätzlich ist jedoch nach unseren Erfahrungen die Anwendung quantitativer Methoden im Risikomanagement nur bedingt geeignet, das Risiko eines derartigen Portfolios zu erfassen. Vielmehr sehen wir in einer strikten Anwendung des Q-L-D-Prinzips sowohl bei der Selektion wie auch bei der laufenden Kontrolle des Portfolios den zentralen Baustein im Risikomanagement eines derartigen Portfolios. Ziel ist hierbei, Titel, die den Kriterien des Q-L-D-Prinzips nicht mehr entsprechen, frühzeitig zu erkennen und zu ersetzen.

Die Bonitätsüberwachung ist auch bei Mittelstandsanleihen der Schlüssel für eine erfolgreiche Anlage.

Für die Bonitätsüberwachung ist eine permanente Kontrolle der Geschäftsdaten und Geschäftsaussichten nötig. Das Modell kann am Beispiel der CRIPS®-Datenbank der Johannes Führ Asset Management anschaulich vorgestellt werden.

Seit August 2002 ist das eigenentwickelte CRIPS® System (Credit Research & Investment Process System) für alle unsere Fonds im Einsatz. Es ist ein automatisiertes Datenbanksystem zur Überwachung der Bonitäts- und Duration-Risiken. In die Datenbank fließt das Research weltweit tätiger Investmenthäuser ein. Aufgrund dieses Datenpools kann zurzeit eine Auswahl aus 300 Emittenten und 2.300 einzelnen, in Euro denominierten Titeln erfolgen, die sich im Masterportfolio befinden. Seit der Einführung des Mittelstandssegments werden ebenfalls alle Mittelstandsanleihen mit Hilfe von CRIPS® überwacht.

CRIPS® besteht aus zwei Datenbanken: Bei der Anordnung der ersten Datenbank wird ein makroökonomisches Modul verwendet, wobei die Wirtschaftssektoren mit Schulnoten von 1 bis 6 eingestuft werden. In einer zweiten Datenbank werden das Sekundärresearch und die Ratings der Agenturen in Noten für die jeweiligen Emittenten übersetzt. Wenn die Bewertung eines Emittenten oder eines Sektors von den üblichen Ratings abweicht, wird eine Warnmeldung ausgelöst. Ist eine solche Veränderung mit einem möglichen Verlust des Investment Grade-Status verbunden, wird das Warnsignal sofort in den Portfolios umgesetzt, in der Regel, bevor es zu einem tatsächlichen Downgrade der Agenturen kommt. CRIPS® ist als schlankes und einfaches Modell langjährig erprobt. Es kommt ausschließlich zu einer Konzentration auf das Wesentliche, nämlich Laufzeitenstruktur und Bonität, sowie konsequente Vermeidung weiterer Risiken.

Abbildung 19.3 Bonitäts- und Durationssteuerung durch CRIPS®

Quelle: Eigene Angaben

19.2.5 Kurzfristige Mode oder Beginn eines langfristigen Trends?

Bei dem neuen Rentensegment Mittelstandsanleihen handelt es sich unseres Erachtens keineswegs um ein zeitlich begrenztes Phänomen. Vielmehr erleben wir den Beginn eines Paradigmenwechsels in der Unternehmensfinanzierung und somit eine Annäherung an angelsächsische Kapitalmarktverhältnisse. Die verschärfte Bankenregulierung infolge von Basel II und III mit den negativen Auswirkungen auf die Kreditvergabe sowie der Wunsch der mittelständischen Unternehmer, sich im Finanzierungs-Mix breiter aufzustellen, sind die Treiber dieser Umwälzung. Man muss außerdem berücksichtigen, dass es zurzeit ca. 9.400 Unternehmen allein in Deutschland gibt, die ein Umsatzvolumen von mehr als 50 Mio. € haben und damit für eine Anleihebegebung in Frage kommen könnten. Wenn man sich außerdem vergegenwärtigt, dass es viele dynamisch wachsende Firmen im Mittelbau des deutschen Mittelstands gibt, so dass die Zahl der größeren Mittelständler in wenigen Jahren auf mehr als 10.000 allein in Deutschland steigen wird, wird klar, wie groß das Entwicklungspotential dieses neuen Anleihesegments ist. Man muss kein Prophet sein, um angesichts dieser Wachstumsdynamik vorherzusagen, dass die Mittelstandsanleihen zukünftig eine feste Rolle bei der Konstruktion sinnvoll diversifizierter Portfolios spielen werden.

Daher sehen wir in diesem Wachstumsbereich, auch für institutionelle Investoren, eine Möglichkeit, hier dauerhaft attraktive Renditen mit akzeptablem Risiko im Vergleich zu anderen Asset-Klassen zu erreichen.

20 Mittelstandsanleihen: Geeignete Anlagen für Privatpersonen?

Martin Wilhelm (IfK – Institut für Kapitalmarkt – Vermögensverwaltung und Assetmanagement)

20.1 Ausgangslage des Privatanlegers

Im aktuellen Umfeld interessante Anlagemöglichkeiten zu finden, gestaltet sich für den Privatanleger eher schwierig. Die Zinsen für Sparbuch, Tagesgeld und Festgeld sind aufgrund der Steilheit der Zinskurve nicht besonders attraktiv, wie nachstehende Tabelle 20.1 verdeutlicht:

Tabelle 20.1   EURIBOR-Sätze, Grundlage von Tages- & Festgeldzinsen für Privatanleger

British Bankers Association Interest Settlement Rates														
	O/N	1WK	2WK	1MO	2MO	3MO	4MO	5MO	6MO	7MO	8MO	9MO	10MO	11MO	12MO
EUR	0.85000 SN	1.10100	1.14875	1.30188	1.37188	1.50438	1.56625	1.63688	1.71388	1.76738	1.82013	1.87538	1.93550	1.99563	2.05688

Quelle: Bloomberg, Institut für Kapitalmarkt

Gleichzeitig hat der Privatanleger im letzten Jahrzehnt mehrfach versucht, mit Aktien Geld zu verdienen. Dies war häufig nicht einfach und teilweise mit Verlusten verbunden. Immer mehr Privatanleger schätzen es, regelmäßige und sichere Cashflows auf dem Konto gutgeschrieben zu bekommen. Der Wunsch nach Sicherheit, "Geld-zurück-Garantie" und Kapitalerhalt ist gepaart mit der Idee nach einer geringen Schwankung (Volatilität). Daher erleben Anleihen seit einigen Jahren eine Renaissance als Anlageklasse.

Ein Teilsegment der Anleihen, die Privatanleger auf dem Radarschirm haben, sind neben den traditionellen Staatsanleihen in in- und ausländischen Währungen die Unternehmensanleihen. Davon wiederum gibt es das kleine und junge Marktsegment der Mittelstandsanleihen, das in den Anlageüberlegungen mancher Privatanleger zunehmend Beachtung findet. Aus psychologischer Sicht des Anlegers betrachtet, ist es einerseits wohl der Charme, eine Aktiengeschichte verfolgen sowie gleichzeitig vermeintlich sichere und hohe Zinsen vereinnahmen zu können. Unterstützung erhält der Anleger, in dem er seit Jahrzehnten von den Hochschulen, Bankberatern und Analysten regelmäßig hört, dass Anleihen zu 100 % zurückgezahlt werden. Ob es wirklich so ist und ob die Anlageklasse der Mittelstandsanleihen eine dauerhafte Anlageklasse bei den Privatanlegern werden kann, wollen wir im Folgenden beleuchten.

(Erweiterte) Definition Privatanleger und Betrachtung des Depots

Erfahrungsgemäß gibt es eine sehr subjektive Meinung, was die Definition eines Privatanlegers ist. Dies gilt ebenso für das Volumen von Käufen und Verkäufen, respektive des dahinterstehenden Depotvolumens. Hier gibt es die weite Range von 5.000 € bis 500.000 € pro Einzeltransaktion. Der Hauptanteil dürfte Ticketgrößen zwischen 10.000 € und 100.000 € ausmachen. Nicht zu vergessen sind die Unternehmer selbst, die als Firma Mittelstandsanleihen begeben, gleichwohl aber auch für das persönliche Depot eventuell die ein oder andere Mittelstandsanleihe kaufen.

Erfahrungsgemäß greift die Portfoliotheorie zwischen ca. 12 und 20 Positionen im Depot. Leider wird diese bei Privatanlegern zu wenig umgesetzt, so dass entsprechende Einzel- und Klumpenrisiken bestehen. Da das Emittenten-, aber auch das Liquiditätsrisiko bei einem Mittelstandsbond nicht zu unterschätzen ist, sollte dies in der Allokation des Depots eines Anlegers berücksichtigt werden.

Wenig Alternativen für den Privatanleger

Traditionell kann es sinnvoll sein, seine Anlagen auf ein Laufzeitband mit jährlichen Fälligkeiten zwischen zwei und zehn Jahren, in Ausnahmefällen auch bis 20 Jahren, anzulegen. Damit erhält der Anleger regelmäßig die Zinsen und in jährlichen Tranchen sein Kapital anteilsmäßig zurück. Gleichzeitig wird das Zinsänderungsrisiko über die Dauer deutlich geglättet. Zusätzlich erhöht sich durch die Einbindung von langen Laufzeiten die Gesamtverzinsung der Anlage. Diese Strategie durchzuhalten ist sehr schwierig, da dauerhafte Einflüsse durch Medien sowie Berater der Banken suggerieren, dass dies nicht sinnvoll und en vogue sei und natürlich man vieles besser machen könne. Eine Bank oder Sparkasse würde bei dieser Strategie einmalig beim Kauf sowie bei den Depotgebühren verdienen. Dies ist aus heutiger Vertriebs- und Ertragssicht einer Bank zu wenig.

Daher sind die Alternativen eines Privatanlegers eher begrenzt und er versucht somit ab und zu ein Schnäppchen in Unternehmensanleihen, neuerdings im Markt der Mittelstandsanleihen zu finden. Renommierte Analysen bestätigen, dass über einen Zeitraum von mehr als 100 Jahren Unternehmensanleihen Aktien outperformen, begleitend mit einer deutlich geringeren Schwankungsbreite (Volatilität). Der Markt der Mittelstandsanleihen beschränkt sich bisher auf traditionelle Anleihen (Straight Bullet Bonds). Floater, Wandel- und Optionsanleihen sowie Zeros sind nur schwer vorstellbar und entsprechen nicht dem Appetit des Privatanlegers.

Tabelle 20.2 Entwicklung der Asset-Klassen seit Lehmann-Insolvenz und Madoff-Skandal im Dezember 2008 (Stand Oktober 2011)

Nach Performance		Perf.	Vola	Sharpe Ratio	Max. Verl.
1	Silber	162,46 %	36,57 %	1,12	-38,92 %
2	Öl	106,07 %	40,57 %	0,72	-30,79 %
3	Gold	84,44 %	18,24 %	1,31	-15,22 %
4	China Shanghai Index	48,17 %	25,90 %	0,55	-28,73 %
5	ACATIS IfK Value Renten*	36,54 %	5,34 %	2,05	-7,07 %
6	Dow Jones	24,31 %	20,37 %	0,35	-27,53 %
7	Bund Future	20,00 %	6,92 %	0,84	-10,78 %
8	DAX	14,38 %	24,66 %	0,16	-32,62 %
9	Nikkei	-1,80 %	24,16 %	-0,07	-25,85 %
10	EUR USD	-5,54 %	10,85 %	-0,29	-21,28 %
11	EuroStoxx	-12,40 %	27,67 %	-0,21	-35,28 %

Nach Volatilität		Vola	Perf.	Sharpe Ratio	Max. Verl.
1	ACATIS IfK Value Renten*	5,34 %	36,54 %	2,05	-7,07 %
2	Bund Future	6,92 %	20,00 %	0,84	-10,78 %
3	EUR USD	10,85 %	-5,54 %	-0,29	-21,28 %
4	Gold	18,24 %	84,44 %	1,31	-15,22 %
5	Dow Jones	20,37 %	24,31 %	0,35	-27,53 %
6	Nikkei	24,16 %	-1,80 %	-0,07	-25,85 %
7	DAX	24,66 %	14,38 %	0,16	-32,62 %
8	China Shanghai Index	25,90 %	48,17 %	0,55	-28,73 %
9	EuroStoxx	27,67 %	-12,40 %	-0,21	-35,28 %
10	Silber	36,57 %	162,46 %	1,12	-38,92 %
11	Öl	40,57 %	106,07 %	0,72	-30,79 %

Nach max. Verlust		Max. Verl.	Perf.	Vola	Sharpe Ratio
1	ACATIS IfK Value Renten*	-7,07 %	36,54 %	5,34 %	2,05
2	Bund Future	-10,78 %	20,00 %	6,92 %	0,84
3	EUR USD	-21,28 %	-5,54 %	10,85 %	-0,29
4	Gold	-15,22 %	84,44 %	18,24 %	1,31
5	Dow Jones	-27,53 %	24,31 %	20,37 %	0,35
6	Nikkei	-25,85 %	-1,80 %	24,16 %	-0,07
7	DAX	-32,62 %	14,38 %	24,66 %	0,16
8	China Shanghai Index	-28,73 %	48,17 %	25,90 %	0,55
9	EuroStoxx	-35,28 %	-12,40 %	27,67 %	-0,21
10	Silber	-38,92 %	162,46 %	36,57 %	1,12
11	Öl	-30,79 %	106,07 %	40,57 %	0,72

Nach Sharpe Ratio		Sharpe Ratio	Perf.	Vola	Max. Verl.
1	ACATIS IfK Value Renten*	2,05	36,54 %	5,34 %	-7,07 %
2	Gold	1,31	84,44 %	18,24 %	-15,22 %
3	Silber	1,12	162,46 %	36,57 %	-38,92 %
4	Bund Future	0,84	20,00 %	6,92 %	-10,78 %
5	Öl	0,72	106,07 %	40,57 %	-30,79 %
6	China Shanghai Index	0,55	48,17 %	25,90 %	-28,73 %
7	Dow Jones	0,35	24,31 %	20,37 %	-27,53 %
8	DAX	0,16	14,38 %	24,66 %	-32,62 %
9	Nikkei	-0,07	-1,80 %	24,16 %	-25,85 %
10	EuroStoxx	-0,21	-12,40 %	27,67 %	-35,28 %
11	EUR USD	-0,29	-5,54 %	10,85 %	-21,28 %

ACATIS IfK Value Renten ist ein Anleihefonds, der in Anleihen unterschiedlicher Art investieren darf und als Vergleichsmaßstab für diese Asset-Klasse dient.

Quelle: Bloomberg, Institut für Kapitalmarkt

In der vorherigen Graphik werden die Schwankungsbreite (Volatilität) sowie der in einer bestimmten Periode angefallene maximale Verlust dargestellt. Dies sind zwei wichtige Bausteine im Depot eines Privatanlegers. Der Kunde nimmt dies gelegentlich nicht mathematisch wahr, doch in seinem persönlichen Empfinden und dem Blick auf sein Depot ist er sehr wohl damit konfrontiert. Die Frage stellt sich für ihn, ob sich das ganze Auf und Ab an den Börsen im Verhältnis zum Ertrag lohnt und ab welchem Verlust er für sich die persönliche Reißleine zieht.

Die risikoadjustierte Wertentwicklung, das sogenannte Sharpe Ratio, ist dem Privatanleger als mathematische Größe wenig bekannt, gleichwohl er es emotional sehr gut versteht. Um dies zu verdeutlichen ein kurzes Beispiel: Zwei Freunde haben jeweils 100.000 € auf dem Konto und unterhalten sich nach einem Jahr wieder und fragen, wie es denn bei dem anderen gelaufen sei. Der eine sagt er hätte Festgeld gemacht und habe jetzt 103.000 € auf dem Konto. Der andere sagt, er hätte in verschiedenen Themen investiert und hätte jetzt 105.000 € auf dem Konto. Zwischen durch war er aber bei 68.000 € und wusste nicht, ob alles gut geht oder nicht und war kurz davor, die Reißleine zu ziehen, d. h. die ganze Position (bspw. DAX -32 %) mit Verlust zu verkaufen. Zusätzlich musste er sich noch die Diskussion von seinem Lebenspartner anhören, ob dies denn alles so richtig sei, was er da so macht.

Der andere Freund hörte sich dies an und war sehr froh und innerlich entspannt, dass er ohne Schwankung (Volatilität) und ohne zwischenzeitliche Verluste die sicheren 103.000 auf dem Konto hat.

Für das Sharpe Ratio, also die risikoadjustierte Wertentwicklung, gilt damit folgender Zusammenhang:

■ Ein negatives Sharpe Ratio sagt aus, dass die Anlageklasse den risikofreien Zins, meist das 3-Monats Festgeld, über einen bestimmten Zeitraum nicht geschlagen hat.

■ Ein Sharpe Ratio zwischen Null und eins sagt aus, dass die Anlageklasse zwar den risikofreien Zins geschlagen hat, aber es sich mit der eingebundenen Schwankung (Volatilität) nicht gelohnt hat, "ins Wasser zu springen".

■ Ein Sharpe Ratio von eins und größer sagt aus, dass der risikofreie Zins geschlagen wurde und es sich zusätzlich für den Anleger gelohnt hat, ins Risiko (Volatilität) zu gehen.

Abbildung 20.1 Die risikoadjustierte Wertentwicklung (Sharpe Ratio) in Ampelfunktion

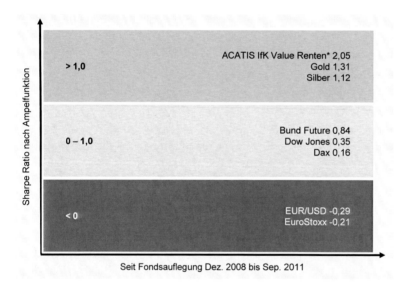

* *ACATIS IfK Value Renten ist ein Anleihefonds, der in Anleihen unterschiedlicher Art investieren darf und als Vergleichsmaßstab für diese Asset-Klasse dient.*

Quelle: Institut für Kapitalmarkt

20.2 Name und Reputation des Emittenten helfen

In der Tat, Bekanntheitsgrad, Branche und "Name Recognition" sind wichtige Elemente bei der Beurteilung einer Mittelstandsanleihe. So sind Emissionen wie Air Berlin und Dürr absolute Zugpferde des Marktes und klingen in den Ohren der Privatanleger mehr als wohlwollend. Weitere Beispiele sind die Klassiker Underberg (Semper Idem) und Valensina, die die Herzen der Privatanleger höher schlagen lassen. Bei den zuletzt genannten Unternehmen gibt es keine gelisteten Aktien an der Börse. Somit hat die Mittelstandsanleihe für den Privatanleger einen besonderen Reiz, da es das einzig ausstehende Kapitalmarktprodukt des Emittenten ist, an dem er sich beteiligen kann.

Optisch meist attraktive Verzinsung

Im Vergleich zu Zinsen auf dem Tages- und Festgeld oder Sparbuch ist eine Mittelstandsanleihe meist mit einer optisch attraktiven Verzinsung ausgestattet. Zwischen 6 % und 10 % ist wie ein Schmankerl für den Privatanleger, zumal der Emittent durch den guten und langjährig bekannten Namen als solide erscheint. Privatanleger assoziieren beispielsweise häufig Immobilien als sichere Anlage und übertragen dies auch auf Anleihen von Immobilienunternehmen. Hier empfiehlt es sich auch für den Privatanleger, die Dinge genau anzuschauen, da das aufgenommene Fremdkapital beispielsweise als Eigenkapital in einer Projektfinanzierung wieder zu finden sein könnte und dadurch indirekt eine möglicherweise ungewünschte Leverage-Finanzierung durch die Anleihe erfolgt.

Nachstehende Abbildung 20.2 zeigt den Zinscoupon einer Anleihe, der inhaltlich in zwei Komponenten aufzuteilen ist:

Abbildung 20.2 Aufteilung des Zinscoupons

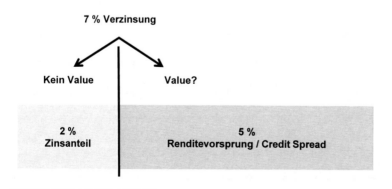

Quelle: Institut für Kapitalmarkt

Kaufwünsche und Zeichnungen sind pflegeleicht aufzugeben

Nach Analyse einer Mittelstandsanleihe und erfolgter innerer Entscheidung heißt es, den Auftrag entsprechend zu erteilen. Die Kauf- oder Zeichnungsorder ist wie bei einer anderen Wertpapierorder über die persönliche Bankverbindung aufzugeben. Bei der Zeichnung einer Mittelstandsanleihe kann dies teilweise sonntagabends geschehen, um am Montag bei der ersten Auktion dabei zu sein. Die Information, ob und zu welcher Quote die Order und Zeichnung ausgeführt wurde, wird dem Kunden unmittelbar online mitgeteilt. Im Gegensatz zur Begebung von traditionellen Anleihen sind hier die Privatanleger besser als die institutionellen Kunden gestellt. Dies ist bemerkenswert und trägt zur Transparenz und damit verbundenen Vertrauen erheblich bei. „Know your client" wird hier – insbesondere im Vergleich zu anderen Asset-Klassen – in geradezu idealer Weise umgesetzt. Vorzeitige Schließungen, Überzeichnungen oder Repartierungen einer Emission werden den Kunden ebenso unmittelbar und zeitnah mitgeteilt. Im Gegensatz zu IPOs bei Aktien stellen sie eine effiziente Art der Abläufe dar. Nach erfolgter Zuteilung können im Anschluss weiter Käufe und Verkäufe getätigt werden. Dies ist in der Regel zwischen 8 und 18 Uhr möglich, gleichwohl Orders von den Banken 24/7 angenommen werden.

Über die Faszination, eine Anleihe zu zeichnen

Im Bereich der Mittelstandsanleihen ist es für Privatanleger und Semi-Professionals erstmalig möglich, ohne teure Ausstattung wie Bloomberg und Netzwerke zu den Investmentbanken direkt und bequem Zeichnungen und Aufträge aufzugeben. Bei der Dürr-Anleihe beispielsweise wusste der Kunde sofort um 9 respektive um 11 Uhr, wie seine Zuteilung zu dem entsprechenden Kurs ausgefallen war. Die einzigen Transaktionskosten sind die individuell ausgehandelten Provisionen der depotführenden Bank. Durch dieses schnelle, effiziente und extrem kundenfreundliche Prozedere entwickelt sich bei dem ein oder anderen Privatanleger eine Faszination zugunsten von Anleihen, im speziellen von Mittelstandsbonds. Dies vermittelt dem Anleger eventuell das Gefühl, dass er ein Trader, ganz nah am Markt und am Puls der Zeit ist. Diese tolle Stimmung verbreitet sich umso mehr, je häufiger und höher die entsprechenden Zeichnungsgewinne sind. Das Anhören einer neuen Emissionsgeschichte und eventuelle Studieren des Prospekts und Research fällt im Anschluss deutlich leichter.

Der Privatanleger ist eine wichtige Säule

Der Privatanleger ist als Investor in den Mittelstandsanleihen eine wichtige Säule. Laut der emissionsbegleitenden Bank Close Brothers Seydler wurden bei den Emissionen von Semper Idem (Underberg) oder Valensina der Großteil der Orders von institutionellen Kunden gezeichnet. Hinter dieser Kundengruppe stecken aber häufig Vermögensverwalter und/oder Asset-Manager, die wiederum für Ihre Kunden und somit wiederum für Privatanleger zeichnen. Ein besonderer Reiz dürfte die räumliche Nähe und Verwurzelung in der Region sein, das einige Privatanleger als Motivation sehen, in diese Anleihen zu investieren.

Börsenplätze, Ort der Ausführung und Handel im Sekundärmarkt

An welcher Börse und an welchem Börsenplatz in Deutschland die Mittelstandsanleihe gehandelt wird ist für den Privatanleger nicht von entscheidender Bedeutung. Alle Börsen bewegen sich in exzellenter und besonderer Weise auf den Anleger zu, so dass hier von einem effizienten Markt zugunsten der Privatanleger gesprochen werden kann. Ausländische Börsen sind aufgrund des Segments der Mittelstandsanleihen als Wettbewerber nicht vorhanden und auch nicht zu erwarten. Dies dürfte auch für die Börsenplätze in Zürich, Basel oder Luxemburg gelten. Bei der Begebung von Mittelstandsanleihen bleiben Banken außen vor, d. h. die üblichen Provisionserträge der Emission werden seitens des Emittenten eingespart. Ob dies langfristig wirklich gut ist, bleibt abzuwarten, da möglicherweise hier am falschen Ende gespart wurde, d. h. der Privatanleger würde sich sehr gerne eine Pflege des Zweitmarkts durch eine Emissionsbank wünschen.

Da es bei Mittelstandsanleihen keine Lead-Manager im klassischen Sinne gibt, werden kaum Kurse an der Börse und am Zweitmarkt gepflegt und stehen auch bei den Trading- und Sales-Abteilungen der Investmentbanken nicht auf dem Radarschirm. Besonders fällt dieses Manko der fehlenden Betreuerbanken auf, wenn Mittelstandsanleihen unter 100 handeln. Auch für den Privatanleger ist es langfristig von Bedeutung wenn die Zeit eines möglichen Defaults oder Liquiditätsengpasses des Emittenten kommt, denn dann wird sich die Bank sehr genau erinnern, mit welchem Kunden Provisionserträge generiert wurden. Banken haben hinsichtlich dieses Themas gelegentlich ein Elefantengedächtnis.

Tabelle 20.3   Liquidität im Handelsüberblick einer 2011 begebenen Air Berlin-Anleihe

PCS	Firm Name	Bid PX	Ask PX	Bid Yld	Ask Yld	BSz(M)	ASz(M)
CBBT	FIT COMPOSITE	71.500	73.667	15.220	14.576	1000	1000
GERM	+GERMAN EXCHANGE	70.000	73.000	15.681	14.772		20
DZBK	DZ Bank	75.500	85.500	14.050	11.435		
HMBG	HAMBURG EXCHANGE	70.000	74.000	15.681	14.480		50
GERM	+GERMAN EXCHANGE	70.000	73.000	15.681	14.772		20
EXCH	EXCHANGE TRADED	70.250	71.500	15.603	15.220	12	15
STGT	STUTTGART EXCHANGE	70.250	71.500	15.603	15.220	12	15
DUSS	DUSSELDORF EXCHANGE	70.000	73.000	15.681	14.772		20
BRLN	BERLIN EXCHANGE	70.000	72.000	15.681	15.070		10
MNCH	MUNICH EXCHANGE	70.000	74.050	15.681	14.465		
HNVR	HANOVER EXCHANGE	70.000	74.000	15.681	14.480		50
FRNK	FRANKFURT EXCH	70.000	74.000	15.681	14.480		50
XETB	XETRA BONDS	70.00	74.00	15.681	14.480		50
TRDG	TRADE GATE	70.250	71.500	15.603	15.220	10	10

Quelle: Bloomberg, Institut für Kapitalmarkt

Vorstehend die (nicht vorhandene) Liquidität einer Air Berlin Mittelstandsanleihe. Es ist gut zu erkennen, dass die Banken, die bei der Emission nicht berücksichtigt wurden, auch keine Aktivität auf dem Sekundärmarkt (Secondary Market) zeigen.

Als ergänzendes Beispiel ist eine Bertelsmann Anleihe, die bereits 2006 begeben wurde, aufgeführt. Diese wird im Zweitmarkt durch diverse Investment- und Konsortialbanken auch nach mehr als fünf Jahren nach Begebung der Emission analysiert, gehandelt und gepflegt. Auch hier gibt es Ineffizienzen, gleichwohl bei deutlich höherer Liquidität. Dies verringert die Transaktionskosten der Investoren und ist ein zusätzlicher Vorteil für den Privatanleger.

Tabelle 20.4   Liquidität im Handelsüberblick einer 2006 begebenen Bertelsmann-Anleihe

PCS	Firm Name	Bid PX	Ask PX	Bid Spd	Ask Spd	BSz(M)	ASz(M)
CBBT	FIT COMPOSITE	105.184	105.379	240.9	237.1	1000	1000
BVAL	BVAL (Score: 10)	105.145	105.629	236.6	226.5		
GERM	+GERMAN EXCHANGE	104.640	106.000	247.6	218.5	20	50
CACB	CREDIT AGRICOLE CIB.	104.889	105.388	242.3	231.7	1000	1000
HEXI	LANDESBANK HESSEN	104.828	105.828	243.5	222.2	1000	1000
CSEZ	CS ZURICH CREDIT	104.760	105.761	245.2	223.8	1000	1000
KBCP	KBC BK BELGIUM	105.042	105.392	239.0	231.7	1000	132
HVBT	HVB ETRADE	104.756	105.716	245.1	224.6	500	500
DEKA	DEKABANK	104.737	105.487	245.6	229.7	212	250
UBSZ	UBS INVESTMENT BK	104.611		248.2		1000	
INGN	ING AMSTERDAM-CRED	105.040	105.390	239.2	231.9	500	500
ZKB	ZURCHER KANTNALB	105.000	105.720	239.8	224.6	500	500
WLB	WESTLB CAPITAL MKTS	105.145	105.545	236.6	228.3	1000	1000
DZBK	DZ BANK	104.929	105.329	241.5	233.1		

Quelle: Bloomberg, Institut für Kapitalmarkt

Liquidität und Minimumstückelung

Wie bereits erwähnt, bewegen sich Emittenten sowie der gesamte Bereich der Mittelstandsanleihen auf den Endkunden und Privatanleger zu. So liegt die Mindeststückelung in der Regel bei 1.000 €. Bei anderen Emittenten, die ebenso bei Privatanlegern beliebt sind, gibt es Minimumstückelungen von 50.000 €. Dies ist beispielsweise bei Anleihen von Fresenius, Heidelberger Zement und Otto der Fall; bei der sehr renommierten und bestens bekannten Hapag Lloyd liegt die Mindeststückelung gar bei gar 100.000 €. Dies wurde bewusst bei den Mittelstandsanleihen erkannt und vermieden. Daher trägt die Stückelung in 1.000er Abschnitten erheblich zur Attraktivität von Mittelstandsanleihen bei.

Ein zusätzlicher Aspekt der Liquidität ist die Handelbarkeit an den Börsen, das sogenannte Secondary- oder Zweitmarktgeschäft. Zu den Transaktionskosten ist der sogenannte Spread der Banken oder Market-Maker zwischen An- und Verkaufskurs einzubeziehen. Da Anleihen nicht immer bis zur Endfälligkeit gehalten werden und die Depotbewertung der Bank zum aktuell möglichen Ankaufskurs (Geldkurs) erfolgt, spielt der gehandelte Spread ebenso eine nicht unwesentliche Rolle. Je geringer der Spread zwischen An- und Verkaufskurs, desto effizienter der Markt und desto besser für die Anleger. Im Verhältnis zu anderen Marktsegmenten ist bei Mittelstandsanleihen aufgrund der bisher gemachten Erfahrungen von einem etwas höheren Spread auszugehen.

Schwankungsbreite, Volatilität sowie risikoadjustierte Rendite (Sharpe Ratio)

Wie wir alle wissen, ist der Mensch, ob institutioneller Anleger oder Privatkunde, nicht für Unsicherheit geschaffen. Häufige Änderungen und Schwankungen im privaten und geschäftlichen Bereich, aber auch im finanztechnischen Sinne, hier Volatilität genannt, sind nicht gewünscht. Daher ist die zu erwartende Schwankungsbreite (Volatilität) im Segment Mittelstandsanleihen ein Teilaspekt, der zu beleuchten ist.

Abbildung 20.3   Ausstehende Anleihen, Risikoaufschläge incl. Credit Default Swaps

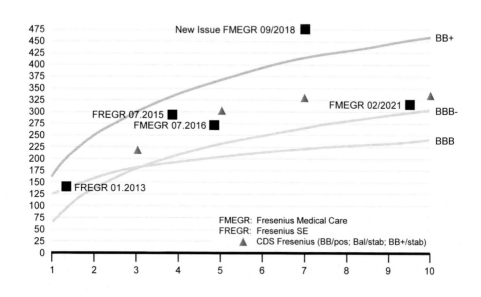

Quelle: Bloomberg, Institut für Kapitalmarkt

Erfahrungsgemäß haben Aktienmärkte eine Volatilität zwischen 20 % und 25 %, traditionelle Anleihemärkte dagegen zwischen 5 % und 10 %. Da das unternehmerische Risiko bei Mittelstandsanleihen eine größere Rolle spielt, werden die zu erwartenden Schwankungen etwas höher liegen. Es ist eher davon auszugehen, dass diese sich in Richtung der oberen Range bewegen, in Ausnahmefällen auch deutlich darüber. Dieser Aspekt wird gelegentlich bei der Anlage unterschätzt, da meist Risiken unterschätzt werden und verständlicherweise die positiven Argumente bei den Vertriebseinheiten und somit auch Privatanlegern überwiegen.

Absicherung durch Credit Default Swaps

Trotz aller inhaltlichen Unkenntnis in manchen Teilen der Politik und Wirtschaft tragen CDS (Credit Default Swaps) zur Verbesserung der Liquidität der Anleihen bei. Eine Zentralbank in Asien oder ein großer Asset-Manager fragt sich sehr genau bei der Bewertung eines Marktes, ob es dafür auch Absicherungsinstrumente für den Anleger gibt. Falls dies nicht der Fall ist, verlangt der Anleger dafür eine zusätzliche Liquiditätsprämie. Auch wenn ein Privatanleger oder Emittent die CDS nicht unmittelbar nutzt, ist ein potentieller Käufer bspw. Market-Maker oder Bank daran interessiert, seine eingekaufte Position absichern zu können. Falls eine Absicherung über CDS nicht möglich ist, ist von der ankaufenden Bank ein Kreditbeschluss durch den Vorstand nötig, um entsprechende Risikolimite einzurichten. Dies erklärt zum Teil, dass die Banken während der Phasen von systematischen Krisen teilweise nur sehr defensive Ankaufskurse stellen. Bei Mittelstandsanleihen besteht eine Absicherung nicht. Daher sollte dies auch für Privatanleger in die Anlageüberlegungen mit einbezogen werden.

20.3   Einfacher Marktüberblick für den Privatanleger

Bei der Bewertung und Entscheidung zugunsten einer speziellen Anleihe ist es für den Privatanleger hilfreich, einen Überblick der Mittelstandsanleihen zu erhalten. Die verschiedenen Regionalbörsen bieten mit ihren regelmäßigen Updates auf ihren Internetseiten eine sehr gute Voraussetzung und Service dafür an. Neben der Spezifikation der Anleihe stehen aktuelle An- und Verkaufskurse, Renditeberechnungen sowie Ratings zur Verfügung. Die Dokumentation der Anleihe, der sogenannte Emissionsprospekt, ist ebenso durch einfachen Download zugänglich und erhältlich. Hier kann von einem sehr guten Informationszugang, ja vorbildlichen Service gegenüber dem Privatanleger gesprochen werden.

Investor Relations für Bondholder

Für den Privatanleger ist es nahezu ausgeschlossen, in das sogenannte Pre-Sounding für das Pricing im Vorfeld einer Emission eingebunden zu sein. Dies gilt ebenso für den Besuch der sogenannten Roadshows, bei denen sich üblicherweise der Vorstand, CEO und/oder CFO der Gesellschaft präsentieren. Eventuelle visuelle Mitschnitte der Roadshow sowie

Präsentationen sind indes häufig einsehbar, so dass der Privatanleger hier ebenso sehr gute Informationen erhalten kann. Die begleitenden Institutionen, Berater und Consultants sowie Ratingagenturen erstellen zusätzlich Researchberichte, die meist recht fundiert und umfangreich sind.

Die Möglichkeit, sich Geld am freien Kapitalmarkt zu beschaffen, hat für den Mittelständler interne und externe Konsequenzen. Eine Investor Relations-Abteilung besteht in der Regel nicht. Unter Umständen ist es kostengünstiger, diese auszulagern. Dafür gibt es gut aufgestellte Unternehmen, die sich dieser Problematik annehmen und sehr gute Arbeit gegenüber den Aktionären und Bondholdern leisten. Bei börsennotierten Gesellschaften bestehen Investor Relations-Abteilungen, die im Wesentlichen auf Fragen und Bedürfnisse der Aktionäre ausgerichtet sind. Ein zunehmender Trend ist, dass Investor Relations für Bondholder ausgebaut wird. Dies wird von den Bondholdern geschätzt, da die Fragen im Gegensatz zu den Aktionären sehr unterschiedlich sind. So geht es für den Bondholder weniger um Expansionsdrang durch Merger & Acquisitions, als um den Leverage der Firma, der Stabilität und Robustheit des Cashflows und der Philosophie, wie die Kräfte zwischen Aktionären und Bondholdern auf der Bilanz wirken.

Um es einfacher auszudrücken: Eine kurzfristig gute Equity Story muss nicht notwendigerweise eine attraktive und solide Bond und Credit Story sein.

Abbildung 20.4   Bausteine eines Bewertungs- und Scoring-Modells

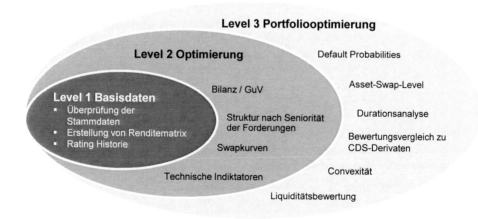

Quelle: Institut für Kapitalmarkt

Ist der Emissionsprospekt für den Privatanleger geeignet?

Der Emissionsprospekt ist eine wichtige Grundlage der Dokumentation bei der Begebung einer Mittelstandsanleihe. Wichtig ist zu wissen, dass die BaFin den Prospekt auf Vollständigkeit, juristische Bausteine und Formalien prüft. Eine wirtschaftliche Bewertung des Emittenten, der Nachhaltigkeit des geschäftlichen Erfolgs oder gar die Bewertung einer Ausfallwahrscheinlichkeit findet jedoch nicht statt. Wie bereits erwähnt gibt es dazu in der Regel ergänzendes und umfangreiches Research. Das Credit Research der Investmentbanken ist bei traditionellen Anleihen in englischer Sprache verfasst. Bei Mittelstandsanleihen bewegt man sich auf den Kunden und Anleger zu, d. h. das Research wird in deutscher Sprache verfasst. Dies wird von einem großen Teil der Anleger positiv geschätzt. Vor dem Kauf einer Mittelstandsanleihe sollte die Analyse und die Bewertung des Research stehen.

Ist Rating gleich Rating?

Von den weltweit ca. 100 existierenden Ratingagenturen haben es bisher drei zu internationalem Renommee und globaler Akzeptanz bei Institutionellen und Privatanlegern geschafft. Diese haben eine teilweise 100-jährige Tradition, die schwere wirtschaftliche und politische Krisenzeiten überstanden haben. So wurden Moody's 1909, Fitch 1913 und Standard & Poor's 1941 gegründet. Der aktuell teilweise zu Recht spürbare Gegenwind ist somit nichts Neues und Ungewohntes für diese Agenturen. Wir sind froh, dass es Ratingagenturen gibt, denn eine der ersten Fragen der Ratingkritiker bei Neuemission von unbekannten Unternehmen ist üblicherweise die nach dem Rating der Emittentin bzw. der Anleihe.

Die Idee, eine europäische Ratingagentur zu etablieren, reicht in Deutschland bis in die 80er Jahre des vergangenen Jahrhunderts zurück. Auf Initiative der Deutschen Bank sollte eine Ratingagentur europäischen Zuschnitts unter dem Dach des Medienkonzerns Bertelsmann gegründet werden. Leider gab es wenig politische Unterstützung, so dass das Projekt letztlich im Sande verlief. Ob es diesmal mit einer europäischen Umsetzung klappt, bleibt abzuwarten. Einige Nischenplayer, die national gute Reputation genießen, sind auf einem guten Wege, die Lücke erfolgreich zu schließen. Aus unserer Sicht ist Creditreform die meist genannte Agentur im Bereich der Mittelstandsanleihen. Seitens der institutionellen Anleger, insbesondere der ausländischen, gibt es weiterhin unterschiedliche Einschätzung zwischen den traditionell drei großen und den aufstrebenden Agenturen. Dies wird sich auch in naher Zukunft nicht ändern, da das Bewertungsschema und die Analyse sich unterscheiden. So entspricht aus Sicht der Investoren ein Rating im Investment Grade-Bereich einer Ratingagentur nicht automatisch einem Investment Grade-Rating einer anderen. Dies sollten auch Privatanleger beachten, in ihrer Argumentationskette aufnehmen und gegebenenfalls individuelle Adjustierungen vornehmen.

Die Skalierung der berühmten Buchstabenreihen, beginnend mit AAA, ist hingegen bei allen Agenturen ähnlich, gleichwohl die drei bekannten Agenturen unverändert eine Vorreiterrolle einnehmen. Seitens der institutionellen Anleger ist es nahezu unmöglich, auf die Bewertung durch Dritte zu verzichten und ungeratete Anleihen zu erwerben. Einige wenige Ausnahmen sind Fraport und bis vor wenigen Jahren Porsche, die auf exzellente Markennamen und Bekanntheitswerte setzen können. Bei Privatanlegern ist ein fehlendes Rating dagegen nicht ganz so essentiell. Daher gibt es eine Nische für eher national agierende Agenturen, die auf dem besten Wege sind, diese entsprechend zu nutzen. Bestrebungen seitens der drei großen Agenturen, Mittelstandsanleihen zu bewerten, gibt es aus unserer Sicht aktuell nicht. Auf der traditionellen Bloomberg-Seite einer Anleihebeschreibung sind die Bewertungen der neueren Agenturen bisher nicht zu finden.

Betrachtung aus der Sicht des Risikomanagers

Privatanleger schätzen meist den attraktiven Coupon der Anleihe, den Namen und die Produkte des Unternehmens sowie das zugrunde liegende Geschäftsmodell. Ob bspw. der Privatanleger als Bondholder in einer Holdingkonstruktion unmittelbaren Zugriff auf die Cashflows der Tochtergesellschaften hat, wird eher selten berücksichtigt. Auch das Verhältnis Umsatz des Unternehmens zum Emissionsvolumen der Anleihe sollte in Betracht gezogen werden. Es gibt tatsächlich Anleiheemissionen, die größer als der Umsatz des Unternehmens sind. Hier kann die Empfehlung nur heißen, entsprechend defensiv bei der Zeichnungsphase aufgestellt zu sein. Wie wir vom Interview mit René Parmantier, Vorstand von Close Brothers Seydler Bank entnehmen, wurden seitens der Bank mehr Emissionen abgelehnt als tatsächlich an den Markt gebracht. Dies spricht für die Professionalität des Hauses, den Verzicht auf kurzfristige Profitmaximierung sowie die langfristige Ausrichtung des Unternehmens.

Vergleich zu anderen Asset-Klassen im Anleiheuniversum

Bei der Einschätzung von Mittelstandsanleihen ist sich der Kapitalmarkt noch nicht ganz schlüssig wie dieser Teilbereich zu anderen Asset-Klassen innerhalb des Rentenuniversums, bspw. den bisher üblichen und bekannten Unternehmensanleihen, Emerging Markets-Bonds, Hybridanleihen oder klassischen High Yields einzuschätzen ist. Aus unserer Sicht hat eine Mittelstandsanleihe aufgrund der unternehmerischen Nähe des Produkts eine erhöhte Korrelation zur Aktie, auch wenn das Unternehmen nicht notwendigerweise an der Börse notiert sein muss. Die Verzinsung, die ein Anleger fordert, sollte sich daher in Richtung Mezzanine, also einer Mischform zwischen Eigen- und Fremdkapital bewegen. Die am Anleihemarkt vorhandenen Produkte, die eine Indikation mit einem aussagefähigen Volumen bieten könnten, sind im Wesentlichen die Hybridanleihen. Diese wiederum rentieren deutlich über den vergleichbaren normalen Anleihen, den sogenannten "Senior unsecured Debt-Anleihen" des Emittenten.

Abbildung 20.5   Renditeabstände in Abhängigkeit von Rating: BBB zu BBB- und BBB- zu BB+

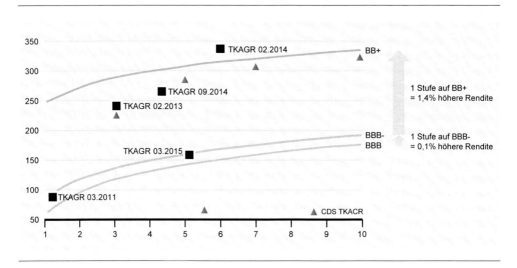

Quelle: Bloomberg, LBBW Credit Research, Institut für Kapitalmarkt

Wie in der vorstehenden Abbildung 20.5 ersichtlich, sind die Renditeunterschiede von Ratingstufe zu Ratingstufe weder linear noch systematisch. Der größte Sprung findet zwischen BBB- und BB+ statt, d. h. an der Grenze zwischen dem sogenanntem Investment Grade und Non-Investment Grade. Dies sollte bei der Bewertung und Einschätzung einer Mittelstandsanleihe durch den Privatanleger bekannt sein und entsprechend in die Kaufeinscheidung einfließen.

20.4   Die wirkliche Bewährungsprobe steht noch aus

Der Markt der Mittelstandsanleihen ist bekanntermaßen noch recht jung. Die in den vorhergehenden Kapiteln beschriebenen Analysen lassen eine ernsthafte langfristige Aussage noch nicht zu. Es spricht für die Innovationskraft der emissionsbegleitenden Institute, dass der Markt der Mittelstandsanleihen sich auf der Emissionsseite bisher prächtig entwickelt hat. Die wirkliche Bewährungsprobe bei stürmischer See, vor allem im Sekundärmarkt, steht noch aus. Hier sehen wir Risiken auf dem Radarschirm, die von den Marktteilnehmern frühzeitig ernst genommen werden sollten.

Ja, es gibt sehr gute Gründe, sich die eine oder andere Mittelstandsanleihe genauer anzuschauen, da die Anleihen mit optisch hohen Coupons ausgestattet sind, die dem Anleger eine attraktive Zinszahlung versprechen. Wenn das Unternehmen zusätzlich bestens bekannt ist, einen guten Markennamen hat sowie der Sitz der Gesellschaft in einer Region ist, die man viele Jahre kennt, fällt es dem Privatanleger nicht schwer, eine Mittelstandsanleihe zu zeichnen. Der Anteil im Depot sollte nur einen eher ergänzenden Teil der Beimischung darstellen und in keinem Fall ein Viertel übersteigen. Es ist von essentieller Bedeutung, unabhängig von den sich neu in diesem Bereich engagierten Ratingagenturen, eine eigene Analyse und Meinung zu den Zahlen des Unternehmens zu bilden. Ein Rating kann nur ein Leitindikator sein. Die Liquidität der Anleihen kann in schwierigen Börsenphasen nur eingeschränkt zur Verfügung stehen. Daher sollte dies in den Renditeüberlegungen und Erwartungen mit einbezogen werden. Bei nicht an der Börse notierten Emittenten sollte seitens des Privatanlegers eine zusätzliche Prämie für die geringere Transparenz eingefordert werden. Bei näherer Betrachtung stellt man fest, dass es bei den Mittelstandsanleihen einer fundierten (Credit-) Analyse des Unternehmens bedarf. Dies als Privatanleger in die eigenen Hände zu nehmen ist möglich, gleichwohl kann dies im Zweifel zeitlich sehr aufwendig sein. Diese Verantwortung an einen Fondsmanager für eine jährliche Fee von ca. 1,0 % bis 1,5 % outzusourcen, erscheint bei näherer Betrachtung sinnvoll. Dabei wird das in einem Privatdepot häufig vorhandene systematische Klumpenrisiko eliminiert. Gleichzeitig wird aufgrund der Vielzahl von Einzeltiteln, Branchen, Laufzeiten und Bonitäten im Fonds eine gewünschte und vernünftige Diversifikation erzielt. Mittelstandsanleihen können somit im Einzelfall als ergänzende Asset-Klasse im Anleiheuniversum angesehen werden, die einen Zugang über eine Fondslösung sinnvoll erscheinen lassen.

Literatur

[1] Wilhelm M. (2011): Wenn Rentenpapiere spannend werden, Institutional Money vom 11.10.2011
[2] Wilhelm M. (2011): Altersvorsorge – der kühle Charme der Kalkulierbarkeit, Handelsblatt vom 4.10.2011
[3] Wilhelm M. (2011): Mit Henkel & Linde die Rendite optimieren, Handelsblatt vom 31.8.2011
[4] Wilhelm M. (2011): Rentenhändler mit Liebe fürs Detail, Börse Online 9.6.2011
[5] Wilhelm M. (2011): Top Fonds, Euro am Sonntag vom 5.6.2011
[6] Wilhelm M. (2011): Renaissance der Anleihe, Handelsblatt vom 18.4.2011
[7] Wilhelm M. (2011): Fonds der Woche, Börse am Sonntag vom 16.1.2011
[8] Wilhelm M. (2011): Renditeperlen für Stiftungen, Zur Pflege des Stiftungsvermögens 15.1.2011
[9] Wilhelm M. (2010): Anleger Akademie, Handelsblatt vom 29.10.2010
[10] Wilhelm M. (2010): Musterdepot, Euro am Sonntag vom 08.08.2010
[11] Wilhelm M. (2010): Private Geldanlage, Handelsblatt vom 26.04.2010
[12] Wilhelm M. (2010: Vorsprung durch Renditeperlen,) Focus Money 12/2010
[13] Wilhelm M. (2010): Nr. 5 von 147 – Bewertung Anleihefonds, Handelsblatt vom 11.2.2010
[14] Wilhelm M. (2010): Solide Anleihe? Griechenland nein – Henkel ja, Handelsblatt vom 25.1.2010
[15] Wilhelm M. (2010): Bewertung durch Dritte, Der Fonds Analyst 25.1.2010
[16] Wilhelm M. (2009) Börse Hamburg, Geld & Brief 11/2009: Ruhiger schlafen mit Anleihen
[17] Wilhelm M. (2009): So handeln die Profis jetzt, Euro am Sonntag vom 06.06.2009
[18] Wilhelm M. (2009): Musterdepot, Euro an Sonntag 13.6.2009
[19] Wilhelm M. (2009): Sicher, weil zinsorientiert, Focus Money 8.6.2009
[20] Wilhelm M. (2008): Stop-and-go am Anleihenmarkt, Financial Times vom 19.12.2008
[21] Wilhelm M. (2008): Firmen zahlen satte Zinsen, Handelsblatt vom 22.6.2008
[22] Wilhelm M. (2008): Anleiheinvestoren profitieren, Handelsblatt vom 18.3.2008
[23] Wilhelm M. (2007): Wie schlecht sind Zertifikate wirklich?, Euro am Sonntag vom 2.9.2007
[24] Wilhelm M. (2007): Asset Allocation sowie Engagement Silber, Euro am Sonntag vom 12.8.2007

Teil 4
Erfahrungsberichte mit Mittelstandsanleihen

21 Mittelstandsanleihen aus der Sicht eines Wirtschaftsjournalisten

Udo Rettberg (Handelsblatt)

21.1 Mittelstandsanleihen - Katalysator für Innovation und Kreativität

Ideenreichtum und unternehmerisches Durchsetzungsvermögen sind wichtige Eckpfeiler ökonomischen Erfolgs. Mit solchen Eigenschaften konnte sich in der Vergangenheit vor allem der deutsche Mittelstand schmücken. Kleinere und mittelständische Unternehmen (KMU) haben vom Wirtschaftsstandort Deutschland aus unzählige Ideen in innovative Produkte und Dienstleistungen umgesetzt, damit den Weltmarkt erobert und Deutschland zu einer der erfolgreichsten Volkswirtschaft auf dem Globus überhaupt gemacht. Auf der Suche nach den zahlreichen Gründen für diese beispiellose Erfolgsstory wird der Betrachter rasch fündig.

Der Faktor Mensch steht im Mittelstand an erster Stelle, wie aus mehreren Umfragen hervorgeht[1]. Mittelständische Unternehmen pflegen allgemein einen sehr intensiven Kontakt zu ihren Mitarbeitern, was letztlich auch zu einer erfreulichen Wechselwirkung – nämlich einer höherer Schaffensbereitschaft auf Seiten der Arbeitnehmer – führt. Der Mittelstand und das Unternehmertum in Deutschland haben sich in den vergangenen Jahrzehnten auch dadurch ein Denkmal gesetzt, dass die Höhen und Tiefen der Konjunkturzyklen durch Weitsicht, Flexibilität und Risikobereitschaft erfolgreich gemeistert wurden.

Als Herzstück der Marktwirtschaft und Nukleus für Wohlstand und Wachstum haben die rund 4,5 Millionen kleinen und mittleren Unternehmen einen riesigen Anteil am Erfolg des „Wirtschaftsmusterlandes Deutschland". Auch während der zuletzt tobenden Weltwirtschaftskrise hat sich der Mittelstand als stabiler und widerstandsfähiger Fels in der Brandung erwiesen. Die nackten Zahlen sind beeindruckend: In Deutschland stellen KMU 70 % aller Arbeitsplätze und 83 % aller Ausbildungsplätze. Und immerhin erarbeitet der Mittelstand mehr als 47 % der Nettowertschöpfung der deutschen Volkswirtschaft. Doch das Fundament dieser einzigartigen Erfolgsstory gerät ins Wanken. Ursache ist unter anderem ein grundsätzlicher Mangel an Kapital.

Da sich ohne Kapital bekanntlich kaum Wachstum generieren lässt, ist der einfache Zugang zu Finanzierungen für den Mittelstand überlebenswichtig. So hatten es die Unternehmen zuletzt auch deshalb nicht immer leicht, sich das für Wachstum notwendige Eigen- oder Fremdkapital zu beschaffen, weil regionalen Vertretungen und Repräsentanzen von Ban-

---

[1]   Vgl. z. B. Weissmann A. (2011) S. 174.

ken von ihren Zentralen über einen langen Zeitraum hinweg eine erhöhte „Wachsamkeit" und „Risikoscheu" bei der Kreditvergabe verordnet worden war. Wie wichtig stabile und verlässliche Finanzierungsquellen jedoch für Wirtschaftsunternehmen sind, hat sich während der letzten Krise erneut gezeigt.

21.1.1   Risikoaversion der Banken

Mittelständler beklagen in diesem Kontext einen grundsätzlichen Mangel an Nähe auf Seiten der Banken. Auch eine viel zu geringe Berücksichtigung regionaler Aspekte durch die Bankzentralen wird dabei beklagt. Banker vor Ort, so die von Mittelstandsverbänden oftmals zu hörende Forderung, sollten mit mehr Entscheidungsbefugnissen in Sachen Kreditvergabe ausgestattet werden.

Doch der Mittelstand erweist sich auch in dieser Finanzierungs-Frage wieder einmal als ideenreich und erfinderisch. Denn gemeinsam mit den deutschen Wertpapierbörsen machen kreative Unternehmen und findige Unternehmer jetzt erneut von sich reden – praktisch gezwungenermaßen. In einer Zeit, in der auf der einen Seite öffentliche Fördermittel knapper werden und auf der anderen Seite arg in der Bredouille befindliche Geschäftsbanken bei der Kreditvergabe starke Zurückhaltung an den Tag legen, haben Mittelständler gemeinsam mit deutschen Wertpapierbörsen einem bisher nur unzureichend genutzten Weg zur Finanzierung künftigen Wachstums neue Impulse verliehen.

Klar: Anleihen für mittelständische Unternehmen hat es auch in der Vergangenheit bereits gegeben, doch im vergangenen Jahrzehnt waren Banken – auch aus Kostengründen – nicht mehr wirklich bereit, Anleihen mit kleineren Emissionsbeträgen von unter 100 Mio. € am Kapitalmarkt zu platzieren. Einige Großbanken setzten das Limit für die Emissionshöhe sogar auf 250 Mio. €. „Alles andere ist zu teuer", hieß es in den Emissionsabteilungen der Banken zur Begründung.

Die Stuttgarter Börse hat dies recht früh erkannt und als Vorreiter für andere Börsen einen Bereich für Mittelstandsanleihen (Bondm) aufgebaut. Die auf fast allen Seiten sehr hohe Akzeptanz dieses speziellen Marktsegments ist ein eindeutiger Beweis dafür, dass alle Beteiligten – Unternehmer, Börsen und Anleger – ein Bedürfnis erkannten und die Marktlücke erfolgreich schlossen. Hierin ist auch ein weiterer Beweis für die Innovationsfähigkeit mittelständischen Unternehmergeistes zu sehen. Dass der seit Jahrzehnten blühende deutsche Mittelstand auf der Suche nach neuen Kapitalquellen an den Wertpapierbörsen fündig geworden ist, hat für zahlreiche Schlagzeilen nicht nur in der Wirtschaftspresse und in Fachpublikationen, sondern auch in regionalen Medien gesorgt. Die Vertreter der Presse überschlagen sich nach anfänglicher Skepsis heute in der Regel mit positiven Kommentaren. Doch dieser Markt kann nicht für sich allein betrachtet werden. Er ist ein Teil – zugegeben bisher ein winziger Teil – des internationalen Kapitalmarktes und unterliegt dessen Einflüssen. Dass weltweit eine Schuldenkrise historischen Ausmaßes tobt, die die meisten Betrachter auf dem völlig falschen Fuß erwischt hat, ist für dieses neue Marktsegment nicht gerade hilfreich.

In einer Zeit, in der in den Industrieländern seit längerem versucht wird, die durch den Faktor Kredit bewirkte globale Wirtschaftskrise mit einer vielfachen Hebelung dieses die Krise auslösenden Faktors in den Griff zu bekommen, sind solche innovativen Finanzierungslösungen wie der Markt für Mittelstandsanleihen eine durchaus interessante Ergänzung des vorhandenen Instrumentariums.

21.1.2   Markt und Zins

Erschwerend kommt hinzu, dass die Funktion der Anleihenmärkte durch das Eingreifen von Regierungen und Notenbanken in den vergangenen Jahren außer Kraft gesetzt wurde. Und dass neue multinationale Einrichtungen wie der ESFS oder bewährte supranationale Institute wie der Internationale Währungsfonds als Finanzierer und Retter des Systems in die Bresche springen, macht die Analyse der aktuellen und die Prognose der künftigen Situation nicht gerade einfacher.

Heute wird der Begriff Anleihenmarkt in einer völlig anderen Art und Weise definiert als noch vor einigen Jahren. Dies gilt vor allem für das wichtigste Bondmarkt-Segment, die globalen Märkte für Staatsanleihen. „Die Notenbanken sind der Bondmarkt", heißt es daher bei kritischen Beobachtern. Längst haben die freien Kräfte des Marktes ausgespielt. Das Niveau der Kapitalmarktzinsen wird in den Industrieländern durch Tricks und Täuschungen von Regierungen und Notenbanken künstlich auf einem niedrigen Niveau gehalten.

Sowohl in den USA als auch in Europa sind die Notenbanken längst zum größten Käufer von Staatsanleihen geworden. Die Europäische Zentralbank (EZB) hat bisher dem Druck der Politiker Stand halten können, neu emittierte Staatsanleihen europäischer Staaten aufzukaufen – also praktisch Geld zu drucken. Allein die Tatsache, dass die EZB jedoch durch den Erwerb von am Sekundärmarkt ausstehenden Staatsanleihen ihre Bilanz-Relationen in erheblichem Maße verschlechtert hat, stellt ein vom Markt bislang stark unterschätztes Risiko dar.

Und so wird schon längst nicht mehr ausgeschlossen, dass die Renditen 10-jähriger Staatsanleihen in Europa und in den USA „japanische Verhältnisse" erreichen können. Bekanntlich waren die zehnjährigen Yen-Renditen vor Jahren unter die Marke von 0,5 % gefallen. Das „Land der aufgehenden Sonne" wurde nicht zuletzt durch das Platzen der Immobilienblase und eine tiefe Schuldenkrise in eine tiefe Rezession gerissen und sprach später selbst von einer „verlorenen Dekade". Bei schonungsloser und offener Analyse droht auch Europa und den USA ohne durchgreifende schmerzhafte Maßnahmen eine ähnliche Entwicklung.

Denn jedermann sollte wissen: Dort, wo die Erlöse aus neu emittierten Staatsanleihen nur noch für die Zins- und Tilgungsleistungen existierender Staatspapiere eingesetzt werden, liegt ein Systembruch vor. Die Staatsschulden in den meisten Industrieländern verharren seit Jahren auf hohem Niveau oder steigen im negativen Fall sogar weiter an. In schwachen konjunkturellen Zeiten wird dem Staat damit also die Chance genommen, fiskalpolitische Anreize zu setzen.

Was noch bedenklicher ist: Kaum einer scheint eine Lösung der Problematik zu kennen, weil die meisten Regierungen nicht mit offenen Karten spielen und kommenden Generationen eine ungeheure Last aufbürden. Schuldenschnitte und Schulden-Restrukturierungen werden von den die Karte Zeit ziehenden Politikern nämlich kategorisch abgelehnt, obwohl vieles dafür spricht, dass es letztlich keine wirklichen Alternativen für „Haircuts" zahlreicher Staaten im Euro-Raum gibt.

Es sei denn, die VR China zeigt sich bereit, ihre gigantischen Überschüsse in Europa zu investieren und ihre bisher vor allem auf den Dollar-Raum konzentrierten Investments zu diversifizieren. Eine solche Initiative der politischen Entscheidungsträger in Peking wird es nach menschlichem Ermessen allerdings nur dann geben, wenn ihnen Europa mehr Rechte und Freiheiten einräumt und die Ausgestaltungs-Spielräume ihrer Engagements erhöht. An dieser Bereitschaft mangelt es in Europa jedoch bisher noch.

Dass nicht nur Private Equity-Firmen in den USA, sondern auch große Akteure der noch immer boomenden chinesischen Volkswirtschaft großes Interesse daran zeigen, sich an kleineren und mittleren deutschen Unternehmen zu beteiligen, ist bekannt, stößt dort jedoch nicht immer auf einen fruchtbaren Boden.

21.1.3   Chancen für den Mittelstand

Das Ansinnen mittelständischer Gesellschaften, Eigen- oder Fremdkapital aufzunehmen, ist einfacher formuliert als in die Realität umgesetzt. Kleinere und mittlere Gesellschaften treffen bei der Beschaffung von Eigenkapital über die Aktienbörsen wegen der fragilen Börsensituation vor allem auf psychologische Hindernisse. Damit sind die Banken auch wegen der, das Bankgeschäft grundsätzlich verteuernden Basel III-Vorschriften mit der Herauslegung von Krediten eher knauserig. Unternehmen und Wertpapierbörsen haben sich daher durch die Schaffung der Segmente für Mittelstandsanleihen gemeinsam einen neuen Weg erschlossen. Immer mehr Firmen haben hier zuletzt beherzt zugegriffen und sich einen für sie im historischen Zeitvergleich als „supergünstig" zu bezeichnenden Zins gesichert.

Festzuhalten ist, dass die durch die Notenbanken künstlich erzeugte aktuelle „Niedrigzins-Situation" zwar langfristig gesamtwirtschaftlich negative Seiten hat, dass hieraus für auf der Suche nach Krediten und Finanzierungsformen befindliche Unternehmen auch Positives resultiert. So besteht nämlich im zweiten Halbjahr 2011 für mittelständische Firmen mit weniger überzeugenden Bonitätsnoten die Chance auf eine beispiellos günstige Kreditfinanzierung. Die Flaggschiffe der deutschen Volkswirtschaft können ihren grundsätzlichen Mangel an Kapital zu Top-Konditionen beseitigen und sich erhebliche Spielräume für weiteres Wachstum schaffen.

Wegen der positiven wirtschaftlichen Entwicklung vergangener Jahre verfügen zahlreiche Unternehmen zwar nach wie vor über hohe Cash-Reserven, doch sind größere Investitionen, die der Mittelstand nach dem bisherigen Ausbleiben der Kapitalismus-Kernschmelze sowohl im Inland wie auch im Ausland plant, in der Regel nur über die zusätzliche Aufnahme von Finanzmitteln zu bewerkstelligen. Doch die aktuelle Kapitalmarkt-Situation auf der einen Seite und die in diesem Kontext sehr starke Zurückhaltung der Banken bei der Kreditvergabe auf der anderen Seite erweisen sich hier als große Bremser.

21.1.4 Flexibilität für Unternehmen

Zahlreiche mittelständische Unternehmen waren trotz der über Jahrzehnte gewachsenen Geschäftsbeziehungen zuletzt mit ihrer Hausbank wenig zufrieden, wie entsprechend kritische Bemerkungen von Unternehmern zeigen. Ungeachtet dessen erscheint es zwingend und auch sinnvoll, dass der Mittelstand den Kontakt und die Beziehung zu den Hausbanken aufrechterhält. Denn ohne ein funktionierendes Bankensystem ist die Marktwirtschaft nicht funktionsfähig.

Für Unternehmer gilt es, sich ein möglichst breites Spektrum an Finanzierungs-Alternativen offen zu halten. Neben Bankkrediten, Förderprogrammen der öffentlichen Hände (wie KfW-Programmen oder Hightech-Gründerfonds) sowie bekannten und weithin populären Finanzierungs-Instrumenten wie Leasing und Factoring können mittlere Unternehmen in Deutschland also in Zukunft ergänzend das Instrumentarium der Mittelstandsanleihe für Expansions-Finanzierungen am Kapitalmarkt nutzen.

Ergo: Funktionierende Bankensysteme und liquide Kapitalmärkte sind sich ergänzende Eckpfeiler der marktwirtschaftlichen Grundordnung.

Eines ist offenkundig: Unternehmen bringen sich durch die Auseinandersetzung mit dem Thema Mittelstandsanleihe gegenüber ihren Hausbanken in eine wesentliche stärkere Verhandlungsposition. Spielen sie die gesamte Klaviatur der Finanzierungsmöglichkeiten, so können sie sich unabhängiger von ihrer Hausbank machen. Für die betreffenden Firmen eröffnen sich dabei erhebliche Verbesserungspotenziale bei der Verknüpfung des Finanzierungs-Managements mit der Unternehmensstrategie. So können unternehmerische Ziele durch die Auswahl oder Kombination der existierenden Finanzierungsmöglichkeiten besser definiert und letztlich auch erreicht werden.

Das Ganze hat einen weiteren Vorteil. Die Begebung einer Anleihe kann für zahlreiche Unternehmen ein erster vorsichtiger Test der für sie selbst am Kapitalmarkt geltenden Stimmung sein. Der nächste Schritt kann dann in der Folge die Begebung von Genussscheinen oder aber die Eigenkapitalfinanzierung über die Ausgabe von Aktien sein. Grundsätzlich ist eine Eigenkapitalfinanzierung im Vergleich zu Fremdkapitalfinanzierung die billigere Alternative. Am Ende dieser Finanzierungs-Kette kann dann auch der Gang an die Börse im Rahmen eines Initial Public Offering (IPO) stehen.

Interessierte Unternehmen wiederum müssen sich offen und ehrlich die Frage stellen, ob sie auf ihrem aktuellen Entwicklungsniveau nicht nur bereits reif, sondern auch vorbereitet für den Kapitalmarkt und seine nicht gerade geringen Transparenz-Anforderungen sind. Unternehmen, die Anleihen über das Bondm-Segment der Börse Stuttgart emittieren, verpflichten sich zum Beispiel, ein über die übrigen Regelungen des Freiverkehrs hinausgehendes Mindestmaß an fortlaufender Transparenz und Publizität gegenüber den Anlegern einzuhalten. Neben dem Wertpapierprospekt, testierten Jahresabschlüssen, Quartalsberichten und dem Finanzkalender müssen dem Anleger auch Quasi Ad-hoc-Meldungen zur Verfügung gestellt werden.

Anleiheemissionen sind daher wohl nicht für jedes mittelständische Unternehmen eine passende Finanzierungsform. Kleinere Mittelständler scheiden häufig schon allein deshalb aus dem Auswahlprozess der Wertpapierbörsen aus, weil ihr Kapitalbedarf nicht das für die Begebung einer Anleihe notwendige Mindestvolumen erreicht. Festzustellen ist auch, dass die Platzierung von Anleihen trotz aller Vereinfachungen recht komplex ist – jedenfalls aufwändiger als der Abschluss eines Kreditvertrages mit der Bank.

Dies wiederum bedeutet, dass die Ausgabe einer Anleihe und die Beschäftigung mit dem komplexen Thema Kapitalmarkt durch einen mittelständischen Betrieb auf vielen Ebenen des Unternehmens sehr gut vorbereitet sein will. Für Emittenten wie die bereits börsennotierten mittelständischen Unternehmen KTG Agrar AG oder Helma Eigenheimbau AG war das Thema Kapitalmarkt sicher weniger fremd als für eine nicht börsennotierte Gesellschaft wie Egger Holzwerkstoffe GmbH. Die Unternehmer müssen zum Beispiel während der Laufzeit der Anleihe in der Lage sein, die für die Zinszahlung und Rückzahlung notwendigen Zahlungsströme zu planen und letztlich zu bewältigen.

21.1.5   Börse vs. Bank

Dass mittelständische Unternehmen Anleihen für sich entdeckt haben, spielt den hiesigen Wertpapierbörsen auf ihrer Suche nach neuen Geschäftsfeldern voll in die Karten. Klar – der Markt für deutsche Mittelstandsanleihen befindet sich im Vergleich zu den anderen existierenden Bondmarkt-Segmenten noch immer in einem embryonalen Status. Aber er hat riesiges Potenzial. Dies auch, weil den Börsen daran gelegen sein muss, die für sie selbst hier liegenden Chancen beim Schopf zu fassen. Für die deutschen Regionalbörsen, die diese Idee unter Führung der Stuttgarter Börse losgetreten haben, ist der Run des Mittelstandes auf die innovativen Bondmarkt-Segmente ein wahrer Segen.

Seit Jahren wird in deutschen Finanzkreisen nämlich vom „Todeskampf der Regionalbörsen" gesprochen[2]. Die jetzigen Initiativen zeigen jedoch, dass die Börsen neue Nischen für sich entdecken können, in denen sie weitere Argumente für ihre Existenzberechtigung finden. Denn im harten globalen Wettbewerb haben die deutschen Regionalbörsen in der zurückliegenden Dekade generell Marktanteile verloren. Dass während der vergangenen beiden Jahrzehnte zahlreiche Börsen in der Welt – darunter auch die Deutsche Börse AG – von einstigen quasi-öffentlichen Einrichtungen zu Privatunternehmen mit dem Ziel der Gewinnmaximierung mutierten, nutzten einige Geschäftsbanken und Investmentbanken geschickt, um sich von ihren Börsen-Beteiligungen zu trennen.

---

[2]   Vgl. bereits o. V. (1994) Niedersachen will Regionalbörsen stärken, in: Frankfurter Allgemeine Zeitung, Nr. 35 vom 11.02.1994.

Dies geschah in der Regel mit dem Ziel, gemeinsam neue börsenähnliche Institutionen wie MTF ins Leben zu rufen. Hier hatten die großen Investmentbanken nicht nur die Chance, Einfluss auf die Regelwerke zu nehmen, sie konnten auch an den organisatorischen Börsenabläufen „drehen" und – was für sie noch wichtiger war – ihre Macht bei der Gestaltung der Kosten und Gebühren einbringen. Die Großbanken in der Welt sind zweifellos die Gewinner der Restrukturierung in der globalen Börsenlandschaft. Denn in dem Moment, in dem sie zum Beispiel die Aufträge bei Aktien und anderen Finanzinstrumenten entweder durch Internalisierung – also die Aufrechnung von Kauf- und Verkaufsaufträgen im eigenen Hause – oder aber den entsprechenden Order-Flow in Richtung MTF vornehmen, klingelt es direkt oder indirekt in den Kassen der Banken.

Dort wo Banken also wieder indirekt zu Börsen wurden, erschien es nur eine Frage der Zeit, bis sich Börsen stärker ins Investmentbanking einmischen würden. Durch die Initiative der Mittelstandsanleihen-Segmente haben Börsen inzwischen ehemals von Banken durchgeführte Funktionen übernommen. Denn mittelständische Unternehmen benötigen für die Emission von Anleihen in den Segmenten der Börsen nicht mehr zwangsläufig die direkten Mitarbeiter einer Investmentbank.

Börsen sind also hier – weitgehend unbemerkt von der breiten Öffentlichkeit – in die Rolle von Investmentbanken geschlüpft. Auf die Reaktion der Banken darf man gespannt sein. So lange der Markt für Mittelstandsanleihen nicht über seinen aktuell embryonalen Status hinaus kommt, werden sich die Banken und die von ihnen betriebenen Handelsplattformen allerdings diesem Segment wohl nur zögernd nähern.

21.1.6 Chancen und Risiken für Anleger

Nicht nur an der Börse weiß man, dass Euphorie stets ein schlechter Ratgeber ist. Klar, der Markt für Mittelstandsanleihen ist bei allen Beteiligten vom Zustand der Euphorie oder gar des Hypes weit entfernt. Die strukturellen Risiken für diesen Markt liegen vor allem in seiner zunehmend unkritischen Betrachtung. So ist sowohl auf Seiten der Anleger und Emittenten als auch bei den Börsen mehr Besonnenheit und weiterhin große Sorgfalt angesagt. Soll sich der Markt auf Dauer zu einem Erfolgsmodell entwickeln, so muss vor allem dem Faktor Qualität Priorität weiterhin eingeräumt werden. Wachstum auf Kosten der Qualität ist kontraproduktiv.

Anlegern ist anzuraten, die Bonität der Emittenten genau unter die Lupe zu nehmen, die Belastbarkeit der jeweiligen Geschäftsmodelle zu prüfen und dann auf Solidität zu setzen. So standen in der ersten Phase des Emissionsbooms zum Beispiel zahlreiche Unternehmen aus dem Bereich Erneuerbare Energien auf der Bühne. Angesichts des politischen Wirrwarrs um die von der Bundesregierung ausgerufene Energiewende sollten Anleger in diesem Kontext zum Beispiel auch die Frage nach der Durchsetzbarkeit dieser auf den Weg gebrachten Energiepolitik stellen – und dies nicht nur im nationalen oder europäischen, sondern vor allem im globalen Kontext. Denn in der Energiefrage gibt es zunehmende globale Einflüsse und Abhängigkeiten.

Für viele deutsche Investoren ist die emotionale Beziehung zu mittelständisch strukturierten heimischen Firmen in der Regel wesentlich enger als zu Schuldnern aus anderen Industrieländern oder aber aus den Emerging Markets, die möglicherweise ebenso oder aber noch höhere Zinsen bieten. Anleger, die solche festverzinslichen Wertpapiere kleiner und mittelständischer Unternehmen bis zur Endfälligkeit halten, können gut planbare Renditen erzielen, die ihren Beitrag zur Depot-Stabilisierung leisten.

Für Anleger sind solche Mittelstands-Anleihen wegen der im Vergleich zu Staatsanleihen in der Regel deutlich höheren Rendite durchaus interessant. Doch so mancher Anleger erinnert sich in diesem Kontext an die alte Weisheit, wonach an der Börse keine Geschenke verteilt werden. Richtig ist, dass von Mittelständlern gebotene höhere Renditen letztlich ganz eng mit höheren Risiken verbunden sind. Denn so gesund der Mittelstand als solcher auch sein mag, wer in einzelne Unternehmen investiert, geht naturgemäß ein wesentlich höheres Risiko ein, als er das mit Investments in Anleihen von Konglomeraten und Großkonzernen tun würde, die in der Regel nicht nur in zahlreichen Branche aktiv, sondern auch international aufgestellt und durch diese Diversifikation besser abgefedert sind.

Wenn richtig ist, dass eine steigende Kapitalnachfrage zum Beispiel der hochverschuldeten Industrieländer aufgrund der geringeren Investmentbereitschaft privater und institutioneller Anleger praktisch zu höheren Zinsen führen sollte, dann drohen an den Bondmärkten in den kommenden Jahren kräftige Kursverluste. Die Notenbanken haben dieses Gesetz von Angebot und Nachfrage durch das Ingangsetzen der Druckerpressen allerdings außer Kraft gesetzt. Ungeachtet dessen werden sich irgendwann die Kräfte des Marktes wieder durchsetzen und die mehr als 30-jährige Hausse an den internationalen Bondmärkten dem Ende zuneigen. Und obwohl Unternehmensanleihen bonitätsbedingt deutlich höhere Renditen als Staatsanleihen aufweisen, werden Anleger im schlimmsten Fall auch hier nicht vor Verlusten geschützt sein.

Wer Anleihen von Mittelständlern erwirbt und diese dann bis zur Endfälligkeit in seinem Depot halten will, hat das Problem drohender Kursverluste in der Regel nicht. Es sei denn, der Emittent wird während der Anleihelaufzeit insolvent. Der Anleger nimmt allerdings bei einer Kaufen-und-Halten-Strategie Opportunitätsverluste in Kauf. Während der Laufzeit der Anleihe kann er nämlich sein hier investiertes Geld nicht in andere Anlageklassen oder andere Unternehmensanleihen investieren, die im Zeitablauf möglicherweise einen höheren Zinscoupon aufweisen.

21.1.7   Mehr Öffentlichkeit? Ja bitte!

In der breiten Öffentlichkeit wird die bedeutende Rolle des Mittelstandes generell nur unzureichend wahrgenommen. Der große Medien-Rummel dreht sich in der Regel um die großen multinationalen Konzerne, die mit einem Heer von Spezialisten aus den eng miteinander verwobenen Bereichen Public Relations und Investor Relations sehr wohl verstehen, ihre eigenen Interessen in der Öffentlichkeit darzustellen. Mittelständische Unternehmen sahen in der Vergangenheit oftmals keinen wirklichen Anlass, sich in das Scheinwerferlicht der Öffentlichkeit zu stellen. Bei kleineren und mittleren Unternehmen ist in der öffentlichen Darstellung trotz erkennbarer Fortschritte bis heute noch immer sehr viel Bescheidenheit angesagt. Dies liegt nicht zuletzt auch daran, dass sich so mancher erfolgreiche Unternehmer nur ungern in seine Karten schauen lässt.

Doch das ändert sich. Denn die von den Wertpapierbörsen in Deutschland an mittelständische Anleiheemittenten gestellten Publizitäts- und Transparenz-Anforderungen führen letztlich dazu, dass die öffentliche Darstellung zur Pflichtaufgabe wird. Die Öffentlichkeit wird daher in den kommenden Jahren mehr und mehr über die Leistungen des Mittelstandes erfahren. Dies nicht zuletzt auch deshalb, weil sich die Medien – und zwar sowohl mit ihren Druckprodukten als auch mit ihren elektronischen Informations-Plattformen – in der Zukunft zwangsläufig wesentlich stärker mit mittelständischen Unternehmen beschäftigen werden müssen. Denn letztlich sollten sie ihrer Informationspflicht besser nachkommen.

Es ist in diesem Kontext zu beklagen, dass es weder den Wirtschafts-Tageszeitungen noch den überregionalen Tageszeitungen in Deutschland in den vergangenen Jahren wirklich gelungen ist, dem Mittelstand jene Plattform zu bieten, die dieser vor dem Hintergrund seiner ökonomischen und gesellschaftlichen Leistungen eigentlich verdient hat. Diese Aufgabe haben vielmehr einige speziell auf den Mittelstand fokussierte Fachmedien übernommen, deren Problem jedoch vor allem in der fehlenden Reichweite lag und noch immer liegt. Einige Verlagsgesellschaften hatten sich in der Vergangenheit zum Beispiel mit der Idee beschäftigt, für ihre überregionalen Tageszeitungen im wöchentlichen Rhythmus spezielle mittelständische Regional-Ausgaben zu erstellen und zu diesem Zweck mit den Industrie- und Handelskammern in den einzelnen Regionen zu kooperieren. Diese von einigen Verlagen zögerlich vorangetriebenen Ideen scheiterten letztlich schlichtweg an der Kostenfrage und wurden daher wiederum eingestellt.

Da die globale Medienlandschaft durch den Siegeszug des mobilen Internets jedoch massiven Veränderungen unterworfen ist, bietet sich für den Mittelstand selbst eine riesige Chance zur besseren Selbstdarstellung und Selbstvermarktung. So kann der wagemutige deutsche Unternehmer in einer versteckten 10.000 Einwohner-Gemeinde mitten in der deutschen Provinz über das Internet nicht nur seine Kunden und Lieferanten, sondern auch potentielle Investoren von Beijing, Singapur und Tokio bis nach Windhoek, Vancouver und Buenos Aires in Sekundenschnelle erreichen. Vorausgesetzt, die erfolgreichen Unternehmer sind bereit, nicht nur Gutes zu tun, sondern auch tatsächlich darüber zu reden. „Mittelstand goes global", heißt es in diesem Kontext.

21.2   Fazit

Die größten Risiken für die „Initiative Mittelstandsanleihen" liegen derzeit weniger in den neu geschaffenen Kapitalmarkt-Strukturen selbst und auch wohl nicht so sehr in den eigentlichen unternehmerischen Risiken. Denn sowohl die deutschen Wertpapierbörsen als auch die innovativen und findigen Unternehmertypen haben in der Vergangenheit ihre Bereitschaft zur raschen Anpassung ihrer Geschäftsmodelle an veränderte ökonomische Grundlagen unter Beweis gestellt.

Vielmehr ist zu befürchten, dass die internationale Schuldenkrise den langsam aber sicher an Tempo gewinnenden Zug Mittelstandsanleihen-Markt am nächsten Signal entweder zur langsamen Weiterfahrt oder aber sogar zum Stillstand zwingen könnte. Denn dort, wo Regierungen und Notenbanken in den Industrieländern durch ihre „Nullzinspolitik" wegen der Überschwemmung der Märkte mit billiger Liquidität Öl in das lodernd brennende Feuer der Krise gießen, scheinen sich die Maßstäbe für vernünftiges ökonomische Wirtschaften verschoben zu haben. Gerade für vernünftiges Wirtschaften ist aber der deutsche Mittelstand seit vielen Jahrzehnten bekannt.

Dem von Politikern nach der Finanzkrise im Jahr 2008 unter Beimischung von viel Eigenlob bejubelten Aufschwung droht das Aus. Nur wenige haben in der Vergangenheit wirklich realisiert, dass ein durch Inkaufnahme von Schulden bewirkter „geborgter Aufschwung" eine nur kurze Lebensdauer haben kann. Nachdem auf der einen Seite die staatlichen fiskalpolitischen Anreize ihre Wirkung verlieren und auf der anderen Seite die Psychologie an den Finanzmärkten und in der Wirtschaft wegen der sich zuspitzenden Schuldenkrise umschlägt, droht der Absturz in die Rezession.

Bei einer Zuspitzung der globalen Finanzkrise wird die gesamte Finanzmarkt-Architektur starken Stresstests unterzogen und ins Wanken kommen. Dann droht letztlich auch das neue „Finanzierungs-Wunderkind" Schaden zu nehmen. Für ein endgültiges Urteil ist es allerdings noch viel zu früh. Gleichwohl lässt sich bereits nach vergleichsweise kurzer Zeit ein positives Fazit über die „Initiative Mittelstandsanleihen" ziehen. Die Idee kann sich bei konstanter, besonnener und solider Fortführung zu einer „Win-Win"-Situation für alle Beteiligten entwickeln.

Die Börsen und Kapitalmärkte erfüllen damit wieder jene Aufgabe, die sie in den vergangenen Jahren wegen der zu starken Beschäftigung mit sich selbst vernachlässigt hatten. Viel zu lange hatten sich Börsen als Selbstzweck verstanden und ihre eigentliche Rolle vernachlässigt, nämlich die Funktion als Kapitalsammel- und Kapitalverteilungsstelle innerhalb der Marktwirtschaft.

Literatur

[1]   o. V. (1994): Niedersachen will Regionalbörsen stärken, Frankfurter Allgemeine Zeitung, Nr. 35 vom 11.02.1994.
[2]   Weissmann A. (2011): Die großen Strategien für den Mittelstand: Die erfolgreichsten Unternehmer verraten ihre Rezepte, Campus Verlag, 2. Auflage, Frankfurt am Main.

22 Die Rolle der Börse bei der Platzierung einer Mittelstandsanleihe

Alexander von Preysing (Deutsche Börse AG)

Mit der Einführung mittelstandsorientierter Bondsegmente haben Mittelständler erstmals die Möglichkeit, standardisiert Anleihen mit einem Volumen von unter 150 Mio. € am organisierten Kapitalmarkt zu platzieren. Diese Anlageklasse war bisher für die großen institutionellen Investoren kaum von Interesse. Privatanleger waren im Prozess der Anleiheplatzierung der Banken nicht vorgesehen, bzw. erhielten i. d. R. bei einer reinen Bankplatzierung an institutionelle Investoren nach erfolgter vollständiger Emission erst zu einem späteren Zeitpunkt die Möglichkeit, die Anleihen zu einem dann meist höheren Preis als den Ausgabekurs zu erwerben. In der Konsequenz blieb mittelständischen Unternehmen daher der Zugang zum organisierten Anleihekapitalmarkt verwehrt.

Im Folgenden werden die wesentlichen Elemente des Angebots der Börsen im Rahmen der Platzierung von Mittelstandsanleihen beschrieben. Ergänzend gibt dieses Kapitel einen kurzen Erfahrungsbericht inkl. erster Angaben zu Kapitalkosten und Liquidität an den mittelstandsorientierten Bondsegmenten der Börsen.

22.1 Primärmarktfunktion

Die neuen Börsensegmente richten sich gezielt an mittelständische Emittenten auf der einen Seite und Privatinvestoren und kleinere institutionelle Investoren wie Vermögensverwalter und Family Offices auf der anderen Seite. Die Börsen üben erstmals eine Primärmarktfunktion aus und geben Mittelständlern dadurch die Möglichkeit, standardisiert Anleihen am organisierten Kapitalmarkt zu platzieren. Mit Stückelungen von 1.000 € ist die direkte Zeichnung von Anleihen über die Börse für Privatanleger und damit ein Kauf zum Ausgabekurs ohne die bisher üblichen Aufschläge möglich. Um die Privatanleger zeitnah zu informieren, bieten die Börsen online umfangreiche Informationen zur Zeichnung an. Anleihenewsletter informieren über jede neue Anleihe. Investoren können durch eine Börsenorder die Anleihen zeichnen.

Damit bieten die Börsen den Emittenten im Rahmen der Eigenemission ihre Handels- und Informationsnetzwerke als zusätzliche Vertriebsplattform für die Anleiheplatzierung zur Verfügung.

Primärmarktangebot der Deutschen Börse – Aktien und Anleihen unter einem Dach

Der Entry Standard bietet mittelständischen Unternehmen einen einfachen Zugang zum Kapitalmarkt – und das seit Oktober 2005. Mit der Erweiterung des Marktsegments Entry Standards um Anleihen im Februar 2011 hat die Deutsche Börse die Voraussetzung auch für mittelständische Unternehmen geschaffen, sich an einem organisierten Markt über die Begebung von Anleihen zu finanzieren.

Zeichnungsmöglichkeit für Privatanleger und Handel

Bei der Emission von Anleihen über die Deutsche Börse ist es für den Anleger möglich, von Beginn an bei der Zeichnung dabei zu sein. Dies erfolgt direkt über die Hausbank des Anlegers, der seine Order dabei an die Börse Frankfurt gibt, wo sie während der Zeichnungsphase gesammelt wird, wobei das Prinzip „first come, first serve" gilt. Grundsätzlich wird die begleitende Bank, die in der Regel auch als Antragsteller fungiert, zusammen mit dem Emittenten die Emission strukturieren und dabei festlegen, wie die Zuteilung an institutionelle und private Anleger erfolgt. Der institutionelle Teil wird über die Bank platziert, der Retail-Anteil kann über die Börse Frankfurt gezeichnet werden.

Die Deutsche Börse unterstützt bei der Vermarktung einer Anleiheemission unter anderem mit Bannerschaltung und der Bereitstellung von Informationen an interessierte Anleger. So wird vor Beginn der Zeichnungsphase und während der Zeichnung auf der Website der Deutschen Börse (www.deutsche-boerse.com/listing), dem Anlegerportal der Deutschen Börse (www.boerse-frankfurt.de), in Newslettern und Marktberichten, sowie auf großen Finanzportalen auf die Emission hingewiesen.

Grundsätzlich gibt es keine Vorgaben, wie hoch das Verhältnis zwischen institutionellen und privaten Anlegern bei der Platzierung sein soll. Bei der Strukturierung der Emission sollte aber auf eine ausgewogene Anlegerstruktur geachtet werden. Auch beim Emissionsvolumen gibt es formal keine Untergrenze, um die Möglichkeit zu haben, bei Marktschwankungen die Platzierungsgrößen anzupassen. Der Platzierungserfolg hängt dabei neben einer attraktiven Verzinsung auch stark von der Reputation und Bonität des Emittenten ab.

22.2   Mindesterfordernisse an Transparenz – Börsen setzen Standards

Mit der Platzierung von Mittelstandsanleihen an einer Börse ergeben sich neue Anforderungen an die Kommunikation und Transparenz. Investoren und Öffentlichkeit erwarten einen fairen und gleichen Zugang zu den relevanten Informationen. Vielfach haben wir es in den Mittelstandssegmenten mit Debütanten zu tun, d. h. Unternehmen, die sich bislang noch nicht über den Kapitalmarkt finanziert haben. Eine professionelle und kapitalmarktkonforme Kommunikation muss sich bei vielen Unternehmen erst einspielen. Daher ist es eine wesentliche Aufgaben der Börse, für Transparenzstandards zu sorgen, also einer klaren Formulierung von Folgepflichten und Richtlinien bei der Kommunikation. Dabei gilt es, die Menge, Relevanz und Zeitnähe der gebotenen Transparenz mit den Erwartungen der Investoren und den Möglichkeiten der mittelständischen Unternehmen abzugleichen. Abgestimmt auf die Bedürfnisse mittelständischer Unternehmen liegt das Transparenzlevel der börslichen Anleihesegmente für den Mittelstand unterhalb dessen, was im Regulierten Markt erforderlich ist. Hier gilt das einfache Prinzip: So viel Transparenz wie nötig, so wenig Aufwand für die Unternehmen wie möglich.

Die Erfahrungen der Deutschen Börse mit dem Entry Standard haben gezeigt, dass dies in der Praxis für Mittelständler und Investoren akzeptabel ist. Nach seiner Gründung im Herbst 2005 hat er sich zu einem schnellen, unkomplizierten und dennoch akzeptierten Weg zur Beschaffung von Eigenkapital etabliert. Daher sind seine Transparenzstandards nicht nur bei der Deutschen Börse vorbildhaft für die neuen Anleihesegmente gewesen.

Transparenzstandards im Entry Standard für Anleihen der Deutschen Börse – Einbeziehungs- und Folgepflichten

Der Entry Standard für Unternehmensanleihen baut auf dem Regelwerk des Entry Standard für Aktien auf. Zum Markteintritt sind die folgenden Dokumente erforderlich:

- Eine Verpflichtungserklärung des Antragstellers unter anderem die Folgepflichten des Emittenten zu überwachen,

- ein aktueller Handelsregisterauszug des Unternehmens,

- die Satzung oder einen Gesellschaftsvertrag des Unternehmens,

- der geprüfte Jahresabschluss samt Lagebericht des Unternehmens,

- ein Unternehmenskurzportrait (mit wichtigen Angaben zur Unternehmensanleihe),

- die schriftliche Zustimmung des Emittenten, dass die Wertpapiere von einem Antragsteller in den Entry Standard einbezogen werden dürfen,

- ein Vertrag zwischen dem Emittenten und einem Deutsche Börse Listing Partner zur fortlaufenden Beratung während der Einbeziehung der Wertpapiere und

- eine vom Antragsteller unterzeichnete Verpflichtungserklärung zur Überwachung der Transparenzpflichten.

Zusätzlich sind für Anleiheemittenten folgende Dokumente für die Einbeziehung in den Entry Standard notwendig:

- Ein gebilligter Wertpapierprospekt,

- ein Emittentenrating einer anerkannten Ratingagentur, wobei kein Mindestrating erforderlich ist, und

- die Vorlage von Unternehmenskennzahlen zur Kapitaldienstdeckung, Verschuldung und Kapitalstruktur.

Die Vorlage des Ratings und der Unternehmenskennzahlen entfallen bei Emittenten, die bereits Aktien im Regulierten Markt der Frankfurter Wertpapierbörse notiert haben. Die bisherigen Anleiheemissionen im Entry Standard haben sich von den Agenturen Creditreform, Euler Hermes bzw. Standard & Poor's raten lassen.

Zudem gibt es die Vorgaben, dass die Anleihen eine Stückelung von maximal 1.000 € haben dürfen und dass es sich nicht um nachrangige Verbindlichkeiten des Emittenten handeln darf. Einen Ausschluss spezieller Unternehmensbranchen gibt es nicht.

Die Folgepflichten im Entry Standard für Unternehmensanleihen bauen auf den initialen Einbeziehungspflichten auf. Nachstehende Dokumente und Informationen sind auf der Website des Emittenten zu veröffentlichen:

- Ein geprüfter Jahresabschluss und Lagebericht,

- der letzte Zwischenbericht,

- wichtige Unternehmensmeldungen (z. B. Wechsel des Finanzvorstands),

- Unternehmenskurzportrait (jährlich zu aktualisieren),

- einen aktuellen Unternehmenskalender,

- den Wertpapierprospekt und etwaige Nachträge,

- das Emittenten-Rating und das Folge-Rating (innerhalb von zwölf Monaten), sowie

- Unternehmenskennzahlen zur Kapitaldienstdeckung, Verschuldung und Kapitalstruktur (Aktualisierung alle zwölf Monate).

Für das Rating und die Veröffentlichung der Unternehmenskennzahlen gilt ebenso wie bei der Einbeziehung, dass Emittenten mit Aktien im Regulierten Markt der Frankfurter Wertpapierbörse von dieser Pflicht befreit sind.

Im Hinblick auf die Kommunikation und Informationsbereitstellung für Investoren wird die Erstellung eines Ratings und der Kennzahlen aber trotzdem empfohlen.

Wesentliche Unterschiede zu den anderen börslichen Mittelstandssegmenten

- **Die Ausnahme für das Rating ist nur auf den Regulierten Markt der Frankfurter Wertpapierbörse beschränkt:** Gerade mit Blick auf den Privatinvestor spielt das Rating eine besonders wichtige Rolle, weshalb nur Unternehmen, die im Prime oder General Standard der Deutschen Börse bereits eine hohe Transparenz zeigen, auf das Rating verzichten können.

- **Vorlage von Unternehmenskennzahlen:** Für Emittenten, die Anleihen in den Entry Standard einbeziehen wollen, ist die Vorlage von Unternehmenskennzahlen, die sich am DVFA-Mindeststandard für die Bondkommunikation orientieren, verpflichtend. Der Anleger erhält mit diesen Kennzahlen im Markt etablierte Informationen zur Beurteilung von Kapitaldienstdeckung, Verschuldungsgrad und Kapitalstruktur und kann sich daher unabhängig vom Rating ein eigenes Bild über die Chancen und Risiken der Anleihe machen.

- **Ausschluss von Nachranganleihen:** Im Entry Standard für Anleihen ist die Begebung von Nachranganleihen ausgeschlossen.

- **Rolle des Antragstellers bei der Überwachung der Transparenz:** Das emissionsbegleitende Institut, also der Antragsteller für die Einbeziehung der Anleihe in den Entry Standard, übernimmt zusätzliche Überwachungspflichten bei der Transparenz. Dies erhöht die Anforderungen an alle Beteiligten zur Einhaltung der Transparenz deutlich.

22.3   Services der Börse

Weitere Aufgabe der Börsen ist es, Unternehmen vor, während und nach der Platzierung der Anleihen zu unterstützen. Die Deutsche Börse stellt ein Betreuerteam mit Sektorexperten bereit, die als kompetente Ansprechpartner für alle Fragen rund um die Begebung und das Listing der Anleihe zur Verfügung stehen. Die Deutsche Börse kann bereits im Vorfeld der Begebung einer Anleihe als neutraler Ansprechpartner bei Fragen zum Prozess, Timing, Auswahl der Kapitalmarktpartner, Platzierungskanäle einen Betrag leisten. Nach erfolgtem Start des Projekts ist eine enge Abstimmung über die Vermarktungsaktivitäten zwischen dem Emittenten, seinen Kapitalmarktpartnern und der Börse hilfreich. Zu den Services der Deutschen Börse gehören auch zwei Veranstaltungen, die europaweit zu den größten ihrer Art zählen: das Deutsche Eigenkapitalforum und die Entry und General Standard Konferenz. Anleiheemittenten können diese Events als IR-Plattformen nutzen, um mit nationalen und internationalen Investoren vor und nach Begebung einer Anleihe in Kontakt zu treten.

22.4   Rolle von Kapitalmarktpartnern an den Börsen

Aufgrund der Unerfahrenheit vieler mittelständischer Unternehmen im Umgang mit dem Kapitalmarkt ist eine professionelle Unterstützung bei der Vorbereitung des Unternehmens auf die Platzierung der Anleihe, dem Umgang mit Investoren und der Erfüllung der Transparenzvorschriften nach der Platzierung vorteilhaft. Daher verpflichten die meisten Mittelstandssegmente die Unternehmen, einen Kapitalmarktpartner zu engagieren.

Im Segment Entry Standard für Anleihen der Deutschen Börse ist die Verpflichtung eines Deutsche Börse Listing Partners verbindlich. Die bereits im Entry Standard (Aktien) erfolgreich tätigen Deutsche Börse Listing Partner – dazu zählen Emissionsbanken und –berater, Rechtsanwälte, Steuerberater und IR-Agenturen – bieten auch im Bereich der Anleihen eine qualifizierte Beratungsleistung, die sie durch langjährige Erfahrungen auf dem Kapitalmarkt nachgewiesen haben. (siehe nachstehende Abbildung 22.1**)**

Abbildung 22.1 Deutsche Börse Listing Partner

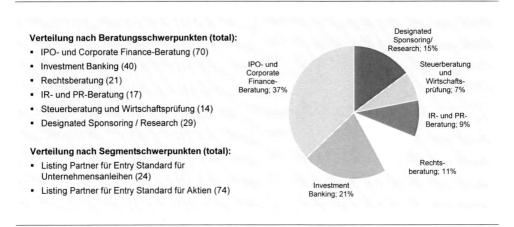

Verteilung nach Beratungsschwerpunkten (total):

- IPO- und Corporate Finance-Beratung (70)
- Investment Banking (40)
- Rechtsberatung (21)
- IR- und PR-Beratung (17)
- Steuerberatung und Wirtschaftsprüfung (14)
- Designated Sponsoring / Research (29)

Verteilung nach Segmentschwerpunkten (total):

- Listing Partner für Entry Standard für Unternehmensanleihen (24)
- Listing Partner für Entry Standard für Aktien (74)

Quelle: http://deutsche-boerse.com/listing, September 2011

22.5   Sekundärmarktfunktion und Liquidität

Handel und Liquidität an den Börsen, also die permanente Möglichkeit des transaktionseffizienten Kaufs oder Verkaufs von Wertpapieren, ist nicht nur für Aktien, sondern auf für Anleihen ein wichtiges Kriterium für Investoren. Tägliche Handelsmöglichkeit, schnelle Handelsausführung und ausreichende Liquidität sind häufig unabdingbare Voraussetzungen für die Investitionsentscheidung von institutionellen Investoren und werden auch für Privatanleger immer wichtiger.

Liquidität durch effiziente Marktorganisation der Deutschen Börse

Die Deutsche Börse sorgt für hohe Liquidität und für eine hocheffiziente Marktorganisation. Zu den liquiditätsfördernden Elementen der Marktorganisation zählen günstige Transaktionskosten auf dem elektronischen Handelssystem Xetra, ein auf die Bedürfnisse von Anleihen maßgeschneidertes Handelsmodell mit liquiditätsfördernden Handelsteilnehmern wie den sogenannten Xetra Specialists sowie ein hochperformantes, zuverlässiges und weltumspannendes Handelsnetzwerk, das blitzschnelles Handeln und Zugang zu Investoren in Deutschland und weltweit ermöglicht. Zugang zu Privatanlegern und institutionellen Investoren gleichermaßen, in Deutschland und weltweit, bietet das elektronische Handelssystem der Deutschen Börse, Xetra. Früher und konsequenter als andere Börsenorganisationen hat die Deutsche Börse auf die vollständige Elektronisierung ihrer Handels- und Abwicklungsprozesse gesetzt. Xetra ist elektronisch vernetzt mit über 4.500 registrierten Händlern von rund 250 Handelsteilnehmern in 18 Ländern – dazu gehören alle großen Banken und Wertpapierhandelshäuser (siehe nachstehende Abbildung 22.2).

Abbildung 22.2 Xetra Plattform – Paneuropäisches Netzwerk

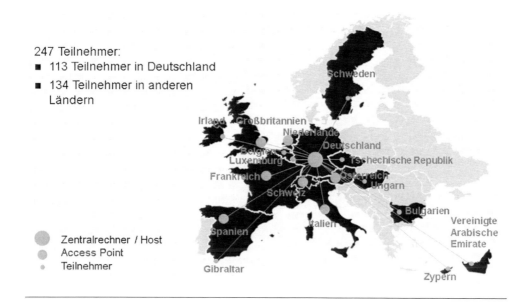

247 Teilnehmer:
- 113 Teilnehmer in Deutschland
- 134 Teilnehmer in anderen Ländern

- Zentralrechner / Host
- Access Point
- Teilnehmer

Quelle: Deutsche Börse, September 2011

Zugang zum Privatanleger

Der von der Deutschen Börse organisierte Kapitalmarkt verfügt – neben seiner herausragenden Rolle beim Zugang zu institutionellen Investoren in aller Welt mit einem Marktanteil in allen Asset-Klassen unter den deutschen Börsen von über 90 % – über eine starke nationale Platzierungskraft bei privaten Investoren. Xetra Frankfurt ist absoluter Marktführer in Deutschland mit den meisten handelbaren Asset-Klassen, den besten Preisen und der höchsten Transparenz für Privatanleger. Privatanleger können daher über unsere Systeme zu Profikosten- und -bedingungen handeln. Damit hat sich die Deutsche Börse auch als erste Wahl für den Privatanleger im Vergleich mit den anderen Regionalbörsen etabliert.

Handelsmodell Spezialist

Am Börsenplatz Frankfurt wird jedes Wertpapier von einem Xetra Frankfurt Spezialisten betreut. Sie sichern die Liquidität, auch bei weniger gehandelten Werten und vermeiden darüber hinaus Teilausführungen. Zusätzlich wird der Handel von der Handelsüberwachungsstelle „HÜSt" überwacht. Sie sorgt damit für zusätzliche Sicherheit, die im außerbörslichen Handel nicht gegeben ist.

22.6 Welche Rolle sollte eine Börse nicht einnehmen?

Es sollte allen Investoren und Beteiligten klar sein, dass Börsen nicht die Rolle der emissionsbegleitenden Banken/Institute in Bezug auf eine sorgfältige Eingangsprüfung und Due Diligence der Risiken einer Anleiheemission übernehmen können. Daher gibt es auch im Zuge einer Eigenemission eines Unternehmens eine wichtige Rolle von emissionsbegleitenden Instituten, die die Unternehmen an die Börse begleiten und mit ihrem Namen für die Güte bürgen.

Antragstellerprinzip der Deutschen Börse und Deutsche Börse Listing Partner

Die Deutsche Börse hat mit dem Antragstellerprinzip bereits heute einen Mechanismus, der die einzelnen Marktteilnehmer in die Verantwortung zieht. Das Konzept des Entry Standard sieht vor, dass Unternehmen nur durch einen Antragsteller in den Handel einbezogen werden können, der damit zusätzliche Überwachungspflichten eingeht. Als Antragsteller kann immer nur ein an der Frankfurter Wertpapierbörse zugelassenes Handelsinstitut fungieren. Bei einer Nicht-Erfüllung der Überwachungspflichten kann die Deutsche Börse den verantwortlichen Antragsteller sanktionieren. Das soll dann auch dazu führen, dass der Antragsteller den Emittenten vor der Einbeziehung genau prüft und sich im Rahmen einer Due Diligence von der Kapitalmarktfähigkeit des Unternehmens überzeugt hat. Die Deutsche Börse steht diesbezüglich in ständigem Austausch mit ihren Marktteilnehmern.

Darüber hinaus übernehmen die Deutsche Börse Listing Partner nach der Notierungsaufnahme die fortlaufende Betreuung in einem Bereich, in dem das Unternehmen nicht so stark aufgestellt ist, zum Beispiel in der Kommunikation mit den Investoren. Dieses Konzept hat sich in den vergangenen fünf Jahren im Entry Standard für Aktien sehr bewährt, so ist der Entry Standard sehr stabil durch die Turbulenzen der weltweiten Finanzkrise Monate gekommen.

Daher berücksichtigt die Deutsche Börse auch alle Branchen und macht keinerlei formale Voraussetzungen an die Unternehmensgröße oder das Volumen der Anleihe. Wie groß eine Anleihe ist und wie sie strukturiert sein soll, gibt allein der Markt vor.

Grundsätzlich bestehen auch für den Entry Standard für Anleihen Schutzmechanismen, wie eine Handelsunterbrechung oder –aussetzung für alle Wertpapiere, die an der Frankfurter Börse gehandelt werden. Darüber wacht die Marktsteuerung der Deutschen Börse.

Eigenverantwortung der Investoren

Unternehmensanleihen bergen neben Chancen auch Risiken für Anleger. Private Investoren sollten die Risiken bei Unternehmensanleihen mittelständischer Unternehmen nicht aus den Augen verlieren und vor einer Investition sorgfältig die zur Verfügung stehenden Informationen nutzen und Chancen und Risiken gegeneinander abwägen.

Unerlässlich für jeden Anleger ist ein Blick in den Wertpapierprospekt, der umfassend über mögliche Risiken berichtet. Besonderes Augenmerk gilt den vorhandenen oder nicht vorhandenen Schutzklauseln (sogenannte Covenants). Diese regeln z. B. mögliche Sonderkündigungsrechte für den Fall, dass ein Unternehmen einen neuen Eigentümer erhält. Nicht selten werden Mittelständler von Private Equity-Investoren übernommen und der Kaufpreis wird dem Unternehmen als neue Schulden aufgebürdet. Auch beim Rating müssen Investoren sorgfältig abwägen: Die Bonitätsnoten stammen zumeist nicht von den großen etablierten Agenturen Standard & Poor's, Moody's oder Fitch. Auch werden zumeist nicht die Anleihen, sondern lediglich die Unternehmen bewertet. In der Regel gibt es hier Unterschiede, weil die einzelne Anleihe weniger sicher ist. Zu beachten ist u. a. auch, ob sich Kündigungsrechte für den Schuldner in den Anleihebedingungen finden.

22.7 Erster Erfahrungsbericht

Rund ein Jahr nach dem Start der ersten Segmente für Mittelstandsanleihen an den deutschen Börsen lassen sich die bisherigen Erfahrungen wie folgt zusammenfassen.

Hohe Resonanz auf Seiten von Unternehmen wie Investoren gleichermaßen

Seit 2010 bis heute wurden 33 Anleihen an den Mittelstandssegmenten der Börsen in Düsseldorf, Frankfurt und Stuttgart emittiert, das gesamte Emissionsvolumen beträgt bis dato rund 2 Mrd. € (siehe Abbildung 22.3). Dies ist ein bereits beträchtliches Volumen angesichts eines insgesamt schwierigen Kapitalmarktumfelds für die Finanzierung kleiner bis mittelgroßer Unternehmen in dem Zeitraum.

Abbildung 22.3 Aggregiertes Emissionsvolumen und die Anzahl der Emissionen an privatrechtlich organisierten Märkten der Deutschen Börse

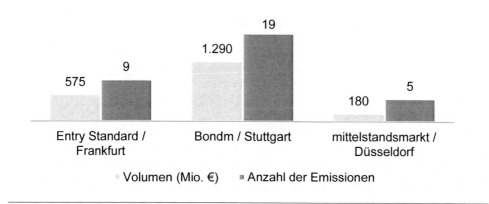

Quelle: Kaserer C. (2011)

Die starke Aktivität lässt darauf schließen, dass die Platzierungskosten an den neuen An-
leihesegmenten für die Unternehmen attraktiv sind. Diese liegen bisher im Mittelwert zwischen 4,26 % für den Entry Standard für Anleihen der Deutschen Börse und 4,77 % für den
Mittelstandsmarkt der Börse Düsseldorf (siehe Abbildung 22.4).

Abbildung 22.4   Gesamte Platzierungskosten an privatrechtlich organisierten Märkten
der Deutschen Börse (Frankfurt), Börse Stuttgart und Börse Düsseldorf

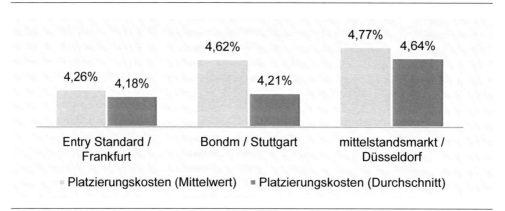

Quelle: Kaserer C. (2011)

Starkes Interesse der Privatanleger an einer direkten Zeichnungsmöglichkeit

Insbesondere Privatanleger beteiligen sich in beträchtlichem Maße an der Zeichnung der
Mittelstandsanleihen. Waren Privatanleger bisher im Prozess der Anleiheplatzierung der
Banken nicht vorgesehen, nutzen offensichtlich viele die neue Möglichkeit, die Anleihen
direkt bei der Zeichnung zum Ausgabekurs und ohne den sonst für Privatanleger üblichen
Aufschlag zu erwerben. Die Suche der Privatanleger nach einer höheren Verzinsung im
gegenwärtigen Niedrigzinsumfeld hat zum Erfolg der Mittelstandsanleihen beigetragen.

Die zur Platzierung notwendige weitere und überwiegende Nachfrage üben vor allem
Vermögensverwalter, kleinere institutionelle Investoren und Family Offices aus. Auch
diese Investorengruppe wird bei den klassischen Anleiheplatzierungen der Banken eher
nachrangig berücksichtigt.

Mittelständler aus unterschiedlichen Branchen entdecken den Kapitalmarkt

Bisher für den Kapitalmarkt „scheue" Unternehmen öffnen sich für diese neue Finanzierungsform. Dies zeigt sich insbesondere durch den Anteil von vergleichsweise kleinen
Unternehmen mit einem Jahresumsatz von weniger als 300 Mio. €, von Unternehmen mit
einem relativ kleinen Emissionsvolumen von unter 50 Mio. € (siehe Abbildung 22.5) oder
von Unternehmen mit Rechtsformen außerhalb der AG (GmbH, GmbH Co. KG als Perso-
nengesellschaft).

Abbildung 22.5 Verteilung des Emissionsvolumens an privatrechtlich organisierten Märkten der Deutschen Börse, Börse Stuttgart und Börse Düsseldorf

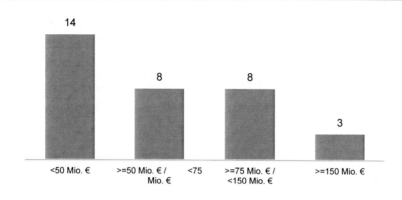

Quelle: Kaserer C. (2011)

Am Beispiel der ersten Anleihen im neuen Segment Entry Standard für Anleihen (siehe Tabelle 22.1) lässt sich gut erkennen, dass Unternehmen aus ganz unterschiedlichen, auch klassischen Branchen dieses neue Finanzierungsinstrument genutzt haben.

Tabelle 22.1 Entry Standard für Anleihen - Überblick

Unternehmen	Emissions-volumen	Coupon (%)	Rating	Letzter Stand	Ratingagentur	Branche	Konzern-umsatz 2010 (Mio. €)
DIC ASSET AG 2011/2016	70	5,875	-	91,00	-	Immobilien	228
Golden Gate GmbH 2011/2014	30	6.500	BBB	95,40	Creditreform	Immobilien	k.a.
KTG Agrar AG 2011/2017	70	7,125	BBB	96,65	Creditreform	Landwirt	44,9
MS Spaichingen 2011/2016	30	7,250	BB	94,75	Euler Hermes	Industrie	95
S.A.G. Solarstrom AG 2010/2015	25	6,250	BBB+	97,00	Creditreform	Energie	201,3
S.A.G. Solarstrom AG 2010/2015	25	7,500	BBB+	93,115	Creditreform	Energie	201,3
SeniVita Sozial gGmbH 2011/2016	15	6,500	A-	104,00	Creditreform	Gesundheit	30
SIAG Schaaf Industrie AG 2011/2016	50	9,000	B-	94,00	S&P	Industrie	144
Amictus/Eyemaxx AG 2011/2016	25	7,500	BBB+	97,00	Creditreform	Immobilien	15

Quelle: Deutsche Börse, 04.Oktober 2011

Die Emissionsvolumina zwischen 15 Mio. € und 70 Mio. € zeigen auch, dass auch kleinere Unternehmen mit einem geringeren Finanzierungsbedarf ihre Anleihe erfolgreich platzieren und listen konnten. Der Entry Standard für Anleihen ist offen für kleine und mittlere Unternehmen, was auch an der großen Bandbreite der Unternehmensgröße gemessen am Jahres-Konzernumsatz von 14 Mio. € bis 228 Mio. € zu erkennen ist.

Überraschend hohe Liquidität am Sekundärmarkt

Anleihen gelten im Konzert der Anlageinstrumente eher als Buy-and-Hold-Wertpapiere, d. h. in der Regel kaufen Anleger die Anleihen und behalten sie bis zur Rückzahlung nach Ablauf der Laufzeit im Depot. Angesichts dessen überrascht die relativ hohe Liquidität der Unternehmensanleihen an den börslichen Segmenten.

Die nachfolgende Tabelle 22.2 zeigt, dass die Umsatzgeschwindigkeit der neun Anleihen im Entry Standard für Anleihen der Deutschen Börse im Durchschnitt bzw. Median bei 25 % bzw. 20 % liegt, d. h. nach durchschnittlich vier Monaten Handelszeit konnte im Durchschnitt bzw. Median bereits 25 % bzw. 20 % des gesamten Emissionsvolumens im Handel an der Deutschen Börse umgesetzt werden. Einen ähnlich hohen Wert erreichen sonst auch Aktienemissionen im Rahmen eines IPO.

Tabelle 22.2   Entry Standard für Anleihen- Unternehmenskennzahlen

Unternehmen	1. Handelstag	Über DB AG platziertes Emissionsvolumen (Mio. €)	Anteil DB AG Platzierung (%)	Handelsumsatz DB AG (Mio. €)	Umsatzgeschwindig keit (%)*
DIC ASSET AG 2011/2016	16.05.2011	9,89	14,13	9,10	13
Golden Gate GmbH 2011/2014	11.04.2011	2,61	8,70	3,57	12
KTG Agrar AG 2011/2017	06.06.2011	2,79	5,58	25,46	36
MS Spaichingen 2011/2016	15.07.2011	5,91	19,70	4,34	14
S.A.G. Solarstrom AG 2010/2015	15.12.2010	Aus dem Freiverkehr transferiert	-	5,10	20
S.A.G. Solarstrom AG 2010/2015	11.07.2011	9,23	36,92	5,70	22
SeniVita Sozial gGmbH 2011/2016	17.05.2011	5,61	37,40	10,92	72
SIAG Schaaf Industrie AG 2011/2016	12.07.201	4,04	8,08	3,23	6
Amictus/Eyemaxx AG 2011/2016	26.07.2011	4,97	19,88	7,89	32

* *Durchschnitt/Median 25 %/20 %*

Quelle: Deutsche Börse (2011)

Jüngste Kursverluste reflektieren vorhandenes Risiko

Mittelstandsanleihen verzeichneten in der jüngsten Krise der Staatsanleihen auch deutliche Kursverluste. Von den aktuell 33 an den Börsen in Düsseldorf, Frankfurt und Stuttgart gelisteten Mittelstandsanleihen mit einem Volumen von rund 2 Mrd. € notierten am 18.08.2011 nicht weniger als 22 oder knapp 70 % der Papiere deutlich unter ihrem Ausgabekurs. Die am Entry Standard für Anleihen gelisteten Anleihen haben sich mit Kursverlusten von durchschnittlich 4 % gegenüber dem Ausgabekurs von 100 % dabei noch relativ stabil gehalten (siehe Tabelle 22.2). Die hohen Renditen der Anleihen sind also auch das Spiegelbild des hohen Risikos, wie sich in den jüngsten Marktturbulenzen zeigt.

Weitere Perspektiven der Finanzierung über Mittelstandsanleihen

Die langfristigen Folgen der jüngsten Bankenkrise und die weiter verschärften Eigenkapital-Anforderungen an die Banken durch Basel III führen dazu, dass Mittelstandsanleihen als bankenunabhängige Finanzierungsquelle für Unternehmen eine interessante Alternative bleiben werden. Die Attraktivität der Mittelstandsanleihen als langfristig erfolgreiches Finanzierungsinstruments für mittelständische Unternehmen hängt sicher von den möglichen Emissionsvolumina, der Attraktivität der Verzinsung, der Laufzeit, den Dokumentationsvoraussetzung und der Berechenbarkeit von vorhandenen Covenants ab. Hier hat die Anleihe Vorteile als Kapitalmarktinstrument im Verhältnis zur Bankenfinanzierung. Flexibilisierung der Finanzierung ist im immer volatiler werdenden Kapitalmarktumfeld ein wichtiges Thema. Mittelstandsanleihen tragen hierbei zur Unabhängigkeit von Banken und Fristigkeit der Finanzierung bei. Eine im o. g. Sinne erfolgreiche Strukturierung von Mittelstandsanleihen wird aber auch von der Erfahrung und Professionalität der beratenden Kapitalmarktakteure stark beeinflusst.

Der weitere Erfolg ist natürlich auch im großen Maße durch das zukünftige Anlegerumfeld, das Zinsumfeld und die Suche des Privatanlegers nach „High Yield" bedingt.

Vorteile des Entry Standard für Unternehmensanleihen

Im Vergleich der börslichen Anleihesegmente bietet der Entry Standard für Anleihen weitere Vorteile: Anleihen können an Deutschlands Börse erster Wahl für Privatanleger gezeichnet und gehandelt werden. Nach der Migration des Parketthandels auf XETRA im Mai 2011 können außerdem mehr Händler und institutionelle Investoren als bisher Unternehmensanleihen im Entry Standard direkt zeichnen und handeln. Zudem sorgt die freie Wahl des Antragstellers und der Zahlstelle für eine optimale Kombination für den Emittenten bei der Strukturierung der Anleihe.

Die besondere Rolle des Antragstellers sorgt über eine Eingangskontrolle und Beratung bei Strukturierung und Platzierungskonzept der Anleihe für ein notwendiges Maß an Professionalität. Nicht zuletzt stehen rund 100 Deutsche Börse Listing Partner mit ihrer Expertise zusätzlich zur Verfügung, um Emittenten bei der Emission und während der Börsennotierung zu beraten.

Denkt der Emittent zu einem späteren Zeitpunkt auch an die Emission von Aktien, findet er bei der Deutschen Börse mit dem Entry Standard für Aktien ein auf den Entry Standard für Anleihen abgestimmtes Regelwerk. So kann er seine Vorleistung inkl. des aufgebauten Investorennetzwerks eins zu eins für die Emission der Aktie nutzen und umgekehrt.

Literatur

[1] Kaserer C. (2011) Primary Market Activity and the Cost of Going and Being Public– An Update, Frankfurt.

23 Die Begebung einer mittelständischen Anleihe aus der Sicht des Emittenten

Stephan Krä und Aribert Wolf (Golden Gate AG)

23.1 Motivation für eine Anleihe im Umfeld der Unternehmensfinanzierung

Es gibt viele überzeugende Gründe für die Begebung einer Anleihe. Für die Golden Gate AG, einem Immobilienentwickler mit einem ganz spezifischen Unternehmensprofil gab es jedoch eine Triebfeder, die alle anderen Gründe weit überragte: Die mangelnde Bereitschaft der Banken im ausklingenden Jahr 2010 und beginnenden Jahr 2011, der Golden Gate AG ausreichend Fremdkapital zu akzeptablen Bedingungen zur Ausweitung ihres Geschäftsmodells zur Verfügung zu stellen. Über die Gründe für diese Zurückhaltung der Banken soll an dieser Stelle nicht weiter spekuliert werden, mögen diese in der allgemeinen Finanzkrise oder im Geschäftsmodell der Golden Gate AG selbst liegen. Fakt war jedenfalls, dass diverse Anläufe bei den unterschiedlichsten nationalen und internationalen Banken für eine Fremdfinanzierung nicht zum gewünschten Erfolg führten.

Als Immobilienentwickler fixiert sich die Golden Gate AG auf zwei attraktive Asset-Klassen im Immobilienmarkt: Gesundheits- und Wohnimmobilien. Das Unternehmen verfügt über ein substanzstarkes Immobilienportfolio, das vollständig aus Eigenmitteln erworben wurde. Dieses bildet sich ab in zwei akut stationären Fachkliniken, sowie hochwertigen Wohnraumprojekten überwiegend in Hamburg und auf Sylt. Das Unternehmen entwickelt und setzt hochwertigen Wohnraum bis ins Luxus und Topsegment um, für die Kliniken entwickelt die Golden Gate AG potentialoptimierte und zukunftsstarke Nutzungskonzepte, um so entsprechende Wertsteigerungen der Immobilien zu erreichen.

Ursprünglich hatte die Golden Gate AG auch einen klassischen Börsengang als Finanzierungsweg in Betracht gezogen, doch dafür war das Unternehmen zu klein und zu unbekannt eingestuft worden. Blieb als probates Mittel einer auch vom Gesellschafter gewünschten Finanzierung die Unternehmensanleihe. Hat man sich mit diesem Gedanken angefreundet, stellt sich sofort die nächste Frage, was ist denn der richtige Zeitpunkt für die Begebung der geplanten Anleihe. Nach wenigen Diskussionen war jedoch schnell klar, es wird wohl in der Prospektive nie den richtigen Zeitpunkt für eine Anleihe geben. Zu viele Einflussfaktoren für ein günstigeres oder weniger günstiges Umfeld lassen sich eben nicht vorher sagen. Hier hilft nur der unternehmerische Mut zum Sprung ins Ungewisse weiter, sowie Beharrlichkeit bei der Abarbeitung der anstehenden Herausforderungen.

23.2 Eigenemission versus Fremdemission oder die Suche nach externer Hilfe

Aber nicht nur die Wahl des richtigen Augenblicks für die Anleiheemission bleibt ein Wagnis, auch das gesamte Prozedere zur Begebung einer Anleihe war unbekanntes Neuland für die Golden Gate AG, das erstmals betreten werden musste. Um sich Zeit und Fehler zu ersparen und um einen sicheren Lotsen an der Seite zu haben, entschloss sich der Vorstand der Golden Gate AG, einen erfahrenen Kapitalmarktexperten für dieses Projekt zu gewinnen. Hier die richtige Wahl zu treffen, stellt entscheidende Weichen für das weitere Vorankommen in Richtung Anleiheemission. Natürlich wiegen dabei sachliche Gründe, wie Erfahrung, Kompetenz, das Netzwerk des Beraters gewichtig. Ganz entscheidend sind aber auch die emotionalen Faktoren. So muss der Berater persönlich zu den handelnden Personen passen. Er muss in der Lage und willens sein, nicht nur das Geschäftsmodell des Unternehmens, sondern auch die Persönlichkeit des Gesellschafters sowie das gesamte Umfeld des Unternehmens zu erfassen, zu verstehen und in seine Ratschläge und seine strukturierende Arbeit mit einzubeziehen. Sehr gut beraten ist man mit einer lösungsorientierten und erfahrenen Person.

Versteht er seine Aufgabe richtig, wird sich der Berater nicht in eine reine Ja-Sager-Rolle begeben, sondern bereit sein, kontroverse Diskussionen zu führen und seine Vorschläge zu unterbreiten. Das fängt bei den Grundlagen der Anleihe an: Wie gedenkt das Unternehmen die Zinsen der Anleihe zu erwirtschaften? Wie will das Unternehmen am Ende der Laufzeit die Anleihe zurückzahlen? Wie glaubwürdig ist die Unternehmenssicht für den potentiellen Anleihegläubiger? Was muss das Unternehmen zum Erreichen dieser Ziele sicherstellen, was kann zur Erhöhung der eigenen Glaubwürdigkeit gegenüber potentiellen Anleihegläubigern verbessert werden? Gibt es aktuelle Entwicklungen und Erfahrungen vom Kapitalmarkt den gewählten Ansatz unterstützen oder eher abraten lassen, den geplanten Weg so zu gehen?

Ein guter Berater wird, ausgehend von den Wünschen des Unternehmens selbst, dessen Kurs immer auch kritisch beleuchten. Insbesondere wird er versuchen, die oft allzu rosige Sicht auf das eigene Unternehmen so zu recht zu rücken, wie es andere am Kapitalmarkt auch tun würde, ohne jedoch das Management grundlegend zu demotivieren. Aus diesen Gesprächen und Diskussionen heraus formt sich dann ein erstes durchgeplantes Grobkonzept der Anleihe, das mit Sicherheit anders aussehen wird, als beim Startschuss vom Unternehmen selbst entworfen.

Neben dieser formenden Funktion wird der Berater dann in den Prozess sein gesamtes Netzwerk aus Banken, potentiellen Investoren, Anwälten und weitere, die an der Abarbeitung der formalen Voraussetzungen für die Anleihe mitzuwirken haben, zur Verfügung stellen. Er kennt die marktüblichen Preise für die entsprechenden Dienstleistungen und zeigt dem Unternehmen den weiteren Weg und die damit verbundenen nicht unerheblichen Kosten der weiteren Umsetzung auf und erspart somit frustrierende und zeitraubende Gespräche.

Und der Berater wird im weiteren Verlauf der Anleiheemission – so es dazu kommt – immer wieder auch ein „Troubleshooter" sein müssen oder anonym, d. h. ohne Nennung des Auftrag gebenden Unternehmens, Zweifelsfragen abprüfen, die das Unternehmen selbst gar nicht anonymisiert prüfen könnte.

23.3   Die grundlegende Struktur der Anleihe

Zusammen mit dem Berater heißt es dann, die grundlegende Struktur der geplanten Anleihe festzulegen. Zunächst die Emissionshöhe: Hier wird es darum gehen, welchen Finanzbedarf sieht das emittierende Unternehmen und welches Anleihevolumen möchte der Markt sehen. Zielt man auch auf institutionelle Anleger, sollte das Platzierungsvolumen nicht zu klein ausfallen, da vom Markt kleine Volumina als kaum handelbar eingestuft werden. Auf der anderen Seite muss das Unternehmen die mit der Anleihe eingegangene Fremdverschuldung auch verarbeiten können. Schließlich müssen die Zinsen und Tilgung erwirtschaftet und natürlich auch noch ein Unternehmensergebnis erreicht werden.

Das gilt es auch bei der Wahl des richtigen Zinssatzes zu bedenken. Je höher der Zinssatz, umso attraktiver wird die Anleihe für die Gläubiger. Auf der anderen Seite steigen damit ganz selbstverständlich die Kosten der Fremdfinanzierung für das emittierende Unternehmen. Die vertriebsorientierte Bank wird also einen möglichst hohen Zins empfehlen, der kostenbewusste Emittent sich einen möglichst niedrigen Zinssatz wünschen. Um dieses Spannungsfeld richtig zu lösen, müssen alle Beteiligten bereit sein, ihre Vorschläge möglichst konkret zu begründen. Hierbei gilt es, sich eine gewisse zeitliche Flexibilität zu bewahren, dennoch wird am Ende der gebotene Zinssatz von den Einen als zu hoch und von deren anderen als zu niedrig bewertet werden, richtig sicher wird man sich erst nach der erfolgreichen Zeichnung fühlen. Dennoch gilt es auch hier, sich irgendwann zu entscheiden, um aus diesem Diskussionsprozess heraus zu einer ersten Festlegung zu kommen, die spätestens bis zur Billigung des Prospektes durch die BaFin dann zu einem endgültigen Abschluss gekommen sein muss. Neben der Höhe des Emissionsvolumens und dem Zinssatz heißt es dann, den dritten Grundparameter der Anleihe festzulegen: die Laufzeit. Auch hier richtet sich der Blick sowohl auf das Unternehmen und dessen Kapitalbedarf in zeitlicher Hinsicht als auch auf den Kapitalmarkt. Nun gilt es abzuwägen, wie man die Zinsentwicklung einschätzt, wie der Markt die Zinsentwicklung einschätzt, welches Bedürfnis die angepeilte Zielgruppe der Anleihegläubiger hat: Wollen diese die Anleihe kaufen und dann ins Depot legen und möglichst bis zum Ende der Laufzeit nicht mehr anfassen und passt dazu die geplante Laufzeit? Aus Sicht des Unternehmens wird zu fragen sein, ob die gewählte Laufzeit so bemessen ist, dass auch die Tilgung der Anleihe am Ende der Laufzeit erwirtschaftet ist.

Die Golden Gate AG hat sich nach all diesen Überlegungen für ein Emissionsvolumen von 30 Mio. €, einen Zinssatz von 6,5 % und einer Laufzeit von dreieinhalb Jahren entschieden.

Ist am Ende dieses Prozessschrittes die Anleihe dann in ihren Grundzügen beschrieben und der erforderliche Weg zur Begebung der Anleihe in zeitlicher und finanzieller Hinsicht vorgezeichnet, gilt es die Entscheidung zu treffen, wiederum eine Risikoentscheidung, ob es weitergeht oder man an dieser Stelle besser aufhört, bevor erhebliche weitere Kosten losgetreten werden. Wird auch diese Entscheidung positiv getroffen, geht es an die Prospekterstellung.

23.4   Die Prospekterstellung

Hierzu sollte auf eine Anwaltskanzlei zurückgegriffen werden, die bereits über ausreichende Erfahrungen bei der Erstellung von Wertpapierprospekten und über die nötigen Drähte und Kanäle zur Bundesanstalt für Finanzaufsicht (BaFin) verfügt. Denn die BaFin muss den Prospekt billigen. Sie präsentiert sich jedoch im gesamten Verfahren keineswegs als sture, voreingenommene Behörde, sondern ist bei richtiger Ansprache stets darum bemüht, den gesamten Prozess der Erstellung des Prospektes konstruktiv und dialogfähig zu begleiten. So sind die seitens der BaFin gesetzten Anforderungen an den Prospekt wirtschaftlich zum Gläubigerschutz nachvollziehbar und sollten auf der Seite des Emittenten auch konstruktiv aufgegriffen und gegebenenfalls weitergedacht werden. Vor diesem Hintergrund hilft die BaFin mit, das im Prospekt beschriebene, eigene Produkt anzupassen und entsprechend abzurunden.

Dennoch ist die Prospekterstellung vom Aufwand für das eigene Unternehmen ein nicht zu unterschätzender erheblicher zeitlicher und Ressourcen verschlingender Aufwand. So bricht sich sehr schnell die ernüchternde Erkenntnis Bahn, dass – obwohl im Unternehmen viel Geld für Berater und Juristen ausgegeben wurde – zur Herstellung der für eine Anleihe geforderten Compliance und Dokumentation sehr viel Nachbesserungsbedarf auf den Emittenten zurollt. Da ja die operativen Aufgaben des Unternehmens weitergeführt werden müssen, empfiehlt es sich, hierfür ein internes Team von mindestens zwei Personen abzustellen, die nichts anderes zu tun haben, als sich intern darum zu kümmern, der gewählten Anwaltskanzlei die nötigen Daten und Unterlagen, am besten in einem virtuellen Datenraum zur Verfügung zu stellen. Hier kann sehr viel Zeit unnötig verloren werden, daher gilt es den nötigen zeitlichen Druck gegenüber dem anwaltlichen Berater, der den Prospekt schreibt, mit eigener Manpower zu unterfüttern, um die notwendigen Daten umfassend und schnell zur Verfügung stellen zu können. Während der Vorbereitungszeit und auch nach der Anleiheemission raten wir die entsprechenden Unterlagen stets weiter zu pflegen und zu aktualisieren. Es zeigt sich, dass man immer wieder darauf zurückgreifen muss. Es sei an dieser Stelle noch angemerkt, dass der Kreis der eingeweihten Personen in den Anleiheprozess im Unternehmen klein gehalten werden sollte. Dies ermöglicht ein stringentes Arbeiten im kleinen Kreis und mögliche Enttäuschungen werden nicht vom ganzen Unternehmen wahrgenommen.

Aber auch der Inhalt des Prospekts sollte jeweils kritisch hinterfragt werden. Natürlich ist der Prospekt in erster Linie ein reines Enthaftungsvehikel. Es gilt also alle denkbaren Risiken für einen Anleihegläubiger transparent zu benennen, um später nicht in ungewollte Haftungsrisiken zu schlittern. Aber es werden an dieser Stelle auch weitere, ganz entscheidende Weichenstellungen vorgenommen. Der Emittent sollte ausreichend Zeit darauf verwenden, den Prospekt gerade unter dem Aspekt mit den Anwälten zu diskutieren, was im Prospekt aufgenommen werden muss und was nicht weggelassen werden kann oder was besser unbestimmt und nicht allzu einengend formuliert wird, beispielsweise wie flexibel das Unternehmen später die Anleiheerlöse verwenden kann.

Damit führt auch die Prospekterstellung zu einem weiteren Feinschliff des geplanten Produkts Anleihe. Zielsetzung dieses Prozesses ist es, die Billigung des Prospektes durch die BaFin zu erreichen. Parallel zur Prospekterstellung gilt es weitere wichtige Weichenstellungen vorzunehmen.

Unter Umständen muss auch noch der Wirtschaftsprüfer ein Testat zur aktuellen Situation der Gesellschaft, den sogenannten Comfort Letter abgeben. Auch hier gilt es, sich rechtzeitig darum zu kümmern, um zeitliche Verzögerungen an solch formalen Aspekten zu vermeiden.

23.5 Auswahl der Vertriebspartner, Festlegung der Vertriebsstruktur

Eine der entscheidenden Fragen, die dann vor Begebung der Anleihe diskutiert und geklärt werden sollten, lautet: Auf wen zielt der Emittent eigentlich als potentiellen Anleihegläubiger ab? An welchen Personenkreis will man sich wenden? Wie stark setzt man auf Retail-Kunden? Oder konzentriert man sich auf institutionelle Anleger, die ihrerseits wiederum bestimmte Kriterien zu beachten haben, wenn sie denn Anleihen zeichnen? Eine klare und kompromisslose Festlegung und Beschreibung des Produktes Anleihe hilft dabei den weiteren Prozess zu fokussieren. Auch hier wird der Dialog mit dem Emissionsberater helfen, die richtigen Kriterien für die eigene Anleihe herauszuarbeiten und abhängig von der jeweiligen Zielgruppe die emissionsbegleitende Bank oder die begleitenden Banken richtig auszuwählen und sich dann auch für den richtigen Börsenplatz zu entscheiden, an dem die Anleihe schließlich notiert werden soll.

Ist die Entscheidung für die Banken und den Börsenplatz gefallen, sind damit automatisch weitere Anforderungen und Nachbesserungswünsche verbunden, wie die Anleihe ausgestaltet sein muss, um sie zu einem möglichst optimalen, vertriebsfähigen Produkt reifen zu lassen. Die Bank handelt in dieser Phase primär vertriebsorientiert und wird versuchen, die Anleiheparameter in ihre Richtung zu beeinflussen. Diese muss nicht immer mit der Zielsetzung des Unternehmens einhergehen. In dieser Phase sollte von der Emittentin daher sehr intensiv die Strategie der Bank hinterfragt werden, da diese schließlich als Dienstleister der Emittentin tätig ist und von dieser entlohnt wird. Im Zweifelsfall kann es sinnvoll sein, sich eine zweite Meinung einer anderen Bank mit anzuhören.

Neben der Zinshöhe und der Zielgruppe der potentiellen Anleihegläubiger werden in dieser Phase weitere wesentliche Eckdaten der Anleihe nun erstmals mit einer Vertriebsmannschaft durchleuchtet. Sind Laufzeit und Emissionsvolumen richtig gewählt? Überzeugt das Sicherungskonzept? Insbesondere ist darauf zu achten, dass die Vertriebsmannschaft der Bank das Unternehmen und die Anleiheparameter verstanden hat. Das Unternehmen darf in dieser Phase nicht einseitig präsentieren, sondern muss durch Rückfragen auch die Bankmitarbeiter prüfen.

Schließlich gilt es, sich Gedanken über die Zeichnungsfrist zu machen. Der Zeitraum für die Zeichnungsfrist orientiert sich grundlegend an der Tatsache, ob das Unternehmen die Emission eigenverantwortlich (Eigenemission) oder mit Hilfe einer Emissionsbank (Fremdemission) durchführt. Der zeitliche Rahmen sollte nicht zu knapp gewählt sein, sondern ein gewisses Sicherheitsfenster mit beinhalten. Auf der anderen Seite ist auch eine zu lange Zeichnungsfrist wenig zielführend. Auch muss sich der Emittent fragen: Wer sind die potentiellen Anleihegläubiger und auf welchen Vertriebswegen erreiche ich meine Kunden? Denn je stärker institutionelle Anleger angesprochen werden, umso kürzer kann die Zeichnungsfrist ausfallen. Zielt man mit einem Emissionsvolumen von 30 Mio. € auf institutionelle Anleger wie die Golden Gate AG, so dürfte eine Zeichnungsfrist von zwei bis drei Wochen empfehlenswert sein.

Nicht fehlen darf schließlich in der Riege der guten Geister eine kapitalmarkterfahrene PR-Agentur. Diese ist zwar kein echter Vertriebspartner, hilft aber dennoch in einem wichtigen Umfeld bestehen zu können, vor allem gegenüber Wirtschaftsjournalisten und Analysten. Auch hier sollte der begleitende Berater mehrere Empfehlungen parat haben. Im Umgang mit Medien und Multiplikatoren ist schon so manches Eigentor geschossen worden, so dass auch dieses Feld professionell anzugehen ist. Je eher man sich mit der PR-Agentur abstimmt, desto höher ist die empfangene Unterstützung. Auch hier gilt es einiges an Zeit zu investieren. Die Kommunikationsagentur muss zunächst alle Fakten kennen. Dazu zählen die handelnden Personen, das Unternehmen selbst, das Geschäftsmodell des Unternehmens, die Motivation für die Anleihe, die Zielsetzung der Anleihe und selbstverständlich die Ausgestaltung der Anleihe.

Notwendig ist es ferner, eine Neuorganisation des eigenen Internetauftritts vorzunehmen. Die Website muss kapitalmarktgerecht gestaltet werden. Auch hier kann die PR-Agentur bei der Formulierung der Web-Texte wertvolle Hilfe leisten. Demgegenüber ist es unkritisch, wenn für die grafische Darstellung und die Programmierung der Internetseiten auf die gewohnten Dienstleister zurückgegriffen wird; die Golden Gate AG ist damit gut gefahren. Denn die gewohnten Dienstleister haben die Corporate Identity des Unternehmens längst verinnerlicht und binden so die neuen Seiten nahtlos in den sonstigen Unternehmensauftritt ein. Es empfiehlt sich aber, eine enge Abstimmung zwischen der PR-Agentur, den Internetdienstleistern und dem Unternehmen auch für diese Aufgabe ins Leben zu rufen.

Sodann gilt es mit der PR-Agentur frühzeitig eine Presse- und Informationsstrategie zu entwickeln. Wer tritt für das Unternehmen nach außen und gegenüber Journalisten auf? Welche Medien und welche Journalisten sollen frühzeitig angesprochen werden? Was sind die Kernbotschaften für diese Medientermine? Welche Unterlagen werden den Journalisten zur Verfügung gestellt? All dies will gut geplant und vorbereitet sein. Allerdings erhöht sich mit diesen Aktivitäten der Zeitdruck, der auf den Verantwortlichen im Unternehmen lastet, zumal das operative Geschäft, das regelmäßig ohnehin den Tagesplan füllt, unter den Kapitalmarktaktivitäten nicht leiden darf. Dennoch ist es notwendig, gerade wegen der Multiplikatorenfunktion der Medien den Gang in die Öffentlichkeit gründlich vorzubereiten.

23.6   Unternehmensrating

Und dennoch muss noch Luft sein für Unvorhergesehenes. Beispielsweise für das Erstellen weiterer formaler Anforderungen, die mit der Wahl des Börsenplatzes verbunden sind und die dann erneut zu einem erheblichen zusätzlichen Zeitaufwand führen können. So geschehen bei der Golden Gate AG mit der Entscheidung für den Börsenplatz Frankfurt, der das Erfordernis für ein Rating (mindestens für das Unternehmen und dann auch freiwillig für die Anleihe) zur Folge hatte. Auch beim Rating stellt sich zunächst die Frage nach dem richtigen Dienstleister. Soll man auf die großen internationalen bekannten Ratingagenturen wie Moody's, Standard & Poor's oder Fitch setzen, wohlwissend, dass für ein mittelständisches Unternehmensrating von diesen Agenturen schwindelerregende Preise aufgerufen werden? Zudem stellt sich die Frage nach der Mittelstandskompetenz dieser Agenturen in Deutschland. Andererseits sind die Voten dieser Ratingagenturen national und international in allen Bereichen anerkannt. Oder setzt man lieber auf eine deutsche Ratingagentur, die von der Bundesanstalt für Finanzdienstleistungsaufsicht anerkannt ist, deren Urteile aber sowohl national als auch international nicht in allen Bereichen als ausreichend angesehen werden? Letzteres wird zu Recht politisch – gerade in jüngster Zeit – immer wieder beklagt, ist aber in weiten Teilen immer noch Fakt.

Dabei verfügen die deutschen Ratinginstitute wohl über die beste Mittelstandskompetenz für Deutschland. Daher hat sich die Golden Gate AG auch für diesen Weg entschieden. Wichtige Gründe waren auch der schnelle Zeitrahmen, der für die Erstellung des Ratings veranschlagt wurde, und mit dem Rating verbundenen, ungleich niedrigeren Kosten. Eine Entscheidung, die der Vorstand der Golden Gate AG einmütig auch heute im Rückblick noch für richtig hält.

Der Ratingprozess selbst ist für das Unternehmen mit den gleichen Problemen behaftet, die auch im großen internationalen Ratinggeschäft sichtbar werden. Es gilt das richtige Maß zu finden zwischen der gerechten Bewertung der Individualität des Geschäftsmodells und des jeweiligen Unternehmens und den Anforderungen an eine standardisierte Vergleichbarkeit des Unternehmens mit anderen Marktteilnehmern. In diesem Spannungsfeld stand die Golden Gate AG in der Diskussion mit den Verantwortlichen der Ratingagentur unter einem erheblichen Zeitdruck, um rechtzeitig das Ratingvotum zu erhalten. Dieser Zeitdruck zwang zu einer ganzen Reihe von Kompromissen und einer Akzeptanz von Ratingvoten, die bei einem geringeren Zeitdruck und mehr Möglichkeiten spezifische Sachverhalte gegenüber der Ratingagentur ausführlicher zu erläutern, wahrscheinlich zu einer besseren Bewertung geführt hätte.

Generell lässt sich aber festhalten, dass der personelle Aufwand für das Unternehmen gegenüber der Ratingagentur erhebliche Ressourcen erfordert. Es muss die gesamte Unternehmens-Compliance, das Geschäftsmodell bis in die Feinheiten, die Bilanzen, die internen Qualitätssicherungs- und Risikovorsorge-Vorkehrungen, schlicht die gesamte Binnenstruktur des Unternehmens offen gelegt und für eine Vergleichbarkeit aufbereitet werden. Am Ende wird man mit dem Ergebnis des Ratings ebenso hadern wie zufrieden sein, wie dies auch im großen internationalen Geschäft derzeit sichtbar ist.

Sind all diese Vorbereitungen dann letztendlich erfolgreich abgeschlossen, d. h. liegen die Prospektbilligung und das Ratingvotum vor, ist man sich mit den Vertriebsbanken einig, steht die PR-Strategie, dann gilt es nochmals kurz inne zu halten und die endgültige Entscheidung zu treffen, ob die Anleihe nun wirklich begeben werden soll. Fällt auch diese Entscheidung positiv, heißt es, die Roadshow gründlich vorzubereiten.

23.7   Roadshow

Mit der Eröffnung der Roadshow wird schließlich die Zielgerade der Anleiheemission eingeläutet. Die organisatorische Vorbereitung der Roadshow obliegt sicherlich der Vertriebsbank, dennoch wäre der Emittent schlecht beraten, würde er nicht auf eine enge Abstimmung mit den Vertriebspartnern drängen. Dies gilt zunächst für den Zeitrahmen der Zeichnungsfrist und der Roadshow. Um einen zeitlichen Vorlauf zu bekommen, sollte die Roadshow bereits vor der Zeichnungsfrist beginnen. Dadurch ergibt sich die Möglichkeit während der Zeichnungsfrist, wenn notwendig, noch einmal entsprechende Anpassungen vornehmen zu können bzw. weitere Termine zu vereinbaren. Idealerweise hat die Vertriebsbank bereits vor der offiziellen Eröffnung der Zeichnungsfrist Vorgespräche geführt und ein Vor-Briefing bei potentiellen Investoren absolviert. So erhalten Bank und Emittent ein erstes Gefühl für den Markt und andererseits kann die Vertriebsmannschaft der Bank die bevorstehende Anleiheemission bei den potentiellen Investoren bereits ankündigen. Die Vertriebsmannschaft sollte auf diesen Weg ein sicheres Gefühl dafür entwickeln, welche Anlegergruppe zur Anleihe passt bzw. zu dieser Art der Anleihe passen könnte. Dem Emittenten erspart eine gut organisierte Vorarbeit damit viel Zeit, die er ansonsten in vergeblichen Präsentationsterminen und Frustrationserlebnissen während der Roadshow liegen lässt.

Die Präsentationsmannschaft, in der Regel der Vorstand, muss wiederum ausreichend Vorbereitungszeit für die Roadshow-Gespräche einplanen und nicht unvorbereitet auftreten – so nach dem Motto: Man kennt ja das eigene Unternehmen. Eine kurze Unternehmens- und Anleihebroschüre sind eine Selbstverständlichkeit, ein kurzer Standardvortrag für jedes Vorstandsmitglied ein unbedingtes Muss. Hier zeigt sich auch die Qualität der zuarbeitenden PR-Agentur. Passen die Formulierungen? Sind die Präsentationsunterlagen ansprechend und können im Verlauf der Roadshow auch ausreichend Pressegespräche geführt werden, die zu Veröffentlichungen während des Zeichnungszeitraums führen? Kann sich das Unternehmen so auch gegenüber der Presse in einer Art und Weise präsentieren, dass objektiv und positiv über das Unternehmen berichtet wird? Wesentliche Fragen, für den Erfolg der Anleiheemission, denn ein Kurswechsel während der Roadshow ist so gut wie ausgeschlossen.

Es empfiehlt sich aber auch, die seitens der Vertriebsbank getroffenen organisatorischen Vorbereitungen genau zu studieren und durchzusprechen. Sind die Termine rechtzeitig fest vereinbart, ergibt sich ein realistischer Zeitplan ohne zeitliche Lücken. In diesem Fall ist für die Gespräche ausreichend Zeit eingeplant und es gibt es für jeden Tag der Roadshow einen klar strukturierten Tagesablauf. Auch wenn die weichen Zeiten – wie Fahrzeiten, Transportmittel und Hotels – berücksichtigt und organisiert sind und diese Logistik vertraglich gesichert ist, gilt immer noch der alte Satz: Vertrauen ist gut, Kontrolle ist besser. In der Hektik der Roadshow lassen sich Fehler kaum mehr ausbügeln.

Für die Golden Gate AG schlug besonders positiv zu Buche, dass sich die Vertriebsbank nicht nur auf nationale Anleger konzentrierte, sondern auch im deutschsprachigen Ausland Kontakte und Präsentationstermine organisieren konnte, so dass auch dort eine äußerst erfolgreiche Platzierung möglich wurde. Der Schritt ins Ausland empfiehlt sich besonders dann, wenn unterschiedliche Mentalitäten in den einzelnen Ländern eine besondere Affinität zur spezifischen Anleihe und dem dahinter stehenden Unternehmensmodell erwarten lassen. So kam der Golden Gate AG beispielsweise sehr zu Gute, dass in der Schweiz eine hohe Immobilienaffinität und ein tiefes Verständnis für die Entwicklung von Immobilien zu verzeichnen ist. Ebenso hilfreich für den erfolgreichen Vertrieb in der Schweiz war das ausgearbeitete Sicherheitenkonzept der Anleihe.

Die Roadshow ist im gesamten Anleiheprozess vergleichbar mit dem Zieleinlauf eines Marathonläufers in das Sportstadium. Dort sollte man sich weder vom Beifall zu sehr berauschen, noch von vereinzelten Pfiffen im Vorwärtsdrang irritieren lassen. Das Risiko über Erfolg oder Misserfolg der Anleiheemission trägt bis zuletzt alleine das emittierende Unternehmen, nicht die Vertriebsbank, so sehr sich diese während der Roadshow auch immer wieder in Szene setzen wird. D. h., die Emittentin sollte sich auch nach positiv gelaufenen Face-to-Face-Gesprächen nicht auf die kommunizierten Rückmeldungen und die bekundeten Zeichnungsabsichten verlassen, sondern sich stets nur an den tatsächlich erfolgten Zeichnungen orientieren. Im Zweifel sollte das Management bei der Vertriebsbank mit der steten Frage insistieren, wie voll das Zeichnungsbuch aktuell ist. Auch hier gilt (wie in allen Bereichen des Vertriebs), dass bis zur vollen Platzierung der gesamten Anleihe Beharrlichkeit und Ausdauer nötig sind, um den richtigen Schwung bis zum Zieldurchlauf beizubehalten.

Bringt man diesen Schwung und die Beharrlichkeit mit, wird die Roadshow aber auch zu einem ganz eigenen positiven Erlebnis. Natürlich gilt es hohen persönlichen Einsatz zu zeigen. Aber wie oft hat man schon Gelegenheit, das eigene Unternehmen und die eigenen Visionen so intensiv Dritten gegenüber zu präsentieren und einer Öffentlichkeit vorzustellen. Und auch am Rande gibt es immer wieder nette Begegnungen, beispielsweise am Abend beim Ausklang in der Hotelbar. Plötzlich wird klar, dass der zunächst unbekannte Nachbar ebenfalls ein Roadshow-Leidensgenosse eines anderen Unternehmens ist. Und was gibt es dann schöneres als über die aktuellen Erfahrungen zu fachsimpeln.

23.8   Schlussbemerkung

Krönender Höhepunkt ist nach einer erfolgreichen Platzierung dann die Aufnahme der Anleihe in den offiziellen Börsenhandel, die erste Notierung an einer Wertpapierbörse. Hier kann sich das Unternehmen mit einer erfolgreichen Anleihestory dann nochmals von der besten Seite präsentieren und Ausblick auf die nunmehr vorgegebenen Ziele halten.

Und dann winkt schließlich die Börsenparty! Denn wer viel gemeinsam gearbeitet und ein erfolgreiches Ergebnis erzielt hat, der muss den Erfolg auch gemeinschaftlich auf einer Party richtig feiern!

Den wichtigsten Tipp aus der Sicht eines Emittenten haben wir uns aber bis zum Schluss aufgehoben: Rechne stets damit, dass zu jedem Zeitpunkt irgendeine Katastrophe um die Ecke kommt, die nur unter Aufbietung aller Kräfte gelöst werden kann. Je näher der Zieleinlauf kommt, desto größer muss die Bereitschaft sein, nochmals alle Ärmel hochzukrempeln, um aufkeimende Probleme umgehend zu lösen und in die richtige Bahn zu lenken. Wer das beherzigt und bedingungslos umsetzt, den wirft im langen Anleiheprozess nichts aus der Bahn.

So ist die Golden Gate AG fest davon überzeugt, dass die Begebung einer Unternehmensanleihe ein wichtiges und probates Instrument der mittelständischen Unternehmensfinanzierung darstellt und dieses Segment in Deutschland noch viel Entwicklungspotential vor sich hat.

Die Herausgeber

Dr. Konrad Bösl
BLÄTTCHEN & PARTNER AG
Dr. Konrad Bösl hat an der Universität München Betriebswirtschaftslehre studiert und im Anschluss daran als wissenschaftlicher Mitarbeiter am Institut für Produktionswirtschaft und Controlling, Prof. Dr. Küpper, zum Themengebiet Risikomanagement promoviert. Sein beruflicher Werdegang führte ihn als Assistent des Vorstandsvorsitzenden eines börsennotierten Nahrungsmittelkonzerns zu einer renommierten deutschen Unternehmensberatung. Dort baute er erfolgreich den Geschäftsbereich Corporate Finance auf und verantwortete diesen in der Geschäftsleitung. Die Tätigkeit im Corporate Finance setzte er als Vorstand in einer der erfolgreichsten deutschen Emissionsberatungsgesellschaften fort. Dr. Bösl ist langjährig erfahrener und anerkannter Corporate Finance Spezialist. Seine Beratungsschwerpunkte sind die Betreuung von Börsengängen und Anleiheemissionen, insbesondere von mittelständischen Unternehmen.

Peter Thilo Hasler
BLÄTTCHEN & PARTNER AG
Nach seinem Studium der Volkswirtschaftslehre an der Universität Passau begann Peter T. Hasler seine Karriere als Finanzanalyst. Während der 1990er Jahre war Peter T. Hasler Deputy Head of Company Research der HypoVereinsbank, von 2000 bis 2006 Leiter des Neuer Markt Research bzw. des Small Caps Research der HVB/UniCredit Group und von 2006 bis 2010 Director Research bei der Viscardi AG. Im Jahr 2000 war Peter T. Hasler Finanzvorstand von Scotia International, einem führenden deutschen Filmverleih und -produzenten. In seiner fast 20-jährigen Research-Laufbahn war Peter Thilo Hasler verantwortlich für eine Reihe von Börsengängen und Kapitalerhöhungen, darunter das IPO von Premiere, Software AG oder SKW Stahl-Metallurgie. 2010 gründete er die Sphene Capital GmbH, ein auf die Unternehmensanalyse von Small und Mid Caps ausgerichtetes Researchhaus. Seit 2010 ist Peter Hasler als Partner, seit September 2011 als Vorstand für Börsengänge, Anleiheemissionen und Unternehmensbewertung bei BLÄTTCHEN & PARTNER tätig. Peter T. Hasler hat eine Ausbildung zum Certified EFFAS Financial Analyst (CEFA) und stellvertretender Vorsitzender der DVFA Mid and Small Caps Expert Group. Er ist Autor verschiedener Bücher und Beiträge, insbesondere aus dem Bereich der Unternehmensbewertung.

Die Autorinnen und Autoren

Raimar Bock
Close Brothers Seydler Bank AG
Raimar Bock begann seine berufliche Laufbahn bei der Dresdner Bank in Hannover und Frankfurt, wo er verschiedene Positionen im Wertpapierhandel innehatte. 1988 übernahm Raimar Bock bei der Metall Bank die Leitung für den Bereich Renten- & Aktienhandel. Nach Tätigkeiten in zwei weiteren Brokerhäusern wechselte Raimar Bock 2002 zur nächsten beruflichen Instanz und war bis 2007 im Sales-Team zuständig für den Bereich deutsche Small- und Mid Caps. Von Januar 2008 bis März 2009 war Raimar Bock für die FCF Fox Corporate Finance GmbH in Frankfurt tätig, um die Etablierung des Small- und Mid Cap Brokerage vorzunehmen. Seit April 2009 leitet Raimar Bock als Executive Director das Institutional Sales-Team bei der Close Brothers Seydler Bank.

Jürgen Detering
Johannes Führ Asset Management GmbH
Jürgen Detering leitet den Bereich Vertrieb bei der Johannes Führ Asset Management. Nach seinem Studium an der Universität in Köln, war er in leitenden Positionen im Private Wealth Management und im Asset Management tätig. Dazu gehören Stationen bei Prudential Bache, Bank of Ireland und BNP Paribas. Als Geschäftsführer der deutschen Niederlassung der schottischen Investment-Consulting-Gesellschaft „The WM Company" war er maßgeblich an der Einführung der heute international gültigen Performance-Standards für Publikums- und Spezialfonds beteiligt. Jürgen Detering ist Mitglied im Anlageausschuss des Johannes Führ Optimal Return Fonds Universal.

Sven Döbeling
Raiffeisen Bank International
Geboren 1975 und aufgewachsen in Schleswig-Holstein begann Sven Döbeling nach einer Ausbildung zum Schifffahrtskaufmann ein Studium der Betriebswirtschaftslehre an den Universitäten Göttingen und Uppsala, Schweden. Nach dem Berufseinstieg im Reedereiarm des Oetker-Konzerns war Sven Döbeling ab 2004 im Bereich Anleiheemission und der Begebung von Schuldscheindarlehen bei der HSH Nordbank AG tätig. Seit Ende 2010 ist Sven Döbeling Director für Debt Capital Markets der Raiffeisen Bank International AG in Wien. Sven Döbeling ist Alumnus der London Business School und beendet derzeit sein Executive MBA Studium an der Cass Business School in London.

Carsten Felz
Anleihen Finder GmbH

Carsten Felz ist seit Anfang 2010 Leiter der Kundenbetreuung der Anleihen Finder GmbH. Der gelernte Bankkaufmann arbeitete nach der Ausbildung zum Bankkaufmann bei der West LB zunächst für verschiedene Bankhäuser und Investmentgesellschaften im In- und Ausland. Anschließend studierte er Wirtschaftswissenschaften an der privaten Universität Witten/Herdecke.

Susanne Hasler
Sphene Capital GmbH

Susanne Hasler ist seit 1996 als Finanzanalystin tätig. Als Strategin für die Euroland-Aktienmärkte startete sie ihre Karriere bei der Bayerischen Hypotheken- und Wechsel-Bank; später setzte sich diese Aufgaben in der fusionierten Bayerischen Hypo-und Vereinsbank als Strategien für die Marktstruktur des deutschen Aktienmarktes und der Aktienmärkten des Euro-Raumes fort. Im Jahr 2001 wechselte Frau Hasler in die Unternehmensanalyse. Sie begann ihre Research-Coverage mit Unternehmen aus den Branchen Einzelhandel, Konsum- und Luxusgüter. Ab 2002 war Frau Hasler als Aktienanalystin für Unternehmen aus den Branchen Versorger und Bau sowie für den damals noch jungen Bereich der erneuerbaren Energien verantwortlich. 2008 übernahm sie die Coverage von Werten aus den Branchen Transport und Logistik sowie Stahl. Mitte 2010 gründete sie die Sphene Capital GmbH, ein auf die Analyse von Wertpapieren kleinerer und mittelständischer börsennotierter Unternehmen spezialisiertes Researchhaus.

Prof. Dr. Peter Heseler
FOM Hochschule für Oekonomie und Management

Nach einem Studium der Wirtschaftswissenschaften und der Promotion (1984) an der Universität St. Gallen durchlief Prof. Peter Heseler eine Traineeausbildung bei der Deutschen Bank, wo er in verschiedenen Positionen im Firmenkundengeschäft (zuletzt Marktgebietsleiter Ulm/Ostwürttemberg) eingesetzt war. Von 2004 bis 2009 war Prof. Peter Heseler Vorstand eines kleineren Finanzdienstleisters, seit 2010 ist er Professor für Allgemeine Betriebswirtschaftslehre, insbesondere Finanzmanagement, an der FOM Hochschule für Oekonomie und Management in Essen (Studienzentrum München).

Holger Clemens Hinz
quirin bank AG

Holger Clemens Hinz trägt als Managing Director die Mitverantwortung für das Geschäftsfeld Investment Banking und leitet innerhalb der quirin bank auch den Bereich Corporate Finance. Holger Clemens Hinz stieß 2007 im Rahmen der erfolgreichen Veräußerung seiner vier Jahre zuvor begründeten Corporate Finance-Beratungsgesellschaft zur Berliner quirin bank. Sein Einstieg erfolgte mit dem Ziel, die Position der seit über zehn Jahren am Markt etablierten, unabhängigen Investmentbank mit Fokus auf den Small- und Mid Cap-Bereich weiter auszubauen. Das Leistungsspektrum der quirin bank im Investment Banking umfasst seither die gesamte Bandbreite von der außerbörslichen Einwerbung von Eigen- und Mezzaninekapital, dem Kauf bzw. Verkauf von Unternehmen oder Teilen davon bis zur Begleitung von Kapitalmarkttransaktionen aller Art. Allein in den letzten fünf Jahren verantwortete Holger Clemens Hinz mit seinem Team mehr als 100 nationale und internationale Aktien-, Anleihe-, Wandel- sowie Optionsanleihe- und Unternehmensübernahme-Transaktionen in einem Gesamtvolumen von mehr als 2,5 Mrd. €. Weitere Erfahrungen sammelte er im Corporate Finance bei der Consors Capital Bank und der BHF-BANK. Er begann seine Karriere im Hause der Bankgesellschaft Berlin (heute Landesbank Berlin). Nach einer Ausbildung zum Bankkaufmann studierte Holger Clemens Hinz berufsbegleitend Wirtschaftswissenschaften an der Hochschule für Technik und Wirtschaft in Berlin. Er hat eine Ausbildung zum Certified EFFAS Financial Analyst (CEFA) abgeschlossen.

Christopher Johannson
quirin bank AG

Christopher Johannson ist Analyst im Bereich Corporate Finance des Geschäftsfelds Investment Banking der quirin bank. Zuvor war Christopher Johannson im Investment Banking der BHF-BANK tätig, wo er Projekte aus den Bereichen Mergers & Acquisitions sowie Equity Capital Markets begleitete. Christopher Johannson ist Diplom-Kaufmann. Er studierte Wirtschaftswissenschaften an der Goethe-Universität Frankfurt am Main mit dem Schwerpunkt auf Finanzen und legte ein Auslandssemester in England an der University of Southampton ein. Während seines Studiums absolvierte Christopher Johannson Praktika bei mittelständischen M&A-Boutiquen, wo er an grenzüberschreitenden Transaktionen mit internationalen Teams beteiligt war.

Stephan Krä
Golden Gate AG

Seit Februar 2008 ist Stephan Krä Vorstand der Golden Gate AG. Stephan Krä studierte Betriebswirtschaftslehre an der Ludwig-Maximilians-Universität in München. Krä besitzt eine langjährige Erfahrung in Führungspositionen, national wie international (Südamerika). Von 2004 bis 2006 war er Geschäftsführer der MMM Münchener Medizin Mechanik GmbH, einem mittelständischen Hersteller von medizintechnischen Geräten und in seiner Funktion maßgeblich für die erfolgreiche Restrukturierung des Unternehmens verantwortlich. In den Jahren 1999 bis 2003 betreute er unterschiedliche Start up-Unternehmen in der Funktion des CFO. Durch die Tätigkeiten bei der ADORI AG (IPO), knowlegepark AG (Sanierung und Verkauf) und der Nanogate Technologies GmbH (Vorbereitung auf den IPO) konnte er sich eine umfangreiche Kapitalmarkterfahrung aneignen.

Dr. Thorsten Kuthe
Heuking Kühn Lüer Wojtek

Dr. Thorsten Kuthe hat von 1992 bis 1994 bei der Deutschen Bank AG eine Ausbildung zum Bankkaufmann absolviert und im Anschluss daran an der Universität zu Köln Rechtswissenschaften studiert. Während dessen arbeitete er als wissenschaftlicher Mitarbeiter an der Universität zu Köln. Nach dem Ende seines Referendariats im Jahre 2001 arbeitete er als Rechtsanwalt bei Haarmann, Hemmelrath & Partner. Seit 2006 ist Dr. Kuthe in der Rechtsanwaltskanzlei Heuking Kühn Lüer Wojtek tätig und seit 2008 Partner der Sozietät. Dr. Kuthe ist auf die Beratung von kleineren und mittelgroßen Unternehmen in gesellschaftsrechtlichen Angelegenheiten, bei Finanzierungen und bei Unternehmenskäufen spezialisiert. Ein Schwerpunkt seiner Tätigkeit ist die aktien- und kapitalmarktrechtliche Beratung etwa bei Anleihemissionen, Kapitalerhöhungen, Börsengängen oder Hauptversammlungen. Daneben werden etwa regelmäßig junge Unternehmen und deren Investoren in Finanzierungsfragen unterstützt.

Dr. Markus A. Launer
Transatlantic Investor Relations LLC

Dr. Markus Launer hat 18 Jahre Erfahrung in der Finanz- und Unternehmenskommunikation, Mergers & Acquisitions sowie Kapitalmarktmaßnahmen, davon neun Jahre in den USA. Er arbeitete für die Hoechst AG und SGL Carbon AG sowie SGL Carbon Inc. in Charlotte, N.C. Für die Philipp Holzmann AG, Media! AG, Altana Inc. in New York, Merck KGaA arbeitete er als Berater und Interims Manager sowie für zahlreiche Unternehmen von DAX30 bis SDAX – derzeit u. a. für die Adler Modemärkte AG. Er war im Vorstand der German American Chamber of Commerce New York Inc. und Lehrbeauftragter der Fachhochschulen Braunschweig, Hamburg School of Business Administration und der Fresenius Fachhochschule. Derzeit verwaltet er eine Professur an der Ostfalia Hochschule. Launer absolvierte sein betriebswirtschaftliches Studium an den Universitäten Mannheim und Köln und erlangte den europäischen Ph. D. an der Tallinn University of Technology. Er ist Herausgeber zahlreicher Bücher im Bereich Investor Relations, Corporate Governance und der Koordination ausländischer Tochtergesellschaften multinationaler Unternehmen. 1993 wurde Dr. Markus Launer ausgezeichnet mit dem Marketing Preis der Dr. Carl Clemm und Dr. Carl Haas Preis der PWA Waldhof GmbH.

Dr. Hilger von Livonius
SJ Berwin LLP

Dr. Hilger von Livonius ist Partner im Bereich Financial Markets bei SJ Berwin LLP in München. Ein Schwerpunkt seiner Tätigkeit liegt im Bereich Debt Capital Markets (DCM) in der Strukturierung, Dokumentation und dem Vertrieb von Finanzprodukten, insbesondere Anleihen, Schuldscheindarlehen und strukturierten Finanzprodukten. Daneben berät er regelmäßig zu Vermögensanlagestrukturen für institutionelle Investoren (insbesondere Versicherungsunternehmen und Pensionskassen) und vermögende Privatanleger. Nach seiner Berufsausbildung zum Bankkaufmann bei der Deutsche Bank AG hat Dr. Hilger von Livonius Rechtswissenschaften in Hamburg, Heidelberg und München studiert und sein Referendariat in München und Miami absolviert. Anschließend war er zunächst bei Raupach & Wollert-Elmendorff und danach mehr als vier Jahre im Bereich Banking & Capital Markets bei Clifford Chance tätig (einschließlich eines Secondment in London). Seit 2005 ist er bei SJ Berwin. Er veröffentlicht regelmäßig zu bank-, wertpapier- und investmentrechtlichen Themen und hält hierzu auf Konferenzen Vorträge.

Prof. Dr. Gerald Mann
FOM Hochschule für Oekonomie und Management

Nach Abitur, Wehrdienst, Banklehre und erster Berufstätigkeit im Bankgeschäft in Folge der deutsch-deutschen Währungsunion begann Prof. Gerald Mann 1991 ein Studium der Volkswirtschaftslehre an der Ludwig-Maximilians-Universität und Politikwissenschaft an der Hochschule für Politik in München. Parallel zum Grundstudium erfolgte eine Ausbildung zum staatl. gepr. Fremdsprachenkorrespondenten. Nach den Studien war Prof. Gerald Mann Unternehmensanalyst in einer Großbank, dann Geschäftsführer und Berater im Verlagswesen sowie freiberuflicher Dozent – auch als Gastdozent in der VR China. Nach seiner Promotion über internationale Handelspolitik an der Universität der Bundeswehr in München und einem Zusatzstudium Erwachsenpädagogik an der Hochschule für Philosophie München ist Prof. Gerald Mann heute Professor für Volkswirtschaftslehre einschließlich der Lehre betriebswirtschaftlicher Module und Studienleiter Bachelor an der FOM Hochschule für Oekonomie und Management in München. Prof. Gerald Mann ist Interviewpartner und Autor in nationalen und ausländischen Medien.

Markus Mitrovski
Johannes Führ Asset Management GmbH

Markus Mitrovski leitet den Bereich Research und ist Portfoliomanager bei der Johannes Führ Asset Management GmbH. Nach seiner Banklehre studierte er an der Universität Frankfurt am Main. Der diplomierte Betriebswirt ist mitverantwortlicher Portfoliomanager für den Johannes Führ Mittelstands-Rentenfonds AMI und gehört dem Investment-Komitee an.

Dr. Michael Munsch
Creditreform Rating AG

Dr. Michael Munsch studierte Finanzwirtschaft an der Gesamthochschule Essen. Er promovierte im Bereich des internationalen Finanzrisikomanagements. Dr. Michael Munsch wurde im August 2000 zum Vorstand der Creditreform Rating AG bestellt. Zuvor war er Leiter des Zentralbereichs Risikomanagement des Verbandes der Vereine Creditreform e.V. und Mitglied der Geschäftsleitung. Nach Abschluss seines Studiums war er im Bereich Firmenkundenbetreuung bei einer Großbank tätig. Daran schloss sich eine Tätigkeit in der Finanzabteilung eines internationalen Konzerns an.

Frank Ostermair
Better Orange IR & HV AG

Frank Ostermair verantwortet seit 2007 bei der Finanzkommunikationsagentur Better Orange IR & HV AG den Bereich Investor Relations. Better Orange hat sich spezialisiert auf Anleiheemissionen, Börsengänge, Hauptversammlungen und laufende Investor Relations. Kernkompetenzen sind Vermarktungskonzepte, Pressearbeit, Kontakte in den Finanzmarkt und umfassende Serviceleistungen bei der Ansprache von Privatanlegern. Als einzige Agentur hat Better Orange bislang Anleiheemissionen an allen vier Qualitätssegmenten deutscher Börsen für Mittelstandsanleihen begleitet. Mit sieben kommunikativ begleiteten Anleiheemissionen gehört Better Orange zu den TOP 3 Agenturen in Deutschland (Stand Oktober 2011). Frank Ostermair begann 1998 mit der Investor Relations Arbeit, davor war er vier Jahre als Wirtschaftsredakteur aktiv. Bis 2007 war der studierte Diplom-Kaufmann bei der Haubrok Investor Relations GmbH tätig, zuletzt als Geschäftsführer. Er betreute bis heute unter anderem die Börsengänge von Basler Vision Technologies, Beate Uhse, Brainpool TV und AutoBank, die IR-Arbeit der Nabaltec und die Anleiheemissionen von Golden Gate, BKN Biostrom und Katjes International.

Roger Peeters
Close Brothers Seydler Bank AG

Der geprüfte Investment-Analyst war langjähriger Redaktionsleiter von Platow Börse. Außerdem war Roger Peeters Berater des von ihm konzipierten DB Platinum III Platow Fonds der Deutschen Bank. Peeters verfügt über umfangreiche Kenntnisse zum deutschen Aktienmarkt und veröffentlichte neben vielen Fachartikeln auch zwei Bücher über deutsche Aktien. Roger Peeters steht als Gesprächspartner zu makroökonomischen Themen, Entwicklungen am Aktienmarkt im Allgemeinen sowie für Analysen und Kommentierungen zahlreicher Einzelwerte gerne zur Verfügung. Roger Peeters gibt seit mehr als zehn Jahren regelmäßig TV- und Radiointerviews bei verschiedenen Sendern und hat zudem auch oftmals Gastkolumnen für Printmedien verfasst.

Alexander von Preysing
Deutsche Börse AG

Alexander v. Preysing kam 1996 zur Deutschen Börse. Er war Mitglied des Kernteams, das für die Gründung des Neuen Marktes – Europas führendem Technologiemarkt Ende der 1990er Jahre – verantwortlich zeichnete. Des Weiteren war er Mitgründer der NeuerMarkt.com AG, die 2001 ein Investmentportal betrieb. Sein Verantwortungsbereich umfasste neben der Content-Syndizierung und -Generierung sämtliche Vertriebsaktivitäten. Seit 2002 hat er verschiedene Projekte zur Entwicklung von Emittentendienstleistungen geleitet bzw. daran mitgewirkt. Einige dieser Projekte dienten der Positionierung und dem Aufbau des Deutschen Eigenkapitalforums sowie der Einführung des Entry Standard, dem Primärmarktangebot der Deutschen Börse für kleine und mittlere Unternehmen. Als Senior Vice President war er zudem zuständig für die Listingaktivitäten der Deutschen Börse in

China. Seit August 2010 ist er als Head of Issuer Services verantwortlich für die Weiterentwicklung der Börsensegmente, die Betreuung von notierten Unternehmen und die Akquise inländischer und internationaler Unternehmen für den Primärmarkt der Deutschen Börse.

Udo Rettberg
Handelsblatt

Bereits seit mehr als drei Dekaden hat Udo Rettberg als Journalist und Korrespondent die internationalen Finanz- und Rohstoffmärkte im Fokus. Für den Nordhessen, der sein BWL-Studium erfolgreich an der Universität Kassel abgeschlossen hat, steht die marktwirtschaftliche Grundordnung im Vordergrund. Im Zeitalter der Globalisierung und der damit einhergehenden zahlreichen Paradigmenwechsel sollte die Welt aus seiner Sicht nach einem um ethische und ökologische Aspekte angereicherten System der sozialen Marktwirtschaft streben. Politisches und wirtschaftliches Handeln müsse sich zudem vor allem an der „Weisheit der Märkte" orientieren; denn Märkte seien hochsensibel und fungierten als wichtige und verlässliche Signalgeber. Schon während der ökonomischen und finanziellen Blütezeit im Jahr 2007 hat er sehr früh eindringlich vor der Finanzkrise und einem drohenden Aktien-Crash gewarnt. Anfang 2009 fand er dann im Meinungstief der Märkte für den von ihm ausgerufenen „Club der Optimisten" unter 300 befragten Experten seines engeren Freundes- und Informantenkreises gerade einmal drei Mitglieder. In den 33 Jahren als Finanz- und Wirtschafts-Journalist hat er die Hochachtung vor der Mehrheit der Entscheidungsträger aus der Politik, aus der Wirtschaft und aus dem Finanzwesen verloren. Grund: Zahlreichen Vertretern dieser Eliten fehle es an gesellschaftlicher Verantwortung. Udo Rettberg ist als Urgestein der Handelsblatt-Redaktion zugleich Autor und Co-Autor von acht Büchern.

Christian Schäfer
conmit Bank

Christian Schäfer ist Deutsche Börse Process und Systems Specialist und seit Oktober 2011 als Prokurist bei der neu gegründeten Conmit Wertpapierhandelsbank AG tätig, wo er den Auf- und Ausbau des ECM-Bereichs mitverantwortet. Vor seiner Tätigkeit bei der Conmit Wertpapierhandelsbank AG war Christian Schäfer neun Jahre bei der biw Bank für Investments und Wertpapiere AG, Frankfurt, und dem Gesellschafter XCOM AG u. a. in leitender Position tätig. Hierbei war er zuerst fünf Jahre für den Aufbau der Wertpapierabwicklung sowie der Einführung neuer Handelssysteme und vier Jahre für den Aufbau des ECM-Bereichs mit den Partnern Silvia Quandt & Cie. AG und BankM mitverantwortlich. Er betreute in unterschiedlichen Funktionen bislang mehr als 100 Kapitalmarkttransaktionen von Börsengängen über Anleiheemissionen bis zur reinen Abwicklung als Zahlstelle. Die zentralen Themen, denen sich Christian Schäfer widmet, sind nachhaltige und maßgeschneiderte Finanzierungslösungen für kleine und mittelständische Unternehmen sowie der Aufbau, Pflege und Kategorisierung neuer/alternativer Platzierungswege.

Dr. Markus Walchshofer
Union Investment

Nach einem Studium der Wirtschaftswissenschaften promovierte Markus Walchshofer an der Universität Linz im Bereich Finanzwirtschaft. Seit 2008 ist Markus Walchshofer Portfoliomanager im Rentenportfoliomanagement von Union Investment, wo er die Branchen Konsumgüter, Pharma, Energie und Emerging Market Emittenten im Privatbesitz analysiert. Darüber hinaus ist er Manager verschiedener Publikumsfonds. Seit 2010 ist Markus Walchshofer Leiter des DVFA-Arbeitskreises für Bondkommunikation, welcher sich für eine Verbesserung der Kommunikation zwischen Emittenten und Investoren einsetzt. Markus Walchshofer ist Autor diverser Fachbeiträge und hält unter anderem Vorträge für die Deutsche Börse AG, das Deutsche Aktieninstitut sowie die DVFA.

Andreas Wegerich
youmex AG

Andreas Wegerich ist Spezialist für die Finanzierung mittelständischer Unternehmen am Kapitalmarkt. Der 1970 in Würzburg geborene Unternehmersohn ist seit 1995 in der Beratung und Finanzierung von Unternehmen tätig. Nach verschiedenen Stationen in mittelständischen Unternehmen und leitender Position in einem Family Office wurde Andreas Wegerich im März 2003 Vorstand der youmex AG in Frankfurt am Main. Die youmex AG hat sich seither zu einem Spezialisten für maßgeschneiderte Finanzierungen sowie Kapitalmaßnahmen mittelständischer und kommunaler Unternehmen entwickelt. Seit 2005 ist youmex Deutsche Börse Listing Partner mit Expertise für Entry Standard, General Standard und Prime Standard. Im Jahre 2007 gründete Andreas Wegerich die youmex Invest AG in der er ebenfalls den Vorstand übernahm. Die youmex Invest AG begleitet als BaFin reguliertes Finanzdienstleistungsinstitut Kapitalmaßnahmen mittelständischer Unternehmen an den Regionalbörsen in Deutschland. Bei der Platzierung von Mittelstandsanleihen gehört die youmex Invest AG zu den führenden Instituten. Andreas Wegerich betreute und platzierte federführend eine Reihe von bedeutenden Mittelstandsanleihen.

Martin Wilhelm, CEFA
IfK - Institut für Kapitalmarkt - die Generationen Vermögensverwaltung - GmbH

Martin Wilhelm ist seit mehr als 20 Jahren im Anlage- und Börsengeschäft tätig. Er war mehr als 13 Jahre für die Deutsche Bank in Frankfurt tätig, davon u. a. als Händler auf dem Börsenparkett, als Portfoliomanager sowie Direktor Global Markets und Leitender Angestellter. Er ist Gründer und Geschäftsführer des Instituts für Kapitalmarkt, einer seit 2005 von der Bundesbank und BaFin regulierten Vermögensverwaltung & Asset Management Firma. Zu seinen Erfahrungen gehören u. a. die Mitgliedschaft im Anlageausschuss einer Schweizer Beteiligungsgesellschaft, Sparkassen sowie eines DAX Unternehmens. Martin Wilhelm berät im Zins-, Anleihe- und Kreditbereich institutionelle Großkunden und ist Vorstand einer gemeinnützigen Stiftung. Als Dozent an der Frankfurt School of Finance & Management freut er sich, sein Wissen und die Erfahrungen an den Börsen der jüngeren Generation weiter vermitteln zu können.

Robert Wirth
Equity Story AG

Robert Wirth absolvierte nach dem Abitur seine Ausbildung zum Fernsehredakteur bei Franken Fernsehen und übernahm später die Leitung von einzelnen Ressorts. 1995 wechselte er als Gründungsredakteur zu RTL Nürnberg, 1996 zeichnete er sich für den Aufbau des erfolgreichsten deutschen Regionalsenders Oberpfalz TV in Amberg verantwortlich, dessen Programmleiter und Chefredakteur er bis Mitte 2000 war. Kurz vor dem Abschluss zum Medienmarketingfachwirt wechselte Robert Wirth im September 2000 als Marketingleiter zur EquityStory AG und ist seit Dezember 2005 auch als Geschäftsführer für die DGAP mbH tätig. Zum 01. März 2007 wurde er in den Vorstand der EquityStory AG berufen.

Aribert Wolf
Golden Gate AG

Aribert Wolf, seit Juli 2009 Vorstand der Golden Gate AG, ist Rechtsanwalt und Gründungs-Partner der Kanzlei WS+P Rechtsanwälte, München. Von 2002 bis 2005 war Wolf neben seiner Anwaltstätigkeit Mitglied im Vorstand zweier Medienunternehmen. Von 1998 bis 2002 war Wolf Mitglied des Deutschen Bundestags, unter anderem als Mitglied im Gesundheits- und Europaausschuss sowie in der Enquetekommission „Demographischer Wandel". Von 1989 bis 1998 war Wolf Geschäftsführer der Landesvertretung Bayern des Verbands der Ersatzkassen und somit Mitglied im Krankenhausplanungsausschuss des Freistaats Bayern. In dieser Funktion war Wolf für sämtliche Verträge verantwortlich, mit denen die Ersatzkassen die Versorgung ihrer Versicherten in Bayern organisieren und ärztliche und nichtärztliche Leistungserbringer honorieren.

Stichwortverzeichnis